CHINA STUDIE

中西文明互

张西平 著

序言：
文明互鉴——一个新的文明观

中西初识源于明清之际、耶稣会入华所开启的"西学东渐"，学术界在这个领域已经取得了丰硕的研究成果[1]。在"西学东渐"展开的同时，以来华传教士为桥梁，"中学西传"也同时展开，就此而言，在明清中西文化交流史研究中，"中

---

[1] 研究"西学东渐"的主要著作有，张维华：《明史欧洲四国传注释》，上海古籍出版社，1982年；全国平：《西力东渐：中葡早期接触追昔》，澳门基金会，2000年；[意]利玛窦著，文铮译：《耶稣会与天主教进入中国史》，商务印书馆，2014年；[美]邓恩著，余三乐译：《从利玛窦到汤若望：晚明的耶稣会传教士》，上海古籍出版社，2003年；[法]谢和耐、戴密微著，耿昇译：《明清间耶稣会士入华与中西汇通》，东方出版社，2011年；[意]利玛窦著，文铮译：《利玛窦书信集》，商务印书馆，2018年；林金水：《利玛窦与中国》，中国社会科学出版社，1996年；沈定平：《明清之际中西文化交流史——明代：调适与会通》，商务印书馆，2007年；[美]夏伯嘉著，向红艳等译：《利玛窦：紫禁城里的耶稣会士》，上海古籍出版社，2012年；宋黎明：《神父的新装：利玛窦在中国1582—1610》，南京大学出版社，2011年；陈卫平：《第一页与胚胎：明清之际的中西文化比较》，广西师范大学出版社，2015年；[法]谢和耐著，耿昇译：《中国与基督教：中西文化的首次撞击》，上海古籍出版社，2003年；吴伯娅：《康雍乾三帝与西学东渐》，宗教文化出版社，2002年；朱维铮主编《利玛窦中文著译集》，复旦大学出版社，2001年；汤开建汇释、校注《利玛窦明清中文文献资料汇释》，上海古籍出版社，2017年。

学西传"的研究相对薄弱[1]。本书以1500至1800年这300年的中国和欧洲的文化交流史为研究重点,将从全球史的角度把"西学东渐"与"中学西传"作为一个统一的历史过程加以研究,揭示文明互鉴的规律与特点,为全球化条件下的文明互鉴提供历史的智慧。

一

让我们回到中西初识的年代。今天的世界成为一个世界,各个国家和民族真正开始作为全球的一个成员,参与世界的活动,世界在经济和文化上构成一个整体,这一切都源于16世纪的地理大发现[2]。"迄17世纪末叶,文明人类已航行了合恩角、好望角、东南角(澳洲塔斯马尼亚岛)、西南角(大

---

[1] 研究"中学西传"的主要著作有:王尔敏编《中国文献西译书目》,台湾商务印书馆,1975年;[西]门多萨著,何高济译:《中华大帝国史》,中华书局,2013年;[葡]曾德昭著,何高济译:《大中国志》,上海古籍出版社,1998年;[葡]安文思著,何高济译:《中国新史》,大象出版社,2004年;复旦大学文史研究院编《西文文献中的中国》,中华书局,2012年;[法]蓝莉著,许明龙译:《请中国作证:杜赫德的〈中华帝国全志〉》,商务印书馆,2015年;张西平:《儒学西传欧洲研究导论:16—18世纪中学西传的轨迹与影响》,北京大学出版社,2016年。

[2] 马克思在《共产党宣言》中说:"美洲的发现,绕过非洲的航行,给新兴资产阶级开辟了新的活动场所。"《马克思恩格斯全集》第1卷,第252页;恩格斯在《反杜林论》中说:"伟大的地理发现以及随之而来的殖民的开拓使销售市场扩大了许多倍,并加速了手工业向工厂手工业的转化。"《马克思恩格斯全集》第3卷,第313页。当代全球化史的研究者也认为,"我们已经养成了一种习惯,即根据实际上是西方史的世界史来论述现代时期起因。

洋洲新西兰南岛）以北的全部海洋，遍及地球表面海域的9/10；并且解决了大地的形状、大小，地球上是水域包围陆地还是陆地包围水域、海洋是否相同等问题；基本上清楚了地球表面海陆接触相交的大部分情况，即地球上9/10的大陆海岸线和大岛海岸线的走向和长度。……在这250年中文明人类到达和认识的地区、地理大发现的成就大于5000年来地理发现成就的总和，也大于此后250年的地理发现成就。因此，这个时段的地理发现称之为地理大发现。所以人类历史和世界地理上的地理大发现只有一个，它从15世纪下半叶持续到17世纪末叶"[1]。

地理大发现的最早推动者是地处利比里亚半岛上的葡萄牙和西班牙。葡萄牙在恩里克王子（Infante D. Henrique，1394—1460）的带领下，"将地理探险和发现作为一门艺术和科学，使远航成为全国感兴趣、与之有密切利益联系的事业"[2]。葡萄牙人首先攻下北非的休达，然后乘着三桅帆船

我们所养成的这种习惯只不过是受到了都市商业文明——其覆盖面在蒙古人入侵前从地中海沿岸地区一直到中国海——发达的影响。西方承继了这一文明的部分遗产，在其影响下才得以成就自己的发展。这一文明的传播受惠与12、13世纪十字军的几次东征和13、14世纪蒙古帝国的扩张。……西方的这种落后状况一点也不奇怪，意大利的城市……地处亚洲大型商业之路的终端。……西方只是由于海上的扩张才得以摆脱隔离状态；它的兴起正好发生在亚洲两大文明（中国和伊斯兰世界）面临威胁之时"。[德]安德烈·冈德·弗兰克、[英]巴里·K.吉尔斯主编《世界体系：500年还是5000年？》，社会科学文献出版社，2003年，第36页。

1 张箭：《地理大发现研究：15—17世纪》，商务印书馆，2002年，第32页。
2 同上书，第81页。

小心地沿着西非海岸前进。1488年,迪亚士（Bartholmeu Dias,约1450—1500）发现了好望角；1498年,达·伽马（Vasco da Gama,约1469—1524）绕过好望角,进入印度洋,沿东非海岸,过红海口,直达印度大陆。葡萄牙开辟了西方到达东方的新航线。1511年,葡萄牙占领了马六甲,进而又占据了暹罗和巴达维作为商业活动的据点。1517年（正德十二年）,葡萄牙人在船长费尔南·佩雷斯·安德拉德（Fernão Pires de Andrade,约1480—1524）和使臣托梅·皮雷斯（Tomé Pires,1465—1540）的率领下从马六甲来到中国。这是中国与西方人的首次见面[1]。广东巡抚林富奏疏言："至正德十二年,有佛郎机夷人突入东莞县界,时布政使吴廷举许其朝贡,为之奏闻。此不考成宪之过也。"[2]

1492年8月3日,哥伦布（Christopher Columbus,1451—1506）带领探险船队出发,1493年返回出发的港口帕洛斯,人类由此发现了北美新大陆。1522年,麦哲伦（Ferdinand Magellan,1480—1521）率领的西班牙船队首次环球航海成

---

[1] "1500至1700年间,葡萄牙人试图在从好望角的开普敦到日本之间建立一个贸易和权力网络的世界并不是静止不变的。它随时都在两个层次：制度和功能上发生变化。有些变化微妙得几乎不易觉察,有些变化则清晰可见。因此,要理解葡萄牙人在亚洲的所作所为,以及他们所要适应的环境和所使用的途径,我们不仅仅需要描述他们在上面表演的'亚洲舞台',还需要考虑这200年中亚洲历史的活力。"参阅［美］桑贾伊·苏拉马尼亚姆著,何吉贤译：《葡萄牙帝国在亚洲1500—1700：政治和经济史》,朗文书屋,1993年。

[2] ［明］顾炎武著,昆山市顾炎武研究会点校：《天下郡国利病书》卷一三,上海科技大学文献出版社,2003年。

功，从而开辟了从欧洲到达亚洲的另一条不同于葡萄牙人开辟的新航线。同时，西班牙人从美洲到达菲律宾，开始与居住在那里的中国人做生意，形成了"中国—阿卡普尔（墨西哥西海岸）黄金水道"，"马尼拉大帆船贸易"由此拉开序幕。

"寻找契丹是百年航海史的灵魂"。从马可·波罗（Marco Polo，1254—1324）到柏郎嘉宾（Giovanni da Pian del Carpine，1180—1252），中世纪时这些旅游者的游记点燃了西方寻找富饶契丹的梦想。刺桐港堆积如山的香料，契丹大汗无与伦比的财富都成为枯燥无味的中世纪欧洲人的热门话题。哥伦布出发时，带着一份西班牙国王致大汗的国书，葡萄牙人则将寻找"秦人"作为他们来到东方的重要使命。奥斯曼帝国兴起后，中国与欧洲商路被阻断，所以，寻找香料、与东方展开贸易成为欧洲海上扩张的根本目的。而基督教的扩张则将其商业利益、文化梦想和宗教扩张融为一体。蒙元帝国将世界连为一体，欧洲人通过蒙古时代的游记知道了东方文明与东方的富饶，整个地理大发现的动机就是寻找"契丹"，寻找东方。

16世纪的基督教已经从个人的隐居生活中解放出来，"以往的宗教团体隐居在禅房、修道院和围墙内，这反映了它们诞生时是私人经济。圣弗朗西斯科·德·阿西斯（San Francesco d'Assisi，1182—1226）创建的方济各会是说教者、传教士和云游僧侣的组织。他们提出要走出修道院，把基督的话和榜样带给民众和异教徒。这符合都市和贸易新体制，符合资产阶级的扩张野心和文艺复兴前期人民要求平等的愿望。有成千上万的基督徒从十字架上走下来,走向全世界,与穷人结合在一起。地球变成广阔而灿烂……"[1]。

在欧洲的各个天主教修会中,耶稣会成为走向东方的先驱之一。耶稣会从创立时起,就将到非洲、美洲、亚洲的传教作为其重要的使命。"在200年时间里,在华传教的耶稣会士共计456人。他们大多数成为御用数学家、地理学家、画家和园林设计家,照顾了151个堂区,出版了成百上千部中文著作。来华耶稣会士为传播欧洲科学和文化以及东学西渐做出了卓越贡献。他们向欧洲输送了大量关于中国的报道,并带回了中国的工艺品,这对欧洲的艺术产生了深远影响,并在欧洲掀起了中国热"[2]。

地理大发现所开启的全球化并非仅仅是人类在地理上第一次较为全面地认识了自己生存的家园——地球,同时,初期的全球化开始了西方的殖民以及伴随的人口的流动、贸易的沟通、科学的发展。在西方殖民主义的血与火中,世界从孤立分散走向联合统一。农作物的传播极大促进了农业的发展,而疾病也在世界联系的各种通道中传播[3]。

---

1 [葡]雅依梅·科尔特桑著,邓兰珍译:《葡萄牙的发现》(第一卷),中国对外翻译出版公司,1996年,第96页;参阅[荷]约翰·赫伊津哈著,刘军、舒炜等译:《中世纪的衰落:对十四和十五世纪法兰西、尼德兰的生活方式、思想及艺术的研究》,中国美术学院出版社,1997年;[德]毕尔麦尔等编著,[奥]雷立柏译:《中世纪教会史》,宗教文化出版社,2010年。
2 [德]彼得·克劳斯·哈特曼著,谷裕译:《耶稣会简史》,宗教文化出版社,2003年,第52—53页。
3 张箭在其地理大发现研究中,谈到地理大发现的重大作用和影响时,主要更为重要的是，发生在16世纪后的初期全球化的另一个最重要的收获就是多元文化的相遇与碰撞。直到今日，这种文化的接触和碰撞、理解与纷争仍未完成。在全球化初期，西方文化在全球的扩张充满了血腥，但唯一的例外，就是西方文化与中国文化的接触。正是在这期间，中国文化和欧洲文化相识、交融，开出了文明互鉴的绚烂花朵，成为全球化初期人类在文化上极为珍贵的文化历史遗产。获得这一宝贵成果的主要原因在于，中国在经济实力与文化实力都处在与欧洲不相上下、甚至高于欧洲的水平。远来的葡萄牙人和西班牙人无法采取他们在非洲和南北美洲所采取的殖民政策，只能以另一种形式开始与中国接触[1]。而来自欧洲的来华耶稣会士们为了自己的宗教利益，采取了新的传教模式，开始探索在不同文化背

是从地理、科学角度谈的。当然，尽管也谈到了对社会科学发展的贡献，但主要是站在西方社会的角度来讲的。其实，地理大发现在文化上的主要价值是：文化的相遇与碰撞，它所带来的文化冲突，西方殖民主义在全球化中对待异族文化的野蛮态度的影响，至今仍未解决。经济的全球化并不意味着文化的全球化，文化的相遇和理解，求同与存异，至今一直是地理大发现以来未很好解决的问题。

[1] 西班牙传教士桑切斯在菲律宾制定了一个攻打中国的计划，葡萄牙初到中国南海与明军的交战都以失败而告终。参阅张维华《明史弗朗机吕宋和兰意大利亚四传注释》，台湾学生书局，1972年；张凯：《中国和西班牙文化交流史》，大象出版社，2003年；万明：《中葡早期关系史》，中国社会科学文献出版社，2001年；金国平：《西力东渐：中葡早期接触追昔》，澳门基金会；金国平、吴志良：《过十字门》，澳门成人教育学会，2004年；参阅罗荣渠《美洲史论》，中国社会科学出版社，1997年；[美]普雷斯科特著，周叶谦、刘慈忠等译：《秘鲁征服史》，商务印书馆，1996年；郑家馨主编《殖民主义史：非洲卷》，北京大学出版社，2000年。

景下的天主教传播，从而为文化之间的接触和理解做出了不懈努力和历史性的贡献。16至18世纪耶稣会士在华传教的历史，中国与欧洲的文明互动，早期西方汉学的兴起是全球化初期重要的内容[1]。

明清之际的"西学东渐"从时间上说大体是晚明万历十年（1582）到清顺、康、雍、乾时期。黄宗羲用"天崩地解"来形容这一时期的早期阶段，所言极是。这一时段，国内明清鼎革，历经满汉政权转化与文化巨变，康乾盛世形成，世界正在经历西方文化与体制在全球范围内的扩张，这是15世纪末期的地理大发现带来的。文化相遇与冲突以多种形式展开，其影响波及今日之世界。

从中国和西方关系来说，耶稣会的入华，拉开了中华文明和欧洲文明在文化与精神上的真正相遇。著名汉学家许理和认为，17至18世纪的中西文化交流史是"一段最令人陶醉的时期：这是中国和文艺复兴之后的欧洲高层知识界的第一次接触和对话"[2]。

梁启超在《中国近三百年学术史》中说：

---

[1] "所谓的欧洲在现代世界体系中的霸权是很晚的时候才发展起来的，而且是很不彻底的，从来没有达到独霸天下的程度。实际上，在1400—1800年这一时期，虽然有些时候被人们说成是'欧洲扩张'和'原始积累'并最终导致成熟的资本主义的时期，但是世界经济依然主要笼罩在亚洲的影响之下。"[德]贡德·弗兰克著，刘北成译：《白银资本：重视经济全球化中的东方》，中央编译出版社，2000年，第231页。

[2] [荷]许理和：《十七—十八世纪耶稣会研究》，载任继愈主编《国际汉学》第4辑，大象出版社，1999年，第429页。

明末有一场大公案，为中国学术史上应该大笔特书者，曰欧洲历算学之输入。先是马丁·路德既创新教，罗马旧教在欧洲大受打击，于是有所谓"耶稣会"者起，想从旧教内部改革振作。他的计划是要传教海外，中国及美洲实为最主要之目的地。于是利马窦、庞迪我、熊三拔、龙华民、邓玉函、阳玛诺、罗雅谷、艾儒略、汤若望等，自万历末年至天启、崇祯间先后入中国。中国学者如徐文定名光启，号元扈，上海人，崇祯元年（一六三三）卒，今上海徐家汇即其故宅。李凉庵名之藻，仁和人等，都和他们来往，对于各种学问有精深的研究。先是所行"大统历"，循元郭守敬"授时历"之旧，错谬很多。万历末年，朱载堉、邢云路先后上疏指出他的错处，请重为厘正。天启、崇祯两朝十几年间，很拿这件事当一件大事办。经屡次辩争的结果，卒以徐文定、李凉庵领其事，而请利、庞、熊诸客卿共同参预，卒完成历法改革之业。此外中外学者合译或分撰的书籍，不下百数十种。最著名者，如利、徐合译之《几何原本》，字字精金美玉，为千古不朽之作，无用我再为赞叹了。[1]

嵇文甫在《晚明思想史论》中对那个时代有一个很生动的描写："晚明时代，是一个动荡时代，是一个斑驳陆离的过渡时代，照耀着这个时代的，不是一轮赫然当空的太阳，而是许多道光彩纷披的明霞。你尽可以说它'杂'却决不能说

---

[1] 梁启超：《中国近三百年学术史》，商务印书馆，2011年，第9页。

它'庸',尽可以说它'嚣张'却决不能说它'死板',尽可以说它是'乱世之音',却决不能说它是'衰世之音'。它把一个旧时代送终,却又使一个新时代开始,它在超现实主义的云雾中,透露出现实主义的曙光。"[1]晚明之"杂"就在于"西学"开始进入中国,中国文化面临一个完全陌生的对话者,中国文化开始首次在精神层面和西方文化相遇。

"中学西传"与"西学东渐"同时发生,中国历史文化首次进入欧洲的视野,启蒙运动的思想家们首次读到了充满东方智慧的书籍。尤其是"礼仪之争"之后,来华的各个传教修会都向欧洲报告了情况。耶稣会士作为有关中国地理、语言、政治、哲学、历史和社会生活情况的主要传播者和解释者,为那些后来成为早期汉学家的欧洲学者提供了学术基础。来华耶稣会传教士经常利用返回欧洲逗留的机会或通过从中国寄回欧洲的书信,与这些学者保持直接的、密切的联系[2]。

来华耶稣会士沟通中国和欧洲的一个重要成果就是他们开始第一次用欧洲的语言将中国的古代文化经典翻译出来,由此,"传教士汉学"和"游记汉学"的那种道听途说才有了根本性的区别。"游记汉学"的一个根本性特点就是这些作者叙述的是个人经历,他们很少亲自研读中国的典籍文献,

---

[1] 嵇文甫:《晚明思想史论》,东方出版社,1996年,第1页;萧萐父、许苏民:《明清启蒙学术流变》,辽宁教育出版社,1995年。
[2] [美]孟德卫著,陈怡译:《奇异的国度:耶稣会适应政策及汉学的起源》,大象出版社,2010年,第2—3页。

自然也谈不上从事中国典籍的翻译。这些来到东方的"游客们",游走四方,浪迹天涯。尽管他们也提供了大量关于中国的文化和历史信息,也给西方讲述了不少动人心弦的故事,但总体上他们提供给西方读者的中国就是一个多样的、感性的中国,是一种个性化的讲述。在这个时期,由于西方人读不到中国典籍的原文,他们只能获得一个关于中国的感性印象,一个充满神奇、支离破碎、可以任意想象的中国,从而无论是西方的大众还是知识界,都始终无法从精神层面上来把握和认识中国[1]。

自罗马帝国与汉帝国分别统治欧亚大陆的两端起,欧洲与中国就开始沿着丝绸之路来往贸易,但直到大航海时代后,以耶稣会士入华为标志,中国和欧洲才真正开始了思想文化意义上的交流,中国古代文化典籍中所包含的人类共同的价值和意义,才第一次在欧亚大陆两端同时彰显出来。

由此,儒家开启了它的第一次欧洲之行,从罗明坚第一次把"四书"翻译成西班牙文开始,中国文化像春天的涓涓细流,流入欧洲文化之田,最终与启蒙运动不期而遇。"中国热"席卷欧洲百年,中华文化开始成为搅动欧洲思想文化的

---

[1] [意]马可·波罗著,冯承钧译:《马可波罗行纪》,上海世纪出版集团,2006年;何高济译:《海屯行记 鄂多立克东游录 沙哈鲁遣使中国记》,中华书局,1981年;[英]道森编,吕浦译,周良霄注:《出使蒙古记》,中国社会科学出版社,1983年;[美]柔克义译注,耿昇、何高济译:《柏朗嘉宾蒙古行纪 鲁布鲁克东行纪》,中华书局,2002年;[英]约翰·曼德维尔著,郭泽民、葛桂录译:《曼德维尔游记》,上海书店,2006年。

重要思想武器,儒家文化第一次在"欧罗巴"展现出它的世界性意义。与此同时,欧洲文化开始成为明清之际思想变化的重要因素。

二

长期以来的国别史研究,无论是中国史还是欧洲史的研究,都是以国别为单元展开的,而实际上人类社会的各个文明乃至国家的发展,除其内部的原因外,与外部文明或文化的交流与互动是其发展和变化的重要原因。梁启超当年在谈到中国历史的研究时曾说过,根据中国的历史发展,研究中国的历史可以划分为:"中国的中国""亚洲的中国"以及"世界的中国"三个阶段。所谓"中国的中国"的研究阶段,是指中国的先秦史,自黄帝时代直至秦统一,这是"中国民族自发达自竞争自团结之时代"。所谓"亚洲之中国"的研究阶段,是为中世史,时间是从秦统一后至清代乾隆末年,这是中华民族与亚洲各民族相互交流并不断融合的时代。所谓"世界之中国"的研究阶段是为近世史,自乾隆末年至当时,这是中华民族与亚洲各民族开始与西方民族交流并产生激烈竞争之时代。由此开始,中国成为世界的一部分。

其实,梁公这样的历时性划分未必合理,但他提出的在世界研究中国的观点是正确的。实际上中国和世界的关系是一直存在的,尽管中国的地缘有一定的封闭性,但中国文化从一开始就不是一个封闭的文化。中国和世界的关系,并不是从乾隆年间才开始。梁公自己为了说明这一点曾提出过两个在当时看来匪夷所思的问题：第一，"刘项之争，与中亚细亚及印度诸国之兴亡有关系，而影响及于希腊人之东陆领土"；第二，"汉攘匈奴，与西罗马之灭亡，及欧洲现代诸国家之建设有关"。他试图通过对这两个在常人看来完全是风马牛不相及的历史事实，来说明中国史从来不是在一个封闭的圈子里展开的，世界各国的历史是相互关联的。因而，他的真正目的在于说明：要将中国史放在世界史中加以考察。

梁启超在立论他的中国历史研究时，指出有两个目的：其一，对西方主导的世界史不满意，因为在西方主导的世界史中，中国对人类史的贡献是看不到的。1901年，他在《中国史叙论》中说："今世之著世界史者，必以泰西各国为中心点，虽日本、俄罗斯之史家（凡著世界史者，日本、俄罗斯皆摈不录）亦无异议焉。盖以过去、现在之间，能推衍文明之力以左右世界者，实惟泰西民族，而他族莫能与争也。"这里他对"西方中心论"的不满已经十分清楚。其二，从世界史的角度重新看待中国文化的地位和贡献。他指出，中国史主要应"说明中国民族所产文化，以何为基本，其与世界其他部分文化相互之影响何如"，"说明中国民族在人类全体上之位置及其特性，与其将来对于人类所应负之责任"[1]。虽然当时中国弱积弱贫，但他认为："中国文明力未必不可以左右

---

[1] 梁启超：《中国历史研究法》，《饮冰室合集》专集之七十三，中华书局，2015年，第7页。

世界，即中国史在世界史中当占一强有力之位置也。"[1]

梁启超所提出的新史学已有百年，在此以后的历史中，历史学家在这方面取得了很大的进步。雷海宗先生曾指出世界史研究中应注意两点：第一，要注意中国与世界其他地区的联系和彼此间的相互影响；第二，要注意中国对世界人类文明发展的贡献。这两条说明了研究17至18世纪中国与西方文明互鉴，研究明清之际的中西文化交流史的世界史意义。因为，这个时期是西方所谓的大发现时期，但这个时期对西方真正产生影响的是中国文化，这显示了中国文化的全球意义。

吴于廑教授的《世界历史上的游牧世界与农耕世界》（载《云南社会科学》1983年第1期）、《世界历史上的农本与重商》（载《历史研究》1984年第1期）、《历史上农耕世界对工业世界的孕育》（载《世界历史》1987年第2期）、《亚欧大陆传统农耕世界不同国家在新兴工业世界冲击下的反应》（载《世界历史》1993年第1期），这四篇相互关联的论文，都说明了这一点。中国文化的研究要在世界范围展开，这样才有了一种全球化的观点，而且是直接走出了欧洲中心主义。

目前的世界史研究和中国史研究是分离的，这导致我们无法从全球化史角度展开。后现代史学反对19世纪以来的宏大叙事，批评那种以西方为主、非西方为副的历史叙述，

---

[1] 梁启超：《中国史序论》，《饮冰室合集》文集之六，中华书局，2015年，第2页。

他们主张力图从不同文化间的互动,而不是一种文化对另一种文化的影响着眼,重绘人类历史画卷。人类的历史就是不同社会、不同地区、不同民族、不同国家之间的"跨文化互动"。文化交流史就是文化的互动。这点,习近平主席说得十分生动,他在博鳌亚洲论坛2015年年会上的主旨演讲中指出:"在漫长历史长河中,如亚洲的黄河和长江流域、印度河和恒河流域、幼发拉底河和底格里斯河流域以及东南亚等地区孕育了众多古老文明,彼此交相辉映、相得益彰,为人类文明进步作出了重要贡献。今天的亚洲,多样性的特点仍十分突出,不同文明、不同民族、不同宗教汇聚交融,共同组成多姿多彩的亚洲大家庭。"这是对亚洲文明史的精辟总结。

在中华文明的长期发展中,有两次外来文明对其发展产生了重要影响,甚至可以用古代的"西洋"来说。一次是来自印度佛教的传入。在古代世界,中国把印度作为"西洋",无论是《大唐西域记》,还是《西洋番国志》《西洋朝贡典录校注》,都记录的是中古时代中国与西部世界的关系。另外一次则是晚明以来的欧洲基督教的传入。

在笔者看来,中国与西方的文化交流史分为两个阶段,1500至1800年是第一个阶段,1840至1949年是第二个阶段。从中国与西方关系来说,这是两个完全不同的历史阶段。1500至1800年是中国与欧洲平等交流的时期,而1840至1949年是西方开始殖民中国的时期,平等的文化交流完全被打破。

在全球化的今天,1500至1800年间的中西文化交流史更具有当代意义,这是中国文化与欧洲文化交流历史中真正在精神上相遇，而且平等交流的一段历史，它揭示了中华文明与欧洲文明互学互鉴的珍贵历史经验。两大文明相遇，相互倾慕，相互学习，尽管有着文化的争吵，但没有战争。这是人类历史上极少见的文化平等交流，是中国和欧洲共同的文化遗产，值得珍视。本书即以此为研究重点。

三

因在不同的历史境遇中形成和发展，每一种文明都有着自己的特质，多种多样的文明构成了这个丰富多彩的世界。但在人类历史上，如何对待不同文明有着惨痛的教训，那就是地理大发现后，西方殖民者对非洲文明、印度文明、印第安文明、印加文明的掠夺、摧残和灭绝。1415年，葡萄牙出兵占领了摩洛哥北部濒临直布罗陀海峡的休达，拉开了西方的殖民史。葡萄牙人进入安哥拉后，白人和黑人首次相遇，葡萄牙人由此开启了贩卖黑奴的历史。英国历史学家博克塞（Charles Ralph Boxer，1904—2000）在《葡萄牙人的海外帝国》一书中统计，1450至1500年的50年时间里，葡萄牙人在非洲捕获和收购的奴隶总数有15万人之多。西班牙人到达南北美洲后，对阿兹特克王国和印加王国进行了灭绝式的占领。当印第安人抵制他们的政治、宗教和经济要求时，西班牙人就诉诸战争，杀光数千人，把更多人变成奴隶。而欧洲带来的疾病，更是给拉美人民造成了毁灭性的影响。

西方人用刀和火耕作了这个世界，地理大发现既是人类对世界的伟大发现，同时也是西方文明对其他文明的一次摧毁。马克思说："美洲金银产地的发现，土著居民的被剿灭、被奴役和被埋于矿井，对东印度开始进行的征服与劫掠，非洲变成商业性的黑人猎夺场所，都标志着资本主义产生时代的曙光。这些牧歌式的过程，是原始积累的主要因素。"[1]西方的资本在这个历史过程中虽然成为"历史的不自觉的工具"[2]，但对人类文明的多样性却是一种历史性的灾难。这就是历史的二律背反。

如果说在人类的历史进程中，文明与进步的二律背反使一些文明消亡，那么上个世纪初期世界各民族国家掀起的独立运动，致使殖民主义完成了它的历史使命，而非西方国家开始登上世界历史舞台。西方文明独占鳌头的局面逐渐被非西方文明的国家发展和进步所打破。如此，西方文明与世界其他非西方文明的关系再度成为一个世界性的问题，这包括西方文明同伊斯兰文明的关系，同拉美文明的关系，同伊朗文明的关系，同亚洲各国文明的关系。其中同中华文明的关系日益成为一个核心性问题。1996年，美国著名政治学家萨缪尔·亨廷顿（Samuel Huntington，1927—2008）的代表作《文明的冲突与世界秩序的重建》出版刊行，随即在学界引起了轩然大波。亨廷顿认为未来世界的国际冲突，其根源将主要不是意识形态的和经济的，而是文化的，全球政治的主

---

[1] 易廷镇等译校《马克思恩格斯论殖民主义》，人民出版社，1962年，第297页。
[2] 同上书，第31页。

要冲突将在不同文明的国家和集团之间进行，文明的冲突将主宰全球政治，文明间的（在地缘上的）断裂带将成为未来的战线；国际政治的核心部分将是西方文明和非西方文明及非西方文明之间的相互作用。同一文明类型中是否有核心国家或主导国家非常重要；在不同文明之间，核心国家间的关系将影响冷战后国际政治秩序的形成和未来走向。

亨廷顿认为，未来世界文明冲突是世界和平的最大威胁，建立在文明基础上的世界秩序才是避免世界战争的最可靠的保证。因此，在不同文明之间跨越界限非常重要，在不同文明间，尊重和承认相互的界限同样非常重要。

面对亚洲的崛起，面对中国重新回到在世界上的核心地位，亨廷顿不得不承认全球政治格局正在以文化和文明为界限重新形成，并呈现出多种复杂趋势：在历史上第一次出现了多极的和多文明的全球政治；不同文明间的相对力量及其领导或核心国家正在发生重大转变。

但亨廷顿给出的答案是西方中心主义的。他认为不同文明之间的理解和相融是困难的。一般来说，具有不同文化的国家间最可能的是相互疏远和冷淡，也可能是高度敌对的关系，而文明之间更可能是竞争性共处，即冷战和冷和平；那么，西方文明主要面对的冲击是哪种文明呢？他认为，西方文化，是独特的而非普遍适用的；文化之间或文明之间的冲突，主要是目前世界七种文明的冲突，而伊斯兰文明和儒家文明可能共同对西方文明进行威胁或提出挑战，等等。

这些结论反映出亨廷顿内心的焦虑，他对待非西方文明的看法是文明对立论，尽管他也提出一些文明协调的办法，但结论是极其糟糕的，那就是：文明冲突与战争。不可否认，随着9·11事件的发生，亨廷顿的许多预言得以在他以后的历史中被证实。但他所持的"文明冲突论"，认为当下世界上最危险的是不同文明中的主要国家之间发生的核心国家战争；未来不稳定的主要根源和战争的可能性来自伊斯兰的复兴和东亚社会，尤其是中国的兴起的判断是其站在西方立场上的预言，是值得商榷和警惕的。

如何理解中华文明的重新崛起？中华文明将如何与西方文明以及其他文明和谐相处？正是在这样的背景下，习近平主席提出了"文明交流互鉴"的新文明观。

2014年3月27日，习近平主席访问联合国教科文组织总部并发表演讲，他说："文明是多彩的，人类文明因多样才有交流互鉴的价值。文明是平等的，人类文明因平等才有交流互鉴的前提。文明是包容的，人类文明因包容才有交流互鉴的动力。文明因交流而多彩，文明因互鉴而丰富。文明交流互鉴，是推动人类文明进步和世界和平发展的重要动力。"这一论述，深刻揭示了文明交流互鉴的意义和文明发展规律，以及文明在世界和平发展中的重要作用。不可否认，人类文明的交流的确充斥着暴力、战争、征服等激烈的碰撞方式，但同时，人类历史上也存在着文明之间的和平交流。亨廷顿认为人类文明之间实现和平交流是极其困难甚至是不可能的，认为在当下世界，"文明冲突"将主宰全球政治。习近平主席倡导的新文明观，有力地反驳了以亨廷顿为代表的"文明冲突论"者的观点，明确指出"文明冲突"完全可以避免，说明了文明差异的必然性与合理性，并提出解决文明差异的具体办法。

习近平主席在纪念孔子诞辰2565周年国际学术研讨会上的讲话中指出，"每一个国家和民族的文明都扎根于本国本民族的土壤之中，都有自己的本色、长处、优点。"这就指明了，任何文明都是具有特殊性的文明，从来没有一种人类普遍存在的文明形态，人类共同认知的文明特点和形态只有存在于不同的特殊文明形态之中。无论哪一种文明，它最根本的价值都不在于它是普遍的，而在于它是特殊的，在于它发展的历史和成果是独特的，在于它对整个人类文明的贡献是独一无二的。

历史的研究说明，人类文明的发展是在相互借鉴的基础上发展的。杀戮、战争是人类文明不成熟状态的表现，文明互鉴是人类成熟的表现。本书的研究证明，中华文明正是在学习"西洋"的佛教文明后，自己的文学和哲学也得到了长足的发展；同样，也是在明清之际学习和接受了来自欧洲的西洋文明，中华文化的天文历算有了根本性的变革，欧洲人文主义在中国的传入，直接与明清之际的思想文化变化融合在一起。中华文明千年不衰的奥秘就在于文明互鉴，在不断吸收外来文化中丰富、发展自己。

而在同时期，以儒家为代表的中国古代文化传入欧洲，直接影响了欧洲的启蒙运动。孔子的哲学成为伏尔泰、莱布尼茨哲学思想发展的重要推动因素。中华文化的制度性管理经验引起了欧洲的关注并产生影响。芝加哥大学教授顾立雅（Herrlee Glessner Creel，1905—1994）指出：在法国和英国，人们认为，在儒学的推动之下，中国早就彻底废除了世袭贵族政治，所以，他们用这个武器攻击这两个国家的世袭贵族。在欧洲，对于以法国大革命为背景的民主思想的发展，孔子哲学发挥了相当大的作用。通过法国思想运动，孔子哲学又间接影响了美国民主政治的发展[1]。

2023年3月15日，在中国共产党与世界政党高层对话会上，习近平主席提出全球文明倡议：

——我们要共同倡导尊重世界文明多样性，坚持文明平等、互鉴、对话、包容，以文明交流超越文明隔阂、文明互鉴超越文明冲突、文明包容超越文明优越。

——我们要共同倡导弘扬全人类共同价值，和平、发展、公平、正义、民主、自由是各国人民的共同追求，要以宽广胸怀理解不同文明对价值内涵的认识，不将自己的价值观和模式强加于人，不搞意识形态对抗。

——我们要共同倡导重视文明传承和创新，充分挖掘各国历史文化的时代价值，推动各国优秀传统文化在现代化进程中实现创造性转化、创新性发展。

——我们要共同倡导加强国际人文交流合作，探讨构建

---

[1] Dave Xueliang Wang, *Founding of the United States: The Influence of Traditional Chinese Civilization*, Lanham: Lexington Books, 2021.

全球文明对话合作网络，丰富交流内容，拓展合作渠道，促进各国人民相知相亲，共同推动人类文明发展进步。

习近平主席提出的"文明交流互鉴观"和"全球文明倡议"是对人类文明发展史的总结，是对文明冲突论的直接回应，是在全球化时代下各种文明相处的基本原则。这一崭新的文明观既是对中国传统文化"和而不同"的当代运用，又向世界展示了中国的复兴与崛起完全不同于人类历史上任何一个大国的崛起，表达了中国作为一个新型文明国家所包含的东方智慧。

文明交流互鉴观是一个崭新的文明观，构成了"人类文明共同体"的思想基础，它有着坚实的历史支撑，即本书所重点研究的1500至1800年中国与欧洲的文化交流史。让我们从历史中汲取经验与智慧，共同守护好地球这个唯一的家园。

目　录

上篇：西学东渐 /1

第一章　西人东来与满剌加灭亡 /5
　　一、满剌加与中国 /6
　　二、满剌加与葡萄牙 /17
　　三、中国与葡萄牙的首次交锋：围绕满剌加 /24
　　四、世界历史的新一页 /27

第二章　利玛窦儒学观的困境与张力 /39
　　一、利玛窦关于儒家非宗教的论述及其评判 /41
　　二、利玛窦对中国儒学发展分期的论述及其评判 /55
　　三、利玛窦儒学观的文化意义 /62

第三章　从《名理探》到《穷理学》 /67
　　一、利玛窦对西方逻辑的介绍 /69
　　二、《名理探》所介绍的西方逻辑学 /73
　　三、《穷理学》和《名理探》的关系 /88
　　四、《穷理学》所介绍的西方逻辑学 /102
　　五、《穷理学》在汉语逻辑学概念上的创造 /108
　　六、《名理探》与《穷理学》对近代中国思想之影响 /118

第四章　明清之际《圣经》翻译研究　/123
　　　一、马礼逊和马士曼的《圣经》翻译与白日昇　/125
　　　二、白日昇及其《圣经》译本研究进展　/128
　　　三、阳玛诺《圣经直解》与耶稣会的译经传统　/134
　　　四、白日昇在罗马卡萨纳特图书馆的藏本与《圣经
　　　　　直解》的对照研究　/143

第五章　清宫中的最后一名法国耶稣会士：贺清泰　/153
　　　一、作为宫廷画家的贺清泰　/154
　　　二、作为翻译家的贺清泰　/158
　　　三、作为《圣经》汉译集大成者的贺清泰　/162
　　　四、贺清泰与《圣经》的满文翻译　/172
　　　五、贺清泰的晚年　/178

第六章　西学与明清之际思想的发展　/181
　　　一、西学东渐与晚明思想的演进　/182
　　　二、西学东渐与清初思想的变迁　/193
　　　三、西学与中国早期的启蒙思想　/205

上篇结语　/218

下篇：中学西传　/219

第七章　儒家思想早期在欧洲的传播　/223
　　　一、高母羡对《明心宝鉴》的翻译　/224
　　　二、罗明坚与《明心宝鉴》的西传　/234

三、罗明坚《明心宝鉴》拉丁文译本的特点 /240

第八章　《中国哲学家孔子》：儒学西传的奠基之作 /249
　　一、《中国哲学家孔子》简介 /250
　　二、《中国哲学家孔子》与礼仪之争 /253
　　三、《中国哲学家孔子》的跨文化特点 /260
　　四、《中国哲学家孔子》的世界文化史意义 /270

第九章　把中国呈现给欧洲：罗明坚《中国地图集》的文化学术价值 /275
　　一、罗明坚以前西方地图中的中国 /276
　　二、罗明坚绘制的《中国地图集》 /281
　　三、有关罗明坚"中国地图"的其他文献 /290

第十章　中华传统医学西传欧洲：《中华帝国全志》 /297
　　一、《中华帝国全志》对《黄帝内经》的翻译与介绍 /304
　　二、《中华帝国全志》对《本草纲目》的翻译与介绍 /321
　　三、《中华帝国全志》对中医介绍的整体性 /343
　　四、《中华帝国全志》在欧洲的影响 /357

第十一章　启蒙运动与儒家文化 /361
　　一、中国古代典籍在欧洲早期的传播脉络 /362
　　二、启蒙思想家对儒家中国的接受与评价 /370
　　三、启蒙思想家接受中国文化的原因 /378

第十二章　中学西传与西方专业汉学的兴起　/403
　　一、卜弥格与雷慕沙：中国植物的西传　/405
　　二、卜弥格与雷慕沙：中医西传　/410
　　三、中学西传的丰硕成果之一：欧洲专业汉学的
　　　　兴起　/419
　　四、雷慕沙对中国知识西传的贡献　/421

下篇结语　/437

结语：在文明互鉴史中揭示中华文明的现代意义　/439

主要人物与书籍索引　/456

上篇

西学东渐

在漫漫的历史长夜中,那一望无垠的大漠上的阵阵驼铃声连起了东方和西方,但直到世界近代化的曙光从碧蓝的大海升起,东西方的交往才开始向思想和哲学的层次迈进。意大利人哥伦布怀揣西班牙国王所写的"致大汗书",肩负着寻找契丹的使命,带着他那抵达香料堆积如山、白帆遮天蔽日的刺桐港(今泉州港)的梦想,开始远航,从而拉开了世界近代化的序幕。但阴差阳错,不知道大西洋上的哪股风把他的船吹到了海地。哥伦布虽然没有到达中国,但东西文化的交流乃至近代以来整个中西文化交流的奠基性事业还是由意大利人开启的,也就是晚明入华的耶稣会传教士罗明坚(Michele Ruggieri,1543—1607)和利玛窦(Matteo Ricci,1552—1610)。这些来华传教士第一次架起了中国与欧洲之间的文化桥梁,中国和欧洲两大文明在精神层面开始相识。

中欧文明相遇启施于"西学东渐",它为中国近代思想的演进掀开了新的一页。利玛窦第一次向中国介绍了西方天文学,由他辑注的《乾坤体义》被《四库全书》的编纂者称为"西学传入中国之始",继而他又和明末大儒李之藻合著《浑盖通宪图说》。从此,介绍西方天文学一直是来华耶稣会士的重头戏，乃至明清间历局大部分为传教士所主持。历学和算学二者历来不可分，由利玛窦和徐光启合译的《几何原本》在中国产生了重大的影响。阮元认为传教士所介绍的各种西学书中"当以《几何原本》为最"，梁启超也称这本书是"字字精金美玉，为千古不朽之作"。利玛窦所绘制的《万国舆图》更是受到许多人的喜爱，明清间先后被翻刻了12次之多，乃至万历皇帝也把这幅世界地图做成屏风，每日坐卧都要细细端看。表面上利玛窦所介绍的这些似乎都是纯科学的知识，其实这其中蕴含着西方的宇宙观、哲学观。历学虽然是中世纪的，但其理论对中国来说却完全是异质的；算学则把西方科学逻辑思维方法介绍到中国；而地学则是大航海以来西方新的世界观念的体现，它从根本上动摇了中国传统的夷夏观念。

直到今天，许多人还认为亚里士多德、毕达哥拉斯、斯多葛、西塞罗等这些古希腊、罗马的大哲学家是在五四运动时被介绍到中国的，其实不然。别的不说，明清时，仅亚里士多德的书就有多部被译成中文。被称为"西来孔子"的艾儒略（Giulio Aleni，1582—1649）认为西方哲学中的"落日加"即逻辑学位于首位，是"立诸学之根基"。傅汎际（Francisco Furtado，1587—1653）和李之藻将亚里士多德（Aristotle，公元前384—前322）的逻辑学的一部分译为中文，取名《名理探》；比利时传教士南怀仁（Ferdinand Verbiest，1623—1688）则把他们未完成的后半部分整理出版，取名《穷理学》。这种逻辑思想的传入对中国传统思想产生了重大的影响，为处于阳明心学衰落中的中国思想界注入了一股清风。

明清间，从利玛窦入华到乾嘉厉行禁教时为止，"中西文化交流蔚为巨观。西洋近代天文学、历学、数学、物理、医学、哲学、地理、水利诸学、音乐、绘画等艺术，无不在此时传入"。这次西方文化的传播规模之大，影响之广，是在中国历史上前所未有的。特别引人注意的是此时士大夫阶层对西学的接受的态度。"中国早期启蒙"的思想家们，在西学中感受到一种新的思想和文化。尽管保守派并不少，并时时挑起争端，但相当多士人开始接受西学或者开始思考西学的知识和思想。利玛窦在明末时交游的士大夫有140多名，几乎朝中的主要官员、各地主要公卿大夫都与其有来往。当时不少士大夫对于利玛窦等人介绍来的西学既不趋之若鹜、盲目随和，也不拒之门外、孤芳自赏，而是心态平稳，该做自我批评时就反躬自问，虚心学习，该承认自己传统时，也不夜郎自大，旁若无人。如徐光启在《同文算指》序中对中国算学失传所作的深刻反省，认为原因之一在于"名理之儒士苴天下实事"，而利先生的西学之根本优点在于"其言道、言理，皆返本跖实，绝去一切虚玄幻妄之说"。而只有学习西学才能把我们已丢失的黄帝、周公之算学继承下来。那时的读书人既没有晚清知识分子因山河破碎所造成的中西文化关系上的焦虑之感，也没有后来五四精英们的那种紧张感，如晚明名士冯应京所说："东海西海，此心此理同也。"从容自如，大度气象一言尽之。

可以说，明清之际的西学东渐是中国文化发展史上一幅多彩瑰丽的画卷。

第一章

西人东来与满剌加灭亡

满剌加与中国

满剌加与葡萄牙

中国与葡萄牙的首次交锋：围绕满剌加

世界历史的新一页

一、满剌加与中国

满剌加[1]，今为马来西亚马六甲，地处马六甲海峡要塞，它是连接太平洋和印度洋的十字路口。这里原本是一个"沙卤之地，气候朝热暮寒，田瘦谷薄，人少耕种"[2]，仅居住了二三十个土著马来人的荒僻渔村。满剌加国的创建人是拜里迷苏剌（Parameswara，1344—1424），他原是巨港夏连特拉王朝的一个王子。"他最初是在巨港充当麻喏巴歇（Majapahit）的封臣。14世纪90年代，他摆脱了爪哇的霸

---

[1] 马欢《瀛涯胜览》、费信《星槎胜览》、《郑和航海图》、黄衷《海语》也称满剌加；陈伦炯《海国见闻录》称麻利甲；谢清高《海录》称马六呷；张燮《东西洋考》称麻六甲；《皇清职贡图》称麻六甲；许云樵翻译《马来纪年》时叫满利加。关于满剌加的历史记载，西方学者主要依靠《马来纪年》和葡萄牙人皮雷斯（Tome Pries）的《东方志》（Suma Oriental），又称《东方国家叙事全集》，西方学者完全不知中国这些历史文献的重要意义，中国学者的中文研究论文和著作至今尚未被西方学术界所重视。参阅芭芭拉·沃森·安达娅等著，黄秋迪译：《马来西亚史》，中国大百科全书出版社，2010年。

[2] 〔明〕马欢：《瀛涯胜览》，商务印书馆，1937年。

权后，便转到单马锡（今新加坡）"[1]，大约于1400年辗转到马来半岛，开始以马六甲为落脚点，建立港口贸易城市。此时，满剌加尚称不上是一个独立的王国。此处是暹罗王国的势力，"拉马铁菩提（1351—1369年在位）是第一位统治马来邦国的暹罗国君"[2]，中文史料也证明了这一点。马欢说："此处旧不称国，因海有五屿之名，遂名曰五屿。无国王，止有头目掌管。此地属暹罗管辖，岁输金四十两，否则差人征伐。"[3]

满剌加国迅速崛起有三大原因。其一，与中国建立朝贡关系，确立了自身的地位，摆脱了暹罗对其控制；其二，充分利用当时马来半岛贸易形势的变化，抓住了历史机遇；其三，充分利用了地理优势。

首先，看满剌加与中国的关系。明成祖朱棣即位后，在永乐元年（1403）十月派"尹庆使其地，赐以金织文绮、销金帐幔诸物"[4]，拜里迷苏剌抓住了这个机会，永乐三年（1405）九月，满剌加的使者就跟随尹庆到南京进行回访，同年十月丁丑日，明成祖赐宴满剌加使团[5]。其使者言："王慕义，愿同中国列郡，岁效职贡，请封其山为一国之镇。"[6]

---

[1] ［新］尼古拉·塔林主编，贺圣达等译：《剑桥东南亚史》（第一卷），云南人民出版社，2003年，第143页。
[2] 吴迪著，陈礼颂译：《暹罗史》，商务印书馆，1974年，第78页。
[3] ［明］马欢：《瀛涯胜览》，商务印书馆，1937年。
[4] 清代官修《明史》卷325，中华书局，1974年。
[5] 明官修《明太祖实录》卷47，上海书店出版社，1982年。
[6] 《明史》卷325。

明成祖非常高兴并"封为满剌加国王",馈赠诰印、采币、袭衣、黄盖等礼物。永乐三年(1405)十月壬午《明太宗实录》又载录了《赐满剌加镇国山碑铭》[1],永乐五年(1407)九月满剌加派使者随郑和来朝贡[2]。

这里有一个问题尚待研究,即郑和第一次下西洋时,是否与满剌加国联系。以往中外学者一般认为,郑和第一次下西洋与满剌加没有发生直接关系。中国与满剌加关系的开始建立,是由尹庆完成的。尹庆出使满剌加是在永乐元年(1403)十月,据《明实录》记载,永乐三年(1405)九月,尹庆使团返回,并带有满剌加使臣第一次来华,而在这一年六月,永乐帝下诏派遣郑和第一次下西洋。因此二者之间似乎联系不上,就此得出的结论是郑和第一次下西洋没有到满剌加。学者万明认为郑和很可能是同满剌加使臣一起回国的,郑和作为正使,在第一次下西洋时"赍诏赐印","建碑封城"于满剌加,具有可能性。"何况中国史籍中没有满剌加首次派来使臣回国的记录,因此,可以认为他们有可能是郑和第一次下西洋船队带回国的"[3]。也由此,郑和第一次下西洋时,即作为正使,"赍诏赐印","建碑封城"。

笔者赞成万明的观点,并做以下论证:

第一,永乐元年(1403)十月明成祖已经派尹庆去了满

---

[1] 《明太宗实录》卷47。
[2] 参阅万明《郑和与满剌加:一个世界文明互动中心的和平崛起》,载《中国文化研究》,2005年春之卷。
[3] 同上。

剌加，这说明当时朝中已经知道满剌加。郑和第一次下西洋是永乐三年（1405）六月，"遣中官郑和等赍敕往谕西洋诸国并赐王金织、文绮、彩绢各有差"[1]。具体的时间应是1405年6月27至7月25日[2]。满剌加的使者跟随尹庆到南京进行回访的时间是永乐三年九月，应该说，郑和并未见到满剌加第一次来华朝贡的使臣。但这并不妨碍郑和第一次下西洋时"作为正使，'赍诏赐印'，'建碑封城'"[3]。

第二，《明太宗实录》（卷47）文中写到"永乐五年（1407）九月，尔[满]剌加国王，遣使来朝，具陈王意，以谓厥土协和，民康物阜，风俗淳熙，怀仁慕义，愿同中国属郡，超异要荒，永为甸服，岁岁贡赋"。从时间上看，"这应是郑和第一次西洋回程中国时随来的满剌加使者所上的奏陈"[4]。这样便可以理解，如果郑和第一次下西洋未去满剌加国，何以带满剌加国使臣回国，并表示"岁岁朝贡"。因此，

1　《明太宗实录》卷43。
2　[法]伯希和著，冯承钧译：《郑和下西洋考》，中华书局，1955年，第28页。万明认为"关于郑和第一次下西洋的出发时间史载阙如"。看来并不是如此。
3　史书对究竟是郑和第一次下西洋还是第三次下西洋到满剌加，记载并不一致。《西洋朝贡录》："永乐初，诏赐头目双台银印冠带袍服，名满剌加国。"《殊域周咨录》："本朝永乐三年，其王西利八儿速剌遣使奉金叶表文朝贡，赐王彩缎袭衣。七年，命中官郑和等持诏封为满剌加国王。"《西洋朝贡录》的记载可以理解为郑和在尹庆永乐元年出使满剌加后，接着又作为正使，在第一次下西洋时去了满剌加。但《西洋朝贡录》则可以理解为郑和第一次去满剌加是永乐七年。《星槎胜览》记述同《西洋朝贡录》一致。
4　郑永常：《海禁的转折：明初东亚沿海国际形势与郑和下西洋》，台湾稻乡出版社，2011年，第160页。

郑和第一次下西洋就去了满剌加是可能的。

满剌加来使以"王慕义,愿同中国列郡,岁效职贡,请封其山为一国之镇"[1],明成祖依其所请,"封为国王,给以印绶"[2],因为满剌加原为暹罗所属国,"岁输金丝十两"[3],明朝对满剌加的嘉封引起暹罗的不满,"发兵夺其所受朝廷印浩"[4]。拜里迷苏剌于永乐五年(1407)九月遣使诉,请求明朝出面干涉此事。朱棣认为满剌加与暹罗"均受(封)朝廷,比肩而立",都是独立之国。暹罗不应"持强,拘其朝使,夺其印浩"。遣使责谕暹罗归还所受印诰,"自今奉法循理,保境睦邻,庶永享太平之福"[5]。永乐七年(1409),郑和第二次下西洋的目的之一就是送去《赐满剌加镇国山碑铭》[6]:

西南巨海中国通,输天灌地亿载同。
洗日沐月光景融,雨崖露石草木浓。
金花宝钿生青红,有国于此民俗雍。

---

1 《明史》卷325。
2 《明太宗实录》卷46,永乐三年九月癸卯。
3 〔明〕巩珍:《西洋番国志》,中华书局,2000年,第15页。
4 《明太宗永乐实录》卷53;[马]敦·斯利·拉囊著,黄元焕译:《马来纪年》,马来西亚学林书局,2004年,第102—105页,记载满剌加和暹罗之间的战争。
5 《明太宗永乐实录》卷60。
6 郑永常在这里将郑和第二次下西洋的时间和目的都讲清楚了,也说明了《赐满剌加镇国山碑铭》是郑和第二次下西洋带去的。参阅郑永常《海禁的转折:明初东亚沿海国际形势与郑和下西洋》,第171页。

王好善义思朝宗，愿比内郡依华风。
出入导从张盖重，仪文裯袭礼虔恭。
大书贞石表尔忠，尔国西山永镇封。
山君海伯翕扈从，皇考陟降在彼穹。
后天监视久弥隆，尔众子孙万福崇。[1]

让郑和带去"头目双台银印冠带袍服，建碑封城，遂名满剌加国，是后暹罗国莫敢侵扰"[2]。费信《星槎胜览·满剌加国》记载："永乐七年，皇上命正使太监郑和等赍捧诏敕，赐以双台银印、冠带、袍服，建碑封域，为满剌加国，其暹罗始不敢扰。"[3]

满剌加与明朝正式建交，满剌加由此加入了明朝的朝贡体系之中[4]。

由此，满剌加也成为郑和下西洋的重要中转站，"凡中国宝船到彼，则立排栅，城垣设四门更鼓楼，夜则提铃巡警。内又立重栅如小城，盖造库藏仓廒，一应钱粮顿在其内，去各国船只回到此处取齐，打整番货，装载船内，等候南风正顺，于五月中旬开洋回还"[5]。中国和满剌加的友好关系也达

---

1 《明史》卷325，见"外国六，满剌加"。
2 《瀛涯胜览·满剌加国》。
3 《西洋番国志·满剌加国》："主国封王，建城竖碑"；《东西洋考·麻六甲》："从此不复隶暹罗矣"。参阅《马来纪年》，第132—133页。
4 王赓武先生指出："马六甲是接受永乐皇帝碑铭的第一个海外国家，这一事实是突出的。"见姚楠《东南亚与华人——王赓武教授论文选集》，中国友谊出版公司，1987年，第88页。
5 〔明〕马欢著，万明校注：《明钞本〈瀛涯胜览〉校注》，海洋出版社，2005年，第41页。

到了很高的水平，从1411到1432年，满剌加三位国王先后5次访问中国。据不完全统计，在1405至1508年这100多年间，满剌加先后26次派出使者对明朝进行友好访问；而在1403至1481年间，不算郑和包船的经过停留访问，明朝先后7次派出使者到满剌加进行友好访问。这样的来往关系在明朝与东南亚各国中是极其少见的。

由于双方的友好关系，郑和七下西洋，双方贸易往来极为频繁。根据《明会典》的记载，满剌加运来货物有40余种之多。这些货物是：犀角、象牙、玳瑁、玛瑙珠、鹤顶、金母鹤顶、珊瑚树、珊瑚珠、金镶戒指、鹦鹉、黑猿、黑熊、白鹿、锁服、撒哈剌、白芯布、姜黄布、撒都细布、西洋布、花鳗、蔷薇露、栀子花、乌爹泥、苏合油、片脑、沉香、乳香、黄速香、金银香、降真香、紫檀香、丁香、树香、木香、没药、阿魏、大枫子、乌木、苏木、番锡、番盐、黑小厮等共计40余种[1]。而中国的瓷器、丝绸、绫绢、纱罗、彩帛、锦绮、瓷器、药材、铁器、铜钱、茶叶、麝香、大黄等货物也运往满剌加，转运到阿拉伯世界[2]。

政治的友好，经济的往来，促使去满剌加的华人移民增多。郑和船队每次都是2万多人，许多船员都是福建、广州一带的渔民，而船队返航时人员大减，除伤亡外，随船出海的沿海居民滞留海外也是一个重要原因。据《厦门志》载，万

---

[1] 〔明〕申时行等：《明会典》卷105，中华书局，1989年。
[2] 参阅余定邦《明代中国与满剌加（马六甲）的友好关系》，载《世界历史》，1979年第1期。

历时文莱岛就有不少华人居住，许多是随郑和下西洋而留居下来的。《明史·婆罗》记有"万历时，为王者闽人也。或言郑和使婆罗，有闽人从之，因留居其地。其后人竟据其国而王之"。学者估计，郑和七次下西洋，仅仅随他出海下西洋而滞留在南洋的大概就有10万多人[1]。朝廷对所在国的态度，即是否是友好国家；贸易是否繁荣，即是否有商业利益；所在国的环境如何，即是否利于经商。这是古代中国人是否向外移民所考虑的三个主要问题。郑和下西洋后，明朝与南洋诸国关系友好，永乐二十一年（1423），出现了西洋古里、忽鲁谟斯、锡兰山、阿丹、祖法儿、剌撒、不剌哇、木骨都束、柯枝、加异勒、溜山、喃渤利、苏门答剌、阿鲁、满剌加等16国派遣使节1200人到明朝朝贡的盛况。这大大推动了移民潮的到来。而满剌加连接太平洋和印度洋，四方来客，商品繁多，中国商品在这里受到欢迎。可以见得，这里的商业环境较好。所有这些都是明朝移民南洋诸国的重要原因。郑和下西洋有力地促进了中国向满剌加等南洋国家的移民活动，这是一个不争的事实。

以郑和下西洋为契机，满剌加抓住了这个历史性机遇，很快成为中国与非洲、阿拉伯世界贸易的交汇点。

其次，马来半岛贸易形势的变化。马来半岛最初的强国是室利佛逝。室利佛逝是一个统称，指"7至14世纪以苏门答

---

[1] 参阅万明《郑和下西洋与亚洲国际贸易网的建构》，载《吉林大学社会科学学报》，2004年11月。

刺东南部为中心的连续存在的海上政权"[1]。唐昭宗天佑元年（904）以后的中国文献改称其为"三佛齐"或"佛齐"[2]。宋代时，室利佛逝与中国关系密切，在很长时间里是马来半岛的强大政权。但到13世纪，室利佛逝逐渐走向衰落，1397年被兴起于东爪哇的麻喏巴歇所灭。麻喏巴歇也称作麻喏八歇、满者伯夷、门遮把逸。"麻喏巴歇是借助元军力量在新柯沙里王国的基础上建立起来的，它是1293至1478年统治马来群岛绝大部分地区的跨岛帝国，在印尼古代历史上谱写了辉煌灿烂的一页"[3]。麻喏巴歇是一个跨岛统治的商业帝国，中央集权虽有一定的力量，但地方势力与中央之间关系并不稳定，同时因为贵族之间的争斗和矛盾，很快四分五裂，麻喏巴歇所控制的爪哇逐步丧失了对马六甲海峡贸易的控制权。1478年，淡目攻下了麻喏巴歇的首都，麻喏巴歇成了淡目的所属国。"随着爪哇北部海岸的多个穆斯林政权的出现并掌握主动权，麻喏巴歇逐渐从人们的视野中消失"[4]。

在这样的背景下，穿越马六甲海峡的东西方船只和商人们希望有一个稳定的国家政权来控制海峡，保护航道。拜里迷苏刺看准了这一点，他迅速与中国建立了友好关系，大大巩固了他在马来半岛的地位，也使马六甲很快成为继爪

---

1 ［新］尼古拉·塔林主编，贺圣达等译：《剑桥东南亚史》（第一卷），云南人民出版社，2003年，第142页。
2 梁志明等：《东南亚古代史》，北京大学出版社，2013年，第452页。
3 同上书，第468页。
4 ［新］尼古拉·塔林主编，贺圣达等译：《剑桥东南亚史》（第一卷），第147页。

哇之后的海峡航运中心。度量衡的统一，以及对这个多民族的经商活动加以细化管理，比如"当局任命了4名沙班答（syahbandar，港口官吏），每个沙班答各自代表一个不同的种族群体"，很好地解决了贸易与族群之间的矛盾。满剌加政权对商业的这些有效管理，使港口的经商环境大大优化，满剌加逐步成为当时东南亚的重要港口。如学者所说，"从上述可见，十五世纪中后期，马六甲能够迅速发展成为当时世界上最大的国际转口贸易港之一和东南亚最主要的货物集散地，在国际贸易和东西方经济文化交流中发挥了如此重要的作用，除了其特有的地理位置和强盛的马六甲帝国所统辖的广袤地区的物产作为经济基础外，王国鼓励吸引各国商人前来贸易、允许各种货币流通使用和管理港口的一整套有效的措施（包括设置港务官、规定进出口税、统一度量衡等）及对来自各方商人的保护政策等等都是促成其繁盛的重要原因"[1]。

满剌加以马六甲海峡为中心，地跨马来半岛和苏门答腊岛，呈东南至西北走向，西北端接安达曼海进入印度洋，东南端接南中国海进入太平洋，全长108千米，海峡最宽处370千米，东南部最窄处约37千米。满剌加国地处海峡中部最狭窄的地方，可谓"一剑锁喉"，对于由印度洋而来入太平洋的船队和由太平洋来入印度洋的船队，这里都是至关重要的咽喉要冲。"马六甲位于中国和印度之间的狭小海道的汇

---

[1] 余思伟：《马六甲港在十五世纪的历史作用》，载《世界历史》，1983年第6期。

合点上，港口有密布红树林的沼泽地作为屏障，海道之深足以使大吨位船舶安全。……由于拥有丰富而洁净的水资源和木材供给，马六甲是一个理想的国际贸易地点。在各种条件中起决定性作用的是它天然地具有易守难攻的地理优势。虽然麻坡也是一个很有前途的贸易地，但它比马六甲更容易受到攻击，而马六甲有一座高耸的小山，从那里可以俯瞰入海口"[1]。满剌加是一座天然良港，是欧洲、非洲与亚洲连接的关键点。

满剌加在15世纪中期至16世纪初（1434—1511）已经成为东南亚最重要的国际贸易枢纽、南海贸易的中心。16世纪初曾到过满剌加的葡萄牙人杜阿尔特·巴波沙（Duarte Barbosa，约1480—1521）赞叹道："这个马六甲城是最富的商埠，有最多的批发商，舰船之多，贸易之盛，甲于全球。"[2]

满剌加王国的崛起与强大，尽管有天时、地利与人和各种原因，但与中国友好关系的确立无疑是最重要的原因。郑和七下西洋是一个伟大的壮举，"这样大规模的航海活动是人类历史上破天荒的头一次。明朝的船队在葡萄牙人于1498年到达印度的近一个世纪之前就到达了印度洋地区，比西班牙的无敌船队于1588年进攻英格兰亦早了150年"[3]。郑和七下

---

[1] 芭芭拉·沃森·安达娅等著，黄秋迪译：《马来西亚史》，中国大百科全书出版社，2010年，第44页。

[2] ［英］理查德·温斯泰德著，姚梓良译：《马来亚史》，商务印书馆，1974年，第109页。

[3] ［美］费正清著，张沛译：《中国：传统与变迁》，世界知识出版社，2002年，第224—225页。

西洋极大地扩大了明朝官方朝贡贸易活动,他依托满剌加为贸易据点,沟通印度洋与东南亚和中国的贸易,从而带动了满剌加的商业贸易,使其迅速成为一个繁盛的贸易中心,上升为"一个名副其实的世界文明互动中心,兴盛持续了一个世纪,直至西方葡萄牙人东来才被打断"[1]。

二、满剌加与葡萄牙

15世纪是利比里亚半岛上的西班牙和葡萄牙向外扩张的时期,这个被称为"地理大发现"的时代是欧洲向世界扩张的开始。"亚洲的贸易——无论是对内贸易还是对外贸易——以及生产总量、人口和财富都比欧洲大得多,这使得欧洲人急于寻找到直接联系他们的途径,尤其是1293年马可·波罗从中国返回后,他对东方财富神话般的描述产生了巨大的影响"[2]。寻找契丹是百年大航海的灵魂。

葡萄牙沿着西非海岸不断前进,达·伽马1497年率领他的船队绕过好望角进入印度洋。1502年,达·伽马率领一支由10余艘帆船组成的巨大舰队第二次进入卡利卡特,并开始了对印度西南海岸的武力征服及在科钦建立贸易据点。葡萄牙认为"这次伟大的航行历时两年以上,出发时一百七十

---

1 万明:《郑和与满剌加——一个世界文明互动中心的和平崛起》,载《中国文化研究》,2005年春之卷。
2 Kenneth Scott Latourette, *A History of Christian Missions in China*, the Macmillan Company, New York, 1929, p80.

人，回来的不到三分之一。但是葡萄牙与东方建立了联系，那是真正的东方，而西班牙在大西洋彼岸所发现的不毛之地，未免相形见绌"[1]。1504年，意大利人亚历山德罗·佐治（Alessandro Zorzi）在其《印度游记》中称，葡萄牙船队与来自中国的白人相遇。1505年，葡王派遣弗朗西斯科·德·阿尔梅达（Francisco de Almeida, 1450—1510）出任葡印舰队司令，并嘱咐他对"满剌加及尚未十分了解的地区"[2]进行开发。

1508年，葡王诏令海军将领狄奥戈·薛奎罗（Diogo Lopes de Sequeira, 1465—1530）远征马六甲，并指示他："你必须探明有关秦人（Chijs）的情况，他们来自何方？路途有多远？他们何时到马六甲或他们进行贸易的其他地方？带来些什么货物？他们的船每年来多少艘？他们的船只的形式和大小如何？他们是否在来的当年就回国？他们在马六甲或其他任何国家是否有代理商或商站？他们是富商吗？他们是懦弱的还是强悍的？他们有无武器或火炮？他们穿着什么样的衣服？他们的身体是否高大？还有其他一切有关他们的情况。他们是基督教徒还是异教徒？他们的国家大吗？国内是否不止一个国王？是否有不遵奉他们的法律和信仰的摩尔人或其他任何民族和他们一道居住？还有，倘若他们不是基督教徒，那么他们信奉的是什么？崇拜的是什么？他们遵守的

1　[美]查·爱·诺埃尔著，南京师范学院教育系译：《葡萄牙史》（上册），江苏人民出版社，1973年，第123页。
2　转引自金国平、吴志良《镜海缥缈》，澳门成人教育学会，2001年，第21页。

是什么样的风俗习惯？他们的国土扩展到什么地方？与哪些国家为邻？"[1]

1509年，狄奥戈·薛奎罗率船5艘远征，先抵科钦，又抵苏门答剌之亚齐（Achin），于当日抵达马六甲，要求与马六甲通商，并希望与马六甲苏丹马哈茂德（Sutan Mahmud Shah，1488—1528）签订友好通商条约。但当时马六甲实际掌权者为墨太修（Tun Mutahir，1450—1510），马哈茂德不过是一个傀儡，而印度回教徒摩尔人欲垄断马六甲之商务，故挑唆墨太修拒绝与葡人贸易。他们设宴席宴请狄奥戈·薛奎罗等上岸，望全获葡人舰队。但消息走漏，拘葡人20余名，焚葡船2艘。狄奥戈·薛奎罗率余船返葡。狄奥戈·薛奎罗避马六甲港时，遇到了两三艘中国船，他直接接触了中国商人，并在中国船上吃过饭，还了解了一些中国人的习俗[2]。

葡萄牙东方帝国的真正创建者是继阿尔梅达为印度总督的阿丰索·德·亚伯奎（Afonso de Albuquerque，1453—1515）[3]。

1510年2月6日，当时被满剌加抓住并关在满剌加监狱的葡萄牙探险家卢伊·德·阿拉乌热（Rui de Araújo）从满剌加监狱中偷偷发出了一封信致亚伯奎，详细介绍了满剌加的贸

---

1 张天泽：《中葡早期通商史》，香港中华书局，1988年，第36页。
2 同上。
3 如果按照葡萄牙汉文译名，应为"阿丰索·德·阿尔布开克"，但在《明史录》《明史》中有"亚伯奎"之称，在这里用了亚伯奎。参阅廖大柯《"佛朗机黑番"籍贯考》。

易、航行以及防卫等情况[1]。

葡萄牙人了解了满剌加的地理位置以后，就认识到它的重要性。用托梅·皮雷斯的话来说就是"地位如此重要，获利如此丰厚，以至于在我看来，世界上没有一个国家能够同马六甲相媲美"[2]。占领满剌加已经成为葡萄牙的战略目标。

1510年11月，亚伯奎占领印度果阿，以此作为葡萄牙东方帝国的中心和控制印度洋贸易的据点。他的战略计划是"首先攻占马六甲，控制东部入口；其次在红海的入口占领亚丁；最后夺取波斯湾的奥尔木兹"[3]。1511年5月2日，在一切准备就绪后，亚伯奎统领1400人的军队（其中葡萄牙人800名，印度和霍尔木兹士兵600名），驶向马六甲港。1511年7月1日薄暮时分，葡萄牙船队驶入马六甲港。马哈茂德苏丹知来者不善，此时首相墨太修已被诛杀，他派人通知亚伯奎说，首相因对葡萄牙人滋生事端已伏法，可以商谈。但亚伯奎置之不理，向马六甲提出交还被押的葡萄牙人，并用墨太修的产业来赔偿葡萄牙人损失的要求。满剌加使者要求首先签订一项和平条约，然后释放俘虏。但亚伯奎坚持自己的条件，声称将不惜发动战争。在葡萄牙人对满剌加人开战前，他们也与停泊在港口中的华人有所接触，华人告诫他们，攻

---

1 ［美］查·爱·诺埃尔著，南京师范学院教育系译：《葡萄牙史》（上册），江苏人民出版社，1973年，第132页。
2 转引自芭芭拉·沃森等著，黄秋迪译：《马来西亚史》，第40页。
3 转引自金国平、吴志良《镜海缥缈》，澳门成人教育学会，2001年，第23页。

打满剌加并不容易，城中有2万多守兵。但亚伯奎决心开战，他对他们的部下说："华人以为此次攻打难以成功。""为押回面子，他决定在华人返回中国前攻打满剌加城堡，为国王效劳"[1]。

7月7日，亚伯奎率船驶入港口，开炮摧毁岸上的房屋和停泊在港内的商船，抢走5艘中国商人的帆船，苏丹被迫释放俘虏，归还葡萄牙人财物，并允诺划出一地供葡萄牙人建立要塞。然而，亚伯奎并不善罢甘休，又提出更多新要求。苏丹见和谈无望，便调集战象20头、兵士2万名准备应战，马六甲战事一触即发[2]。

7月24日拂晓，葡军对马六甲发动第一次总攻击。葡军在这次战斗中付出了惨重代价，约有70人被马六甲军队的毒箭射伤，后来除一人外全部毙命。

葡军经过十几天的周密准备，于8月10日涨潮时再次发起总攻击。亚伯奎用高于大桥的大帆船作为水上堡垒，船头装上挡箭板，另外有两艘船装载重炮，用炮火从侧翼掩护。他指挥士兵首先在城北登陆，接着又分兵一队攻占清真寺并夺取封锁主要街道的围栅。这些围栅受到葡军船上炮火的轰击，迅即被占领。苏丹和王子顽强抵抗后被迫后撤，葡军兵力少，无法分兵追击，而是从船上搬下已备物资构筑炮垒，

---

[1] 转引自金国平《1511年满剌加沦陷对中华帝国的冲击》，载《镜海缥缈》，第24页。
[2] 关于满剌加和葡萄牙人之战，参阅《马来纪年》，第271—279页。

将战船驶进并停泊在桥头两侧,巩固占领地带。亚伯奎接着下令在城内大肆劫掠,对男女老幼格杀勿论,被害者不计其数。入夜,葡军不断炮轰城内,苏丹携带家眷和财宝逃出城外。马六甲陷落,满剌加国亡[1]。

《马来纪年》中也详尽记载了满剌加与葡萄牙的战斗。第23章记述了葡萄牙人和满剌加的第一次战斗,以失败而告终。第34章记述了葡萄牙第二次攻打满剌加,"佛郎机驻果阿总督阿尔方梭·楚尔柏尔加尔基卸下总督职务后,回国谒见葡萄牙国王,请国王出兵进攻满剌加。国王同意他的请求,拨给他四艘大型帆船及五艘长艇。他即驾船赴果阿,在果阿又加上三艘海船、八艘三桅船、四艘长艇及十六艘战船,总计四十三艘船只浩浩荡荡杀奔满剌加来"。"满剌加兵不能抵挡佛郎机兵的进攻,节节败退。佛郎机兵随后掩杀,追到王宫前。他们登上王殿,闯入宫内。满剌加王苏丹·阿赫玛特被迫离宫逃亡,宰相也由人用轿子抬走"[2]。尽管《马来纪年》是文学作品,不是历史著作,但仍可以从中看到一些当时满剌加人与葡萄牙人的战斗情况。

在葡萄牙人的研究著作中也提到了葡萄牙对满剌加的占领。《葡萄牙史》中说,"首先是马六甲问题,1511年阿尔布克尔克[3]出发到那里,向这个胆敢袭击洛佩斯·德·塞克拉的

---

1 参阅梁志明主编《殖民主义史:东南亚卷》,北京大学出版社,1999年,第53—57页。
2 《马来纪年》,第271—274页。此处"阿赫马特"即"马哈茂德"。
3 就是前文提到的"阿丰索·德·亚伯奎"(Afonso de Albuquerque, 1453—1515)。

城市大兴问罪之师，并迫使它变成葡萄牙的一个永久据点。阿尔布克尔克遭到猛烈的反抗，对马六甲进攻好几次才把它占领下来"。《葡萄牙的发现》一书中也记录了这场战役，"那时的马六甲是一座拥有近10万人口的城市，由3万马来人和爪哇人守卫着，他们多数是优秀的战士，拥有许多战船、几千门火炮，还有大象和蘸了毒液的武器。该城首领及其谋士们都知道舰队统帅的名声及业绩，尽管看到兵力悬殊如此之大，仍拒绝了阿尔布克尔克提出的交出俘虏、进行赔偿及割让一块土地来修建一座要塞的要求和建议。7月24日，阿尔布克尔克发动的第一次进攻没有奏效，葡萄牙人只得退回到战船上。8月10日，舰队统帅再次向该城发起攻击，经过一个星期的鏖战，终于攻克了该城"[1]。

遗憾的是，当代葡萄牙史的专家们尽管也认为亚伯奎是一个为葡萄牙做出杰出贡献和有着令人厌恶的罪行交织在一起的矛盾人物，但对其道德的批判显然不够，反而从道德上将其说成一个大无畏的英雄，这是不可以接受的。从今天的历史观来看，要看到西方在全球扩张中对东方民族所犯下的罪恶，应予以谴责。这种在宗教狂热和自身国家经济利益驱动下的殖民，在道德上应被永远钉在历史的耻辱柱上。

---

[1] ［葡］雅依梅·科尔特桑：《葡萄牙的发现》（第五卷），中国对外翻译出版公司，1997年，第1242页。

三、中国与葡萄牙的首次交锋：围绕满剌加

满剌加被葡萄牙占领两年后，1513年（正德八年），葡萄牙人若热·阿尔瓦雷斯（Jorge Álvares，？—1521）到达中国广东珠江口的屯门，葡萄牙开始进入中国。葡萄牙人占领满剌加6年后，1517年，他们派出了一个访问中国的使团，团长就是托梅·皮雷斯。进入屯门后，他称自己是佛郎机国王的特使。广州的官员尽管不知佛郎机国为何方国家，但仍允许他们在此停留一段，待上报有结果后再议。

《明武宗实录》对此有记载："佛郎机国差使臣加必丹末等贡方物，请封，并给勘合。广东镇抚等官以海南诸番无谓佛郎机者，况使者无本国文书，未可信，乃留其使者以请。下礼部议处。得旨：'令谕还国，其方物给与之。'"[1]在南京期间，因通事火者亚三"夤缘镇守中贵"，贿赂武宗佞臣江彬，他们见到武宗皇帝。据葡萄牙历史记载，明武宗甚至和皮雷斯一起下棋，并十分喜欢会几种语言的火者亚三[2]。

中葡第一次外交并未成功。究其原因，一是武宗返京后病故；二是通事火者亚三骄横，见到礼部主事不行跪拜礼，引起众怒；三是明朝官员逐步开始知道葡萄牙吞并满剌加之事。

满剌加于正德十五年（1520）第一次具奏求救，《明实

---

[1] 《明武宗实录》卷158，正德十三年正月壬寅。
[2] 廖大珂：《满剌加的陷落与中葡交涉》，载《南洋问题研究》，2003年第3期。

录》武宗正德十五年十二月中有"宜侯满剌加使臣到日,令官译洁佛郎机蕃使侵夺邻国、扰害地方之故,奏请处置"。一年后正德皇上有旨,"会满剌加国使者为昔英等亦以贡至,请省谕诸国王及遣将助兵复其国。……满剌加救援事宜,请下兵部议。既而兵部议请敕责佛郎机,令归满剌加之地,谕暹罗诸夷,以救患恤邻之义。其巡海备倭等官,闻夷变,不早奏闻,并宜逮问。上皆从之"[1]。监察御史丘道隆得知这个消息后,要求去除葡萄牙使臣。"满剌加乃敕封之国,而佛郎机敢并之,且啖我以利,邀求封贡,决不可许。宜却其使臣,明示顺逆,令还满剌加疆土,方许朝贡,倘执迷不悛,必檄告诸蕃,声罪致讨。"[2]御史何鳌言:"佛郎机最凶狡,兵械较诸蕃独精,前岁驾大舶突入广东会城,炮声殷地。留驿者违制交通,入都者桀骜争长。今听其往来贸易,势必争斗杀伤,南方之祸殆无纪极。"[3]

正德十六年(1521)三月武宗驾崩,四月世宗嗣位,杀江彬、亚三,明廷对葡萄牙态度发生大的变化。使团被责令返回广州,随员都被关入广州牢中。至此,第一次中葡早期接触以失败而告终。

围绕满剌加被占一事,中国和葡萄牙展开了一场外交博弈。历史已告诉我们,在这场博弈中,明朝处于被动一方。

---

[1] 《明世宗实录》卷4,正德十六年七月己卯,上海古籍出版社,1983年,第208页。
[2] 《明史》卷325,《佛郎机》。
[3] 同上。

根据葡萄牙人克里斯托旺·维埃拉的记载,在葡萄牙人占领了满剌加以后,满剌加流亡国王的儿子敦·马哈茂德(Bendahara Tun Mahmud,1496—1560)到了北京,向皇帝倾诉了葡萄牙在满剌加的罪行。"这伙佛郎机强盗用大军蛮横无理地闯入马六甲,侵占土地,大肆破坏,苯毒生意,洗劫众人而把其他人投入牢狱。那些留在当地的人处于佛郎机统治之下。为此,马六甲国王终日心惊胆战,愁怏不寐。他携带那个中国国王赐予的印玺逃亡宾坦(Bentao),现在仍在该地。我的兄弟和亲友们则逃亡其他国家。现在正在中国土地上的葡萄牙国王的使臣是个骗子。他并不是抱着诚意前来,而是想骗中国。仰乞中国国王对忧心忡忡的马六甲国王表示怜悯,特呈现礼物,恳求得到救助和援军,使他们得以收复失土"[1]。但明朝反应迟钝[2],《明史》载:"后佛郎机强,举兵侵夺其地,王苏端妈末出奔,遣使告难。时世宗嗣位,敕责佛郎机,令还其故土。谕暹罗诸国救灾恤邻之义,迄无应者,满剌加竟为所灭。"[3]明朝并未采取任何行动,至正德十六年(1521)武宗死后才传遣旨:"佛郎机等处进贡夷人俱给赏令还国"[4]。如学者所说,这只是"一具纸文"[5]所说的"谕暹罗之诸夷以救患恤邻之义","敕责佛郎机,令归满剌

---

1 张天泽:《中葡早期通商史》,香港中华书局,1988年,第58—59页。
2 参阅《明世宗嘉靖实录》。
3 《明史》卷325,《佛郎机》。
4 《明武宗实录》卷197,正德十六年三月丙寅。
5 廖大珂:《满剌加的陷落与中葡交涉》,载《南洋问题研究》,2003年第3期。

加之地"。吴晗先生说："明人不自强，不造浮海大舶，与佛郎机荷兰等国争锋于海上，而独欲一纸敕谕令佛郎机还满剌加地，令暹罗出兵，明人谬甚。"此言极是，尽管将葡萄牙使团人员扣留广州狱中，但这些马后炮已经解决不了满剌加亡国后的实际问题。中葡围绕满剌加国所展开的外交博弈，实际上以明朝失败、葡萄牙人实际控制马六甲海峡为最终结局。

四、世界历史的新一页

葡萄牙是欧洲一个小国，满剌加是马来半岛的强国、中国的宗属国，而中国是亚洲大国。中国和葡萄牙围绕满剌加的交锋是中国与西方第一次的利益冲突，其最终结局对全球的经济和政治格局都产生了深远的影响。

首先，葡萄牙对满剌加国的占领是其争夺欧洲香料市场的一个重大胜利。由于地理气候原因，欧洲不产香料。法国有句古老的谚语"贵如胡椒"，以形容某件商品的昂贵，可见香料的地位。中世纪时，西方人最需要的东方商品是香料，"香料一词在当时包括各种各样的东方物产：芬芳的甘松香；可用以止血和清洗血腥的檀香；妇女们极为欣赏的树胶脂格篷香胶；龙涎香、樟脑、苦艾和象牙；诸如锡兰肉桂、肉豆蔻干皮、肉豆蔻、丁香、多香果、姜和辣椒之类的调味品，其中，辣椒居首要地位。香料在只晓得用盐处理食品、对其他食物保存技术知道得很少的世界里，是极受欢迎的"[1]。

  一直以来，欧洲人并不知道香料的真正产地，只是通过中间贸易获得香料。14世纪到葡萄牙占据满剌加以前，香料贸易的中心是威尼斯。14世纪末，香料占威尼斯利凡特贸易总投资额的75%以上，有时甚至高达98%。但当葡萄牙人开辟了印度洋的新航线后，特别是占据了满剌加后，欧洲香料贸易的格局开始被打破。皮雷斯曾说过，"对马来商人说，上帝赐予帝汶檀香木，赐给班达肉豆蔻衣，赐给马鲁古丁香。除了这几个地方外，世界上没有任何地方能够获得这些商品"[2]。1513至1519年是葡萄牙香料贸易的鼎盛期，年均进口香料37493担（quintal），1518年的进口量更是多达48062担，达到峰值。同时，威尼斯的香料贸易几近崩溃。1514年，连威尼斯自己也从里斯本购买香料[3]。由于威尼斯的香料是从埃及进口的，葡萄牙新航线的发现，满剌加被占领，导致了埃及人在威尼斯人的全力支持下，于1508年派遣一支海军远征队，去帮助印度王公把侵占他人权利的葡萄牙人从印度洋中赶出去。埃及人的努力失败了，但是，于1517年征服埃及的土耳其人继续从事反对葡萄牙人的运动，在以后数十年中派出了好几支舰队。但他们也没有成功，香料依旧绕

---

1 ［美］斯塔夫里阿诺斯：《全球通史：1500年以后的世界》，上海社会科学院出版社，2002年，第76页。
2 转引自［澳］安东尼·瑞德著，孙来臣等译：《东南亚的贸易时代：1450—1680》（第二卷），商务印书馆，2010年，第2页。
3 田汝英：《葡萄牙与16世纪的亚欧香料贸易》，载《首都师范大学学报》（社会科学版），2013年第1期。

过好望角流向欧洲[1]。对印度洋和东南亚香料的垄断，使葡萄牙获得了巨额的利润。我们可以从一些基本数据看到葡萄牙在香料上所获得的巨大利益，"在1511年占据东南亚著名港口马六甲之前，葡萄牙人自己运抵欧洲的香料不及穆斯林船队运输量的四分之一。从1513年到16世纪30年代，葡萄牙人时来运转，平均每年转运30多吨的丁香和10吨的肉豆蔻，从而主宰了欧洲市场"[2]。历史的转折就是从葡萄牙占领满剌加开始，由此，"获取香料并控制香料贸易的欲望促使葡萄牙创建了其'胡椒帝国'"[3]，从而使葡萄牙一跃成为当时欧洲的强国，成为"一个在规模和性质上前所未有的政治实体，标志着全球贸易平衡和力量平衡开始了具有决定性意义的转变"[4]。对满剌加的占领造就了葡萄牙这个海上帝国的兴起。

其次，葡萄牙对满剌加的占领是其进入东方市场的关键一役。

葡萄牙人占据满剌加后很快就与中国建立了贸易关系。对中国来说，这是历史上第一次将自己的商品直接卖给欧洲人，而不再经过中间商人的盘剥。但实际上葡萄牙从中国买

---

1 ［美］斯塔夫里阿诺斯著，吴象婴等译：《全球通史：1500年以后的世界》，北京大学出版社，2005年，第137页。
2 ［澳］安东尼·瑞德著，孙来臣等译：《东南亚的贸易时代：1450—1680》（第二卷），第16页。
3 A.R.Disney, *Twilight of the pepper Empire Portuguese Trade in southwest India in the Early 17th Century*, Manohar Publication, 2010.
4 田汝英：《葡萄牙与16世纪的亚欧香料贸易》，载《首都师范大学学报》（社会科学版），2013年第1期。

来的货物很少运回本国，因为他们在返回印度洋时，就会在印度洋国家把中国的货物卖掉，获得利润，再拉上南亚的香料和货物回到欧洲。同时，他们开始利用满剌加这个据点把东南亚的胡椒拉到中国。意大利人安德雷·科萨里曾说过"将香料载往中国所获得的利润与载往葡萄牙所获得的利润同样多"[1]。葡萄牙人将来自苏门答剌、马拉巴尔、北大年等地的胡椒、坎贝药材，以及鸦片、五倍子、藏红花等运往中国，开始垄断中国与南洋各国的贸易。

与此同时，当葡萄牙人在澳门站稳脚跟以后，他们充分利用了明朝当时因为防止海盗而禁止中国出海的法令，成为东亚内部贸易的中转者，直接参与到东亚内部的贸易体系中来。由此，澳门成为马尼拉、日本、朝鲜、东南亚的贸易中心。澳门—日本是当时利润最高的一条贸易航线[2]，澳门—马尼拉同样是葡萄牙所控制的高利润航线，"1634至1637年间，澳门—马尼拉贸易利润约为澳门海外贸易的50%"[3]，葡萄牙充分利用东亚和东南亚各国的制度与文化差异，将其贸易形式发展成极为复杂的形式，并从中获得巨额利润。如学者所说，葡萄牙以澳门为基地，充分利用了亚洲内部复杂的贸易网络。每年4到5月，葡萄牙人将佛兰芒钟、葡萄酒、印度的

---

1 张天泽：《中葡早期通商史》，中华书局，1998年，第67页。
2 戚印平：《早期澳日贸易》，载《澳门史新编》第二册，澳门基金会，2008年，第408—430页。
3 ［葡］罗利路：《16—18世纪的澳门贸易与社会》，载《澳门史新编》第二册，澳门基金会，2008年，第402页。

棉布等运到印度的科钦，在科钦换得香料和宝石，然后将这些南亚的货物运至马六甲，卖掉棉布等商品后，再买来东南亚的胡椒、丁香、肉豆蔻、苏木、檀香、沉香、樟脑等，一路顺风到达澳门，然后用东南亚的香料换取中国丝绸。待到第二年6到8月，葡萄牙人乘着西南季风前往日本，在那里卖掉中国的丝绸并换来中国急缺的白银。10到11月初，葡萄牙人乘东北季风再从日本返航澳门，卖掉白银后可得二三倍的利润。然后，在澳门这个临时的据点滞留数月后，葡萄牙人满载中国的丝绸、麝香等返回南亚。归途中，葡萄牙人将丁香贩卖给印度，满载中国的货物和南亚的香料返回欧洲。在一定意义上，葡萄牙入侵者——这个亚洲的外来户，的确成为这一时期亚洲内部贸易的"海上马车夫"。

葡萄牙人既充分地利用了亚洲内部的贸易体系，也充分地利用了其独家掌握的通向中国的航道，发了100多年的横财，使其成为欧洲当时的第一强国。

最后，葡萄牙对满剌加的占领是中国朝贡国际体系瓦解的开始。

朝贡贸易是中国历代王朝遵从儒家传统文化在处理对外关系中的一种行为方式，具有较强的伦理性。从思想上讲，"夷夏之辨"是朝贡制度建立的理论前提；从政治上讲，"天下共主"是朝贡制度的政治追求；从文化上讲，"礼治德化"是朝贡制度的基本目的；从经济上讲，"厚往薄来"是朝贡制度的重要方法。朝贡制度是一种和平主义的国际关系设计。就历史角度来看，人类历史上国家之间的关系大体有三种形式：军事征服、经济贸易和文化传播。朝贡制度采取的是通过经济贸易和文化传播达到国家之间的和谐关系。尽管在形式上中国与各朝贡国是宗藩关系，但实际上各国依然保留自己完整的国家机构，也不会受到中国的干预。因此，同西方国际关系理论中的利己主义原则相比，中国的朝贡制度具有高度的道德和浓重的伦理色彩。费正清曾说，"纳贡的地位就是给外国人在特定条件下的经商权，使皇帝对外国朝觐者的权威合法化。但是这并非附庸关系，也并不表示要求清朝保护"[1]。

不能将朝贡体系仅仅看成是一种政治关系，它是中华帝国与外部政治、经济关系的一个完整体系；也不能仅仅将朝贡体系看成官方单一的行为，它同时包含着官方和民间两种贸易内容。"岛夷朝贡，不过利于互市赐予，岂真慕义而来"[2]。而对于海外诸国来说，"虽云修贡，实则慕利"[3]，"朝贡贸易本身带有互通有无的互市贸易过程。私人贸易不仅在会同馆中是存在的，而且在官方远航的海外贸易中也是存在的"[4]。

郑和下西洋的伟大意义在于，通过官方和民间的贸易，

1　[美]费正清、[美]刘广京编，中国社会科学历史研究所编译室译：《剑桥中国晚清史》（上），中国社会科学出版社，第44页。
2　〔元〕马端临：《文献通考》卷331，《四裔八》。
3　《正德大明会典》卷97，《礼部》五六《朝贡》二；卷98，《礼部》五七《朝贡》三。
4　万明：《郑和下西洋与亚洲国际贸易网的建构》，载《吉林大学社会科学学报》，2004年第6期。

中国和亚洲、非洲各国建立起一个庞大的贸易体系。葡萄牙人占领满剌加后对朝贡贸易体系产生了重要的影响，一方面，他们充分利用这个贸易体系，另一方面又逐步蚕食和瓦解了朝贡国与中国的关系。下文分别来论述。

首先，不要夸大葡萄牙在亚洲贸易体系中的建设性作用。有些学者认为，在葡萄牙进入亚洲之前，亚洲没有现代国际贸易体系，葡萄牙人占领满剌加后，中国的朝贡贸易基本上就解体了，取而代之的是西方的贸易体系。郑和最后一次下西洋是明宣德五年至八年（1430—1433），随着郑和下西洋的停止，亚洲内部的旧有的贸易系统也逐步停止了。

这个观点有两个问题：第一，在葡萄牙人来亚洲以前，亚洲已经有着一个庞大的贸易体系。从1000至1500年，印度洋一直是全球贸易的中心，阿拉伯商人掌握着从东非到红海口、波斯湾以及印度西海岸的贸易，印度商人控制着从锡兰到孟加拉湾再到东南亚的贸易，而中国人控制着从中国到印度尼西亚和马六甲海峡的南中国海贸易。美国学者罗伯特·B.马克斯（Robert B. Marks）认为"四大文明和经济实力中心为印度洋贸易提供了原动力：伊斯兰教的中近东、印度教的印度、中国、印度尼西亚或香料群岛。中国人把制造品——特别是丝绸、瓷器、铁器、铜器运到马六甲，换取香料、新异食品、珍珠、棉织品及白银带回中国。印度人带来棉织品换回香料。印度出口棉纺织品和其他制造品到中东和非洲东部，其中一些纺织品还远达非洲西部。从非洲和阿拉伯人那里，印度人得到棕榈油、可可、花生和贵金属。……这种巨大的全球贸易的引擎主要是中国和印度"[1]。亚洲与非洲之间的贸易体系一直就存在，并非是葡萄牙人带来的，郑和七下西洋就证明了这一点，满剌加国的兴起与繁荣也证明了这一点。按照日本历史学家滨下武志的看法，亚洲内部以朝贡体制为特征的贸易圈一直是很活跃的，直到鸦片战争前都是主导型的贸易体制。"自14、15世纪以来，亚洲区域内的贸易在逐渐扩大，存在着一个以中国为中心的东亚贸易圈，以印度为中心的南亚贸易圈，及以此两个贸易圈为两轴，中间夹以几个贸易中转港的亚洲区域内的亚洲贸易圈。欧美各国为寻求亚洲的特产品，携带着白银也加入这个贸易圈中来，并在此加入的过程中与亚洲既存的贸易圈发生关系，英、印、中三角间贸易关系就是其表现之一"[2]。

第二，葡萄牙人进入亚洲后并没有带来新的贸易体系。无论是在占领满剌加之前还是之后，葡萄牙人不过是充分利用了亚洲内部已经存在的贸易体系而已。相关学者认为，就亚洲贸易而言，建立在战争、强制和暴力之上的葡萄牙殖民统治时期根本就不是什么经济上'高度发达'的阶段。传统的

---

1 [美]罗伯特·B.马克斯著，夏继果译：《现代世界的起源：全球的、生态的述说》，商务印书馆，2006年，第70页。
2 [日]滨下武志著，朱荫贵、欧阳菲译，虞和平校审：《近代中国的国际契机：朝贡贸易体系与近代亚洲经济圈》，中国社会科学出版社，1999年，第10页。长期以来，西方学术界以"冲击—反应"模式来解释中国近代的发展，将中国和亚洲只是作为欧洲发展的一个阶段来处理，亚洲近代以来没有自身的动力，像沃尔斯坦所说，欧洲是近代经济的中心，而亚洲只是边缘。这样就过分强调了西方进入亚洲后的作用。

贸易结构尽管遭到穆斯林与基督徒之间爆发的宗教战争的严重破坏，但依然如故，这一时期的贸易额并没有什么值得一提的增长。葡萄牙殖民统治时期的贸易和经济管理方式同亚洲贸易和亚洲经济管理方式一个样……，葡萄牙殖民统治时期因而并未向东南亚的贸易加入什么新鲜玩意儿。贡德·弗兰克的《白银资本：重视经济全球化中的东方》证明了这一点，18世纪前中国是世界经济的主车轮，"欧洲诸国对亚洲的渗透，特别是西班牙、葡萄牙的渗透，其过程是为欧洲诸国谋求所需的亚洲产品，通过进入亚洲区域内的贸易而获取了最初的可能。也就是说，在此不是以西方的产品和亚洲的产品进行直接的交换，西方要么将白银运来，要么利用在亚洲区域内进行贸易的所得再购买亚洲产品"[1]。

所以，认为葡萄牙占领满剌加后建立了一个新的贸易体系，取代了朝贡贸易体系的看法是不符合历史的。

其次，不能忽视葡萄牙占领满剌加后对朝贡体系的瓦解作用。葡萄牙是以武力的形式占领了满剌加，当时能够制止葡萄牙这种行为的只有中国，但明朝没有采取实际行动制止葡萄牙这种野蛮行为。这是由于当时明朝自身衰落的原因，同时说明虽然中国通过郑和七下西洋成功地在东南亚建立起朝贡体系，有了以中国为中心的国际秩序，"但这种新秩序必须建立在实力基础上，如果没有海上武装力量和殖民制度的

---

[1] ［日］滨下武志著，朱荫贵、欧阳菲译，虞和平校审：《近代中国的国际契机：朝贡贸易体系与近代亚洲经济圈》，第31页。

支撑，是缺乏竞争威力的，一旦受到西欧殖民势力的强有力的挑战，则显露出一筹莫展的窘态"[1]。

中国和葡萄牙围绕满剌加展开的博弈从实质上反映了两种国家关系理论与实践的差别与斗争。一种是中国的朝贡体制。这是一种具有理想主义和浓厚伦理色彩的国际关系设计，以"天下共主"的理想国际社会秩序为目标，而"非有意于臣服之也"。一种是葡萄牙的武力征服形式。这是一种完全站在自身国家利益之上，以强权奴役、欺辱、占领、剥削弱小国家的殖民主义的设计。两种国际关系理论，两种国际秩序设计，当中国缺乏强大的国力来维护这个朝贡体系时，葡萄牙这种殖民主义就占了上风。《明会典》所载63个朝贡国，有2/3以上位于满剌加以西。明王朝一旦失去满剌加，意味着朝贡体系不仅被打破，而且面临着从根本上动摇和瓦解的危险。历史证明了这一点。当葡萄牙人占领满剌加后，就控制了马六甲海峡，同时也确立起其在东南亚的海上霸权地位。葡萄牙的霸权使那些原为中国朝贡国的各国纷纷放弃向明朝贡，转而承认葡萄牙的霸权。"在占领满剌加的最初几年里，就有"彭亨（Pahang）、监篦（Campar）和英德拉基里（Indragiri）成为葡萄牙的朝贡国，米南加保（Menangkabau）、阿鲁（Aru）、巴塞（Pase）和勃固（Pegu）成为友好的属国，暹罗成为友好的国家，还有马鲁

---

[1] 廖大珂：《满剌加的陷落与中葡交涉》，载《南洋问题研究》，2003年第3期。

古、爪哇的革儿昔（Grisee）、杜板（Tuban）、Sidayu、泗水（Surabaya）、巽他（Sunda）和渤泥（Brunei）都向葡萄牙人表示臣服"[1]。中国与这些朝贡国的关系开始疏远与终结，葡萄牙在政治上树立了自己的霸权。

但要看到，葡萄牙此时并未建立新的贸易体系，只是充分利用了明朝原有的朝贡体系和亚洲内部早已存在的贸易网络。朝贡体系的政治和经济一体的结构，在葡萄牙占领满刺加后开始逐步解体，明王朝的对外关系中政治和经济开始分离，经济上允许葡萄牙合法地在亚洲贸易体系内活动，政治上则逐步失去了对朝贡国的保护，从而在根本上动摇了明王朝建立的朝贡制度。英国历史学家D.G.E.霍尔在《东南亚史》一书中说过，"亚洲感觉到欧洲人统治的威胁是从1511年（东南亚的马六甲被葡萄牙人侵占）开始的"，这无疑是正确的。葡萄牙占领满刺加，无论对世界还是对中国，都是一个具有转折性意义的重大历史事件。"满刺加的沦陷，意味着西方在与东方的角力中占了上风。葡人据居澳门，象征着西方在东方建立了侵略渗透的桥头堡，预示了中国不久将世界政治经济中心让位与西方"[2]。但在后来的历史发展中，葡萄牙在进入中国福建、广东沿海后连续三次与明军开战，都以失败而告终。这是葡萄牙在全球扩展中首次遭遇军事的失败，

---

1 廖大珂：《满刺加的陷落与中葡交涉》，载《南洋问题研究》，2003年第3期。
2 全国平：《1511年满刺加沦陷对中华帝国的冲击》，载《镜海缥缈》，第32页。

晚明帝国的强大使其不能采取在非洲和满剌加那样的方式与中国交往，于是以晒货的名义在澳门住下，接受明政府的管辖。由此，葡萄牙以澳门为中心拉开了中国与欧洲平等交流的300年的历史。这段历史成为自1498年大航海后，早期全球化进程中不同文明间为数不多的互鉴互学的交往史，值得今天的中国和欧洲珍惜。这段历史所给予的重要启示是：文明互鉴，是不同文明相处的正确之道。

第二章
利玛窦儒学观的困境与张力

利玛窦关于儒家非宗教的论述及其评判
利玛窦对中国儒学发展分期的论述及其评判
利玛窦儒学观的文化意义

晚清之前基督教曾三度入华，即唐代景教、元代天主教[1]和明末入华的天主教[2]。其中，明末以利玛窦为代表的入华耶稣会士最为成功地处理了中国文化和基督教文化的关系。利玛窦所开启的合儒路线不仅在明清之际产生了重大的影响[3]，而且对晚清乃至今天的基督宗教在中国的发展都有着重要的影响。同时，利玛窦的合儒适应政策也是西方文化中最重要的文化遗产，特别是在今天中国重新回到世界舞台中心的时刻，如何认识一个文明的中国，汲取利玛窦儒学观的合理

1　唐晓峰:《元代基督教研究》，社会科学文献出版社，2015年。
2　冯尔康:《尝新集——康雍乾三帝与天主教在中国》，天津古籍出版社，2017年；金国平、吴志良:《镜海缥缈》，澳门成人教育学会，2001年；金国平、吴志良:《过十字门》，澳门成人教育学会，2004年。
3　林金水:《利玛窦与中国》，中国社会科学出版社，1996年；张错:《利玛窦入华及其他》，香港城市大学出版社，2002年；宋黎明:《神父的新装：利玛窦在中国》，南京大学出版社，2011年；[美]夏伯嘉:《利玛窦：紫禁城里的耶稣会士》，上海古籍出版社，2012年；张西平:《欧洲早期汉学史：中西文化交流与西方汉学的兴起》，中华书局，2009年；张西平:《交错的文化史：早期传教士汉学研究史稿》，学苑出版社，2017年；[美]柏理安著，毛瑞方译:《东方之旅》，江苏人民出版社，2017年；Fonti Ricciane. Matteo Ricci, Storia dell'Introduzione del Cristianesimo in Cina, 3 volumes, Pasquale D'Elia, editor. Rome: La Libreria dello Stato, 1942-1949。

性，总结其理论上的内在困境，对于西方思想文化界来说是十分重要的。

一、利玛窦关于儒家非宗教的论述及其评判

1. 利玛窦关于儒家非宗教性论述

首先，利玛窦从自身宗教的体会，列举出儒家具有的一些宗教特征。利玛窦认为，偶像崇拜是宗教的基本特征，儒家虽然没有偶像崇拜，但有自己敬拜的神灵。"儒家不设偶像，只拜天和地，或皇天上帝，他似乎掌管和维持着世间万物，他们也敬拜其他神明，但他们未赋予这些神明如天帝那样的神能"[1]。

世界的来源和宗教的惩戒是任何一个严格的宗教都要回答的问题，不同的答案，体现了不同宗教所代表的不同文明早期对世界的认识。利玛窦说儒家虽然不讲创世，但也讲报应和惩戒，其重点是现世。真正的儒家从来不提及世界是何时创造的，也不提是由谁创造的，更不谈世界的起源是什么样。利玛窦之所以强调真正的儒家，是因为他认为一些无名

---

1 ［意］利玛窦著，文铮译：《耶稣会与天主教进入中国史》，商务印书馆，2014年，第69页。目前国内利玛窦的这部著作有两个译本，一个是何高济等从英文版翻译过来的《利玛窦中国札记》（中华书局，1983年），一个是文铮翻译的《耶稣会与天主教进入中国史》（商务印书馆，2014年）。利玛窦原书是用意大利文写的，后被他的同僚金尼阁译为拉丁文首先出版，中华书局的中文版是依据英文从拉丁文转译的本子翻译的，商务的中文版是直接从意大利文版翻译的。因此，这两个本子差异很大。

儒者极尽妄想之能事，牵强附会，尽管其影响微不足道。

"在儒家的教义中讲到，好人和坏人都会得到上天相应的奖惩，但他们最多考虑的还是现世，相信这些报应会应验在行善或作恶者本人身上，或是体现在他们后代的身上"[1]。来世与灵魂是基督教神学的基本内容，利玛窦看到儒家是讲灵魂，但又没有天堂、地狱的来世。

"对于灵魂不灭的说法，中国的古人似乎不抱任何怀疑态度，甚至认为人死后仍能在天上存活许多年，但他们却未提及什么人该下地狱。现在的人都认为，人死后灵魂将彻底消灭，不相信在另一个世界中会有什么天堂和地狱"[2]。

祭祀是基督教的重要宗教活动，而教堂与神父则是支撑信徒进行信仰活动的基本保证。利玛窦看到，儒家既无教堂也无专职的神职人员。"虽然儒家承认天帝之名，但却不为其修建庙宇，也没有一个祭拜的地方，所以也就没有祭司，没有神职人员，更没有供大家观看的庄严仪式以及需要遵守的清规戒律，甚至他们都没有一位高级教士负责宣布、解释其教义，惩治与宗教作对的人。故此，儒家无论是集体还是个人都从不念诵经文"[3]。

在利玛窦看来，儒家自己特色鲜明的活动是祭祖和祭

---

[1] ［意］利玛窦著，文铮译：《耶稣会与天主教进入中国史》，商务印书馆，2014年，第69页。［意］利玛窦著，文铮译：《利玛窦书信集》，商务印书馆，2018年；Francesco D'Arelli, editor, *Marreo Ricci Lettere (1580-1609)*, Macerata: Quodlibet, 2001.

[2] ［意］利玛窦著，文铮译：《耶稣会与天主教进入中国史》，第69页。

[3] 同上书，第70页。

孔。儒家的这两项祭祀活动很隆重，表达了他们对祖先和圣贤的敬意和敬重，但同时在这种活动中又包含了对现世的关怀。所以，他更认为这是风俗，属于一种民间世俗性活动。

"上至皇帝，下至平民百姓，儒家最隆重的活动是每年在一些固定的时间里祭奉逝去的祖先，为他们供奉肉食、水果、香烛、绸绢（穷人们则用纸代替）。他们认为这是对祖先的敬意，所谓'事死如事生'。他们并不认为死者会享用或需要上述这些东西，但他们说这是因为不知道还有什么别的方法能表达他们对祖先的热爱和感激。还有些人告诉我们，举行这种仪式与其说是为死者，不如说是为了生者，也就是说，教导他们的子孙和那些无知的人尊敬、赡养他们在世的父母，让世人看到那些大人物们侍奉他们去世的祖先，仍像祖先们在世的时候一样。但不管怎样，中国人并不认为这些逝去的人就是神，不向逝者们祈求什么。也不指望先人们为他们做什么，这完全不同于任何的偶像崇拜，或许还可以说这根本不是迷信"[1]。

利玛窦说，儒家自己的庙宇是孔庙，依照当时的法律，在每座城市里都要设立，地点就在学宫内，其建筑非常华丽，掌管秀才的官员的衙门与其毗邻。"在孔庙中最显著的位置设有孔子的塑像，或者是一块精制的牌位，上面用金字写着他的名字，两侧是他的七十二位弟子的塑像或牌位，这些弟子也被视为圣贤。在孔庙，每月的初一和十五，全城的官

---

[1] ［意］利玛窦著，文铮译：《耶稣会与天主教进入中国史》，第70—71页。

员和秀才都要来行跪拜大礼，点燃蜡烛，隆重地向他祭奉牺牲和其他食物，感谢他在其著作中为后人留下的训诫，而通过对这些训诫的学习，人们可以获得官职与功名。他们既不念诵经文，也不向孔子祈求什么，就像祭祖时一样"[1]。

任何宗教都要有自己的教义，表达对神灵的崇拜和对教规的规定，教义体现了每一个宗教信仰的核心。利玛窦在儒家的教义中看到了其在伦理上与基督教的相似性。

"儒家教义的宗旨是国泰民安、家庭和睦、人人安分守己。在这些方面他们的主张相当正确，完全符合自然的理性和天主教的真理。他们相当重视'五伦'，他们说这是人类所共有的即父子、夫妻、君臣、兄弟以及朋友之间的关系。他们认为外国人都不重视这些关系。……在儒家所有的著作中，都非常明确地指出关于'仁'的理论，即'无论何事，凡你们愿意别人为你们做的，你们也该为别人做'。他们还尤为重视子女对父母的尊重和臣民对上级的忠诚"[2]。

利玛窦不仅从基督教教义立场来审视儒家是否是宗教，同时，他也在儒家与佛教、道教的对比中发现了儒家的特质与佛教和道教完全不同。对于儒教对待佛、道二教的关系，利玛窦写道：

"他们既不提倡也不反对人们相信关于来生的事，他们中的许多人除信奉儒学外，还同时相信另外两种宗教，因此

---

[1] ［意］利玛窦著，文铮译：《耶稣会与天主教进入中国史》，第71页。
[2] 同上。

我们可以说，儒家并非一个固定的宗教，只是一种独立的学派，是为良好地治理国家而开创的"[1]。

利玛窦按照宗教的基本特征逐一考察了儒学后，他发现儒学一方面具有某些宗教的特征，有其宗教性，但另一方面，儒学又和他所理解的宗教有着很大的不同，有着自己的特点。他清楚地认识到儒家在中国的社会地位，也看到孔子在中国的地位。

"儒家在中国是固有的，因此，无论是过去还是如今，政权一直掌握在儒家手中，而儒家也是最兴盛、典籍最多、最受青睐的宗教。……其经典的作者或创始人和教主是孔夫子"[2]。

虽然从他的宗教立场上看，孔子好像是个教主，但同时，利玛窦也很清楚地看到，孔子和所谓的宗教领袖完全不是一回事。

"中国最大的哲学家莫过于孔子，他生于公元前551年，享年七十余岁，一生授人以言行与文辞，人们都把他视为世间至圣至贤的人，旷古未有，因此非常受人尊敬。说实话，他所立之言与他合乎自然的生活方式绝不逊色于我们的先贤古哲，甚至还超过了我们很多古人。故此，没有一个读书人不把他的言行和著作视为金科玉律。直至今日，所有的帝王依然尊崇孔子并感激他留给后人的治世学说。在以往的几个

---

1 ［意］利玛窦著，文铮译：《耶稣会与天主教进入中国史》，第71页。
2 同上书，第69页。

世纪里，他的后代子孙一直受人尊重，帝王赐予其族长高官厚禄和世袭的爵位。除此之外，在每个城市和学宫里都有一座规模宏大的孔庙，庙内立有孔子塑像和牌位，以供读书人依古法举行祭孔仪式。……但他们并不把孔子视为神祇，也不向他乞求什么，所以祭孔不能被视为真正的祭祀活动"[1]。

如何认识中国社会，利玛窦也经历了一个很长的时间，大约经过了13年，他才脱下天主教的僧袍，戴上了儒冠。经历了在中国的实际生活，他认识到儒家在中国社会中的地位，认识到中国是一个信奉儒学的国家，对于儒家的复杂性和多元性，他得出的最终结论是：

"中国人并不认为这些逝去的人就是神，不向逝者们祈求什么，也不指望先人们为他们做什么，这完全不同于任何的偶像崇拜，或许还可以说这根本不是迷信。"[2]利玛窦认为，中国人这样的祭祀活动只是一种习俗。儒家的精神领袖孔子并不是一位宗教领袖，而只是一位哲学家。

2. 利玛窦儒家非宗教性论述的评论

我们看到，利玛窦站在自己的宗教立场上，得出了"儒家非宗教"这样一个极为重要的结论。

如何看待利玛窦对儒家的定性呢？

第一，这是利玛窦站在基督教立场上对儒家做出的一种

---

1 ［意］利玛窦著，文铮译：《耶稣会与天主教进入中国史》，第22页。
2 同上书，第70—71页。

定性。从前文利玛窦的论述我们可以看到他是从基督教立场来逐一审判儒家的[1]。因为基督教是一神论崇拜的宗教[2],而儒学中的圣人显然不是神,世界上有多种宗教形态,基督教只是其中一种。因此,他是从基督宗教的角度做出了这个判断。这个判断在来华传教士中引起了重大的争论,特别是在耶稣会以外的方济各会、道明会那里引起了争论,这就是著名的礼仪之争[3]。在判断儒学的性质上,不同的天主教会产生了完全不同的认识:以利玛窦为代表的耶稣会认为,儒家不是宗教,而以道明会为代表的托钵修会认为,儒家是宗教。因此,关于儒家是宗教还是非宗教,首先是在西方基督教阵营中的一种讨论,是西方文明遭遇东方文明时所产生的一种内部争论。利玛窦这样的认识,出发点是为了更好地传教而做出的判断。他是站在基督教立场上来判断儒家文明的,就是西方天主教的"天主概念","其出发点暨根本观念在于,笃信'天主'或'上帝'乃是创世主、主宰者和救世主,并

---

1 利玛窦对中国宗教有一段论述,这个论述中有大量基督教神哲学概念,像"天主""崇拜""灵魂""堕落""无神论"等,这说明了他论述中国宗教的出发点和宗教立场。
2 [美]奥尔森著,吴瑞诚等译:《基督教神学思想史》,北京大学出版社,2003年;[英]约翰·德雷恩著,许一新译:《旧约概论》,北京大学出版社,2004年;[英]约翰·德雷恩著,胡青译:《新约概论》,北京大学出版社,2005年;[德]汉斯·昆著,杨煦生等译:《世界宗教寻踪》,三联书店,2007年。
3 [美]苏尔、诺尔著,沈保义等译:《中国礼仪之争:西文文献一百篇(1645—1941)》,上海古籍出版社,2001年;李天纲:《中国礼仪之争:历史·文献与意义》,上海古籍出版社,1998年。

用西方中世纪经院哲学所形成的一神论思想体系来全面论证'天主'或'上帝'的神圣属性，诸如'天主'或'上帝'的唯一性、至高性、全能性、全知性和至善性，等等"[1]。

第二，利玛窦的儒家观忽略了儒家的宗教性特征。从孔子来说，他的学说主体是以世间生活伦理为主，但孔子思想的宗教性仍是其重要的组成部分，这是儒家宗教观的特点。

在天人关系上，孔子承认主宰天的存在。如：言子有三畏，畏天命，畏大人，畏圣人之言（《论语·季氏》）；获罪于天，无所祷也（《论语·八佾》）；商闻之矣："死生有命，富贵在天。"（《论语·颜渊》）。这说明孔子并未和宗教思想完全决裂。有时，孔子的天是自然之天：天何言哉？四时行焉，百物生焉，天何言哉？（《论语·阳货》），这里天被看成"自然之神，是人类尚无法认识、控制的各种异己力量的总和。孔子不强调天的意志性、情感性和神秘性，而是突出了'天命'的强制性、决定性色彩"[2]。

道之将行也与，命也；道之将废也与，命也。（《论语·宪问》）

不知命，无以为君子也。（《论语·尧曰》）

---

[1] 张志刚：《"宗教概念"的观念史考察：以利玛窦的中西方宗教观为例》，载《宗教与哲学》（第二辑）。
[2] 牟钟鉴、张践：《中国宗教通史》（上），中国社会科学出版社，2007年，第130页。

尽管这样，孔子并不是一个无神论者，季路问事鬼神，子曰："未能事人，焉能事鬼？"曰："敢问死？"曰："未知生，焉知死？"（《论语·先进》）；"子不语怪、力、乱、神。"（《论语·述而》）。

敬鬼神，而远之。这体现了孔子在宗教方面的双重性，即承认鬼神的存在，但不将命运寄托于鬼神。

在儒家后期的发展中，宗教性的色彩一直保存着，它时强时弱，但一直是儒家思想的一个维度[1]。就此而言，利玛窦的确没有说清楚儒家的宗教性这一方面[2]。

第三，利玛窦的判断只是揭示了中国社会的主导方面，而没有把握中国社会的整体。

中国社会是一个复杂的多元体，儒家代表着中国文化的大传统，但在儒家之外还有着底层社会的小传统，这就是民间宗教信仰等传统形式。余英时借用了美国人类学家芮德菲尔德（Robert Redfield，1897—1958）在其1956年出版的《农民社会和文化》（*Peasant Society and Culture*）一书中提出的"大传统和小传统"的概念，来解释中国社会。他说"中国古代的大、小传统是一种双行道的关系。因此大传统一方面固然超越了小传统，另一方面则又包括了小传统"[3]。余英时

1　单纯：《儒家的思想魅力》，中国社会出版社，2011年。
2　李申选编《儒教敬天说》，国家图书馆出版社，2009年；詹鄞鑫：《神灵与祭祀：中国传统宗教综论》，江苏古籍出版社，1992年；梁景之：《清代民间宗教与乡土社会》，社会科学文献出版社，2004年。
3　余英时：《士与中国文化》，上海人民出版社，2003，第122页。

所说的"大传统"主要是儒家所代表的精英文化,"小传统"就是民间文化。

利玛窦在中国生活期间,明显地感受到儒家在中国社会生活中的地位,他写道:"整个国家都由文人治理,他们掌握着真实而神圣的权利。"[1]

在这里利玛窦看到了儒家在中国社会生活中的地位,加上前面他对儒家宗教性的判断,应该说他的认识大体接近中国社会的主要特征,但他没有看到中国社会民间文化在社会生活中的作用。与利玛窦相反,道明会的传教士们主要看到了中国社会的民间文化,而忽略了儒家在中国社会中的主导性作用。道明会从福建登陆中国,在福建看到了大量的民间信仰,从而使他们无法理解以利玛窦为代表的耶稣会的判断[2]。

3. 利玛窦关于儒家非宗教性论述的影响

利玛窦这个论断所引起的争论在西方社会产生了重要的影响,但在中国并无太大的反应,利玛窦的著作也并没有被翻译成中文。但他是站在基督教立场来评判儒家的,这一点是明确的。从一个长时段来看,利玛窦对儒家的定性在历史

---

1 [意]利玛窦著,文铮译:《耶稣会与天主教进入中国史》,商务印书馆,2014年,第38页;参阅[意]菲利浦·米尼尼著,王苏娜译:《利玛窦——凤凰阁》,大象出版社,2012年;[美]孟德卫著,陈怡译:《奇异的国度:耶稣会适应政策及汉学的起源》,大象出版社,2010年。
2 张先清:《官府、宗族与天主教:17—19世纪福安乡村教会的历史叙事》,中华书局,2009年。

上产生了一定的影响。

美国汉学的奠基人卫三畏（Samuel Wells Williams，1812—1884）在他的《中国总论》（The Middle Kingdom）中写道：中国没有通常意义上的"宗教"一词。"教"字的意义是"教导"或"教义"，适用于所有具备信条、信念或仪式的派别和会社；祖先崇拜从来不称为"教"，因为每个人的家里都要遵行，就像服从双亲一样；这是义务，不是教[1]。显然，卫三畏和利玛窦所持的看法大体相同。

关于儒家是否是宗教的问题引起中国思想文化界的关注，是在晚清的时候。

首先，从语言学上来讲，"宗教"这个词是外来词。尽管在《史记·游侠列传》中就有"鲁人皆以儒教"的说法，但这里的儒教之教只是指教化之教，和宗教的"教"完全不同。用"宗教"这个汉语双音节词，来表达西方宗教学上的Religion概念，起源于日本。在语言学上，这属于"借词"。正像中国近代有大量的西方词汇是从日本转译而来一样，"宗教"这个词经过黄遵宪《日本国志》进入中国[2]。

Religion的拉丁文词根意为"联系"，是指人与神的沟通及因此形成的人与人之间的关系。黄遵宪所用的"宗教"概念，在国内相当长时间并未产生影响。真正把儒家是否是宗教作为重大理论问题讨论的是康有为，他把西方含义的这个

---

[1] ［美］卫三畏著，陈俱译：《中国总论》，上海古籍出版社，2005年，第717页。
[2] 关于"宗教"这一概念在中国的翻译，可以参阅曾传辉《宗教概念之迻译与格义》，载《世界宗教研究》，2015年第5期。

"宗教"概念直接套入中国。康有为遍访欧美各国,深感基督教对欧美国家发展的重大作用。"政令徒范其外,教化则入其中,故凡天下国之盛衰,必视其教之隆否。教隆,则风俗人心美,而君坐收其治;不隆,则风俗人心坏,而国亦从之。"[1]他感受到基督教在教化民族、振兴国家方面所起的作用。"视彼教堂遍地,七日之中,君臣男女咸膜拜诵经,则彼教虽浅,而行之条理密,吾教虽精,而行之条理疏矣。"[2]他的《孔子改制考》一书最为详细地表达了他将儒家思想变为孔教思想的进程。从康有为的孔教论可以看出,尽管他的出发点是为中国之富强,但在研究儒家思想时,他仍是以基督教为其理想的参照物,作为一个坐标来展开自己的思想。康有为努力把孔教变为"国教",其目的则如梁启超所说:"惧耶教之侵入,而思所以抵制之。"

新儒家在重新阐发儒家之当代意义时,也面临着这个问题。唐君毅说得很清楚:"儒家之教包含宗教精神于其内,即承天道以极高明,而归极于立人道,以致广大,道中庸之人文精神所自生。故谓儒家是宗教者固非,而谓儒家反宗教、非宗教,无天无神无帝者尤非。儒家骨髓,实惟是上所谓'融宗教于人文,合天人之道而知其同为仁道,乃以人承天,而使人知人德可同于天德,人性即天命,而皆至善,于

---

[1] 吴熙钊、黄明同编《康有为早期遗稿述评》,中山大学出版社,1988年,第291页。
[2] 康有为:《请商定教案法律折》,转引自马洪林《康有为评传》,南京大学出版社,1998年,第418页。

人之仁心与善性，见天心神性之所存，人至诚而皆可成圣如神如帝'之人文宗教也。"[1]

在一定意义上，唐君毅所说的"人文宗教"也是现在一些人所说"儒家"具有"宗教性（religiousness或religiosity）"，而非"宗教"。如他所说的"人皆可成尧舜"，这在宗教学上是说不通的。他说的儒家这种人文宗教，实际上也就是一种精神（spiriuality）。牟宗三则从正面论述儒家的宗教性[2]。李泽厚将儒家阐释为"一半哲学，一半宗教"，也是从宗教性上讲的[3]。

近年来，对儒教的讨论再次兴起。从学理角度展开研究的李申认为，"儒教乃是中国夏商周三代已有的宗教经过儒家重新解释的产物"[4]。从思想文化角度加以阐述儒教，并直接介入当代中国文化建设的代表人物蒋庆说："十年前我也不认为儒教是宗教，当时只提儒学的宗教化而不提儒教。我与其

---

[1] 唐君毅：《中国文化之精神价值》，江苏教育出版社，2006年，第38页。
[2] 郭齐勇将牟宗三的儒教观概括为：（1）儒教之所以为教，与其他宗教一样，还为民众开辟了"精神生活的途径"。它一方面指导人生，成就人格，调节个人内心世界，另一方面在客观层面担负着创造历史文化的责任，此与一切宗教无异。（2）儒教的特点，其注意力没有使客观的天道转为上帝，使其形式地站立起来，由之而展开其教义，也没有把主观呼求之情形式化为宗教仪式的祈祷；其重心与中心落在"人'如何'体现天道"上。因此，道德实践成为中心，视人生为成德过程，终极目的在成圣成贤。因此，就宗教之"事"方面看，儒学将宗教仪事转化为日常生活之礼乐，就宗教之"理"方面看，儒学有高度的宗教性，有极圆成的宗教精神。参阅郭齐勇《当代新儒家对儒学宗教性问题的反思》，载《中国哲学史》，1999年第1期。
[3] 李泽厚：《由巫到礼 释礼归仁》，人民文学出版社，2022年；李四龙：《人文宗教引论：中国信仰传统与日常生活》，社会科学文献出版社，2022年。
[4] 李申：《儒教简史》，广西师范大学出版社，2013年，第1页。

他学者一样,也很忧虑提儒教有没有精神专制的问题。但是后来我慢慢发现,我们泛泛地提儒家文化,儒学不能涵盖,儒家不能涵盖,因为它是一种文明,要概括的话,只有儒教这个词。人类的所有文明形态都是以宗教来体现的,从这点来说,中华文明的形态肯定就是儒教。"[1]

如果我们从这样一个长时段的历史发展来看,从利玛窦首次提出儒家不是宗教的观点以来,儒学的宗教性是一个直到今天仍在讨论的问题。可以说在利玛窦之前,中国自身没有这个问题,这是一个外来者对中国文明特质的判断。当代中国关于儒教的争论也是从利玛窦的这一论断出发,按照不同思路展开的。尽管利玛窦这种儒家观的问题在于他是站在一种宗教的立场,或者说他是站在基督宗教的立场来看待儒家的,而且他对儒家"不是宗教"的理解局限性也很明显。这点我们在下面研究中展开。但他所得出的这个论断开启了中西文化中对儒家学说宗教性的讨论,就此而言,利玛窦的这个论述在中外学术史上具有重要的学术史价值。一旦把利玛窦的这一论断放入一个长时段的思想文化史考察,就能看出利玛窦这一论断所存在的内在张力[2]。

---

[1] 蒋庆:《以儒教文明回应西方文明》,《新京报》2005年12月21日,c10版。
[2] 牟钟鉴、张践:《中国宗教通史》,中国社会科学出版社,2007年;张践:《中国古代政教关系史》,中国社会科学出版社,2012年。

二、利玛窦对中国儒学发展分期的论述及其评判

1. 利玛窦关于儒家发展的论述

利玛窦在确定了儒家的宗教性质后，又从学理上对儒学展开较为深入的研究，并得出了一个非常重要的结论，就是儒家在其漫长的发展历史中发生了很大的变化，先秦上古的儒家是真正的儒家，而后儒，尤其是利玛窦生活时代的宋明理学背离了儒家的精神。由此，利玛窦提出了"崇先儒而批后儒"的儒家政策。

利玛窦在《天主实义》中谈到儒家时说：

中国尧舜之氓、周公仲尼之徒，天理天学，必不能移而染焉[1]。

……

中士曰：吾儒言太极者是乎？

西士曰：……但闻古先君子敬恭天地之上帝，未闻有尊奉太极者。如太极为上帝——万物之祖，古圣何隐其说乎？

……

吾视夫无极而太极之图，不过取奇偶之象言，而其象何在？太极非生天地之实，可知已。天主之理，从古实传至今，全备无遗，……[2]

---

[1] ［意］利玛窦著，朱维铮主编：《利玛窦中文著译集》，复旦大学出版社，2001年，第6页。
[2] 同上书，第17页。

中士问，太极并非事物，只是理，如果没有理，哪来的物呢？利玛窦从几个方面回答了中士的提问，从几个方面批了宋明理学。

首先，他从"自立者"和"依赖者"的理论来批理学，他认为世间万物总的看起来不过是自立者和依赖者两类。例如，马是自立者，而白色是依赖者，因为有马这个自立者，白色这个依赖者可以有着落，说"白马"。由此，他说"理不能为天地万物之原矣"[1]。因为，理不能成为自立者，它只是依赖者，所谓理总是一定事物之理，没有具体事物何来之理？这里利玛窦运用了亚里士多德的理论。

宋明理学认为，万物一理也，理学家们所提出的"月映万川"，就是说理在万物之中，万物离不开理。利玛窦反驳理为万物之本的说法，例如"今有车理，岂不动而生一乘车乎？"[2]理是什么呢，如果是灵，是思想，那么它属于精神。鬼神之类的东西，在世界上，灵者生灵者，即非灵者生非灵者，从未听说过，灵者生了非灵者。有了车的理，如何能产生一个物的车呢？

所以，利玛窦说："理也者，则大異焉。是乃依赖之类，自不能立，何能包含灵觉为自立之类乎？理卑于人，理为物，而非物为理也。故仲尼曰：人能弘道，非道弘人也。如尔曰：理含万物之灵，化生万物，此乃天主也。何独谓之

---

1 ［意］利玛窦著，朱维铮主编：《利玛窦中文著译集》，复旦大学出版社，2001年，第18页。
2 同上书，第19页。

理，谓之太极哉？"[1]利玛窦在对后儒批判的同时，又明确指出先儒的合法性和正确性。同时，从比较宗教学的角度，利玛窦对古代中国经典的思想和西方基督教的思想加以比较，认为西方基督教的"上帝"与中国古代的"上帝"是一样的。

> 吾国天主，即华言上帝，……
> 吾天主，乃古经书所称上帝也。《中庸》引孔子曰：郊社之礼以事上帝也。朱注曰：不言后土者，省文也。窃意仲尼明一之，以不可为二，何独省文乎？《周颂》曰：执兢武王，无兢维烈，不显成康，上帝是皇。又曰：於皇来牟，将受厥明，明昭上帝。《商颂》云：圣敬日跻，昭假迟迟，上帝是祗。《雅》云：维此文王，小心翼翼，昭事上帝。《易》曰：帝出乎震。[2]

利玛窦在《天主实义》中显示出了自己的博学、对儒家经典的熟悉，他先后引用了《易经》6次、《尚书》18次、《诗经》11次、《礼记》2次、《左传》2次、《大学》3次、《中庸》7次、《论语》13次、《孟子》23次、《老子》和《庄子》各1次[3]。

1　[意]利玛窦著，朱维铮主编：《利玛窦中文著译集》，复旦大学出版社，2001年，第20页。
2　同上书，第21页。
3　参阅[美]马爱德等编《天主实义》(中英文对照本)后的"附录"。美国利玛窦中西历史文化研究所，1985年，第483—484页。

他说"吾遍察大邦之古经书，无不以祭祀鬼神为天子诸侯重事"[1]。然后引出《舜典》《盘庚》《金縢》《康诰》《召诰》等经典，来说明后儒所理解的儒家经典是不符合先儒的。他在《天主实义》中多次以"中士"的提问，介绍朱子、二程的话，然后在"西士"曰中加以驳斥。他对宋儒的态度十分明显，采取批判的态度，多次用"今儒""腐儒"来加以称呼[2]。

2. 利玛窦儒学发展阶段论评价

应该怎样看待利玛窦对儒家发展的论断呢？笔者认为以下几点需要加以研究。

第一，利玛窦敏锐地认识到了儒家思想发展的断裂性。

首先，利玛窦通过引证中国古代典籍，来证明中国早期的上帝崇拜，这点他是正确的。在《尚书》等中国古代典籍中记载有中国早期的宗教信仰事实。

予惟小子，不敢替上帝命。天休于宁王，兴我小邦周，宁王惟卜用，克绥受兹命。今天其相民，矧亦惟卜用。呜呼，天明畏，弼我丕丕基。(《尚书·大诰》)

皇天无亲，惟德是辅。民心无常，惟惠之怀。为善不同，同归于治。为恶不同，同归于乱。(《尚书·蔡仲之命》)

---

[1] [意]利玛窦著，朱维铮主编：《利玛窦中文著译集》，复旦大学出版社，2001年，第33页。
[2] 李天纲：《跨文化的诠释：经学与神学的相遇》，新星出版社，2007年。

在利玛窦时代，他只是从历史文献中来证明中国早期社会的宗教崇拜，所引用的都是周朝的文献，而1898年河南安阳小屯甲骨文的发现，进一步确定了商朝的宗教信仰。在殷人的信仰中，至高无上的神就是上帝。

帝令雨足年——帝令雨弗其足年（《前》1.50.1）[1]
今二月帝不令雨（《铁》123.1）
帝其降我堇——帝不降我堇（《乙》7793）
帝其乍王祸——帝弗乍王祸（《乙》1707.4861）

这说明在殷人那里上帝作为最高的神，主宰这一切，不仅管天、管地，也管人的福祸生死。

在安阳甲骨文出土以前，中国学术界对商朝的材料掌握不多，对殷周之变后中国社会发展论述并不清晰。据笔者所知，最早提出中国文化在殷周发生变化的是王国维，他在《殷周制度论》中说："周人之制度大异于商者，一曰立子立嫡之制，由是而生宗法及丧服之制，并由是而有封建子弟之制、君天子臣诸侯之制；二曰庙数之制；三曰同姓不婚之制。"[2]

"中国政治与文化之变革，莫剧于殷周之际"[3]。

---
[1] 这里引用的甲骨文引自陈家梦《殷墟卜辞综述》，中华书局，1988年。
[2] 王国维：《观堂集林》卷第十，中华书局，1999年。
[3] 同上。

王国维所说的旧文化灭，新文化生，就是中国文化在殷周之际发生的重大转折，虽然在周人那里天仍具有神一样的意志，尚达不到后来的"然命定论或者宇宙命运论"。但正如学者所说，"在从殷商文化到周代文化的发展中，从思想上看，殷人的自然宗教信仰虽然通过祭祀制度仍容纳于周代文化中，但是周人的总体信仰已超越自然宗教阶段，而进入一个新的阶段。这个新的阶段，与宗教学上所说的伦理宗教相当，即把伦理性格赋予'天'而成为'天意'或'天命'的确定内涵。同时，天与帝的不同在于，它既可以是超越的神格，又总是同时代表一种无所不在的自然存在和覆盖万物的宇宙秩序，随着神格信仰的淡化，天的理解就有可能向自然和秩序方面偏移"[1]。

　　所有这些认识都是在王国维以后，在安阳小屯甲骨文发现后，中国学术界才逐步明晰起来的。利玛窦在400年前，为了使基督宗教在中国取得合法性，通过他自己研读的中国书籍，明确提出中国文化发展有一个断裂性，区分出"先儒"与"后儒"，从今日眼光来看，他对中国古代文化性质的判断大体是正确的。尽管他所阅读的文献主要是周以后的文献，但他仍能从这些文献中推测出中国上古的原始上帝的宗教信仰，明确看到后期儒家思想与中国早期思想的区别。就此而论，利玛窦对中国文化特质的洞察力是相当深刻的，不管他

---

[1] 陈来：《古代宗教与伦理：儒家思想的根源》，北京大学出版社，2017年，第230页。

是站在学术研究的立场还是站在自身宗教的立场，对其洞察力还是应该给予肯定。

第二，利玛窦没有认识到中国思想发展的连续性。凡事的优和劣都是相向而生，利玛窦深刻认识到中国思想发展史上有一个文化的断裂，从而出现两种不同形态的儒学，一种是先儒，具有宗教的正当性，一种是后儒，背离了早期儒家的思想，他说成为"腐儒"。利玛窦这样的论断犯了一个大的错误，即他没有看到中国思想发展的连续性，中国早期宗教思想和后期儒家伦理思想之间的连接[1]。

在周朝时，占卜活动仍然十分流行，仍是国家的重要活动。"占卜的问题及灵验与否，都载之于国家的正式史书。龟卜、筮占、梦占都很流行，有学者统计，《左传》一书中共记录龟卜七十余次[2]，内容包括战争、迁都、立嗣、任官、婚姻、疾病等诸多方面"[3]。古代宗教的动摇和瓦解经历了一个长期的过程，这里表现出一种连续性的断裂和宗教形态发展中的断裂与连续性。在周代，宗教的官员地位要高于政务官员，"《礼记·曲礼》考察了周代的职官表，指出：'天子建天官，先六大'，即太宰、太宗、太史、太卜、太祝、太士要高于司徒、司马、司空、司寇"[4]。这说明在周代，即便到了东

---

1 冯友兰：《中国哲学简史》，三联书店，2008年；余英时：《中国文化史通释》，三联书店，2011年。
2 刘玉建：《中国古代龟卜文化》，广西师范大学出版社，1992年，第375页。
3 牟钟鉴、张践：《中国宗教通史》（上），中国社会科学出版社，2007年，第120页。
4 同上书。

周时期，宗教的力量仍是很强大的。只是到春秋时，随着王室的衰落，国家的宗教阶层开始逐步瓦解，以"巫"为业的"儒"才逐步转变为以学术为业的"儒"。李泽厚先生认为中国思想这种"由巫到礼"的发展经历了两个阶段：

"第一步是'由巫到礼'，周公将传统巫术活动创造性地转化为人际世间一整套的宗教—政治—伦理体制，使礼制下的社会生活具有神圣性。第二步是'释礼归仁'，孔子把这套礼制转化性地创造出内在人性根源，开创了'壹是皆以修身为本'的修齐治平的'内圣外王之道'"[1]。

因此，利玛窦没有认识到中国思想发展的断裂性和连续性之间的关系，将"先儒"与"后儒"对立起来是不对的。

三、利玛窦儒学观的文化意义

上面我们已经揭示出利玛窦儒学观的内在矛盾和张力，这些分析都是在纯粹文本的分析上展开的。在全球化的今天，如果将利玛窦的儒学观放在历史与现实的维度，放在中国和世界的维度来审视时，我们就会发现利玛窦儒学观的世界性意义。

利玛窦在华传教所提出的"合儒易佛"的路线在实际的传教中获得了重大胜利，耶稣会正是在他这条路线的指引下进入中国，并在中国扎下根，天主教在中国传播开来。特别

---

[1] 李泽厚：《由巫到礼 释礼归仁》，三联书店，2015年，第141—142页。

是在他的后继者南怀仁时期，在康熙时迎来了天主教在华发展的黄金时期，而这个黄金时期的发展原因就是康熙帝所说的"利玛窦规矩"。如果将利玛窦的儒学观放到世界历史中考察，就会发现其巨大的文化价值和意义。

第一，利玛窦的儒学观受到了中国明清之际士大夫的认可，从而开启了中西文化交流的新时代。基督教的传入一方面带来西方宗教文化的思想，引起中国士大夫的思想变迁，丰富了中国思想文化[1]。另一方面，传教士将科学技术也传入中国，如清初王宏翰所说"泰西修士利玛窦格物穷理，精于中华"[2]。利玛窦所开启的这个贡献，中外学者都承认，不必赘述。

第二，利玛窦的儒学观大大突破了欧洲的宗教观。如果将利玛窦的儒教观放入当时的欧洲思想文化历史中，就更加彰显其历史性的价值。利玛窦来到中国的时代是欧洲经历了文艺复兴后的时代，是基督新教开启了宗教改革的时代。这样，利玛窦给中国也带来了文艺复兴后的人文主义精神。"自14世纪以来，在西欧出现了一个新的思想潮流，它很坚定地转向世俗的世界，因此与全盛时期中世纪的思想和感受有明确的差别；这个潮流在15世纪已经影响了很多有修养的人或社会上的领导者和精英"[3]。基督教的人文主义"源自于一种

---

1 王徵：《畏天爱人极论：王徵天主教文献集》，台湾橄榄出版有限公司，2014年；林乐昌校注《王徵集》，西北大学出版社，2015年。
2 王宏翰：《乾象坤图格镜》卷9，转引自汤开建编《利玛窦明清中文文献资料汇释》，上海古籍出版社，2017年，第504页。
3 ［德］毕尔麦尔等编，［奥］雷立柏译：《中世纪教会史》，宗教文化出版社，2010年，第394页。

做学问的方法,始于14世纪的意大利,并且和意大利文艺复兴联系在一起。人文主义是一种新的治学方法,一种新的思考与书写方式,而不单纯是一种特定哲学或神学"[1]。

学术界已经研究证明了利玛窦所带来的欧洲的人文主义,例如在他的《交友论》一书中大量引用的文艺复兴时期人文主义的名句。正是这种人文主义精神,奠基了利玛窦的儒家观[2]。因为,当时的欧洲因新教兴起所引起的宗教争执和战争也在不断发生,从礼仪之争中就可以看出[3],在如何对待非基督教文化上,在如何处理启示信仰和世俗生活之间,欧洲正处在激烈的思想变动中。将利玛窦的合儒路线放到欧洲的思想文化背景下,就可以看出,他已经突破了传统的欧洲教会的宗教观,继承并发扬了文艺复兴以来的人文主义精神。

第三,利玛窦的儒学观是西方殖民扩张时期唯一可以继承的重要文化遗产。利比里亚半岛上的西班牙和葡萄牙开启了大航海时代,地理大发现对人类社会产生了重要的影响。但同时,葡萄牙和西班牙也开启了欧洲对外殖民的历史。"两国在征服中都举起了相同的'传播基督文明'的旗帜,争相取得教皇的支持而进行,卡斯蒂利亚和葡萄牙都依赖于教皇

---

1 [美]孟德卫:《17世纪中国对西方人文主义文化的儒家回应》,转引自张西平《交错的文化史:早期传教士汉学研究史稿》,学苑出版社,2017年,第223页。
2 [英]大卫·瑙尔斯,杨选译:《中世纪思想的演化》,商务印书馆,2012年。
3 参阅[美]苏尔、诺尔编,沈保义等译:《中国礼仪之争:西文文献一百篇(1645—1941)》,上海古籍出版社,2001年。

承认他们对大西洋的征服,使之合法化"[1]。葡萄牙和西班牙在征服殖民地的过程中都采用了暴力征服的方法,用刀和火耕种了新占领的土地。他们对印第安文明、印加文明、玛雅文明进行了毁灭性的摧毁[2]。在葡萄牙和西班牙对全球的扩张和殖民中,唯独中国抵御了葡萄牙早期对中国南海的冒犯,显示出当时明朝强大的军事力量。

以利玛窦为代表的耶稣会因势而动采取的适应政策,开启了人类历史上少有的两大文明相互对话的历史。利玛窦的儒学观体现了他对不同文明的尊重,他的适应政策的核心就是"和而不同"。所以,利玛窦不仅仅是架起中西方文化交流桥梁的伟大先行者,同时,也是在地理大发现时代,西方对待不同文明的最珍贵的历史经验,在今天全球化的时代,它更是成为欧洲文化的重要学术遗产。

回到平等对话的起点上来,这是西方与崛起的中国所能采取的唯一正确之道,一个被历史经验所验证的正确之道。

---

[1] 黄邦和等编《通向现代世界的500年:哥伦布以来东西两半球汇合的世界影响》,北京大学出版社,1994年,第174页。
[2] 参阅[美]普雷斯科特,周叶谦等译:《秘鲁征服史》,商务印书馆,1996年。

第三章
从《名理探》到《穷理学》

利玛窦对西方逻辑的介绍

《名理探》所介绍的西方逻辑学

《穷理学》和《名理探》的关系

《穷理学》所介绍的西方逻辑学

《穷理学》在汉语逻辑学概念上的创造

《名理探》与《穷理学》对近代中国思想之影响

明清之际，亚里士多德的逻辑学被介绍到中国，成为西学东渐的重要内容。自佛教因明逻辑传入中国后，亚里士多德逻辑学是最早传入中国的西方逻辑学，《名理探》和《穷理学》是西方逻辑学传入中国的代表性著作，学术界在此方面也已经有了初步的研究[1]。本章将以《名理探》与《穷理学》的翻译为切入点，对明清之际亚里士多德逻辑学在中国的传播做初步研究。

---

1 王建鲁:《〈名理探〉与〈辩证法大全注疏〉》，中国社会科学出版社，2014年；邱娅:《中西逻辑的邂逅》，光明日报出版社，2013年；Joachim Kutz, The Discovery of Chinese Logic: Genealogy of a Twentieth-Century Discourse; Robert Wardy, *Aristotle in China: Language, Categories and Translation*, Cambridge University Press, 2000; Noël Golvers edt., A.Dudink & N.Standaert, *Ferdinand Verbiest's Qiongli Xue*《穷理学》*(1683)*, *Louvain Chinese Studies* Ⅵ, Leuven University Press, 1999；[德]顾有信:《逻辑学：一个西方概念在中国的本土化》，载[德]郎宓榭、[德]阿梅龙、顾有信著，赵兴胜译:《新词语新概念：西学译介与晚清汉语词汇之变迁》，山东画报出版社，2012年；张逸婧:《"名理"格义：亚里士多德逻辑学早期汉译探源》，载《国际汉学》，2024年第2期。

一、利玛窦对西方逻辑的介绍

利玛窦来华以后，就逐步认识到中西文化在思维特点上的重大区别是逻辑问题，他说："中国所熟习的惟一较高深的哲理科学就是道德哲学，但在这方面他们由于引入了错误，似乎非但没有把事情弄明白，反倒弄糊涂了。他们没有逻辑规则的概念，因而处理伦理学的某些教诫时毫不考虑这一课题的各个分支相互的内在联系。在他们那里，伦理学这门科学只是他们在理性之光的指引下所达到的一系列混乱的格言和推论。"[1]

在写作《天主实义》时，利玛窦通过引用亚里士多德的概念论，来说明"太极""理"不是世界之源。他说：

> 夫物之宗品有二：有自立者，有依赖者。物之不恃别体以为物，而自能成立，如天地、鬼神、人、鸟兽、草木、金石、四行等是也，斯属自立之品者；物之不能立，而托他体以为其物，如五常、五色、五音、五味、七情等是也，斯属依赖之品者。[2]

---

[1] ［意］利玛窦等著，何高济、王遵仲、李申译：《利玛窦中国札记》，广西师范大学出版社，2001年，第23页。在意大利文的原著中这样写道："在学术领域，他们更精通伦理学，但他们对辩证法却一无所知，五论所言所写都不采取科学的方法，无条理可言，只听任直觉的指引，阐发广泛的主张与言论。"［意］利玛窦著，文铮译，梅欧金校：《耶稣会与天主教进入中国史》，商务印书馆，2014年，第22页。

[2] 朱维铮主编《利玛窦中文著译集》，复旦大学出版社，2012年，第18页。

这里他以"自立体"和"依赖体"两个逻辑概念对万物做了分类。在《天主实义》的第四卷《辩释鬼神及人魂异论,而解天下万物不可谓之一体》中,他又详细分类解释十范畴:

分物之类,贵邦士者曰:或得其形,如金石是也;或另得生气而长大,如草木是也;或更得知觉,如禽兽是也;或益精而得灵才,如人类是也。吾西洋之士犹加详焉,观后图可见。但其倚赖之类最多,难以图尽,故略之,而特书其类之九元宗云。凡此物之万品,各有一定之类,有属灵者,有属愚者。如吾于外国士传,中国有儒谓鸟兽草木金石皆灵,与人类齐。岂不令之大惊哉?[1]

为了说明"依赖者"的九类,利玛窦绘制了一幅"物宗类图"表示万物的分类,把"依赖者"作为其中一支。通过这个"物宗类图",利玛窦将亚里士多德的十概念逐一列出来:"几何:如二、三、寸、丈等;相视:如君臣、父子等;何如:如黑白、凉热等;作为:如化、伤、走、言等;抵受:如被化、著伤等;何时:如昼夜、年世等;何听:如乡房、厅位等;体势:如立、坐、伏、倒等;穿得:如袍、裙、田池等。"[2]

---

[1] 朱维铮主编《利玛窦中文著译集》,复旦大学出版社,2012年,第38页。
[2] 同上书,第37页。这里的"几何"即指数量;"相视"即指"关系";"何

这是亚里士多德《范畴论》的十个概念被第一次翻译成中文，应该说，利玛窦在翻译这些概念时是相当困难的，因为这是在中国历史上从未听说的概念。"即使在宋明理学的概念中，似乎不具备可用来处理亚里士多德《范畴论》的专门语词"[1]。但利玛窦还是努力从中文典籍中一一找到十范畴的对应汉语词汇[2]。

1607年（明万历三十五年丁未）刊印的利玛窦和徐光启合作翻译的《几何原本》，虽然是数学著作，但其中所包含的逻辑思想，特别是演绎的理论也被介绍到中国。《几何原本》的结构是：每卷有界说、公论、设题。界说，就是对所用名目进行解说；公论，就是举出不可疑之理；设题，则是根据

如"即指性质；"抵受"即指被动；"作为"即指主动、动作；"何时"即指时间；"何所"即指地点；"体势"即指所处、姿态；"穿得"即指所有、状态。

1　徐光台：《明末西方〈范畴论〉重要语词的传入与翻译——从〈天主实义〉到〈名理探〉》，载姚小平主编《海外汉语探索四百年管窥》，外语教学与研究出版社，2008年，第22页。"从传播西方科学的角度考虑，《天主实义》的重要性体现在两个方面。首先，作为亚里士多德论证模式的样本，此书诉诸'理性之光'证明中国宗教及宇宙观的谬误，说服读者承认天主教相应学说的正确性。为此目的，该书引入了亚里士多德的若干重要概念，诸如四因说、四元素、(本体论的)'是'(being)以及十范畴(ten categories)……"[荷]安国风著，纪志刚等译：《欧几里得在中国》，江苏人民出版社，2008年，第78页；参阅张西平《中国与欧洲早期宗教和哲学交流史》，第二章"入华传教士对亚里士多德哲学的介绍"，东方出版社，2001年。

2　徐光台在他的论文中逐一讨论了利玛窦翻译十概念时所使用的中文概念的语言来源及其赋予的新意。参阅姚小平主编《海外汉语探索四百年管窥》，外语教学与研究出版社，2008年，第22—25页。

所说之理次第设之，先易后难，由浅入深，由简到繁。徐光启说：

> 今详味其书，规摹次第，洵为奇矣！题论之首，先标界说；次设公论，题论所据；次乃具题，题有本解，有作法，有推论，先之所征，必后之所恃。十三卷中，五百余题，一脉贯通，卷与卷、题与题相结倚，一先不可后，一后不可先……初言实理，至易至明，渐次积累，终竟乃发奥微之义。若暂观后来一二题旨，即其所言，人所难测，亦所难信。及以前题为据，层层印证，重重开发，则义如列眉，往往释然而后失笑矣。[1]

这里我们看到徐光启对《几何原本》中逻辑思想的敬佩，看到他在翻译过程中"释然而后失笑"的陶醉状态。徐光启已经十分清楚地认识到，《几何原本》绝非只是一本数学著作，而是介绍给国人一种新的思维方法，这种方法就是逻辑演绎的方法，它具有普遍性。徐光启在《几何原本杂议》中说：

> 昔人云："鸳鸯绣出从君看，不把金针度与人"，吾辈言几何之学，政与此异。因反其语曰："金针度去从君用，未把鸳鸯绣与人"，若此书者、又非止金针度与而已，直是教人开

---

[1] 〔明〕徐光启：《徐光启著译集》（第五册），线装版，上海古籍出版社，1983年。

㕓冶铁，抽线造针；又是教人植桑饲蚕，沫丝染缕，有能此者、其绣出鸳鸯，直是等闲细事。[1]

当时欧洲的数学是在亚里士多德哲学体系的笼罩之下的，对耶稣会来说，"神学上遵从圣托马斯，哲学上遵从亚里士多德"[2]，而三段论的证明则是数学证明的本质。这样一种演绎的思维方法贯穿在《几何原本》之中[3]。这说明，从利玛窦开始，已经对西方逻辑学的介绍做了些工作[4]。

二、《名理探》所介绍的西方逻辑学

《名理探》由傅汎际和李之藻合作翻译而成，1631年，在李之藻去世的第二年，《名理探》在杭州首次付梓[5]。《名

1　〔明〕徐光启：《几何原本杂议》，载王重民辑校《徐光启集》，上海古籍出版社，1984年，第78页。
2　〔荷〕安国风著，纪志刚等译：《欧几里得在中国》，江苏人民出版社，2008年，第39页。
3　"克拉维乌斯同样相信三段论法是数学证明的本质。《导言》这样写道：任何问题或定理的证明方法都不止一种，对于各种证明，从原则上来说，唯有证明的三段论才是最根本的证明。我们将通过欧几里得的第一条定理阐明此理，其他命题同样适用，概莫能外。"〔荷〕安国风著，纪志刚等译：《欧几里得在中国》，第48页。
4　徐光台：《明末西方〈范畴论〉重要语词的传入与翻译——从〈天主实义〉到〈名理探〉》，载姚小平主编《海外汉学探索管窥四百年》，外语教学与研究出版社，2008年；〔法〕梅谦立：《从邂逅到相识：孔子与亚里士多德相遇在明清》，北京大学出版社，2019年。
5　〔法〕费赖之著，冯承钧译：《在华耶稣会士列传及书目》，中华书局，1995年，第157页。

理探》刻本主要集中在欧洲的图书馆，如巴黎国家图书馆、罗马国家图书馆、梵蒂冈图书馆。最初中国国内仅有两个抄本，民国十五年（1926）北平公教大学（后改名为辅仁大学）辅仁社影印本，影印自陈援庵（陈垣）校传抄本，三册线装，包括首端五卷。陈本抄自英敛之抄本，英本则抄自马相伯本，而马本源自徐家汇原存五卷。五年之后，即1931年，徐家汇光启社复刻此五卷，即所称土山湾本。徐宗泽在重刻《名理探》作跋中称，土山湾本出版的第二年，他托人到巴黎影印了国家图书馆藏本十卷，并与此后所见北平北堂图书馆十卷及李天经（字仁常，神宗癸丑进士，官至光禄寺卿，1579—1659）与李次彪（李之藻之子，生卒年不详）序，在1937年出版了包含上述两人序的十卷本，将土山湾本与巴黎影印合二为一，收入上海商务印书馆王云五所编"万有文库"第二辑中，终成第一部现代较完整版本《名理探》。1965年，台湾商务印书馆重印之，列入"汉译世界名著"中[1]。1975年，台湾商务印书馆又再印之，归入"人人文库"[2]。1953年，北京的生活·读书·新知三联书店也出版了《名理探》，共384页，并于1959年重印，收入"逻辑丛刊"中[3]。徐宗泽在重刻跋中称"已译出译本分为五端，每端

---

[1] 参见《名理探》（下册），台湾商务印书馆，1965年，第579—582页；方豪：《李之藻研究》，台湾商务印书馆，1966年，第117—120页。
[2] 北京国家图书馆，X\B81\24\台港澳文献阅览室\台港图书12层南。
[3] 本文《名理探》采用台湾商务印书馆1965年本为底本，此后若不特加说明，提到《名理探》时均指此本。

分为五论，成五卷"[1]。由此可知，徐宗泽认为傅、李二人已译成之《名理探》本有二十五卷。李天经在其序中称"余向于秦中阅其草创，今于京邸读其五帙，而尚未睹其大全也"。作序时为崇祯九年，即1636年[2]。李次彪也在序中称"丁丑冬，先生主会入都，示余刻本五帙，益觉私衷，欣报交构"。丁丑冬为1637年末或1638年初。由此可知，迟至1637年，已刻印的只有五卷[3]。李次彪在序中又称"其为书也，计三十卷"[4]。曾德昭（Álvaro de Semedo，1585—1658）在《大中国志》的"李之藻传"中称有二十卷未刻者[5]。若曾德昭写作时，《名理探》已刻者有十，则加上未刻之二十卷即为李次彪所言三十卷；若其时仍只有五卷，则共为二十五卷，即李次彪所言未能实现。方豪分析了已有的二十五卷说和三十卷说[6]，通过所见北堂拉丁文原本上的中文卷数标注，推知除已印"五公称"及"十伦"以外，另有词句论（今译解释篇，De Interpretatione）、三段论（即前分析篇，De Syllogismo或者De Priori Resulutione，Analytica Priora）及论证论（即后分析篇，De Demonstratione或者De Posteriori Resolutione，

---

1 《名理探》（下册），台湾商务印书馆，1965年，第581页。
2 《名理探》（上册），台湾商务印书馆，1965年，第5页。
3 同上书，第8页。
4 同上。
5 ［葡］曾德昭著，何高济译：《大中国志》，上海古籍出版社，1998年，第294页。
6 此外，持二十五卷说的有顾有信，在The Discovery of Chinese Logic: Genealogy of A Twentieth-Century Discourse中认为解释篇（De Interpretatione）为未译章节；持三十卷说的有惠泽霖，在《中国公教典籍丛考》中。

Analytica Posteriora）共二十卷未刻[1]，由此得出实为三十卷的结论[2]。

根据方豪等人考证，《名理探》所据《亚里士多德辩证法大全疏解》[3]底本并不是1606年威尼斯版，而是1611年科隆版。笔者经过比对，发现1611年版本除了比1606年版多出了再版者之序，还多出当时各级审查机构的审批文书，包括皇家委员会和省级宗教当局的审批文件。此外，1611年版在1606年版的基础上增加了全书所有专题、节和小节的总目录（Summa Quaestiorum et Articulorum in Totam Dialecticam），便于读者查找。1606年版全书共990页，1611年版共711页。

现存《名理探》共十卷，是对序言、波菲利（Porphyry，约234—约305）的引论、范畴篇这三部分的译介。与《亚里士多德辩证法大全疏解》的结构基本保持一致，《名理探》在专题和节这三个层级上同拉丁语原文基本对应，专题对应"辩"，节对应"支"。但是《名理探》的卷和原文的书（Librum）不是一一对应的关系，原文的小节（Sectio）在《名理探》中也没有明确的标志。拉汉两个文本比较明显的

---

[1] 方豪：《李之藻研究》，台湾商务印书馆，1966年，第127—128页。
[2] 曹杰生：《略论〈名理探〉的翻译及其影响》，载《中国逻辑史研究》，1982年。
[3] 《名理探》是由《亚里士多德辩证法大全疏解》（*In Universam Dialecticam Aristotelis*）翻译而来，其全名为《耶稣会会立科英布拉大学讲义：斯塔吉拉人亚里士多德〈辩证法大全〉注疏》（于1611年在德国科隆首次出版发行）（*Commentarii Collegii Conimbricensis Societatis Jesu: In Universam Dialecticam Aristotelis Stagiritae*, Nunc Primum in Germania in lucem editi. Coloniae Agrippinae, Apud Bernardum Gualterium, 1611）。

区别在于对待亚氏原文与后人评注的问题上。《亚里士多德辩证法大全疏解》在每一章节中都将这二者明确地分割开来，但是《名理探》没有做到每章都保持一致，有些专题开头会用以"古"和"解"打头的段落分别标示开来，"古"表示亚氏原文，"解"表示评述讨论。但这套标志并没出现在每个专题里，大多数章节常常将二者混淆一起，或仅以"亚利曰"作为区分标志。

关于《亚里士多德辩证法大全疏解》在耶稣会的重要性。1540年，依纳爵·罗耀拉（Ignatius Loyola，1491—1556）创立耶稣会，在其亲自起草的《耶稣会宪章》中规定耶稣会的哲学教育必须以亚里士多德的著作为底本，耶稣会的《教育计划》也规定耶稣会士须学习三年亚里士多德哲学，其中第一年学习的就是亚里士多德逻辑学。

16至17世纪，耶稣会在欧洲各地设立大学，位于葡萄牙的科英布拉大学在教授亚里士多德哲学时，常常采用听写的形式授课，其中包含大量对亚里士多德思想的评注。当时的耶稣会葡萄牙省会长佩德罗·达·丰塞卡（Pedro da Fonseca，1528—1599），因在逻辑和形而上学方面的研究而被称为"葡萄牙的亚里士多德"（The Aristotle of Portugal），他把这些评注修订编纂成一个系列书，这些书分别是：

《亚里士多德物理学讲义》（*Commentarii Collegii Conimbricensis Societatis Jesu in octo libros physicorum Aristotelis Stagyritæ*，Coimbra，1591）；

《亚里士多德论天讲义》（*Commentarii Collegii*

Conimbricensis Societatis Jesu in quattuor libros physicorum Aristotelis de Coelo, Coimbra, 1592）；

《亚里士多德论气象学及小自然学讲义》(*Commentarii Collegii Conimbricensis Societatis Jesu in libros meteorum Aristotelis qui parva naturalia appelantur*, Coimbra, 1592）；

《亚里士多德伦理学讲义》(*Commentarii Collegii Conimbricensis Societatis Iesu: In libros Ethicorum Aristotelis ad Nicomachum*, Coimbra, 1595）；

《亚里士多德论生与灭讲义》(*Commentarii Collegii Conimbricensis Societatis Iesu: In libros Aristotelis De generatione et corruptione*, Coimbra, 1595）；

《亚里士多德论灵魂讲义》(*Commentarii Collegii Conimbricensis Societatis Iesu: In libros Aristotelis De anima*, Coimbra, 1592）；

《亚里士多德全称辩证法讲义》(*Commentarii Collegii Conimbricensis Societatis Iesu: In universam dialecticam Aristotelis*, Venice, 1606）。

上述著作除了在科英布拉出版以外，还在欧洲各地出版了各种地方版本，有名的包括里昂、里斯本、科隆等地版本。《亚里士多德全称辩证法》即《亚里士多德辩证法大全疏解》，后一种译名较为常见，下文简称《辩证法大全疏解》。

《辩证法大全疏解》包括序言（Prooemium）、波菲利的引论（Isagoge）、范畴篇（De Categoriarum）、解释篇（De Interpretatione）、前分析篇（De Priori Resolutione）、后分析

篇（De Posteriori Resolutione）、论题篇（De Topicarum）、辩谬篇（De Sophisticis elenchorum），共十章。全书前两章为序言和波菲利引论，后面按照亚里士多德《工具论》的章节顺序排列。书中除前两章完全为评述内容，其后六章都以如下形式撰写：首先是章节概要（Summa Capitis）；其次是用拉丁文翻译的亚里士多德原著，一般用斜体字书写；接下来是诸多学者评注（Commentarii）；最后是关于本章节的若干篇不同主题的小篇章。若按标题等级从大到小排列即为：书（Liber）——章（Caput）——专题（Quaestio）——节（Articulus）——小节（Sectio）[1]。

《名理探》第一部分五卷论"五公"；第二部分五卷讲"十伦"，李之藻和傅汎际译出了前十卷，实际上只是把"范畴篇"上篇内容翻译成了中文。以后李之藻虽译完了《名理探》后半部分，但未能出版[2]。

《名理探》主要探讨了"五公"和"十伦"[3]。

亚利欲辩名理，先释十伦。俾学者略寻物理，以具三通之先资也。缘其理奥难明。薄斐略（在亚利之后一千年）为著五伦，引辟其门。其立名：一曰五公，一曰五称。谓五公

---

[1] 沃迪在其书中描述《辩证法大全疏解》时，把articulus放在quaestio之前，似乎有误。
[2] 方豪：《名理探译刻卷数考》，见《方豪文录》，北平上智编译馆，1948年，第123—126页。
[3] 参阅张西平《中国和欧洲早期哲学与宗教交流史》，东方出版社，2000年。

者,就共义言。谓五称者,就共称言。[1]

这里的"五公",就是指五类概念。李之藻说:"公即宗、类、殊、独、依","问五公称之序谓何?曰:此本物理,亦教规也。物理者,物有性情先后,宗也,殊也,类也,所以成其性者,固在先。独也,依也,所以具其情者,固在后。物生之序亦然……"。

这五个概念是什么含义呢?李之藻说:"生觉为宗,人性为类,推理为殊,能笑为独,黑白为依。"这里的"宗"相当于逻辑学里所说的"属",所谓的"类"则是今天所说的"种"。"殊"讲的是差别,无论"泛殊""切殊""甚切殊",都是指的万物间的差别,只是程度不同而已。因而李之藻所说的"类殊"实际是"种差"。"独"则指事物的非本质属性,如李之藻所说,"凡为人者,即为能笑;凡能笑者,固即为人,彼此转应,故正为独"。"依"是讲事物的偶有性。

如果我们考察一下亚里士多德的逻辑学,就会发现李之藻所译的"五公",实际上大部分来自于亚里士多德的"四谓词理论",亚里士多德出于对论辩的需要,在《论辩常识篇》中阐述"谓词与主词在命题中的四种不同的关系",提出四谓词:属、定义、固有性、偶性[2]。亚里士多德的"四谓词"被

---

1 〔葡〕傅汎际译义,〔明〕李之藻达辞:《名理探》,三联书店,1959年,第33页。
2 亚里士多德说:"所有命题和所有问题所表示的或是某个属,或是一特性,或是一偶性;因为种差具有类的属性,应与属处于相同序列。但是,

注释者波菲利另补充了一个种，后称为"五种宾词"，即属、种、种类、固有属性、偶性[1]。李之藻和傅汎际所用的理论显然是波菲利的"五种宾词"理论，若排表则为：

波菲利的五种宾词：属、种、种类、固有属性、偶性[2]；
李之藻的五公论：宗、类、殊、独、依性；
今日逻辑：类、种、种差、固有非质属性、偶有性。

"十伦"是《名理探》的另一个重点，这是在研究对世间万事万物分门别类所划的十个区分。李之藻将其定为"自立体、几何、互视、何似、施作、承受、体势、何居、暂久、得有"。

这里的"自立体"就是"实体"；"几何"就是"数量"；"互视"就是"向他而谓"，指事物间的关系；"何似"指的是"性质范畴"，物所以何似是，"何谓"似者；"施作"指的是"主动"；"承受"指的是"被动"；"体势"是讲"形体之分

既然在事物的特性中，有的表现本质，有的并不表现本质，那么，就可以把特性区分为上述的两个部分，把表现本质的那个部分称为定义，把剩下的部分按通常所用的术语叫作特性。根据上述，因此很明显，按现在的区分，一共出现有四个要素，即特性、定义、属和偶性。"转载于张家龙《逻辑思想史》，湖南教育出版社，2004年，第377页。

1 波菲利在《导论》中说："为了理解亚里士多德的范畴学说，必须认识属、种差、种、固有属性（即特性）和偶性的实质，这一认识也有助于提出定义，并且一般来说有助于划分和证明。"同上书，第392页。

2 有的学者认为，波菲利这种扩大，"离开了亚里士多德的原意，但是在中世纪，这些是非常有名的，人们对波菲利的赞誉超过了他应得的评价。"［德］肖兹：《简明逻辑史》，商务印书馆，1997年，第192页。

布";"何居"指的是"位置";"暂久"讲的是时间;"得有"指的是"情况"。

亚里士多德是最早对范畴进行分类的人,通常所说的亚里士多德的"十范畴"就是"实体、数量、性质、关系、地点、时间、姿态、状况、动作、遭受"。用今天的逻辑术语来表述,就是:实体、数量、性质、关系、位置、时间、状态、情况、主动、被动[1]。

如果把亚里士多德的"范畴"和李之藻所译的"十伦"作相应对比,可列表如下:

亚氏的十范畴与《名理探》的翻译:

实体、数量、性质、关系、地点、时间、姿态、状况、动作、遭受。

自立体、几何、何似、互视、何居、暂久、体势、得有、施作、承受。

从这个对比中我们可以看出在范畴内容上是完全一致的[2]。

---

[1] 亚里士多德在《范畴篇》中说"一切非复合词包括实体、数量、性质、关系、何地、何时、所处、所有、动作、承受。举个例子来说,实体,如人和马;数量,如'两肘长''三肘长';性质,如'白色的''有教养的';关系,如'一半''二倍''大于';何地,如'在吕克昂''在市场';何时,如'昨天''去年';所处,如'躺着''坐着';所有,如'穿鞋的''贯甲的';动作,如'分割''点燃';承受,如'被分割''被点燃'"。转载于张家龙《逻辑思想史》,湖南教育出版社,2004年,第390页。

[2] 参阅张西平《中国与欧洲早期宗教和哲学交流史》,东方出版社,2001年,第21—22页。

第三章　从《名理探》到《穷理学》 | 83

　　李之藻与利玛窦有很好的交往，他也熟读过《天主实义》，利玛窦在《天主实义》中所介绍的西方逻辑知识，对他翻译《名理探》也产生了影响。

　　关于李之藻在翻译时，将西方逻辑概念转换成中文所面临的困难，《名理探》与《辩证法大全疏解》的关系，学界已经有所研究，这里不再展开[1]。

　　《名理探》与《辩证法大全疏解》的具体章节对应情况如下：

　　《辩证法大全疏解》的第一章"序言（Prooemium）"共有7节，对应《名理探》五公卷之一的10节，简要介绍爱知学（哲学）的重要意义。

　　《辩证法大全疏解》的第二章"波菲利的引论（Isagoge）"共有8节，第1节为前言，第2至6节分别解释genus、species、differentia、proprius、accidens，即宗、类、殊、独、依这五

---

1 在《名理探》中，亚里士多德的形象被重新塑造，从一个被雅典仇视的外来者形象转变成为一个成功的学者型政府官员的典范，这一新的形象可能会对《名理探》的普及有好处，毕竟这一形象是孔子形象的补益。对于逻辑学中概念的形成而言，中国人在这里很可能就会止步不前，因为在"十伦"中，中国人无法正确理解的至少有三个，"何时者"，"何似者"，"互视者"，而概念的明晰是逻辑学中不可缺少的。古代汉语在辩证法的第一步中就遇到了无法消除的困难。古汉语不依据句子和命题来表达语义内容的惊人主张必然以此为结果，即所有的汉字都是名词以及作为一串名词的复合名词、短语和句子。它们缺乏任何形态学上的标志以表明它们是限定动词或者是完整语句，因此它们都不是逻辑学意义上的语句与命题，这种结果相应地使人们能够理解早期中国人缺乏对"真"与"假"问题的兴趣。王建鲁：《〈名理探〉与〈辩证法大全注疏〉比较研究》，中国社会科学出版社，2014年，第163—164页。

公,第7、8节为总论。这8节正好对应《名理探》五公卷之二到卷之五,此四卷分为七篇,其中第一篇,即卷二卷三对应"引论"的第1节,第二篇至第六篇对应"引论"的第2至6节,第七篇对应"引论"的第7、8节。本章是薄斐略对亚里士多德四谓词加以阐释,提出五公称——即今所谓五宾词理论。

《辩证法大全疏解》第三章"范畴篇(De Categoriarum)"共分14节,第1至4节分别对应《名理探》十伦卷之一的先论四篇,第5至9节分别对应《名理探》十伦卷之二到卷之五的前三辩,第10至13节分别对应卷之五的第四辩与四篇后论,第14小节在十伦卷中未找到。其中第5至9节是对十伦——即十个范畴的解释,第5节substantia为卷二十伦之一自立体,第6节quantitas为卷三十伦之二几何,第7节对应卷四的十伦之三互视,第8节对应卷四的十伦之四何似,而第9节则对应了剩下的六个范畴,即actio(施作)、passio(承受)、situs(体势)、ubi(何居)、duratio(暂久)、habitus(得有),两两为一组,成对而论。

罗伯特·沃迪(Robert Wardy)是西方学者中较早对《名理探》展开研究的学者,他的《亚里士多德在中国》(*Aristotle in China: Language, Categories and Translation*)[1] 一书,以中文为例考察了《名理探》中语言和思想的关系,

---

[1] Robert Wardy, *Aristotle in China: Language, Categories and Translation*, Cambridge University Press, 2000.

特别考察了用中文表述的逻辑学思想。沃迪反对语言相对论者所持的拉丁语的亚氏逻辑学说不可能被古代汉语完全诠释出来这一观点，他认为既然亚里士多德逻辑学可以复兴于2000年后的拉丁语中，也一定有理由存活于同时代的汉语中[1]。沃迪从内容、思想、语言等多方面进行对比，以希腊原著作为参照系，细致地分析了拉丁文本和汉语文本之间的同异。这样就跳出了单纯以拉丁文为基础的参照系，采用更为公平和宽广的视角，评价哪一个文本更接近原著。这种反传统的对比方法，不仅可视作是为《名理探》"正名"，同时也是从外来角度重新审视拉丁文本，有助于欧洲语言、哲学领域的研究。他还详细探讨了"十伦""互视"等概念的翻译，总结出汉译本在不同情况下采取的不同翻译策略。这些策略的形成原因大多植根于中欧读者文化、教育背景的不同，部分是由于语言形态的不同。沃迪不同于一些前人研究者之处也就在这里，他认为语言形态上的不同并不能视为汉语在翻译欧洲语言著作上的劣势，正是这些区别使得汉语译介发挥出超越拉丁语的优势，能够在很多概念上更加清晰简洁地反映原义。沃迪赞同的是语义、哲理上的一致性，而非仅仅是语言形式上的统一。"有时，正如这里，语言学上的依存关系与本体论上的依存关系正好相反。当这种情况发生时，我们应当考虑哲理的统一，而非'语法'的正确"[2]。

---

1 Robert Wardy, *Aristotle in China: Language, Categories and Translation*, Cambridge University Press, 2000.
2 同上。

在序言中，沃迪第一句话就申明这本书是考察语言与思想的关系，通过对《名理探》和拉丁文本的翻译比较，他反对语言决定思想的"语言决定论"以及由此衍生的"绝对相对论"，肯定无论什么样的语言形式，都有特点各异但地位同等的诠释能力。正如最后一节的标题——不可译之译，看似不可翻译的古代汉语，恰恰交出了一份满意的亚氏逻辑学翻译答卷。

通过下面这个表格，可以厘清拉丁版本的《辩证法大全疏解》与《名理探》间的章节对应关系。

拉丁版本《辩证法大全疏解》与《名理探》章节对应关系

《辩证法大全疏解》		《名理探》		主要内容
Prooemium		五公卷之一		名理探总论
Isagoge	praefatio	五公卷之二，五公卷之三 五公卷之篇第一		总体阐述何为"公"
Isagoge	De Genere	五公卷之四	五公之篇第二论宗	解释"宗"
	De Specie		五公之篇第三论类	解释"类"
	De Differentia	五公卷之五	五公之篇第四论殊	解释"殊"
	De Proprio		五公之篇第五论独	解释"独"
	De Accidente		五公之篇第六论依	解释"依"
	De Communitatibus et differentiis praedicabilium		五公之篇第七	分析五公称的同异

续表

《辨证法大全疏解》		《名理探》		主要内容
De Categoriarum	De Aequivoci, Univocis, et Denominatiuis	十伦卷之一	先论之一	总析十范畴
	De Complexis, et Incomplexis		先论之二	
	De Regulis		先论之三	
	De decem praedicamentis		先论之四	
	De Substantia	十伦卷之二	十伦之一自立体	解释"自立体"
	De Quantitate	十伦卷之三	十伦之二论几何	解释"几何"
	De Relatione	十伦卷之四	十伦之三论互视	解释"互视"
	De Qualitate		十伦之四论何似	解释"何似"
	De Actione&Passione, Situs&Ubi, Duratione&Habitu		十伦之五论施作、承受、体势、何居、暂久、得有	解释"施作与承受"、"体势与何居"、"暂久与得有"
	De Oppositis	十伦卷之五	后论之一论"相对"	解释"相对"
	De Modis Prioris		后论之二论"先"	解释"并"
	De Modis Simul		后论之三论"并"	解释"并"
	De Speciebus Motus		后论之四论"动"	解释"动"
	De Modis Habere		未译	无

三、《穷理学》和《名理探》的关系

《名理探》出版时并未将李之藻的全部译文出版。据李天经及李次彪之序，以及方豪对比北堂所存拉丁文原本，可知傅汎际和李之藻还可能译出了其他部分，共计二十五卷或三十卷[1]。

我们大体可以窥见当年李之藻和傅汎际所翻译的《辩证法大全疏解》的部分内容，因为《穷理学》全本至今仍未发现，从而我们仍不能说我们发现了《名理探》的全译本。但这已经是重大的学术发现[2]。这样，学术界长期以来一直无法获得《名理探》的全译本，从而也无法全面了解李之藻和傅汎际所翻译的《辩证法大全疏解》的全貌。20世纪90年代，笔者在北大图书馆查阅了1683年南怀仁的六十卷《穷理学》(*The Science of Fathoming Patterns*)。这是南怀仁进呈康熙帝的一本西学总汇之书，按照康熙要求将耶稣会士们所译的欧洲知识，包括天文学、数学、机械等诸多学科汇集在一起。但很遗憾，北大所发现的只是《穷理学》的残卷，仅有十六卷，包括理推之总论、形性之理推、轻重之理推、理辩之五公称四个部分。其中理辩之五公称对应《名理探》的前五卷，理推之总论则是对前分析篇的翻译。由此，经考证，《穷理学》这两章即为当年李之藻和傅汎际在翻译《名

---

1 参见方豪《李之藻研究》，台湾商务印书馆，1966年，第125—129页。
2 自20世纪90年代后，由于北大《穷理学》部分残本的发现，中外学术界已经开始关注并展开研究。

理探》时的译本，是未及刻印、收入《名理探》中的部分章节[1]。

1.《穷理学》的版本及内容简介[2]

比利时来华传教士南怀仁是中国天主教史上的重要人物，虽然他较之利玛窦、汤若望来华稍晚，但"中国天主教教士身后得蒙赐的，在中国历史上却只有南怀仁"[3]。他在明清史上的重要性不仅在于治历法、铸大炮、传播西方科技，使康熙皇帝逐步改变了对待天主教的态度，"给中国教会带来了约40年的'黄金时代'"[4]，而且还在于他传播介绍了西方哲学与宗教。关于后一方面鲜为人所研究。

《穷理学》是南怀仁晚年的著作，康熙二十二年（1683年）他在进呈《穷理学》的奏疏中说"臣自钦取来京，至今二十四载，昼夜竭力，以全备理推之法"[5]。这说明《穷理学》非一日之功，而是集南怀仁一生之心血，在此意义上把《穷理学》作为南怀仁一生的代表作也是完全应该的。

---

1 参阅张西平《穷理学——南怀仁最重要的著作》，载《国际汉学》第4期，大象出版社，1996年。
2 《穷理学》已经被整理出版，参阅［比］南怀仁集述，宋兴无、宫云维等校点：《穷理学存（外一种）》，浙江大学出版社，2016年。
3 方豪：《中国教人物传》（第2册），香港公教真理学会，1970年，第162页；［美］魏若望：《传教士科学家工程师外交家南怀仁（1623—1688）》，社会科学文献出版社，2001年。
4 林金水：《论南怀仁对康熙天主教政策的影响》，载 Sino-Western Cultural Relations Journal XIV, 1992, p18；［比］南怀仁著，［比］高华士英译，余三乐中译，林俊雄审校：《南怀仁〈欧洲天文学〉》，大象出版社，2016年。
5 徐宗泽：《明清间耶稣会士译著提要》，中华书局，1989年，第191页。

南怀仁之所以如此重视《穷理学》有两个方面的原因：

第一，从西洋学问来说，《穷理学》可谓"百学之门"。他在奏疏中说：

> 古今各学之名公凡论，诸学之粹精纯贵，皆谓穷理学为百学之宗。谓订非之磨勘，试真之砺石，万艺之司衡，灵界之日光，明悟之眼目，义理之启钥，为诸学之首需者也。如兵工医律量度等学，若无理推之法，则必浮泛而不能为精确之艺。且天下不拘何方何品之士，凡论事物，莫不以理为主，但常有不知分别其理之真伪何在，故彼此恒有相反之说，而不能归于一；是必有一确法以定之，其法即理推之法耳。

这是告诉康熙，西国虽有六艺，但六艺之根是理推之法，不了解这个根、这个本，任何学问不过是浮光掠影，无法精确。

第二，从中国学问来说，《穷理学》乃历法之本。南怀仁写《穷理学》时，来中国已经20多年，他深知历法在中国的地位和作用，尤其他本人历经了"熙朝历狱"，饱受磨难，因杨光先诬陷而入狱[1]。后因西洋之法准确而重新复出，逐步取得康熙帝的信任。

所以，他在奏疏中开宗明义便说："为恭进穷理学之书，以明历理，以广开百学之门，永垂万世事。窃惟治历明时，

---

1 〔清〕杨光先：《不得已》上卷，载《天主教东传文献续编》三，台湾学生书局，1984年，第384页。

为帝王之首务。"历法是如此重大之事，而南怀仁认为长期以来，中国历法是只知其数不知其理。正像一个人只有其形体而无灵魂一样。

所以，南怀仁在奏疏中对中国历法史做了简要回顾，他认为史书中记载的汉代以后的名家历法大都停留在表面，都是"专求法数，罕求名理"。元代郭守敬之历法号称精密，实际上当时已出现了不足，即"推食而不食，食而失推之弊"。究其原因在于这些历法都"未能洞晓本原"。

南怀仁所呈进的《穷理学》并未得到康熙的认可，所以没有刻本。自南怀仁进呈《穷理学》一书以来，史书多有描述性记载，而无详细具体之介绍。

"最早对《穷理学》展开研究的是欧洲汉学家杜宁-茨博特（I.Dunyn-Szpot）（ca.1700），他提到《穷理学》可能纂集了以往耶稣会士的几部著作的内容"[1]。

徐宗泽在《明清间耶稣会士译著提要》一书中谈到此书时说："耶稣会士南怀仁译，康熙二十二年八月二十六日进呈御览，共60卷。《熙朝定案》中有南怀仁'恭进穷理学摺'，此书是一部论理学，想译自亚里士多德哲学之一部分，或即科英布拉大学哲学讲义课本，续傅汎际、李之藻《名理探》而完成之书也。"从徐宗泽的这段话我们可得出结论：（1）他本人并未见过此书，关于此书情况他只是猜想；（2）他猜想

---

[1] 尚智丛：《明末清初（1582—1687）的格物穷理之学：中国科学发展的前近代形态》，四川教育出版社，2003年，第66页。

《穷理学》是亚里士多德哲学的一部分；（3）他猜想《穷理学》是《名理探》的续本。

费赖之（Louis Pfister，1833—1891）在《在华耶稣会士列传及书目》一书中讲到南怀仁时也提到了此书，他说："帝命怀仁撰哲学进呈，怀仁辑傅汎际之《名理探》，艾儒略（Giulio Aleni）、毕方济之《万物真原》、《灵言蠡勺》，利类思（Lodovico Buglio）之《超性学要》，王丰肃（Alfonso Vagnoni）之《斐录汇答》等书，录其概要，参以己意，都为六十卷，书成进呈，帝留中阅览。"[1] 费赖之的这个记载表明两点：（1）《穷理学》是南怀仁将其他来华传教士有关著作汇辑而成；（2）《穷理学》的主要来源是傅汎际、艾儒略、利类思、王丰肃、毕方济等人的著作。很明显徐宗泽和费赖之的记载相互不一，材料来源也不一样。但他们都是在转述、介绍这部著作，都未见过原著原文。

从目前的文献来看，见到此书残本的可能有两人。一人在1939年11月19日的天津《益世报》上发文谈此事，这篇文章笔者一直未能读到，但徐宗泽就此做过转述：

"近年北平燕京大学图书馆收得旧抄本《穷理学》残本一部，共两函十六本，朱丝阑恭楷，书面绸绫标题，颇似进呈之本。计存《理推之总论》5卷，《形性之理推》1卷，《轻重之理推》1卷"[2]。

---

[1] ［法］费赖之：《在华耶稣会士列传及书目》，中华书局，1995年，第356页。
[2] 徐宗泽：《明清间耶稣会士译著提要》，中华书局，1989年，第190—191页。

见过此残本的另一人可能是冯承钧先生，他在费赖之一书的中文版注释中说：

　　"今见有怀仁撰《进呈穷理学》旧钞本，已残缺不完，计存《理推之总论》五卷，《形性之理推》三卷，《轻重之理推》一卷，《理辩之五公称》五卷，应是此书。惟考狄著《中国的中欧印刷术》书目，有《形性理推》五卷（360号）、《光向异验理推》一卷（316号）、《目司图说》一卷（363号）、《理推各图说》一卷（364号）、《理辩之引自》二卷（362号），应皆为是编之子目。则是编所述形上形下诸学皆备，可谓集当时西学之大成，惟所钞《名理探》凡论及天主诸节，胥予删润，殆进呈之书未敢涉及教理耳。又考《癸巳类稿》卷十四，书《人身图说》后，曾引怀仁是编，谓一切知识记忆不在于心而在头脑之内。是《穷理学》中或尚辑有邓玉函、罗雅谷之著述矣"[1]。

　　这里冯先生是亲眼所见，《穷理学》残本是存在的，不同之处在于对残存本的篇目记述不一，《形性之理推》徐宗泽说是1卷，而冯承钧说是3卷；徐宗泽未讲《理辩之五公称》这部分内容，而冯承钧认为有5卷。"与北大现存《穷理学》残抄本内容相比较，徐宗泽先生所论与《穷理学》实际情况有较大出入，原收并不仅是逻辑学内容，可见他并未亲见该

1　[法]费赖之：《在华耶稣会士列传及书目》，中华书局，1995年，第356页。现北大的藏本中有二页未注明作者的散页，从行文的风格和口气来说，很可能是冯承钧先生当年读此书时之遗墨。

书，只是根据《益世报》的报道来做分析"[1]。至今《穷理学》全本仍未找到。

2、《穷理学》所介绍的西方科学知识

南怀仁在《进呈穷理学书奏》中有言：

> 今我皇上之治历，已为全备，其书则有《永年历表》，有《灵台仪象志》，有诸历之理指一百五十余卷。历典光明，可谓极矣。然臣犹有请者，非为加历理之内光，惟加历理之外光，将所载诸书之历理，开穷理之学，以发明之，使习历者知其数，并知其理，而后其光发见于外也。今习历者，惟知其数，而不知其理；其所以不知历理者，缘不知理推之法故耳。夫见在历指等书所论天文历法之理，设不知其推法，则如金宝藏于地脉，而不知开矿之门路矣。若展卷惟泥于法数，而不究法理，如手徒持灯笼，而不用其内之光然。故从来学历者，必先熟悉穷理之总学。盖历学者，穷理学中之一支也。

《穷理学》60卷，包括了逻辑学与方法论及形而上学、数学、天文学、测量、力学与机械、生物学与医学等方面的内容，南怀仁在奏疏中说得很清楚："臣自钦取来京，至今二十四载，昼夜竭力，以全备理推之法，详察穷理之书，从

---

[1] 尚智丛：《明末清初（1582—1687）的格物穷理之学：中国科学发展的前近代形态》，四川教育出版社，2003年，第68页。

西字已经翻译而未刻者，皆校对而增修之，纂集之；其未经翻译者，则接续而翻译，以加补之，辑集成帙，庶几能备理推之要法矣……兹缮成穷理之书六十卷，进呈御览，伏乞睿鉴，镂板施行……"[1] 目前北京大学所藏《穷理学》残抄本十四卷，共二函十六册。其中《轻重之理推》第7卷分为两册，另有《穷理学理推总目（上）》一册[2]。

《穷理学》所包含的西方知识可以用如下表格来呈现[3]：

《穷理学》残抄本十四卷的内容与来源

门类	卷次	内容	译本来源	底本
逻辑学与方法论		理辩之五公称	傅汎际与李之藻：《名理探》之《五公》	Commentarii Collegii Conimbricensis S.J. in Universam Dialecti-cam Aristotelis (Coimbra, 1606)
	卷一	哲学起源与知识论		
	卷二、三	对"宗、类、殊、独、依"五类概念（praedicabilia）的一般讨论		
	卷四	宗（genus）、类（species）		

1　[比]南怀仁：《进呈穷理学书奏》，载徐宗泽编《明清间耶稣会士译著提要》，第192页。
2　尚智丛：《明末清初（1582—1687）的格物穷理之学：中国科学发展的前近代形态》，四川教育出版社，2003年。
3　此表是尚智丛根据杜鼎克、钟鸣旦的论文制作的，并依据《穷理学》残抄本订正了其中的个别错误。参见尚智丛《南怀仁〈穷理学〉的主体内容与基本结构》，载《清史研究》，2003年第8期；A.Dudink & N.Stan-daert, "Ferdinand Verbiest's Qiongli Xue", in Noël Golvers ed., *The Christian Mission in China in the Verbiest Era: Some Aspects of the Missionary Approach*, pp.11-31。

续表

门类	卷次	内容	译本来源	底本
逻辑学与方法论	卷五	殊（differentia）、独（proprium）、依（accidens）；五类概念的相同与差异之处		
		理推之总论（命题间的推理）		*Analytica Priora in Universam Dialecticam Aristotelis* (Coimbra, 1606)
	卷一	题列（proposotio）、限界（terminus）		
	卷二	真题相转（de conversione absolutarum propositionum）	《名理探》未刊印部分	Ibid. cap.1, quaestio 1-2
				Ibid. cap.2, quaestio 1-2
	卷三	何若题相转		Ibid. cap.3, quaestio 1-3
	卷四	形与式云何		Ibid. cap.4, 5, 6, 7, quaestio 1-2
	卷五	论理推由属何若之称谓造成者		Ibid. cap.8-23的摘要
测量（客体属性测量、工程测量和大地测量）		理辩之五公称		
	卷六	ff.1a-10a：通合几何（combined quantity）（亚里士多德十范畴之一）	《名理探》之《十伦》卷三	Cap.6 of In Universam Dialecticam
		ff.10b-15b：无穷（infinity）（亚里士多德十范畴之一）		III, cap.5-7 of Commentarii Collegii Conimbricensis Societatis Jesu In octo libros Physicorum Aristotelis

续表

门类	卷次	内容	译本来源	底本
工程测量和大地测量）测量（客体属性测量、	卷六	ff.16a–27b：通合之分数（mathematical infinity）（亚里士多德十范畴之一）		Ibid., III, cap.8
		ff.28a–41b：居所（place）（亚里士多德十范畴之一）	《名理探》之《十伦》卷五	Ibid., IV, cap.1-5
		ff.42a–45a：空虚（vacuity）（亚里士多德十范畴之一）		Ibid., IV, cap.6-9
		ff.45b–51：暂久（time）*（亚里士多德十范畴之一）		Ibid., IV, cap.10-14
		ff.52–（57）：动（movement）（亚里士多德十范畴之一）		Ibid., III, cap.1-2 and V, cap.1-4
	理辩之五公称			
	卷八	ff.1a–2b：重物经线并分带省力及其所行之道，3题	金尼阁：《重学》；薛凤祚：《历学会通》	
		ff.3a–8b：凡齐带齐托重体者各带托若干之理推，14题		
		ff.9a–10a：异色轻重比例之法；异色之体轻重比例表（金、汞、铅、银、铜、铁、锡、蜂蜜、水和蜡的比重）	南怀仁：《仪象志》（1674年，共14卷），卷二，ff.28–30a	

续表

门类	卷次	内容	译本来源	底本
测量（客体属性测量、工程测量和大地测量）	卷八	ff.11b–15b：滑车（pulley）、轮盘（gear-wheel）、螺丝（screw）	同上，卷二，ff.41a–47b	
		ff.16a–31b：弹道学（ballistics）	南怀仁著	
		ff.32–38：垂线球（pendulum）	《仪象志》卷四，f.30 等	
	卷九	ff.1a–5a：验气之说	《仪象志》卷四，ff.2–7a	
		ff.5b–9a：测气燥湿之理	同上，ff.7b–13	
		ff.9b–11b：气水等差表；气水差全表	同上，ff.14–16	
		ff.12a：推中域云高度之理	同上，ff.19	
		ff.12b–16b：空际异色并虹霓珥云诸象之理	同上，ff.20–26	
		ff.17a–23b：测水平之理	同上，ff.27–29	
		ff.24a–25a：泉源在河海江湖诸水平上永流之所以然	南怀仁著	
		ff.25b–27b：江河泛滥之缘由	南怀仁著	
		ff.28–32：江河消长多寡并水流迟速之比例，9题	南怀仁著	
		ff.33–37：江河泛滥之防备，3端	南怀仁著	

续表

门类	卷次	内容	译本来源	底本
工程测量和大地测量）测量（客体属性测量、	卷九	ff.36-49：坤舆之论＊＊	南怀仁：《坤舆图说》（共2卷，1672年）卷一，ff.36-40，ff.1-5；高一志：《空际格致》(1633年)	
		ff.49b-53a：气行与水行轻重相同之理推	南怀仁著	
		ff.53b-55：俗云龙挂之解说（龙卷风）	高一志：《空际格致》	
力学与机械	《轻重之理推》卷七＊＊＊	ff.1a-14b：轻重之理推，50款	王徵、邓玉函：《远西奇器图说录最》卷一	
		ff.15a-41a：力艺之理推，84款（天平、等子、杠杆、滑车、轮盘、藤线）	同上，卷二	

说明：＊残抄本缺失 ff.47-57，但有存目。

＊＊此项内容头两页页码题为"又三十六张""又三十七张"。《穷理学》残抄本的页码都不是原抄手所书写，而是后人所加。而且，此处论题突然由江河泛滥转变坤舆之论。因此，可以肯定是后人在整理残卷时将两卷合定在了一起。参见A.Dudink & N.Standaert, "Ferdinand Verbiest's Qiongli Xue"。

＊＊＊杜鼎克、钟鸣旦将此卷列于"形性之理推"一目，依据是在该卷的封面上题有"形性之理推卷七"字样。但此字样实际上是后人所加，而非原书所有。杜鼎克、钟鸣旦二人所用为该书的缩微胶卷，因此无法细致地区分笔迹，导致此误。现据原书加以改正。

《穷理学》残本中最重要的是介绍了亚里士多德的逻辑学[1]，我们对此加以简单介绍。《穷理学》被认为是集西学之大成的著作，它和其他来华耶稣会士的译著有着密切的关系。本文不能一一展开这种考证和研究，但有一点可以肯定，《穷理学》并不仅仅是逻辑学的著作，而是当时西学之总汇[2]。

从《穷理学》和《名理探》的关系来说，二者在介绍西方逻辑学上是连接的。

《名理探》是来华传教士介绍西方哲学的重要著作之一。李天经说："名理探十余卷，大抵欲人明此真实之理，而于明悟为用，推论为梯。读之其旨似奥，而味之其理皆真，诚也格物穷理之大原本哉。"[3]这个残本中的《理辩之五公称》取之李之藻的《名理探》的前5卷，不同的是李之藻在翻译中加入了许多天主教的内容，而南怀仁则将与逻辑学无关的宗教内容删去。这充分表现了南怀仁的传教策略，他继承了利玛窦的科学传教的路线，尤其是经过杨光先的反教案后，他更为谨慎，在科学和宗教之间加以平衡，正如他在1683年致欧洲会友的一封信中所说："皇帝的意志对我们处处有限制，如违背他的意志，或者对此有任何轻微的表现，就会立刻危害

---

1 尚智丛:《〈穷理学〉中的亚里士多德知识理论》，载《自然辩证法研究》，2023年第4期。
2 ［比］钟鸣旦:《格物穷理：17世纪西方耶稣会士与中国学者间的讨论》，载［美］魏若望编《传教士·科学家·工程师·外交家：南怀仁（1623—1688）》，社会科学文献出版社，2001年。
3 徐宗泽:《明清间耶稣会士译著提要》，中华书局，1989年，第194页。

我们的整个传教事业。"[1]

李之藻在《名理探》中对亚里士多德的逻辑学体系作了清楚表述，他说："名理探三门，论明悟之首用、次用、三用。非先发直通，不能得断通，非先发断通，不能得推论。三者相因，故三门相须为用，自有相先之序。"[2]这里"直通"是指"概念"；"断通"是指判断；"推通"是指推理。《名理探》的"五公论"是对事物种类及其性质的分析，它属于认识论范畴，对于形式逻辑来说，它只是预备性的知识。而《名理探》中的"十伦"讲的是亚里士多德《工具论·范畴篇》中的十个范畴。现残存的《理推之总论》5卷属于"推理"的内容，现所见李之藻的《名理探》中没有刻出这5卷。李之藻在《名理探》的目录最后有"第三、四、五端之论待后刻"一句。据此，笔者对《穷理学》和《名理探》的关系得出以下两点结论：

第一，徐宗泽当年已经考证，并核对了《名理探》的原拉丁文本，得出《名理探》全部应是25卷[3]。曾德昭在他的《中国通史》一书后已附录《李之藻传》，另《名理探》还有20卷待刻，显然他此时只看到了"五公论"的5卷（这5卷于1631年成书）。这样《名理探》应有25卷收入《穷理学》中，其中已刻的10卷，即"五公论"（5卷）、"十伦"（5卷），这未

---

1 ［比］南怀仁著，张美华译：《扈从康熙皇帝巡幸西鞑靼记》，载《清史研究通讯》，1987年第1期。
2 《名理探》，台湾商务印书馆，1974年，第481页。
3 同上。

刻的15卷被南怀仁重新刻印收入《穷理学》中。这点南怀仁在奏书中讲得很清楚："详察穷理之书，从西字已经翻译而未刻者，皆校对而增修之，纂集之，其未经翻译者，则接续而翻译，以加补之，辑集成帙。"

第二，《理推之总论》是李之藻译竟未刻之文献，由南怀仁刻印成书[1]。这5卷的发现对于研究西方哲学在中国早期的传播，对于中国逻辑史的研究都有着重要意义。

总之，《穷理学》是南怀仁的一本重要著作，是当时西学之集大成者。从这个残本我们可以看到，南怀仁对传播西方宗教哲学贡献很大，仅他将《名理探》所剩下的15卷重新刻印就功不可没。《名理探》的《理推之总论》5卷已经失传，现只存于《穷理学》的残本之中，其目录可参见《穷里学存（外一种）》。

四、《穷理学》所介绍的西方逻辑学

从西方逻辑学内容的介绍来看，《理辩五公称》在《名理探》中已经介绍了，《理推之总论》属于《名理探》所没有的新的内容，主要介绍了演绎推理的理论。

南怀仁在《理推之总论》中指出：

究先究后者，古论总有四卷。亚利名为究解之论。而

---

1 《穷理学》的刻本全本至今尚未发现。

此云究先究后者,以别其中两论之各名也。然而亚利分别两论,名先二卷为理推之论,而后二卷为指显之理推。[1]

这是说亚里士多德逻辑学的《前分析篇》主要是讲推理,《后分析篇》主要是讲演绎。

在《理推之总论》第二卷中,南怀仁说:

一提析题列之属端。二提直题列之何似相转也。属端者有三:一析直者;二析是非;三析公特与非限定之题列。论直之题何似相转者,释有四端:一曰凡公且非之题列,直然受转。二曰凡公真是之题列,依然受转。三曰凡特且是之题列,亦直然受转。四曰凡特且非之题列,绝不可受转也。

这是在介绍推理中的命题的种类,即全称肯定判断、全称否定判断、特称肯定判断、特称否定判断;全称肯定判断的换位问题。

第三卷主要讲相转(换位)问题。第四卷主要讲亚里士多德的三段论内容,对三段论的格和式作了说明。第五卷讲述了推理的构成和分类,也就是命题问题;讲述了实然命题、可然命题和或然命题。从这里我们看出,《穷理学》在《名理探》的基础上,第一次较为详细地讲西方逻辑学的推

---

[1] [比]南怀仁主编《穷理学》,北京大学图书馆影印本,"理推之总论"一卷,"总引"。以下关于《穷理学》的引文皆出于此。

理演绎理论。

对于《穷理学》的研究，德国汉学家顾有信（Joachim Kurtz）在德国埃尔兰根—纽伦堡大学所作的题为"The Discovery of Chinese Logic: Genealogy of a Twentieth-Century Discourse"（发现中国逻辑：20世纪的话语谱系）的博士论文。对《名理探》和《穷理学》两本书的概念做了研究。他将重点放在外来概念如何融入本土思想，同时强调译者的文化背景。他认为，建立合适的词汇体系是翻译的重要步骤，这一步骤可以通过不同的词汇创新方式实现。对于李之藻与傅汎际的翻译成果，顾有信是持肯定态度的。他认为在当时的情况下，二人基本完成了用汉语介绍中世纪亚氏逻辑学这一艰巨任务，明时期古汉语和拉丁语或印欧语系之间的沟通是可以实现的。问题在于，经过天主教思想浸润的中世纪拉丁语亚氏逻辑学，如果没有经过如耶稣会士所受的系统性欧洲哲学教育，对于汉语读者来说，其难度等同于学习一门外语[1]。此外，传教士介绍逻辑学的目的也并非单纯向中国读者介绍欧洲科学，而是通过这些知识引起兴趣，接着转入对知识背后的终极原因——天主的膜拜。而在当时的情况下，儒家思想占据统治地位，用顾有信的话说，"只要这个权威（儒学的权威）一天不倒，以天主教信仰中'神学婢女'形象出现的逻辑学就不可能被接受，那些倔强顽固的信使们也无从

---

[1] Joachim Kurtz, "The Discovery of Chinese Logic: Genealogy of a Twentieth-Century Discourse", pp.70.

立足"[1]。总体来看，顾有信的博士论文是将明清之际的欧洲逻辑学传入当作研究对象之一，用以考察逻辑学在中国近代史上的发生、发展，以此证实中国逻辑学的突飞猛进不是空穴来风，是有一系列铺垫的。在这部分中，顾有信主要从词汇的翻译角度入手，对文献版本和翻译的历史背景也稍作介绍，从而得出两种语言的不同不是当时逻辑学未能流行的主要原因，拉丁文本本身的繁复与两种文化、教育背景的不同，以及中国士人对天主教传播亚氏哲学的反应才是更为重要的原因。

---

[1] Joachim Kurtz, "The Discovery of Chinese Logic: Genealogy of a Twentieth-Century Discourse", pp.78。[德]朗宓榭、阿梅龙、顾有信著，赵兴胜等译，郭大松审校：《新词语新概念：西学译介与晚清汉语词汇之变迁》，山东画报出版社，2012年。目前在晚清外来词汇的研究上取得了较大的进展，例如沈国威的《近代中日词汇交流研究：汉字新词的创制、容受与共享》。但在明清之际的西学词汇的翻译，接受研究仍然十分薄弱，而这一研究是近代外来词研究的关键所在。因为以利玛窦为代表的来华耶稣会士的西学汉籍著作也传到了日本，例如利玛窦的《坤舆全览图》以及一些天文学著作，这些中文词汇进入到日语之中，哪些沉淀下来又在晚清被翻译成中文引入中国，这是至今说不清的事情。不仅如此，日本最早的西学——"兰学"的写作大都使用中文，同样借用了来华耶稣会士的词汇。所以，近代以来绝非只是中国受到了日本词汇的影响，其实是一个中日互动的过程，而日本介绍中国的西学词汇要早于中国介绍日本的西学词汇。只是学术界这样的互动研究没有深入展开而已。参阅王力《汉语词汇史》，中华书局，2013年；[意]马西尼著，黄河清译：《现代词汇的形成：十九世纪汉语外来词研究》，汉语大词典出版社，1997年；[日]川原秀城编，毛乙馨译，包纯睿审校：《西学东渐与东亚》，上海社会科学院出版社，2022年；[日]小林龙彦著，徐喜平、张丽升、董杰译：《德川日本对汉译西洋历算书的受容》，上海交通大学出版社，2010年；陈力卫：《东来东往：近代中日之间的语词概念》，社会科学文献出版社，2019年；徐克伟：《兰学与汉学之间：江户幕府翻译事业〈厚生新编〉研究》，东京东方书店，2022年。

因此本文只考察这一部分的逻辑学词汇。顾有信论文中关于这部分内容也列出了主要的词汇表，但同样不包括拉丁文原词。本文在顾有信的表格基础上，加入了拉丁文原词，加以补正，并增添了表中遗漏词汇。

"理推之总论"中出现的主要逻辑学概念

古代汉语	拉丁语	英语	现代汉语
究先者	Analytica Priora, Priori Resolutione	prior analytics	前分析篇
究后者	Analytica Posteriora, Posteriori Resolutione	posterior analyties	后分析篇
理辩	Logica	logic	逻辑
推辩	Conjectura	inference	推理
理推	Raciocinati, Syllogismus	reasoning, syllogism	推理
指显之理推	Syllogismus Demonstrativus	demonstrative syllogism	证明推理
若之推理	Syllogismus Hypotheticus	hypothetical syllogism	假言三段论
非全成之理推	Syllogismus Imperfeetus	enthymeme	省略三段论
题列	Propositio	proposition	命题
限界、向界	Terminus	term, limit	词项
界义	Definitio	definition	定义
称	Praedicatus	predicate	谓词，谓项

续表

古代汉语	拉丁语	英语	现代汉语
底	Subiectis	subject	主词，主项
是	Verus, Affirmativus	true, affirmative	真，肯定
非	Falsus, Negativus	false, negative	假，否定
公	Universalis	universal	全称的
特	Particularis	particular	特称的
非限定	Indefinita	indefinite	不定的
相转	Conversio	conversion	换位
相似	Analogia	analogy	类推、类比
总理	Generalitas	generalization	概括
反置	Contrapositio	contraposition	换质位
规模	Forma	rule, standard	规则
形	Figura	figure	格
式	Modus	Mood, mode	式，形式
几何	Quantitas	quantity	量
何似	Qualitas	Quality	质
合成之限界	Terminus de Complexis	Complex term	合成词项
孑然之限界	Terminus de Singularis	Singular term	单称词项
公且是之题列	Propositio Universalis Affirmativa	universal affirmative proposition	全称肯定命题
公且非之题列	Propositio Universalis Negativa	universal negative proposition	全称否定命题

续表

古代汉语	拉丁语	英语	现代汉语
特且是之题列	Propositio Particularis Affirmativa	particular affirmative proposition	特称肯定命题
特且非之题列	Propositio Particularis Negativa	particular negative proposition	特称否定命题
题列	Propositio	premise	前提
首列	Propositio Maior	major premise	大前提
次列	Propositio Minor	minor premise	小前提
收列	Consummatio	conclusion	结论
元始	Doctrina	principle	原则
固然之题	Propositio de Necesse	necessary proposition	必要前提
可然/可不然之题	Propositio de Contigenti	contigent propositon	偶然前提
直然之题	Propositio Absoluta	absolute proposition	定言命题，绝对前提

五、《穷理学》在汉语逻辑学概念上的创造

李之藻在《名理探》中对如何翻译西方逻辑概念做了创造性发挥。

名理之论，凡属两可者，西云第亚勒第加。凡属明确不得不然者，西云络日伽。穷理者兼用此名，以称推论之总艺

云。依次释络日伽为名理探，即循所已明，推而通诸未明之辩也。[1]

这里所说的，"第亚勒第加"属于两可者，也就是现在我们讲的辩证法，这是和逻辑不一样的；反之，络日伽，被音译解释为意旨是根据已知的、掌握的资料推出未知的东西，在这里，"名理探"被音译解释为络日伽，即逻辑。

徐宗泽在《名理探重刻序》中指出："祛惑之法，惟名理探"，"名理探东译论理学，又译音逻辑，为哲学之一份。哲学为研究事物最终之理由，理由非明思慎辨不可，故哲学以名理探为入门。"[2]这里明确认同李之藻的翻译，名理探就是逻辑学，它属于哲学的一部分。

在中国传统文化思想中，"名理"的其一含义是表示：名称与道理。马王堆汉墓帛书《经法·名理》："审察名理名冬（终）始……能与（举）冬始，故能循名究理。"《鹖冠子·泰录》："泰一之道，九皇之傅，请成于泰始之末，见不详事于名理之外。"清王士禛《池北偶谈·谈异六·罗汉》："时癸丑会试举人题……米叹其难。罗汉为阐发传注，名理灿然。"郭沫若《释玄黄》："焦的内含，可兼容黑、黄两色，而足下使焦字与黑字相等，这恐怕在名理上说不过去吧。""名理"的另一种含义是特指魏晋及其后清谈家辨析事

---

1 ［葡］傅汎际译义，李之藻达辞：《名理探》，三联书店，1959年，第15页。
2 同上书，第1页。

物名和理的是非同异。《三国志·魏志·钟会传》:"及壮,有才数技艺,而博学精练名理。"《晋书·范汪传》:"博学多通,善谈名理。"

在这个意义上,李之藻用"名理"来表示逻辑学是一种创造,这个概念既表达了逻辑的概念,也比较贴合中国历史中这一概念的原初含义。

在《穷理学》中,李之藻"理推之总论"中继续用汉语创造了几个重要的逻辑词汇。《穷理学》"理推之总论"中译介三论的部分,也是现存《穷理学》中唯一有关亚里士多德逻辑学的部分。"理推之总论"开卷即用几句话阐述了亚里士多德推理的内容:

> 究先究后者,古论总有四卷,亚利名为究解之论。而此云究先究后者,以别其中两论之各名也。然而亚利分别两论,名先二卷为理推之论,而后二卷为指显之理推。则夫究先究后之名,非亚利所立,乃释亚利者所立耳。所谓究解者,元文曰亚纳利细,译言物复归乎所由受成之元始也。

"亚纳利细"是拉丁文Analytica的音译,即物之所以成为物的根本原因以及其推理过程,也就是今天所说的演绎逻辑。

"究"在古籍中有穷、尽的意思,如《新唐书·卷一百六十七列传第九十二·韦渠牟》中"贞元十二年,德宗诞日,诏给事中徐岱、兵部郎中赵需、礼部郎中许孟容与渠牟及佛老二师并对麟德殿，质问大趣。渠牟有口辩，虽于三家未究解，然答问锋生，帝听之意动"[1]。此处的"究解"表示对于三家学说不能穷其道理并讲解地明白透彻。《全唐文》中也有类似例证[2]，都表示透彻清晰地理解知识。"究解之论"中的"究"采用的是推寻、探究之义，如司马迁《报任少卿书》中"亦欲以究天人之际，通古今之变，成一家之言"。"究解之论"就是推究物之理的学问。亚里士多德演绎逻辑的核心部分主要集中在前后分析篇中，前分析篇主要讨论三段论，后分析篇论述证明、定义、演绎方法等问题。"究先"者即为前分析篇，"究后"者即为后分析篇。

"指显"。前二卷所论"理推之论"即三段论，后二卷所论"指显之理推"即演绎推理、证明等。"指""显"二字在中国古籍中未见其合成为一个词，但这二字都有指出、显露的意思，如《韩非子·说难》中"交争而不罪，乃明计利害以致其功，直指是非以饰其身"[3]；又如柳宗元的《钴𬭁潭西小丘记》："嘉木立，美竹露，奇石显。"[4]李之藻将"指""显"两个字合成一词，用以表明："指显"联合即通过演绎、证明等方法，让过程明晰，使结果显露。

"理辩"。"理辩"是《穷理学》中的核心词汇之一，五

---

[1] 〔宋〕欧阳修、宋祁等：《新唐书》（卷一百六十·列传第九十二），武英殿本。
[2] "仆有识以来，寡于嗜好，经术之外，略不婴心。幼年方小学时，受《论语》、《尚书》，虽未能究解精微，而依说与今不异。"见〔清〕董诰等《全唐文》（卷323），扬州官刻本。
[3] 《古代汉语词典》，商务印书馆，2003年，第2024页。
[4] 同上书，第1700页。

公称部分就以"理辩学"命名,中国古书中见使用。"理辩"一词在《名理探》的五公卷中未见使用,南怀仁在编著《穷理学》时加入。唐朝著名的《酉阳杂俎》[1]中记载了京兆尹黎干与老翁的故事,老翁"夜深,语及养生之术,言约理辩"。此处"言约理辩"是一个并列词组,"言约"与"理辩"分别为主谓结构,意为能言善辩、言辞漂亮,"辩"用来形容言辞的状态。在宋朝的文献中,"辩"开始被更多地当作动词使用。《续资治通鉴长编》中官员吴大忠分析北疆敌情时,提到蔚州、应州、朔州三地的敌情:"北人窥伺边疆,为日已久,始则圣佛谷,次则冷泉村,以致牧羊峯、瓦窑坞,共侵筑二十九铺。今所求地,又西起雪山,东接双泉,尽瓶形、梅回两寨,缭绕五百余里。蔚、应、朔三州侵地,已经理辩,更无可疑,惟瓦窑坞见与北界商量。"[2]"理辩"在这里是分析讨论的意思,经过分析讨论,蔚州、应州、朔州三地面临的危险已毋庸置疑。在《续资治通鉴长编》的另一篇里,"理辩"出现了不同的意义:"宜先令河东经略司检苏安静元与西人要约文字圆备,仍除所差折固,更选谙熟边事信实使臣一人,牒鄜延路令移报宥州,约日与已差定官于界首各出文字,理辩交会。其诺尔一户,如是未叙盟以前逃背,于誓诏当给还,即具以闻。"[3]不同于前一篇中的分析讨论,此处

---

1 〔唐〕段成式:《酉阳杂俎》卷九《盗侠》,通行本。
2 〔宋〕李焘:《续资治通鉴长编》卷二百六十"神宗熙宁八年"。
3 〔元〕俞希鲁:《至顺镇江志》卷十五,通行本;〔宋〕李焘:《续资治通鉴长编》卷二百九十五"神宗元丰元年"。

表示对立双方你来我往的辩论。同样的用法还出现在元朝俞希鲁的《至顺镇江志》:"公抗辞建诉，极言厚敛病民，非所以利国。且润为郡，濒江带山，土壤疏瘠，民多下贫，非他郡富庶比。常赋不能充，里胥、县吏往往揭闭称贷，若复增益，势不可。弗听。公侃侃理辩，益恳至，无挠辞。取所受宣命归纳之，愿免官罢去。"上述三例都将"理辩"视作动词，"理"与"辩"是并列关系。《穷理学》基本延续了宋代以来的这种用法，突出了对立与分析辩论的特性，"理辩学"就是一门与推理分析有关的学问，即逻辑学:"理辩学之向界，则亦可以为究先者之论之特向界也。"[1]

"题列"。"题列"是另一个《穷理学》三段论的核心词汇。"解释题列而云：乃是言论，或能是或能非何义于何物者也"[2]，将这句话用现代汉语表示出来，即为：命题，就是判断某个主谓形式是真是假的语言形式。"题列"还被用来表示前提，与此相同的是，在拉丁文中，这两个含义都用同一个词"Propositio"书写。用现代汉语表述的亚里士多德《前分析篇》这样写道："前提是对某一事物肯定或否定另一事物的一个陈述。它或者是全称的，或者是特称的，或者是不定的。所谓全称前提，我是指一个事物属于或不属于另一事物的全体的陈述；所谓特称前提，我是指一个事物属于另一个事物的有些部分、不属于有些部分或不属于另一个事物全体

---

[1] "理推之总论"卷一，第四张，《穷理学》抄本影印文件。
[2] 同上，第八张，《穷理学》抄本影印文件。

的陈述；所谓不定前提，我指的是一个事物属于或不属于另一个事物，但没有表明是特称还是全称的陈述。"[1]在《穷理学》中，可以找到类似的表述[2]。前者是对前提的解释，后者是对命题的介绍。前提本身就是一个命题，是一个可以通过其推理出其他命题的命题。因此，《穷理学》对"Propositio"一词的翻译做到了既尊重原文意义，又顾及词汇形式，堪称典范。

"题列"一词乃傅、李二人新创词汇，因命题这一概念本身来自于欧洲中世纪逻辑学，中文古籍中原本没有与之相对的概念。两字一起使用时，"题"常取书写义，"列"取陈列义，用作在某物上题写图画[3]。拉丁语中的"Propositio"一词，由pro-和positio组成，pro-意为在某物之前，positio表示放置、处所。"题"在古汉语中本义为额头，如"是黑牛也而白题"[4]，若再取"列"之陈列义，并将额头引申为开头、

---

[1] 苗力田主编《亚里士多德全集》第一卷，中国人民大学出版社，1997年，第294页。

[2] "亚利就几何析题列有三端：一公，二特，三非限定之题列也。未及论子一者，缘凡子一之诸有常变，不属可确知者故。解公之题列，云是有公且属公号之底者也，如云凡生觉者是自立之体也。解特之题列，云是有公且属特号之底者也，如云或一人为穷理者。解非限定之题列，云是其底非属何一某号者也，故云非限定即非属乎某一定之几何者也。"第二十一张，《穷理学》抄本影印文件。

[3] 例如"古曰相传，有《五时般若》，穷检经论，未见其说。唯有《仁王般若》，题列卷后，具有其文。"见〔唐〕释道宣编《广弘明集》卷十九，大正藏本。

[4] 语出《韩非子·解老》，载《汉语大字典》，四川辞书出版社、湖北人民出版社，1986年，第1883页。

起始，则"题列"合起来表示放置于起始，与前提的含义相符。"题"的一个最广泛使用的词义是题目、问题，"列"在古籍中还有陈述、说明的含义，如"顾惟效死之无门，杀身何益；更欲呼天而自列，尚口乃穷"[1]。若按此义，并将"列"之义稍加引申为申辩、辩论，则"题列"可解释为对某个题目的分析推辩，亦粗合命题之义。

"限界"。与"题列"紧密相连的"限界"意为词项，包括主项与谓项，或主词与谓词，例如："若谓亚利解限界，但指凡留存于题列受析之后者以为限界。……所解限界，其义乃析题列之所归之称与底也。则非凡析题列之所归者皆为限界，惟所归而为题列之称底者，是为限界。"[2]亚里士多德《前分析篇》这样定义词项："所谓词项我是指一个前提分解后的成分，即谓项和主项，以及被加上或去掉的系词'是'或'不是'。"[3]这个定义可以被视作前面两句话的结合，"底"是主词或主项，"称"是谓词或谓项，而"限界"则是除了系词以外的二者的合称词项。"限界"一词在古书中常用作边界之义，如"凡得见闻，雅喜抄录，或搜之遗编断简，或采之往行前言，上至圣神帝王吟咏，下至阛阓闾里碎言，近而衽席晤谈，远而裔戎限界，岁积月盛，篇盈帙满，不觉琐屑涉乎繁芜？"[4]这段话中的"远而裔戎限界"就是指远到

---

1 《谢量移汝州表》，[宋]苏轼：《苏轼集》卷六十七，明海虞程宗成化刻本。
2 "理推之总论"卷一，第二十九张，《穷理学》抄本影印文件。
3 苗力田主编《亚里士多德全集》第一卷，中国人民大学出版社，1997年，第295页。
4 [明]陈全之著，顾静标校：《蓬窗日录·后语》，上海书店出版社影印本。

外族边境之地。"限"还可限定讲,如"敕船官悉录锯木屑,不限多少"[1]。而"定"在古籍中也可引申为范围讲,如白居易《游悟真寺》:"野绿簇草树,眼界吞秦原。"《穷理学》中指出"释限界亦指所析之两端","惟在题列之两端可谓限界",这些解释清楚地反映出"限界"具有划出边界、范围、定义的作用。

"底"。作为具有边界、定义作用重要标志的"底"同样有其词义来源。"底"的最基本意义是最下面、尽头,宋玉的《高堂赋》中有"不见其底,虚闻松声"[2]。引申为底座,如"臣家居海隅,颇知海舟之便,舟行海洋不畏深而畏浅,不虑风而虑礁,故制海舟者,必为尖底,首尾必俱置柁卒……"中,底即为船之底部、底座[3]。进一步可引申为基础、基本,"恽材朽行秽,文质无所底,幸赖先人余业得备宿卫,遭遇时变以获爵位,终非其任,卒与祸会。"[4]此句中用来指在文采与质朴方面没有多少根基。用现代语言来解释主项,就是一个命题中被断定对象的词项。这个对象是一个命题中最重要、最核心的元素,因此可以将其理解为这个命题的根基所在。与此相对的拉丁词语"Subiectis"的意思是某物或其题目、主题,是一个被诠释的对象,sub-本身的意思则是在某事物下面,恰与"底"的基本义相符,亦可引申为

---

[1] 《古代汉语词典》,商务印书馆,2003年,第1703页。
[2] 〔梁〕萧统编,〔唐〕李善注:《文选》卷十九"赋癸",胡克家重刊本。
[3] 〔明〕邱濬:《大学衍义补》卷三十四,四库全书本。
[4] 〔汉〕班固:《汉书》卷六十六"公孙刘田王杨蔡陈郑传第三十六",百衲本。

根基。

"称"。与"底"成对出现的"称"基本义为称量轻重，表示称述、述说之义时，经常以"称谓"一词出现，如《宋书·武帝纪》中"事遂永代，功高开辟，理微称谓，义感朕心"[1]。又如苏洵的《史论上》中"使后人不通经而专史，则称谓不知所法，惩劝不知所沮"[2]。"称"一词译自拉丁语"Praedicatus"，prae-为在某物之前，dic-的意思是说、讲，表示对某事物的称说。谓项的含义恰恰是对主项的判断陈说，与"称谓"之义相合。照此推论，后世取其中的"谓"字合成"谓项"一词，应该是取"称谓"之"谓"一字而成。

面对完全异于中国传统文化的西方逻辑学，傅、李二人在如何用中文表达上真是费尽心思，他们对中国逻辑学之发展做出了重大贡献。

温公颐先生说：

明末清初，是国家政权更迭的时期，却也是中国文化史上最灿烂的时期之一。在儒家独尊的局面下缓缓发展着的中国逻辑史，这时也开始出现新的转机。一方面，以利玛窦为代表的西方传教士从遥远的国度带来了西欧的科学文化，通过徐光启翻译《几何原本》和李之藻翻译《名理探》，古希腊的欧几里得几何学与亚里士多德的逻辑学被介绍到我国，随

---

1 〔南朝〕沈约：《宋书》卷一"本纪第一"，武英殿本。
2 〔宋〕苏洵：《嘉祐集》卷九"史论"，四部丛刊本。

之一种全新的演绎思想展现在中国人的面前。……"中国逻辑史发展到了一个新的高度。"[1]

六、《名理探》与《穷理学》对近代中国思想之影响

李之藻之所以尽力翻译《名理探》,这与他崇尚实学有很大关系,他翻译此书就是为了纠正陆王心学盛行下士人"空谈心性"的弊端。李天经在《名理探》序中说:

世乃侈谈虚无,诧为神奇,是致知不必格物,而法象都捐,识解尽扫,希顿悟为宗旨,而流于荒唐幽谬;其去真实之大道,不亦远乎。西儒傅先生既诠寰有,复衍名理探十余卷,大抵欲人明此真实之理,而于明悟为用,推论为梯;读之其旨似奥,而味之其理皆真,诚也格物穷理之大原本哉。[2]

应该说《名理探》和《穷理学》在当时的命运都不是很好[3],南怀仁将《穷理学》呈交给康熙后,士大夫们对这本书完全不理解,康熙对此也不感兴趣。"上曰:'此书内文辞甚悖谬不通'。明珠等奏曰:'其所云人之知识记忆皆系于头

---

[1] 温公颐主编《中国逻辑史教程》,上海人民出版社,1988年,第313页。
[2] [葡]傅汎际译义,李之藻达辞:《名理探》,三联书店,1959年,第382—384页。
[3] 陈洁、解启扬:《西方逻辑的输入与明末文化思潮》,载《广西师范学院学报》,2001年第1期。

脑等语，于理实为舛谬'。上曰：'部复本不必发南怀仁，所撰书著发还。'"[1]到清末时，国内已经找不到《名理探》这本书，可见其被冷落的程度。尽管《名理探》是李之藻呕心沥血之作，但当时读这本书的人并不多，能理解他思想的人也不多，所以也有学者指出："此书虽为中国思想史上第一部系统介绍西方逻辑学知识的专著，也是李之藻呕心沥血之最后译作，印行后却几无影响，在明代中晚期的士人阶层中竟未泛起半点涟漪——甚至也没有反驳、批判的回应。"[2]如郭湛波在《近五十年中国思想史》中所说："自明末李之藻译《名理探》，为论理学输入中国之始，到现在已经三百多年，不过没有什么发展，一道到严几道先生译《穆勒名学》《名学浅说》，形式论理学开始盛行于中国，各大学有论理学一课。"[3]

但从中西文化交流史的宏观视角来看，这两本书一时被冷落并不意味着其学术意义的减弱。梁启超在《中国近三百年学术史》中说：

自明朝以八股取士，一般士人除了永乐皇帝钦定的书籍外，几乎一书不读，学界本身本来就像贫血症的人衰弱得可

---

1 《康熙起居注》（二），第1104页；康熙二十二年十一月十四日（1863年12月31日）。
2 曹杰生：《略论〈名理探〉的翻译及其影响》，载《中国逻辑史研究》，中国社会科学出版社，1982年，第295页。
3 郭湛波：《近五十年中国思想史》，山东人民出版社，1997年，第183页。

怡……利玛窦、庞迪我、熊三拔、龙华民、艾儒略、汤若望等，自万历末年至天启、崇祯年间，先后入中国。中国学者如徐文定（徐光启）、李凉庵（李之藻）都和他们来往，对于各种学问有精深的研究……在这种新环境之下，学界空气当然变换。此后清朝一代学者对于历算学都有兴味，而且最喜欢谈经世致用之学，大概受到利、徐诸人的影响不少。[1]

尽管晚清时严复翻译逻辑学所用的底本完全不一样了，但多少是受到傅汎际、李之藻译本的影响。严复在《穆勒名学》一书中提到了《名理探》，他说"逻辑最初译本为固陋所及见者，有明季之《名理探》，乃李之藻所译……"[2]。这说明至少严复是看过《名理探》的，至于明清之际李之藻的翻译与晚清严复等人翻译之间的具体联系，并不是本文研究的重点，这里不再展开，但《名理探》的影响是存在的[3]。这点当代著名逻辑学专家温公颐先生说得很清楚："一直到二百五十年后，严复译述《穆勒名学》，才看出《名理探》达辞的影响，严复翻译时把李氏翻译的重要逻辑术语'推论'译为'推知''证悟'或'推证'等；把李氏所译'论证'逻辑语词用'难'来翻译；把推理之规式'首列''次列''收列'译为'演联珠'的'第一谓之例''第二谓之案''第三谓之判'

---

[1] 梁启超：《中国近三百年学术史》，中国书店出版社，1985年，第30页。
[2] ［英］约翰·穆勒著，严复译：《穆勒名学》，商务印书馆，1981年，第2页。
[3] 李天纲：《从〈名理探〉看明末的西书汉译》，载《传统文化与现代化》，1996年第6期。

等等。"[1]

在这个意义上,傅汎际和李之藻所翻译的《名理探》与南怀仁翻译的《穷理学》的部分内容在介绍西方逻辑学方面有重要的学术贡献,这是明清之际西学东渐的重要成果。

---

1 温公颐:《中国近古逻辑史》,上海人民出版社,1993年,第114—115页。

* 明清之际《圣经》翻译相关研究，可参阅苏精：《马礼逊与中文印刷出版》，台湾学生书局，2000年；［美］金多士著，王海译：《在华传教士出版简史》，中央编译出版社，2017年；戈公振：《中国报学史》，中国传媒大学出版社，2018年；李灵、尤西林、谢文郁主编《中西文化交流：回顾与展望——纪念马礼逊来华两百周年国际学术研讨会论文集》，上海人民出版社，2009年；赵晓阳：《当代中国基督宗教史研究》，中国社会科学出版社，2016年；张西平、吴志良、彭仁贤主编《马礼逊文集》13卷，大象出版社，2008年；香港中文大学天主教研究中心：《圣经的中文翻译》，载《天主教研究学报》，香港中文大学天主教研究中心，2011年第2期；程小娟：《God的汉译史：争论、接受与启示》，中国社会科学出版社，2013年；徐若梦：《古代〈圣经〉汉译与中西文化交流史》，中国文史出版社，2014年。

第四章

明清之际《圣经》翻译研究 *

马礼逊和马士曼的《圣经》翻译与白日昇

白日昇及其《圣经》译本研究进展

阳玛诺《圣经直解》与耶稣会的译经传统

白日昇在罗马卡萨纳特图书馆的藏本与

《圣经直解》的对照研究

中国是印刷术的故乡,这是中外公认的事实。但自近代西人东来以后,金属活字印刷和石印技术传入,使中国近代的印刷出版发生了重大变迁。讨论近代中国的印刷和出版历史,无论如何是绕不过来华传教士这个环节的。净雨在《清代印刷史小记》一文中说:"嘉庆十二年(1807年)春,伦敦布道会遣马礼逊(Robert Morrison,1782—1834)来华传教。马氏尝从粤人杨善达[1]游,复在博物院中得读中文《新约》及拉丁文对译字典而手录之,及至广州又续习华语。当时欧洲人之精通汉文华语者并马氏仅三人耳。……马氏初编《华英词典》及文法,又译《新约》为中文,遂有以西洋印刷术布印之意,秘雇匠人制字模,谋泄于有司,刻工恐罹祸,举所有付诸丙丁以灭其迹。是役,虽事败受损,而华文改用西式字模铸字,当以此为嚆矢矣。"[2]

---

[1] 学术界长期一直称此人为容三德(Yong Sam-Tak),没有中文名字。参阅苏精:《中国,开门!马礼逊及相关人物研究》,基督教中国宗教文化研究社,2005年,第13页;苏精:《马礼逊与中文印刷出版》,台湾学生书局,2000年,第57页;谭树林:《马礼逊与中西文化交流》,中国美术学院出版社,2004年,第42页。
[2] 张静庐辑注《中国近代出版史料》(二编),上海书店出版社,2003年,第353页。

讨论中国近代印刷出版，需从马礼逊开始，研究马礼逊的中文印刷出版活动，需从他印刷《新约》开始，而探究马礼逊的《圣经》翻译和印刷，则必须从他在大英图书馆所抄录的《四史攸编耶稣基利斯督福音之会编》开始。马礼逊所抄录的此《圣经》新约部分的中文翻译来自何人之手？这个中文译本与明末清初来华耶稣会士对《圣经》的部分翻译和介绍有何关联？这就是本章所要研究的。

一、马礼逊和马士曼的《圣经》翻译与白日昇

作为英国伦敦传道会（London Missionary Society）派往中国的第一个传教士，马礼逊入华负有三大使命：学习中文、编撰中英文字典、翻译《圣经》。马礼逊翻译《圣经》的进度是：1810年译完《使徒行传》；1811年译完《路加福音》；1812年译完《约翰福音》；1813年译完《新约》全部；1814年出版《新约》。

英国传教士米怜（William Milne，1785—1822）到中国后参与了对《旧约》的翻译。1819年11月中文版《圣经》全部译完。1823年《神天圣书》全部出版，《旧约》取名为《旧遗诏书》，《新约》取名为《新遗诏书》[1]。

马礼逊在1819年11月25日的信中对自己和米怜的翻译工

---

[1] 参阅［英］艾莉莎·马礼逊编，杨慧玲译：《马礼逊回忆录》第1卷，大象出版社，2008年，第158—248；第2卷，第2—7页；参阅谭树林《马礼逊与中西文化交流》，中国美术学院出版社，2004年，第117页。

作做了全面的总结，他写道：

本月12日，米怜先生译完了《约伯记》和《旧约》中的历史书部分，这是他选择翻译的部分。其余内容中，完全由我一个人翻译的部分有：

《旧约》：1.创世纪 2.出埃及记 3.利未记 4.民数记 5.路得记 6.诗篇 7.箴言 8.传道书 9.雅歌 10.以赛亚书 11.耶利米书 12.耶利米哀歌 13.以西结书 14.但以理书 15.何西阿书 16.约珥书 17.阿摩斯书 18.俄巴底亚书 19.约拿书 20.弥迦书 21.那鸿书 22.哈巴谷书 23.西番雅书 24.哈该书 25.撒迦利亚书 26.玛拉基书。

《新约》：27.马太福音 28.马可福音 29.路加福音 30.约翰福音 31.希伯来书 32.雅各书 33.彼得前书 34.彼得后书 35.约翰一书 36.约翰二书 37.约翰三书 38.犹大书 39.启示录。[1]

马礼逊公开承认他所翻译的《圣经》得益于藏在英国博物馆的一本中文《圣经》的抄本，他说："我经常向你们坦诚我有一部手抄本中文《圣经》，原稿由英国博物馆收藏，通过伦敦会，我获得了一个抄本。正是在这部抄本的基础上，我完成了《圣经》的翻译和编辑工作。"[2]

马士曼（Joshua Marshman，1768—1837）是英国浸礼会

---

[1] 参阅［英］艾莉莎·马礼逊编，杨慧玲译：《马礼逊回忆录》第2卷，大象出版社，2008年，第2页。
[2] 同上书，第2—3页。

（Baptist Churches）派往东方的传教士，他在印度的塞兰坡（Serampore）开始学习中文，并将《圣经》翻译成中文。

马士曼出版《圣经》的进度是：1810年出版了《此嘉语由于所著》(《马太福音》)；1811年出版了《此嘉音由嘞所著》(《马可福音》)；1813年出版了《若翰所书之福音》(《约翰福音》)；1815至1822年，他用活版铅字刊印了《新约》；1816至1822年陆续刊印了活版铅字的《旧约》；1822年用活版铅字印刷了五卷本的《圣经》。根据史料记载，这是第一部完整的汉语《圣经》。

马士曼在得到马礼逊所赠送的手抄本《圣经》中文译本后，对自己日后将要出版的《圣经》译本也做了较大幅度的修改。这点他自己也承认，他说："一位朋友赠送了一部马礼逊兄弟刊印的版本给我们，每当需要时，我们也认为有责任查阅它，当我们看到它显然是正确的时候，我并不认为拒绝对我们的原著进行修改是合理的。在翻译圣经如此重要的工作中，如果因为虚荣和愚蠢，自以为可以重视原文的想法，而拒绝参考他人的努力成果，一切就会变得令人失望，这也是放弃了对一本完美无瑕的圣经译本的盼望。"[1]

马礼逊和马士曼后来因为出版中文语法书一事发生纠葛，由此也引起二人在翻译《圣经》上的相互指责，而二马圣经翻译本的极大相似性又引起人们对二马圣经关系的讨

---

[1] 转引自赵晓阳《二马圣经译本与白日昇圣经译本关系考辨》，载《近代史研究》，2009年第4期。

论，究竟是谁抄袭了谁[1]。这个问题在学者赵晓阳的研究中已经解决。赵晓阳认为："二马译本与白日昇译本非常相似，二马译本是在白日昇译本的基础上修订而成。……从严格的学术意义上来讲，二马的《新约》都不能称之为独立翻译，都严重依赖和参考了白日昇译本。在白日昇译本的基础上，二马译本又有所修订和创造，二马之间始终都有沟通，马士曼译本更多地参照了马礼逊译本。"[2]由此，如果研究圣经《新约》的中译本，白日昇译本就成为一个重要的环节[3]。

二、白日昇及其《圣经》译本研究进展

白日昇（Jean Basset，1662—1707）是法国巴黎外方传教会传教士[4]，出生于法国里昂，1684年进入巴黎外方传教会神学院（Séminaire des Missions Étrangères de Paris），1685年

1　参阅［英］海恩波著，蔡锦图译：《道在神州——圣经在中国的翻译与流传》，香港汉语圣经协会，2000年，第5章。
2　赵晓阳：《二马圣经译本与白日昇圣经译本关系考辨》。
3　学者在评价马礼逊和马士曼的圣经翻译时认为，"这段时期在中国的圣经翻译，非常相互依赖对其他译经者的努力成果。马礼逊显然极度依赖天主教的资源，特别是白日昇的手稿，而马士曼则值得注目地取材马礼逊的成果。倘若马礼逊、米怜和马士曼、拉撒的译本被视为是新教在华圣经翻译活动的根基，新教是深深受惠于天主教的活动，而这件事常常是被忽略了的。"参阅［德］尤思德著，蔡锦图译：《和合本与中文圣经翻译》，香港汉语圣经协会，2000年，第46页。
4　关于白日昇的相关资料参见：François Barriquand, "First Comprehensive Translation of the New Testament in Chinese: Fr. Jean Basset (1662-1707) and the Scholar John Xu," Verbum svd 49, n.1.2008。

以传教士的身份前往东方，经暹罗后到中国。1689年，白日昇到达广州，而后在四川与一位叫徐若翰（Johan Su，？—1734）的中国神父合作，开始翻译《圣经》新约部分[1]。1704年至1707年12月期间，他们翻译了《新约》。但这本译稿并未出版。白日昇除了对《圣经》的翻译外，还有《中国福传建议书》（*Avis sur la Mission de Chine*），以及他和徐若翰一起翻译的《天主圣教要理问答》和《经典纪略问答》。但白日昇的新约译本一直被转抄，手稿原稿也未被发现，以致长期以来学术界很少注意他的存在。直到19世纪他的译本才浮出水面，20世纪才确定了这个译本的译者[2]。

---

[1] 关于白日昇与徐若翰的研究，参阅李华川：《清前期暹罗总修院的中国修生（1665—1760）》，载《国际汉学》，2018年第4期，李华川：《康乾时期第三方视角下的四川土司》，载《国际汉学》，2006年第4期；宋刚：《小人物的大历史：清初四川天主教徒徐若翰个案研究的启示》，载《国际汉学》，2017年第1期。

[2] 这个译本是1737年在广州发现的，霍治逊将其复制后送给了伦敦会的史路连（Hans Sloane，1660—1753），史路连将其赠给了大英博物馆，在手稿的空白处手写下"此抄本是由霍治逊先生授命于1737年和1738年在广州誊抄的，并称它已经仔细的校勘过，毫无遗漏。1739年9月呈赠给史路连男爵。"（This transcript was made at Canton in 1737 and 1738, by order of M.Hodgson Junior, who says it has been collated with care, and found very correct. Given by him to Sir Hans Sloane Baronet in Sept 1793）参阅A.C.Moule, *A Manuscript Chinese Version of the New Testament (British Museum, Sloane 3599)*, The Journal of the Royal Asiatic Society of Great Britain and Ireland, No. 1 (Apr., 1949), pp. 23-33。直到1945年在研究巴黎外方传教士李安德（Andreas Ly，1692—1775）时，才发现这部手稿的译者是白日昇。参阅Willeke, Bernward H. "The Chinese Bible manuscript in the British Museum", The Catholic biblical quaterly 7 (1945), pp. 450-453；参阅［德］尤思德著，蔡锦图译：《和合本与中文圣经翻译》，第17—18页。

目前发现的白日昇的《圣经》翻译的抄本有三处：一份是罗马的卡萨纳特图书馆藏本（Biblioteca Casanatense），这是一本18世纪初的抄本，它包括"四福音书"、《宗徒大事录》、"保禄书信"以及《希伯来人书》（"蒙福的保禄致希伯来人书"）第一章。第二份是大英博物馆抄本，这份手稿即是霍治逊（John Hodgson, 1672—1755）1737年发现的。1798年，基督新教公理会的莫斯理（William Moseley）提出希望将《圣经》翻译成中文[1]，1801年，他在大英博物馆发现了白日昇的手稿。1805年，马礼逊得知了这个消息，并在杨善达的帮助下抄录了这个本子，成为以后他翻译《圣经》的参考译本。第三份是为英国剑桥大学所藏，其特点在于对"四福音书"的翻译不是通常的单列本，而是将四部福音编成"合参福音书"，这份文献标题为《四史攸编耶稣基利斯督福音之会编》。

近年来学术界对白日昇这三份文献的研究已经有了初步的进展，香港学者蔡锦图在《白日昇的中文圣经抄本及其对早期新教中文译经的影响》一文中详尽地研究了各种规格《圣经》中译本的历史，他对白日昇译本着墨较多。历史上对白日昇译本的最早记载是当年白日昇所培养起的中国神父李安德的日记，他在日记中说："（白日昇）也将新约从玛

---

[1] 莫斯理写了本《关于印刷及发行中文〈圣经〉的重要性和可行性》（*A Memoir on the Importance and Practicability of Translating and Printing the Holy Scriptures in the Chinese Languages*, 1800），引自苏精《中国，开门！——马礼逊及相关人物研究》，第8页。

窦福音（马太福音）到蒙福的保禄（保罗）致希伯来人书第一章的拉丁文译为中文；然而，由于他的逝世，未能完成这项工作。"[1]白日昇所翻译的《新约》的原始文本至今尚未发现。罗马卡萨纳特图书馆藏本是"四福音书"的翻译，但剑桥藏本是"四福音书"的合编，这个合编本是谁做的呢？没有答案。从罗马卡萨纳特图书馆藏本来看，很可能是参考了武加大本《圣经》（Vulgate）。蔡文详细地考察了剑桥本的卷名称和页数。大英图书馆的抄本（The Sloan Ms #3599）保存较多，除马礼逊自己带到中国、现保存在香港大学冯平山图书馆的抄本外，美国公理会传教士裨治文（Elijah Coleman Bridgman，1801—1861）将马礼逊带到中国的抄本再次誊抄一份，后也流传到剑桥大学图书馆。另外，思高圣经学会也有一份抄本。通过对白日昇抄本、马礼逊所翻译《圣经》与马士曼所翻译《圣经》的对比，作者认为："在文献的追溯中，可以见到天主教和新教在早期圣经翻译历史上的交接点……对于天主教和新教的中文译经的互动的历史，相信仍有许多可供探讨的空间。"[2]

香港大学宋刚以《以史证经：艾儒略与明清四福音书的传译》为题，探究了艾儒略的《天主降生言行纪略》和"二马译本"之间的关系，谈到白日昇的罗马卡萨纳特图书馆藏本和剑桥藏本关系时，他通过汉字字迹的核对，认为这两个

---

[1] 参阅蔡锦图《白日昇的中文圣经抄本及其对早期新教中文译经的影响》，载《华神期刊》，2008年6月。
[2] 同上。

本子是一人所抄。通过对艾儒略的《天主降生言行纪略》和白日昇译本的对比，作者认为在"礼仪之争"的大背景下，白日昇没有沿着艾儒略的"以史证经"的路线发展，而是日益向经典文献的回归[1]。

台湾学者曾阳庆对《四史攸编耶稣基利斯督福音之会编》做了深入的研究，他认为白日昇在翻译《新约》时有两种办法，一种是找到一本西方已经存在的"四福音书"的合编本，原封不动的将其翻译成中文；另一种是将"四福音书"分别翻译成中文，然后合编成《四史攸编耶稣基利斯督福音之会编》。如他所说："如果白日昇新整合好一个拉丁文版的'四史福音之合编'，再开始翻译，代表什么意义？另一种情形，如果白日昇先翻译四个福音书，再整合为'四史福音之合编'，真实的意义又如何？"[2]

曾阳庆否认了白日昇的第一种可能性，理由有两条：一是，当时欧洲没有这样的拉丁文合编本，二是在中文的合编本中他发现"马耳谷福音"翻作"无花果"，"若望福音""路加福音"翻作"肥果"；而"玛窦福音"第七章翻作"无花果"，第二十一章翻作"肥果"，看到这样的统计，曾阳庆认为基本上确定似乎没有一个先行整合统一的拉丁文四福音合参版本[3]。

---

[1] 宋刚：《以史证经：艾儒略与明清四福音书的传译》，载《天主教研究学报》（圣经的中文翻译），2011年第2期。
[2] 参阅曾阳庆《白日昇〈四史攸编耶稣基利斯督福音之会编〉之编辑原则研究》，载台湾《成大宗教与文化学报》，2008年第11期。
[3] 同上。

曾阳庆实际上是同意白日昇等人翻译好了四福音书，然后根据四个翻译好的中文单独的四福音书加以整合为一个统一的中文合编本。因为，这样白日昇的中文助手在整合四个译本时更为方便，前后文理解更为顺畅。曾阳庆从文本编辑的角度开展的研究十分深入。

周永的《从"白、许译本"到"二马译本"》一文在白日昇译本的研究上也有较大的突破。他回答了曾阳庆的问题，当时在欧洲是有"四福音书"的合编本的，但他发现白日昇的合编本和拉丁文的合编本不同。他认为卡萨纳特图书馆藏本和剑桥大学藏本都是出于徐若翰神父之手，其证据有两条：一是有学者看到有徐若翰手抄文献的字体，其字体和卡萨纳特图书馆藏本和剑桥大学藏本字体一样；其二，"按照马青山（Joachim Enjobert de Martiliat，1706—1755）神父[1]日记的记载，在1734年8月14日去世的徐若翰'曾把翻译的新约全部牢记在心，甚至花心思用此翻译内容来编写一部四福音的合参本。此合参本现今在穆天尺（Jean Müllener，1673—1742）主教手里。马青山清楚写明合参本是由徐若翰所编"[2]。这样周永的结论是："不但'卡萨纳特抄本'与'剑桥抄本'应该都是白日昇的助手徐若翰亲笔所写，而且'剑桥合参本'的编写工作也应来自于徐若翰的贡献。"[3]

---

1 马青山为巴黎外方传教会在四川传教的神父。
2 周永：《从"白、许译本"到"二马译本"》，载《天主教研究学报》（圣经的中文翻译），2011年第2期。
3 同上。

三、阳玛诺《圣经直解》与耶稣会的译经传统

目前学界在讨论天主教的译经活动时认为,虽然教廷在1615年已经同意在华耶稣会将《圣经》翻译成中文,但耶稣会没有很好地利用这个机会,一些学者将其概括为"一个错过的机遇"。但实际上尚不能这样下结论,因为,耶稣会士在《圣经》的翻译上也同样有一定的建树。这里我们以阳玛诺的《圣经直解》为例来说明这一点。

阳玛诺(Emmanuel Diaz Junior,1574—1659),1601年入华,在华58年,这在来华耶稣会士中并不多见。他有一系列的中文著作,其中《天问略》最早介绍了西方的天文学[1],《轻世金书》最为有名[2]。《圣经直解》是阳玛诺的重要代表著作,也是他翻译《圣经》的代表作。从来华耶稣会士的译经传统看,在阳玛诺之前,罗明坚写过《圣教天主实录》,郭居静(Lazzaro Cattaneo,1560—1640)写过《灵性诣主》《悔罪要旨》,龙华民(Nicolò Longobardi,1559—1654)写过《死说》《念珠默想规程》《圣人祷文》《圣母德叙祷文》等,罗如望(Jean de Rocha,1566—1623)写过《天主圣像略说》,庞迪我(Diego de Pantoja,1571—1618)写过《七克》《人类原始》《受难始末》,费奇观(Gaspard Ferreira,1571—1649)写了《周年主保圣人单》《玫瑰经十五端》《振心总牍》,特别

---

1 [葡]阳玛诺:《天问略》,后列入《艺海珠尘》。
2 参阅李奭学《疗心之药,灵病之神剂:阳玛诺译〈轻世金书〉初探》,载台湾《编译论丛》,2011年第1期。

是高一志（Alfonso Vagnoni，1568—1640，又名王丰肃）写下了一系列介绍西方宗教与哲学的著作。但总的看，在阳玛诺前来华的耶稣会士对天主教的介绍主要是以各类传教手册或神哲学著作为文本进行编译和改写，真正翻译《圣经》的人很少。这种情形如钟鸣旦所说的："在耶稣会士的传教方针之中，他们首先专心撰写《教义问答手册》之类的书籍，以阿奎那的推理方面为基础的基督教信仰概论（诸如《天主实义》之类的著作），继则撰写解释教义和基督教价值观等等的著作。只是在较晚的时候，他们才撰写一些著作，介绍对耶稣生平的记述。在此过程中，他们优先考虑的是那种对耶稣的生平作概要式和编年式的介绍，而不是翻译四福音书。"[1]

为何来华的耶稣会士在来华初期没有对《圣经》翻译投入较大的热情呢？钟鸣旦认为"这种以教育为目的的介绍完全是当时欧洲类似的著作的反映"。这或许是一个重要的原因，但笔者认为还有两条原因值得考虑[2]：

第一，宗教改革以后，基督新教强调《圣经》在信仰上的地位和作用，从而鼓励对《圣经》的翻译。"随着《圣

1　[比]钟鸣旦：《〈圣经〉在十七世纪的中国》，载《世界汉学》，2005年第3期。

2　"耶稣会士早在1615年已经得到允许去进行这工作。然而，受到其他原因的阻扰，结果只是出版了某些圣经经文选编，差不多都与教义问答的教导、祈祷、讲道和礼仪等牧灵工作有关。尽管圣经的大部分篇幅已经翻译出来，却从不曾面世。个中原因十分复杂，一方面涉及到罗马教廷后来不允许圣经译本的出版，另一方面的背景，则是耶稣会士本身对翻译优先次序抱持不同观念。"[以]伊爱莲：《中文圣经的翻译、反响和挪用》，载《圣经与近代中国》，香港汉语圣经协会，2003年，第5页。

经》得到重视,《圣经》的出版和翻译工作亦陆陆续续地展开了,并且是在一个更开放和自由的气氛之下展开。然而,这方面的工作都集中在译成当时欧洲的主要语言上,例如在斯特拉斯堡印制的德文《圣经》(1466)、在威尼斯出版的意大利文《圣经》(1471),还有荷兰文《圣经》(1477)、法文《圣经》(1487)和葡萄牙文《圣经》(1496)。至于英文,虽然欧洲的印刷技术于15世纪70年代已经由卡克斯顿(William Caxton,1422—1491)传入英国,但第一本印制的英文《圣经》是在1525年出版,由丁道尔(William Tyndale,1494—1536)从原文翻译的新约圣经"[1],但天主教对《圣经》的翻译一直持很严格的态度,"罗马天主教于1545至1563年间举行了一次史无前例的大公会议,名为特伦多大会(Ternto);议会中除了谴责所有违背历代和当代大公教会的圣经解释,还正式通过,所有天主教出版商必须先得到主教的'准予印行令'(拉:imprimatur)才可出版圣经"[2]。在教会看来,拉丁文是教会的语言,而且是神性的圣言。若要把《圣经》翻译成其他语言,在教会看来是亵渎和悖逆的行为。来华的耶稣会士当然要受到当时欧洲这种文化氛围的影响。实际上,在龙华民向教会报告,希望用中文翻译《圣经》后,当时罗马教会是同意的,1615年教宗保禄五世(Paul V,1605—1621在位)准许中国人在礼仪时可用典雅的中文,同时也准许把《圣经》译成中文。但耶稣会士没有抓紧落实,以后传信部

---

[1] 参阅黄锡木《圣经翻译和传播》。
[2] 同上。

成立，在《圣经》的翻译上日加严格，此事就拖延了下来。

第二，来华耶稣会士面对丰富的中国古代文化典籍，若取得中国士大夫的认同，用中文翻译好《圣经》也并非易事。如利玛窦所说，"复惟遐方孤旅，言语文字与中华异，口手不能开动"，他写成《天主实义》后，中国文人认为这部书"不识正音，见偷不声……"[1]。利玛窦尚且如此，其他来华的耶稣会士做起中文翻译都有较大的困难，如无文人相助，他们的中文著作很难出版，这恐怕也是一个重要的原因。利玛窦当时手中就有一部《圣经》，很多文人见到后希望将其翻译出来，但他总是推辞此事，他说："我真不知如何答复他们，因为他们的要求正常而诚恳。多次我以肯定的口吻答复他们，但以没有时间作为推辞，指出这是一件巨大的工作，需要许多人才及时间方能完成。"[2]

耶稣会士没有将《圣经》的翻译作为重点，有着深刻的原因，"天主教的传教士们看重理性化的神学，轻视叙述性的神学；看重通俗性的布道，轻视《圣经》的解释工作；看重自然科学，轻视《圣经》科学。这种政策也是其欧洲背景的反映"[3]。

但来华耶稣会士对圣经的解释并未停止，最著名的例子

1　参阅［意］利玛窦《天主实义》。
2　刘俊余、王玉川等译：《利玛窦书信集》第四册，辅仁大学出版社，1986年，第300页。也有不同于利玛窦的意见，巴黎外放传教会的白日昇就认为，如果《几何原本》和《神学大全》都能译成中文，那么翻译《圣经》应该是没有太大问题的。参阅周永《从"白、许译本"到"二马译本"》。
3　［比］钟鸣旦：《〈圣经〉在十七世纪的中国》。

就是阳玛诺的《圣经直解》。《圣经直解》共十四卷，它的结构是首先介绍天主教各主日礼仪的名称，然后翻译《圣经》的经文，在经文前指明这段经文在福音书的位置，在中文刻本中，大字是经文本身，小字是对经文的简单解释，最后是"箴"，对上面经文的详细解释。这本书虽然不是对圣经的直接全文翻译，但却表明了"释经学并未受到排斥"[1]。阳玛诺在《圣经直解》第一卷中对《圣经》这本书做了较详细的说明。他说："《圣经》原文谓之'陟万日略'，译言'福音'。乃天主降生后，亲传以示世人者。即新教也，尽天主既用性书二教。默诏圣人，训世无间。但因世人，沉迷而拂礼达训者日益众。于是天主更加慈悯，躬降为人，亲传圣经，以提醒世人焉。天主洪恩，莫大于此矣。"为何将《圣经》称为福音呢？他写道："凡吾主所许众罪之赦、圣宠之界，诸德之聚。与人生获登天主义之子高位，逝后避免永苦，享永福。诸如此类，备载圣经，故称福音也。"

在序言中他通过对"古教"即《旧约》，和"新教"即《新约》的区别做了说明，对《圣经》中这两大部分的内容特点做了介绍。所谓"古教"和"新教"，他说："何谓新教，曰古新即先后之义。盖当中古。天主垂诫，命每瑟圣人，传论世人遵守。斯时依中历，为'商王祖乙'七年壬寅，至于吾主降生，依中历，为'西汉哀帝元寿'二年庚申，相距一千五百十有七载。故彼谓古教，而此谓新教也。"

---

[1] ［比］钟鸣旦:《〈圣经〉在十七世纪的中国》，载《世界汉学》，2005年第三期。

接着他分别从六个方面介绍了旧约和新约的区别：第一，"古教，天神奉天主之命，传于每瑟，每瑟奉天主之谕，垂本国人。新教，则系天主躬建口传于世者"；第二，"古教，暂教也。新教，永教也"；第三，"此古新二教切喻也。帐易展易收，又易动移，难以久存。乃古教之象。新教如石立坚固之殿，莫之能移也"；第四，"古教如轨甚重，载之极难。轨则重矣，报则轻矣。轨重，教规繁剧也；报轻，世福微浅也。若新教之报，则高矣大矣"；第五，"古教，诫烦任重。新教诫简任轻"；第六，"古教，一国之教，私教也。新教，万国之教，公教也"。

阳玛诺也介绍了"四福音书"，他写道："至若纪陀万日略圣史则有四焉。一，圣若翰。一，圣玛窦。一，圣路嘉。一，圣玛尔歌。是四位数，包涵奥意，亦非偶然。圣热罗曰：'初时，地堂有大江，四支出流，广润普地。今圣而公教会，有陀万日略四史，可以广润普世人心也。'圣奥斯定曰：'东西南北，大地四极，乃四圣史所纪之圣经悉通彻焉。盖犹登高而呼，提醒各方之群寐也。'"

我们以书中所介绍的"圣诞前第四主日"为例来剖析《圣经直解》的结构。

主日的名称是"吾主圣诞前第四主日"。阳玛诺对主日做了一个简介："吾主在都，入圣殿诲众。既出，其徒曰：'师，仰视斯殿，壮丽哉。'吾主叹曰：'噫，其墟矣。'宗徒欲知定日，曰：'敢问师。此日何时至，斯世何时灭。更示师复降审判，果于何期？'主乃明示诸兆，告诫宗徒，警示吾侪。使预知末时窘迫，以备修省。"

他在书中标出这段经文出自福音书何处：

"经：圣路嘉第二十一篇"。

接着就是他对经文的翻译："维时耶稣语门弟子曰：日月诸星，时将有兆。"他并未标出经文的节数，这段话实际在"路嘉福音"的第21篇，第25节。在经文的翻译中他采取边叙边议，做简要的解释，解释和经文夹杂在一起，经文用大字体，解释用小字体。"盖言是时天上诸光，必先衰缩失次，而大变其常，以为之兆也。""地人危迫，海浪猛斗，是故厥容憔悴，为惧且蹙所将加于普世。""盖旱潦继兴，山崩川竭，而人不安其居，海水沸溢，浪发斗声，而人形容憔悴，惟忧惧待尽而已。""诸天之德悉动。""有二解。一，指日月星辰，谓之天德者。因天用其光，以泽下地也。动者，躔次失常，薄食不时，迟速相反，蒙晦无光也。一，指天神，亦谓之德者。因天藉以运旋，而显其德也。天神亦动者，盖见天主圣怒，怀其威而动于中也。"

"箴"是对经文的详细解释。他写道："厥容憔悴，为惧且蹙所将加于普世。""此言末日恶人之恐惧也。盖恶人在世，不畏主威，悖命犯理，冥然无所顾惧。经责之曰：'恶人饮恶如水'，又云：'恶人行恶而喜，作丑而悦，至判时而恐惧。'必然之理也。如罪因，平日嗜杀喜劫，以纵愉乐，及临断案，始怖畏战栗，而自疾前恶，愚哉。恶人生时，畏不可畏，而不畏可畏。经责之曰：'人于无畏之地而载，似进大畏之域。犹言世位，小位也；世物，微物也。得不足喜，失不足忧。而恶人视之若大且重,喜得畏失,不亦悖甚乎。'圣'基所'戏拟世人于婴儿曰:'婴儿见傩,可喜而怖;见火,可怖而喜。'举世尽然,愚哉。主示圣徒曰:'尔辈爱我之友,勿惧杀身。人戮尔身,不戮尔灵。夫谁则可畏者,彼能杀身。又能投灵于不灭之火者,是也。'"

"视无花果等树始结实时,即知夏日非遥。尔辈亦然,见行兹兆,即知天国已近。""岁有冬夏,人生亦然。惟恶人之夏,乃在今生富贵荣名,与日并炎,乃无几时而冬候至,地域之苦,不可逃矣。惜哉,夏短而冬永也若夫圣人生时,贫穷遭患不一,则诚冬矣。而天堂之乐如夏随至焉其冬俄顷,而夏舒长也,岂不幸哉,天主慰谕圣人受其真乐曰:'爱我盍夙与兮。冬过雨止,吾地万卉,已发与兮。'疾兮至兮、此俱譬词。冬雨,世苦也。万卉,天福也。岁无冬雨,则夏无花果。人先无苦,后必无乐。主故设此喻以慰之。且坚其望焉。"

这样,我们看到阳玛诺通过这种文体和形式对福音书做了翻译。

那么,阳玛诺在《圣经直解》中对"四福音书"的翻译量有多大呢?《圣经》之"四福音书"全文的章节总数是:"马太福音书"28章1071节;"马尔谷福音书"16章678节;"路加福音书"24章1151节;"若望福音书"21章878节,合计3778节。

日本青年学者盐山正纯对阳玛诺所翻译的数量做了统计,结果是在此所举"四福音书"的总章节中,《圣经直解》中的译文章节数如下:"马太福音书"355节(总节数的

33.1%），"马尔谷福音书"37节（总节数的5.4%），"路加福音书"321节（总节数的27.8%），"若望福音书"291节（总节数的33.1%）。这样《圣经直解》译自"四福音书"的章节总计有1004，占总章节数的四分之一（26.5%）。具体来说，"马太福音书"占35.5%，"马尔谷福音书"占3.7%，"路加福音书"占32%，"若望福音书"占29%。

《圣经直解》在翻译"四福音书"时所参照的拉丁文本《圣经》是当时流行的圣哲罗姆（Jerome，约347—420）用拉丁文重新翻译的《圣经》，即武加大本《圣经》，这也是西方教会所认定核可的拉丁文译本。直到今日，这译本仍为罗马天主教会所重用。如果将《圣经直解》和武加大本《圣经》的内容做一个对勘，就能够清楚地看到阳玛诺翻译《圣经》的数量，具体对勘可参阅学者王硕丰的论文《〈圣经直解〉初探》。

此外，《圣经直解》中的注释部分"据说依据的是耶稣会士巴拉达（S.Barradas，1543—1615）的四卷本的'*Commentarian concordiam et historiam evangelicam*'（第一卷初版于1599年）。该书是一种流行非常广泛、闻名遐迩的注解（到1742年已经重印过34次），其作者是柯因布拉和俄渥拉（Evora）大学的一位教授，也是一位受人欢迎的宣道士。阳玛诺似乎未曾翻译过巴拉达的注释，但他可能以此为他本人的注解的来源之一。"[1]关于《圣经直解》和巴拉达的注释本

---

1 ［比］钟鸣旦：《〈圣经〉在十七世纪的中国》，载《世界汉学》，2005年第三期。

的关系，学术界至今尚未研究清楚。巴拉达注释本的一些内容在《圣经直解》中没有，《圣经直解》的一些编排方式也和巴拉达本不同，这些都有待深入研究[1]。

四、白日昇在罗马卡萨纳特图书馆的藏本与《圣经直解》的对照研究

1. 白日昇圣经译本的罗马卡萨纳特图书馆藏本

这是一本18世纪初的抄本，在第一页上有以下文字：

Vid. Inventarium

§. A33

Pag. 93（"看目录清单§. A33.93页。"）

Desiderantur ferme totum

Epistola ad Hebraeos

Epistolae Canonicae Petri, Jacobi, Judae,

Et Johannis Apocalypsis

（"我们还要下面的全部：希伯来书、彼得书、雅格书、约翰书、犹大书、约翰启示录。"）

文献首页下面有印章"B.C"，这里的B是Biblioteca，C是Casanatense，这是指一位红衣主教吉罗拉莫·卡萨纳特（Gerolamo Casanate，1620—1700）建立的图书馆。在印章下面有意大利文：

---

1 ［比］钟鸣旦：《〈圣经〉在十七世纪的中国》，载《世界汉学》，2005年第三期。

Era in sette libri staccati l'uno dall'altro,

fra le scritture donate già dal

fu sig. canonico Fattinelli.

("原来这是分散的7个小册子，都是Fattinelli神父赠送给我们的资料。")

最后页有：

Biblioteca Casanatense Roma Regia Mss. 2024 3-2

Casanatense Library

关于这个图书馆是建于1701年，其中的中文藏书是Fattinelli神父捐献给图书馆的[1]。

这份手稿共7册，364页，每半页22行，每行9个字。文献的章节如下：

玛窦攸编耶稣基督圣福音（马太福音）

马耳谷攸编耶稣基督圣福音（马可福音）

圣路加攸编之福音（路加福音）

圣若翰攸编耶稣基督福音（若翰福音）

使徒行（使徒行传）

福保禄使徒与罗马辈书（罗马人书）

福保禄使徒与戈林（多？）辈书第一书（哥林多前书）

福保禄使徒与戈林（多？）辈书第二书（哥林多后书）

保禄与雅辣达书（加拉太书）

---

[1] 参阅［美］梅欧金介绍这所图书馆的中文藏书，Menegon, Eugenio. "The Biblioteca Casanatense (Rome) and its China Materials: A Finding List." *Sino-Western Cultural Relations Journal*, vol. XXII, 2000, pp. 1-XX。

保禄与厄弗辈所书（以弗所书）

保禄与（非+邑）里比辈书（腓立比书）

保禄使徒与戈洛所辈书（歌罗西书）

保禄与特撒罗辈第一书（帖撒罗尼迦前书）

保禄与特撒罗辈第二书（帖撒罗尼迦后书）

保禄使徒与氏末徒第一书（提摩太前书）

保禄使徒与氏末徒第二书（提摩太后书）

保禄使徒与的多书（提多书）

保禄使徒与斐肋莫书（腓力门书）

保禄使徒与赫伯辈书（希伯来书）

对照"四福音书"我们会发现《希伯来人书》第2至13章，《雅格书》《彼得前书》《彼得后书》《约翰一书》《约翰二书》《约翰三书》《犹大书》《约翰启示录》这些章节没有翻译，也就是说，这并不是新约的全部翻译。

2. 白日昇译本和阳玛诺《圣经直解》对照

首先，在章节名称上的对照：

阳玛诺的章节名称：圣玛窦；圣玛尔（圣玛尔各圣玛尔歌）；圣路嘉（圣路加）；圣若翰；

白日昇译本的章节名称：圣玛窦；麻尔谷；圣路加；若翰；

增拉丁文原名，做成对照表格：

	阳玛诺的章节名称	白日昇的章节名称	拉丁文原名
章节名称对照	圣玛窦	圣玛窦	Matthaeus
	圣玛尔（圣玛尔各圣玛尔歌）	麻尔谷	Marcus
	圣路嘉（圣路加）	圣路加	Lucas
	圣若翰	若翰	Ioannes

通过这个对照我们可以看出，在圣经章节名称上的翻译，阳玛诺译本和白日昇译本的重复率是75%。

其次，对专名的翻译：

以圣玛窦福音第一篇专名为例，笔者挑选出部分专用名作为对照。

阳玛诺译本译名：

耶稣基利斯督；亚巴郎；依撒；雅各；如达；发勒；匝郎；厄斯惊；亚郎；亚米纳答；纳算；洒满；博阿斯；阿白；叶瑟；达未；撒落满；罗薄益；亚彼亚；亚撒；药撒法；药郎；阿西亚；若亚当；亚加斯；厄瑟加；玛纳色；亚满；若细亚；药各尼亚；撒腊低额；速罗罢；亚彼迁；厄理亚精；亚作；撒铎；亚境；厄旅；恶勒亚；玛丹；雅各；若瑟；玛利亚；耶稣。

白日昇译本译名：

耶稣基督；阿巴郎；依撒；雅哥；如达；发肋；匝朗；厄斯隆；阿朗；阿闵达；纳宋；撒尔蒙；玻斯；遏伯；热瑟；达末；撒落蒙；洛般；阿必益；阿撒；若撒法；若朗；遏西

雅；若阿当；阿加斯；厄瑟加；玛纳森；阿蒙；若些；热哥聂；撒腊叠；梭巴伯；阿必雨；厄赖心；阿梭尔；撒夺；阿京；厄吕；厄蜡撒；玛丹；雅各；若瑟；玛利亚；耶稣。

思高本译名：

耶稣基督；亚巴郎；依撒格；雅格；犹大；培勒兹；则辣黑；赫兹龙；阿兰；阿米纳达；纳赫雄；撒耳孟；波阿次；敖贝德；叶瑟；达味；撒罗满；勒哈贝罕；阿彼雅；阿撒；约沙法特；约兰；乌齐雅；约堂；阿蛤次；希则克雅；默纳舍；阿孟；约史雅；耶苛尼雅；沙耳提；则鲁巴贝；阿彼乌得；厄里雅金；阿左尔；匝多克；阿歆；厄里乌得；厄肋匝尔；玛堂；雅各伯；若瑟；玛利亚；耶稣。

形成如下对照表格：

	阳玛诺译本译名	白日昇译本译名	思高本译名	拉丁文原名
1	耶稣基利斯督	耶稣基督	耶稣基督	Christus
2	亚巴郎	阿巴郎	亚巴郎	Abraham
3	依撒	依撒	依撒格	Isaac
4	雅各	雅哥	雅格	Iacob
5	如达	如达	犹大	Iudas
6	发勒	发肋	培勒兹	Phares
7	匝郎	匝朗	则辣黑	Zara
8	厄斯惊	厄斯隆	赫兹龙	Esrom
9	亚郎	阿朗	阿兰	Aram

续表

	阳玛诺译本译名	白日昇译本译名	思高本译名	拉丁文原名
10	亚米纳答	阿闵达	阿米纳达	Aminadab
11	纳算	纳宋	纳赫雄	Naasson
12	洒满	撒尔蒙	撒耳孟	Salmon
13	博阿斯	玻斯	波阿次	Booz
14	阿白	遏伯	敖贝德	Obed
15	叶瑟	热瑟	叶瑟	Iesse
16	达未	达末	达味	David
17	撒落满	撒落蒙	撒罗满	Salomon
18	罗薄盎	洛般	勒哈贝罕	Roboam
19	亚彼亚	阿必盎	阿彼雅	Abia
20	亚撒	阿撒	阿撒	Asa
21	药撒法	若撒法	约沙法特	Iosaphat
22	药郎	若朗	约兰	Ioram
23	阿西亚	遏西雅	乌齐雅	Ozias
24	若亚当	若阿当	约堂	Ioatham
25	亚加斯	阿加斯	阿哈次	Achaz
26	厄瑟加	厄瑟加	希则克雅	Ezechias
27	玛纳色	玛纳森	默纳舍	Manasses
28	亚满	阿蒙	阿孟	Amon
29	若细亚	若些	约史雅	Iosias
30	药各尼亚	热哥尼亚	耶苛尼雅	Iechonias

续表

	阳玛诺译本译名	白日昇译本译名	思高本译名	拉丁文原名
31	撒腊低额	撒腊叠	沙耳提	Salathiel
32	速罗罢	梭巴伯	则鲁巴贝	Zorobabel
33	亚彼迁	阿必雨	阿彼乌得	Abiud
34	厄理亚精	厄赖心	厄里雅金	Eliachim
35	亚作	阿梭尔	阿左尔	Azor
36	撒铎	撒夺	匝多克	Sadoc
37	亚境	阿京	阿歆	Achim
38	厄旅	厄吕	厄里乌得	Eliud
39	恶勒亚	厄蜡撒	厄肋匝尔	Eleazar
40	玛丹	玛丹	玛堂	Matthan
41	雅各	雅各	雅各伯	Iacob
42	若瑟	若瑟	若瑟	Ioseph
43	玛利亚	玛利亚	玛利亚	Maria
44	耶稣	耶稣	耶稣	Iesus

从这个专名翻译的对照表我们可以看出：

阳玛诺译本和白日昇译本完全重复的有9个专用名词，占20%；阳玛诺译本和白日昇译本中读音近似，仅有1字之差的专用名词重复的有18个，占40%；如果将这两项叠加，两个译本重复的专有名词共有27个，占61%；按照这样的标准，阳玛诺译本和思高本重复的专有名词14个，占32%；而白日昇译本和思高本重复的专有名词17个，占38%。

译本对照	重复（包括完全重复与基本重复）的专有名词个数	重复专有名词占总数的比例
阳玛诺译本与白日昇译本	27	61%
阳玛诺译本与思高本	14	32%
白日昇译本与思高本	17	38%

就此而论，笔者认为，至今我们尚无直接的历史文献证明白日昇和他的助手徐神父是读过阳玛诺的《圣经直解》的。但从时间上来看，《圣经直解》出版于1636年，而白日昇入华是1689年，这样他们读到《圣经直解》是完全可能的。

从二者的行文来看，阳玛诺的译文更为简洁和古雅，白日昇的译本相比之下较为通俗[1]。阳玛诺的译文对白日昇的《圣经》翻译产生了一定的影响。阳玛诺虽然不是全文翻译了《圣经》，但它的翻译直接影响了白日昇译本，而白日昇译本又直接影响了马礼逊和马士曼《圣经》译本。就此而论，将阳玛诺的《圣经直解》视作中文《圣经》的源头之一是合理的。

目前学术界都在关注白日昇译本对二马译本的影响，如尤思德所说："马礼逊显然极度依赖天主教的资源，特别是白日昇的手稿，而马士曼则值得注目地取材马礼逊的成果。倘若马礼逊、米怜和马士曼、拉撒的译本被视为是新教在华圣

---

[1] 钟鸣旦认为，"《圣经直解》难懂的文本，使它不适合对公众朗诵……。《圣经直解》最终只能用于个人的阅读"。参阅钟鸣旦《〈圣经〉在十七世纪的中国》。

经翻译活动的根基，新教是深深受惠于天主教的活动，而这件事常常是被忽略了的。"[1]但如果做进一步考察，我们会发现白日昇的《圣经》翻译是在天主教17世纪对《圣经》的介绍和部分翻译的历史传统之中展开的，他必然受到来华前天主教《圣经》介绍和翻译的影响，显然，这一点被学术界忽略了。

本章仅仅是一个初步的研究，试图梳理出17世纪来华天主教传教士的《圣经》翻译历史传统和脉络。因为《圣经》的翻译是明清之际西学东渐的核心内容，所以《圣经》中译史的研究不仅具有重要的学术意义，也是展开明清之际西学东渐研究的基础性环节。

1　参阅［德］尤思德著，蔡锦图译：《和合本与中文圣经翻译》，第46页。

第五章

清宫中的最后一名法国耶稣会士：贺清泰

作为宫廷画家的贺清泰

作为翻译家的贺清泰

作为《圣经》汉译集大成者的贺清泰

贺清泰与《圣经》的满文翻译

贺清泰的晚年

中西早期文化交流的桥梁是来华的耶稣会士，尤其是法国来华的耶稣会士在康熙年间对中欧文化交流做出了重要的贡献。本章以乾隆年间法国来华耶稣会士贺清泰（Louis Antoine de Poirot，1735—1813）为例，他在清宫为皇室服务，在绘画、外交翻译、《圣经》翻译等几个方面都颇有建树，是中西文化交流的重要使者。

一、作为宫廷画家的贺清泰[1]

贺清泰是法国人，更确切地说是洛林省（Lorraine）人，后在意大利长大。在意大利完成全部神学和相关课程后，他于1769年启程来华，1770年随齐类思（Louis Cipolla，？—约1805）入华。贺清泰何时进入宫廷供职，目前不见记载。但

---

[1] 学术界关于贺清泰的研究有，徐宗泽：《明清间耶稣会士译著提要》，上海书店出版社，2006年，第13—14页；冯瓒璋：《北平北堂图书馆暂编中文善本书目》，载《上智编译馆馆刊》，1947年第2卷，第4、5期，此处引自重印版，载赵建敏编《天主教研究论辑》第3辑，宗教文化出版社，2006年，第319页。

第五章 清宫中的最后一名法国耶稣会士：贺清泰

从清内务府造办处档案中可以看到，"乾隆三十七年（1772）二月贺清泰已在宫中作画，入宫当差应在此前。贺清泰在宫廷内供职的时候，郎世宁和王致诚等较为出色的画家已然先后去世，故与艾启蒙（Ignatius Sickltart，1708—1780）画艺相仿佛的贺清泰便受到乾隆帝的重用，留在宫中作画。乾隆四十二年（1777），贺清泰曾帮助中国宫廷画家徐扬修改其所作的《乾隆平定金川战图》铜版画底稿"[1]。

贺清泰入宫后奉命在如意馆行走，如意馆的概念起始于雍正时期，建馆于乾隆元年（1736），初设于紫禁城启祥宫南馆。乾隆十五年（1750）后，因乾隆帝常住圆明园，为方便北堂的西洋画师作画，便将如意馆迁至圆明园"洞天深处"，即福园门内东侧，变成清宫的首席画院[2]。在圆明园扩大改建时，高宗为容妃修建了远瀛观。乾隆四十七年（1782）四月九日下圣旨，令贺清泰和潘廷璋（Joseph Panzi，1734—1812）于远瀛观内明间棚顶画西洋故事人物[3]。这个工作量不小，即便贺清泰、潘廷璋再雇两人来做，在九月底也很难完成[4]。十月八日，圣旨三降，要求贺清泰画山画树[5]。

---

1 聂崇正：《清宫绘画与'西画东渐'》，紫禁城出版社，2008年，第169—170页。
2 "如意馆"相关问题，见嵇若昕《乾隆时期的如意馆》，载《故宫学术季刊》，第23卷第3期（2006年春），第127—159页；另见莫小也《十七—十八世纪传教士与西画东渐》，中国美术学院出版社，2002年，第185页。
3 中国第一历史档案馆编《清中前期西洋天主教在华活动档案史料》（第四册），中华书局，2003年，第446页。
4 同上书，第452页。
5 同上书，第462页。

在贺清泰入京前，清宫中最得意的西洋画师郎世宁（Giuseppe Castiglione，1688—1766）已病故，但乾隆帝对郎世宁的画作喜爱有加。乾隆让贺清泰"用绢画海青一架"[1]，乾隆五十二年（1787）十一月，贺氏因之前绘锦良云骏卓有心得[2]，内臣传旨令他与潘廷璋"仿郎世宁《百骏图》"，要求"各画一卷"。《百骏图》的工程很大，两人迄来年十月三日才告完工[3]。乾隆四十二至四十六年（1777—1781）间，大金川及小金川分告平定，西南之患解除，贺清泰及艾启蒙又奉诏绘《平定两金川得战胜图》一函十六幅，由内府造办处镌刻铜版印刷，广传于海内[4]。康熙二十二年（1683），施琅（1621—1696）攻台，战况激烈。大约百年后，宫中某中国画师绘有《台湾战图册》十二幅，御令送法国制成铜版画[5]。到了乾隆五十二年，贺清泰偕潘廷璋仍奉命仿之，复制留存宫中[6]。不过贺清泰也有特享圣眷的时候：乾隆五十五年（1790）十月，内廷传旨，令贺氏随乾隆帝仿赵孟𫖯（1254—1322）画作。乾隆帝仿赵氏"沙渚双鸳"一轴，而贺氏"画苋鹿一轴"以

---

1 中国第一历史档案馆编《清中前期西洋天主教在华活动档案史料》（第四册），中华书局，2003年，第458页。
2 同上书，第463页。
3 同上书，第475页。
4 张晓光编《清代铜版战功图全编》，学苑出版社，2003年，第22—37页。
5 莫小也：《十七—十八世纪传教士与西画东渐》，中国美术学院出版社，2002年，第211页。
6 中国第一历史档案馆编《清中前期西洋天主教在华活动档案史料》（第四册），第474页。

和之[1]。

　　传教士西画研究专家莫小也认为，西画在清宫中的发展经历了三个阶段。第一阶段，以1700年以后意大利人切拉蒂尼和马国贤（Matteo Ripa，1682—1746）先后以画家身份来华为起始，至1735年马国贤回国结束。此期还有焦秉贞、冷枚、沈崙，仍以一般临摹、探索性的制作为主。第二阶段从乾隆元年（1736）郎世宁创作《夜景图》始，到郎世宁病逝（1766）为止。此期为清宫廷中以西洋画风进行创作的高潮时期，在郎世宁、王致诚领衔或指导下，大量纪实主题画得以完成；融合中西绘画特征的作品技法出新，水准最高，……这一时期，当郎世宁根据乾隆皇帝的审美好尚，摸索出西洋风格的纸绢画之后，王致诚（Jean Denis Attiret，1702—1768）、艾启蒙、安德义（Joannes Damascenus Salusti，？—1781）相继仿效，郎氏的中国徒弟更是同出一辙。因此，在乾隆画院中，他们自然地形成了一支很有实力的画派，一度成为清廷画院的主体。第三阶段即此后潘廷璋、贺清泰等传教士与中国艺术家合作进行创作的时期，其作品大多为郎世宁作品的摹仿，技法上没新的推进。最明显的是频频绘制的铜版"战图"，虽然主题在不断更新，但个别画面却是反复重绘、大同小异，逐渐失去了郎世宁时期达到的水准。[2]

1　中国第一历史档案馆编《清中前期西洋天主教在华活动档案史料》（第四册），第477页。
2　莫小也：《十七—十八世纪传教士与西画东渐》，中国美术出版社，2002年，第188页。

二、作为翻译家的贺清泰

贺清泰因为语言能力强,也参与清宫的外交活动。他为处理中俄的外交译事,曾身赴古北口。他曾经还想要为中法签订某个条约,但其事未成[1]。在外交翻译上,贺清泰值得一提的是他在马戛尔尼(George Macartney,1737—1806)访华中的作用。

乾隆五十八年(1793),马戛尔尼以庆祝乾隆帝八十大寿为由,受乔治三世(King George III,1738—1820)之命访华。这次英使访华,可以说除对待英使"'是优蒙礼遇,备承款待,严被监护,和礼让遣去'而外,实在没有得到一点真正的好处"[2]。但在这个过程中,英国使团的拉丁信件要翻译成中文,同时和珅代表乾隆帝回复乔治三世诏书两封,也需要从中文翻译成拉丁文。马戛尔尼从那不勒斯带来的那位中文翻译无法胜任此事,此事便落在了贺清泰和遣使会士罗广祥(Nicolas Joseph Raux,1754—1801)身上。事实上,马戛尔尼曾在日记中记录了他们之间的会面,还把贺清泰说成是意大利人。贺清泰翻译过乾隆皇帝命和珅写给英王乔治三世的信件,即回绝英方的通商要求。在乾隆帝致英王的两份敕

---

[1] Pfister Louis, S. J. *Notices biographiques et bibliographiques sur les Jésuites de l'ancienne mission de Chine.* 1552-1773, Chang-hai, Imprimerie de la Mission catholique, 1932-34. p.967.

[2] [英]乔治·托马斯·斯当东:《外国使节觐见档案汇编》第二卷,第114页;转引自[美]马士《中华帝国对外关系史》第一卷,上海书店出版社,2000年,第64页。

谕中，翻译上的问题很大。乾隆在接到英王的国书后，两次明确地回绝了他们在北京派驻大使的要求。这种不合礼仪的做法，使贺清泰自己也感到不妥。乾隆五十九年（1794）九月初六日贺清泰写信给马戛尔尼，告诉他在翻译时，怎样修改原信："我们所能做的，就是在敕谕中塞进一些对英王陛下致敬的语句；因为，皇帝对我们欧洲的国王们，就像对待他们属国的小王一样，而这些小王只不过是皇帝的臣子而已。"贺清泰想尽办法，在拉丁本中软化乾隆帝天朝上国的优越口吻，但有学者认为，除了加入一些对英王的敬语外，他们还删去了不够尊重的语词。这道敕谕的拉丁文译本虽然有不忠于原著的地方，但却做得很得体合适。英国读者所读到的中国皇帝致英王敕书便是一个大英帝国可以接受的文本了，可是，这个被后世认为是正式的译本，却"实质上完全是伪造的文本"[1]。

贺清泰在给马戛尔尼的信中还解释道：某日晚上，他正在城里吃夜宵，一位官员找到他，并命令立即前往圆明园附近的住所。到那之后，这位官员就要求他翻译和珅写给马戛尔尼的信。贺清泰说和珅的字迹潦草，难以辨认，就让这位官员念给他听。当念到关于教会的那段时，贺清泰感到"十分惊讶"，试图使那位官员相信这段话有误，他解释说"英国先生们并没有要求传道，而只是要求为他们的商人开辟商

---

[1] 参见王宏志《马戛尔尼使华的翻译问题》，载台湾"中研院"《近代史研究所集刊》，第六十三期。

埠",但是这位官员固执地不肯接受他的观点;这份信件在提及贺清泰时,称他"仅仅是为中国皇帝当差的",并没有人允许他和其他传教士传道,这使贺清泰感到"十分反感"。贺清泰说,他虽然在翻译这封信件时缓和了措辞语气,但不敢更改内容,因为害怕中国政府让其他传教士检查他的译文[1]。

处在两种文化之间,贺清泰作为清廷的翻译,翻译的又是国家外交文书,翻译中只能遵循译入语文化。在将英使的拉丁文翻译成中文时,贺清泰完全按照中国礼仪翻译。不懂外文的乾隆皇帝和他身边的大臣们并不知翻译中的这些转译,因而感到贺清泰担任此翻译工作有功,他也获得乾隆帝宠信,事后官封六品顶戴[2]。

贺清泰在翻译上另一个可以提及的就是他翻译了《圣祖仁皇帝庭训格言》(以下称《庭训格言》)。《庭训格言》是雍正帝亲自编纂的康熙帝曾口述的家教格言,共有二百四十六则,"皆《圣训》《实录》所未及载者"[3]。康熙帝教子在中国历代帝王中是很突出的,《庭训格言》则是对他这一方面的记录。例如,他特别强调皇子们学习汉族儒家文化,"古圣人所道之言即经,所行之事即史。开卷即有益于身。尔等平日诵读及教子弟,惟以经史为要"。为了让皇子们能受到良好

---

[1] Alain Peyrefitte, *The Immobile Empire*, Alfred A. Knopf, 1992, P.365.
[2] 王宏志:《龙与狮的对话:翻译与马戛尔尼访华使团》,东方出版中心,2023年。
[3] 〔清〕纪昀等:《四库全书总目提要》,见《圣祖仁皇帝庭训格言》,载《摛藻堂四库全书荟要》,第500册,185:3,世界书局,1986—1988年版。

教育，他重用汉文老师专门为皇子讲授"四书""五经"及《资治通鉴》等书籍。皇子的老师中有熊赐履这样著名的理学家，还有汤斌、耿介这样的名儒，他们共同辅导皇子们学习经史诸书。同时，康熙帝又强调不能丢掉满族文化。《庭训格言》是清朝文化的一个重要代表，反映了满汉文化的融合。贺清泰将其翻译成欧洲文字，对于当时欧洲了解清朝文化的特点是十分有价值的。费赖之说，贺清泰的译本收入《中国杂纂》（*Mémoires concernant Les Chinois*）卷九，有法国某伯爵夫人（Madame la Comtesse de Msic）的法译对照，实由意大利文重译而得[1]。1783年，《庭训格言》在巴黎刊行时，译本《前言》中说："此书原为满文，乃由在北京的传教士贺清泰译为意大利文。"（Cet ouvrage ecrit en langue tartare, a eté traduit en italien par M. Poirot, Missionnaire à Pé-kin.）。书题似乎仅存法文，译为"圣祖仁皇帝崇高而亲切的训导"（Instructions sublimes et familières de l'empereur Cheng-tzu-quogen-hoang-ti）。法文书题中的"quogen"系满语，意为"仁"，而《前言》上引后面所述，则大致为前述提要中的大要[2]。

---

[1] Pfister Louis, S. J. *Notices biographiques et bibliographiques sur les Jésuites de l'ancienne mission de Chine.* 1552-1773, Changhai, Imprimerie de la Mission catholique, 1932-34. p.969.

[2] C. Batteux and L.G.O.F.de Bréquigny, eds., *Mémoires concernant l'histoire, les sciences, les arts, les mœurs, les usages, &c des Chinois / par les Missionaires de Pékin.* Tome neuvième (Paris: Nyon, 1783), pp.65-281. 转引自李奭学《古新经残稿》导言，感谢李奭学为笔者提供电子版书稿。

三、作为《圣经》汉译集大成者的贺清泰[1]

天主教在《圣经》翻译上一直十分谨慎,这是由他们的神学传统所决定的,来华耶稣会士主要通过撰写教理书籍来介绍和传播《圣经》的基本内容和精神。贺清泰是来华耶稣会士中首位将《圣经》全部翻译出来的人,在中文《圣经》翻译史上占有重要的学术地位。费赖之在《明清间在华耶稣会士列传》中列出了贺清泰译本的目录:全书标题为《古新圣经》三十四卷[2]。

贺清泰晚年退隐北堂,将翻译《圣经》作为自己的大事,1803年他曾写信给传信部,请求准许他刊刻自己翻译的《圣经》。

贺清泰具有很高的满文水平,他首先将《圣经》翻译成满文本,题为《满文付注新旧圣书》,但只是手稿,并未刊刻[3]。

---

1 关于贺清泰《圣经》翻译研究,参阅贺清泰:《古新圣经》,徐家汇藏书楼 213000、90919B;郑海娟:《贺清泰〈古新圣经〉研究》;宋刚:《"本意"与"土语"之间:清代耶稣会士贺清泰的〈圣经〉汉译及诠释》,载《国际汉学》,2015年第4期。
2 目录可参阅[法]费赖之著,梅乘骐、梅乘骏译:《明清间在华耶稣会士列传:1552—1773》,天主教上海教区光启社,1997年,第1191—1193页。
3 有关满文《圣经》的版本研究可参见Erling V.Mende, "Einige Bemerkungen zu den Druckausgaben des mandjurischen Neuen Testaments," *Oriens Extremus* 19. Wiesbaden: Otto Harrassowitz, 1972, p.221;[韩]金东昭:《满文圣玛窦福音书的满字女性姓名表记》,载《女性问题研究》第15期,韩国晓星女子大学校出版部,1987年,第5—7页;[韩]金东昭:《东洋文库藏满洲文语圣书稿本研究》,载《神父全达出会长花甲纪念论丛》,韩国每日新闻社,1992年,第82—85页;[韩]金东昭:《有关通古斯语圣书的研究》,

他的满文《圣经》手稿藏于日本东洋文库[1]。

贺清泰在翻译了满文《圣经》后开始将《圣经》翻译成汉文本。关于贺清泰的这个中文《圣经》汉文译稿的记载除了上面提到的费赖之的书目外,另有三处文字记载:一是徐宗泽《明清间耶稣会士译著提要》一书。二是冯瓒璋先生于1947年整理的《北平北堂图书馆暂编中文善本书目》,书中记载了当时北堂《古新圣经》的藏本情况,书目中说"71号,《古新圣经》,贺清泰(Louis Poirot)译,清初抄本,存三十七册(古1—27,新28—37),二函,图像十五页,正文共千四百八十七页"。三是雷永明(Gabriele Maria Allegra,1907—1976)神父的拍照本。他于1935年夏天来到北京,在拜访蔡宁总主教(Mario Zanin,1890—1958)之后,经苗德秀神父(Theodor Mitteler)引领,到北堂图书馆阅览贺清泰神父的《圣经》手抄译本。雷神父依照高弥肃蒙席和苗德秀神父的意见,用照相机把贺清泰的手抄译本拍成相片,分类成册,以作译经时的参考。在吕耳神父协助下,拍摄历经一

载《阿尔泰学报》第9期,1999年,第221页;[韩]金东昭:《东洋文库藏现存满文圣经稿本介绍》,载《满族研究》第64辑,辽宁省民族研究所,2001年,第93—94页。

1 参阅[韩]金东昭《最初中国语、满洲语〈圣书〉译者贺清泰神父》;[韩]金东昭著,金贞爱译:《东洋文库现存满文圣经稿本介绍》,载《满族研究》,2001年第4期;贺清泰满文《圣经》翻译研究另见Ann M.Ridler, "*Obedience and Disobedience: George Borrow's Idiosyncratic Relationship with the Bible Society*," in SW, p.295; Mende, "*Problems in Translating the Bible into Manchu: Observations on Louis Poirot's Old Testament*," in SW, p.154. 参阅李奭学《古新圣经残稿》序言。

个多月完成，花费六百美金。雷神父回到衡阳后，请人预备布制的封套，装成坚固的小册，再由修女负责依次地粘贴照片。该手抄译本的复制品约有三十册，它们被藏于黄沙湾雷神父的小型图书馆里，后被迁至香港思高圣经学会图书馆。现在思高学会仍存有贺清泰《古新圣经》的局部摄影本[1]。香港藏本成为日后思高本《圣经》的主要参考译本，也就是说，贺清泰本对思高本产生了重要影响。

尽管在学术史上有三次提到贺清泰汉文《圣经》译本，但除香港思高学会仍藏有当年雷永明神父所拍摄的少量残本外，仅余《撒母耳记》两卷复本藏于香港思高圣经学会图书馆。贺清泰的这部手稿一直秘藏在图书馆中，具体在哪里，学术界一直在四处寻找。几年前青年学者郑海娟在上海图书馆原徐家汇藏书楼发现贺清泰汉文《圣经》翻译37卷，另有《达味圣咏》3卷复本藏于台湾"中研院"历史语言研究所图书馆，这样贺清泰汉文《圣经》稿本渐渐浮出水面，为学者所知。学者郑海娟和王硕丰分别以此做了博士论文研究[2]。

这里仅就贺清泰《古新圣经》的版本和目前看到的稿本结构情况做初步的梳理[3]。

---

[1] 王硕丰：《早期汉语〈圣经〉对勘研究》，社会科学文献出版社，2017年。

[2] 郑海娟博士论文《贺清泰古新圣经研究》，北京大学，2012年；王硕丰博士论文《贺清泰古新圣经研究》，北京外国语大学，2013年；宋刚："本意"与"土语"之间：清代耶稣会士贺清泰的〈圣经〉汉译及诠释，载《国际汉学》，2015年第4期，第23—49页。

[3] 目前已经复制出版的贺清泰的《圣经》译本的有：钟鸣旦、杜鼎克、王仁芳编《徐家汇藏书楼明清天主教文献续编》，利氏学社，2013年，第28—34

根据徐家汇现存抄本来看，贺清泰翻译了全部《新约》和绝大部分《旧约》，仅余下《雅歌》及部分先知书未翻译。方豪在《中国天主教人物传》中曾经提到，《古新圣经》的原抄本在北京的北堂，并说"北堂本尚有多俾亚经、禄德经、如弟得经等"[1]。方豪之外，前文已提到徐家汇现藏本为线装本，每页两面，每面8行，每行32字，竖体，其中注解部分为小字双行。白口，双边，双鱼尾，黄纸本，书长22.5cm，宽13.5cm，每页左边栏写所在页数；每本封皮内一页竖体注明标题，如："圣史玛尔谷万日略"；断句一律为红色点号；译经部分的红色带圈数字表明经文节数，标在句末，注解部分红色数字依次为相应各节经文的注释，标在句首。

下表为思高《圣经》目录、徐宗泽所列徐家汇藏书楼《古新圣经》目录，以及徐家汇现藏本《古新圣经》目录对照表：

思高本目录	徐宗泽目录	现藏本目录
创世纪	造成经之总论（2本）	化成经（1本）、造成经（1本）
出谷纪	救出之经（1卷）	救出之经（1卷）

册；李奭学、郑海娟主编《古新圣经残稿》，中华书局，2014年；[日]内田庆市、李奭学编《古新圣经残稿外二种——北堂本与满汉合璧本》，大阪关西大学出版部，2018年；[韩]金东昭：*A Study of the Book of Maccadees in the Manchu Language Studies in the Manchu Binle by Fr.Louis de Poirot* (4), Printed in The Republic of Korea, 2023。

1　方豪：《中国天主教史人物传》（下卷），中华书局，1988年，第100页。

续表

思高本目录	徐宗泽目录	现藏本目录
肋未纪	肋未子孙经（1卷）	肋未子孙经（1卷）
户籍纪	数目经（1卷）	数目经（1卷）
申命纪	第二次传法度经（1卷）	第二次传法度经（1卷）
若苏厄书	若耶稣之经（1卷）	若耶稣之经（1卷）
民长纪，卢德传	审事官禄德经（1卷）	审事官经禄德经（1卷）
撒慕尔纪上、下，列王纪上、下	众王经书序（4卷）	众王经书（4卷）
编年纪上、下	如达斯国众王经（2卷）	如达斯国众王经尾增的总纲（2卷）
厄斯德拉上、下	厄斯大拉经序（1卷）	厄斯大拉经（1卷）
多俾亚传	多俾亚经（1卷）	多俾亚经（1卷）
无	禄德经（1卷）	无
约伯传	若伯经序（1卷）	若伯经（1卷）
艾斯德尔传	厄斯得肋经（1卷）	厄斯得肋经（1卷）
友弟德传	如第得经（1卷）	如第德经（1卷）
无	达味圣咏（3卷）	无
德训篇	撒落满之喻经（1卷）	撒落满之喻经（1卷）
智慧篇	智德之经（1卷）	智德之经（1卷）
圣咏集1、2、3、4、5	厄格肋西亚斯第简（4卷）	厄格肋西亚斯第简（4卷）
达尼尔，约纳	达尼耶尔经序（1卷）	达尼耶尔、约那斯经（1卷）
依撒意亚	依撒意亚先知经（1卷）	圣依撒意亚先知经（1卷）
玛加伯上、下	玛加白衣经序（2卷）	玛加白衣经（2卷）

续表

思高本目录	徐宗泽目录	现藏本目录
玛窦福音	圣史玛窦万日略（1卷）	圣史玛窦万日略（1卷）
马尔谷福音	圣史玛尔谷万日略（1卷）	圣史玛尔谷万日略（1卷）
路加福音	圣史路加万日略（1卷）	圣史路加万日略（1卷）
若望福音	圣若望圣经序（1卷）	圣若望圣经（1卷）
宗徒大事录	诸德行实（1卷）	诸德行实经（1卷）
罗马人书，格林多前、后书，迦拉达书，厄弗所书，斐理伯书，哥罗森书，得撒洛尼前、后书，弟茂德前、后书，弟铎书，费肋孟书，希伯来书，雅各伯书，伯多禄前、后书	圣保禄、圣伯多禄、圣亚各伯、圣如达书札合订（3卷）	圣保禄谕罗马教友书札书、谕各林多教友书札（1卷）、圣保禄书札（1卷）、圣保禄与第莫德阿等书（1卷）
若望一、二、三书，犹达书，默示录	圣若望默照经（1卷）	圣若望默照经（1卷）

通过贺清泰本与思高本的对照，可以看到《古新圣经》没有翻译出的《旧约》篇章为：雅歌、耶肋米亚、哀歌、巴路克、厄则克耳、欧瑟亚、岳厄尔、亚毛斯、亚北底亚、米该亚、纳鸿、哈巴谷、索福尼亚、哈盖、匝加利亚、玛拉基亚。

香港思高学会图书馆所藏《古新圣经》，由于藏书经北京、澳门、香港等地辗转，绝大部分流失，如今仅余《旧约》中《撒慕尔纪》的一部分，共两卷，藏书号分别为：220.1和220.2，其中220.1为《撒慕尔纪》（上）17—31章，220.2为《撒慕尔纪》（下）全部1—24章。这两卷分别被命名为《众王经第一卷》《众王经第二卷》。该藏本为线装本，每页一面，每面行数不同，每行字数也不同，文字采用竖体，其中注解部分为小字双行。此本黑口，单边，无鱼尾，白纸本，书长30cm，宽22.5cm，每页左边栏写所在页数；断句一律为黑色点号；译经部分的黑色带圈数字表明经文节数，标在句末，注解部分黑色带圈数字依次为相应各节经文的注视，标在句首。第一卷共35页，第二卷共59页。

贺清泰的《古新圣经》中经文部分翻译来自何处？经研究来自拉丁通俗本《圣经》，即武加大本《圣经》，由公元4世纪圣哲罗姆以拉丁文所译，西方教会皆以此为标准本。

圣哲罗姆生于罗马帝国的斯特利同城（Stridon）。359年到罗马读书，幼年受到很好的教育，在高卢（Gaul）研究神学。366年入天主教，学习希腊文、希伯来文、神学和《圣经》。约379年在安提约基雅（Antiochia）晋铎。同年，圣额我略·纳齐安（Gregory of Nazianzus Saint，330—389）被调往君士坦丁堡，负责当地的尼西亚团体。额我略在君士坦丁堡时，圣哲罗姆曾被他召去校译和注释《圣经》。

在哲罗姆翻译《圣经》以前，已有一部拉丁文《圣经》，但那部《圣经》非常粗糙，语义多有抵牾，经文又多含混不清之处，因此教会需要一本可作为标准的圣书，记载经文为众人所公认，同时也为了用于防止异端。公元382年，哲罗姆任罗马教宗圣达玛苏一世（St Damasus，约305—384）的秘书，奉教宗之托，开始将《圣经》译为拉丁文。哲罗姆在翻译时，先以《旧约》的希腊文译本（七十士译本）和希腊文《新约》作为基础，译成拉丁文的《诗篇》《旧约》及"四福音书"。后来他认为应该将希伯来原文《圣经》所蕴藏的宝库，展现给拉丁文的读者，因此他又以希伯来文《旧约》作基础，进行重新翻译。他辛勤工作23年（382—405），完成了拉丁文《圣经》修订本即武加大本《圣经》。这也是西方教会所认可的拉丁文译本，并在1546年的"天特会议"（Council of Trent）上重新受到肯定，确立了《武加大本》的绝对权威，要求任何其他译本都必须以《武加大本》为标准，被定为天主教会的《圣经》法定本。也是在这次会议上，该本获得了"Vulgate"一名。

当时，西方教会大都采用这本拉丁文通俗语译本，其影响力极大。但需要说明的是，对于旧约经文的研究，这个译本并不十分重要，因为当时马索拉（Massoretic）[1]的经文已经达到了非常精准的水平。

公元8世纪的Codex Amiatinus（古抄本）是武加大本《圣经》现存最早的完整手稿。中世纪的许多手稿由于辗转抄写有着大量出入，许多中世纪圣经学者亦试图通过版本比较恢复该译本的原来面目。随着古腾堡发明近代活字印刷术，抄写不一致的情况得以避免。1455年古腾堡马扎然版

---

[1] 目前我们所拥有的最早的完整希伯来旧约抄本，是马索拉学者（或者马索拉学派）所作，可回溯到公元500年。这些学者最重要的任务就是抄写希伯来文《圣经》，他们的名称"马索拉"，在希伯来文当中是"计算"的意思，换句话说，这些马索拉学者不仅抄写希伯来《圣经》，他们还同时发明出一套非常复杂的计算方式来计算每一页当中不同字母出现的次数与地方，同时计算出该页的字数、节数。通过这样繁复的计算方式，马索拉学者可以将抄写时所犯的错误减到最低。

（Mazarin Bible）武加大本《圣经》首次印刷。在此抄本的第二页有一个题词，说明由伦巴第彼得修道院的Monte Amiata完成。该抄本页面大小为26×21cm，现存于大英博物馆。

由于早期武加大本《圣经》主要以手抄本的形式流传，传抄过程难免出现遗漏及改动，导致版本现象颇为混乱。1592年，罗马教宗克雷芒八世（Clement VIII，1536—1605）授权发行了修订版武加大本《圣经》，史称"《克雷芒武加大圣经》"（Clementine Vulgate），此后这个译本长期充当罗马天主教会《圣经》的唯一标准版本，直到1979年才被罗马教会颁行的《新武加大圣经》（Neo-Vulgate）取代。根据郑海娟的博士论文《〈古新圣经〉初探》，贺清泰本《圣经》是从克雷芒武加大本翻译而来[1]。

《古新圣经》长达一百三十四万字，共三十七卷[2]，而武加大本《圣经》为七十三卷，可见贺本并未如数译出，但贺本将部分武加大本章节合二为一，实已包含了武加大本五十六七卷[3]。每卷按《圣经》章节为顺序，依次翻译经文。

---

[1] 参见郑海娟《〈古新圣经〉初探》，2012年，第11页："贺清泰于18世纪入华，《古新圣经》成书于19世纪初，此时欧洲《圣经》通行本为克雷芒武加大本，且耶稣会入华时，带来的《圣经》版本也仅为克雷芒本。"

[2] 方豪：《中国天主教史任务传》第3册，香港公教真理学会，1967年，3:99，称有36卷；徐宗泽：《明清间耶稣会士译著提要》，台北"中华书局"，1958年，第18页，称有38卷。所见徐家汇藏书楼本为37卷。

[3] 《古新圣经》在章节上的变化为：《创世纪》分为《化成之经》与《造成经总论》两卷（两卷在章节上连续编排），《审事官经》与《禄德经》合订为一卷（但章节上各自独立编排），《智慧篇》与《寻道篇》合订，统称为《智德之经》。《众王经》下设四卷（前两卷为思高本《撒慕尔纪》，后两

每卷前冠小序，是对经文的说明，序后为具体翻译的经文，经文为大字，所译经文后有注解，注解为小字，是对之前所译经文的补充解释，这些说明文字多半并非叙事，而是地道的论说或议论文字。累计起来注解部分约占全书总量的四分之一[1]。

在《圣经》的翻译上，贺清泰要保存《圣经》的"本文本意"，而且提出了以"土语翻译"为核心特色的俗语白话原则。宋刚将其概括为"本意"和"土语"原则，他将犹太人所吃的饼（panis）译成"馒头"就是一个典型例子。贺清泰在翻译中，"除了归化翻译类的词汇外，《古新圣经》的译文也使用了大量的音译词汇，包括瞻礼节期，如巴斯卦（Pascha）、奔得各斯得/崩得各斯得（Pentecoste）、撒巴多（Sabbath）等，树名如西克默罗（sycomorum）、巴耳玛（palma）、阿里瓦（oliva）等，计量单位如默得大（metreta）、西其落（siclo）、达楞多（talentum）、稣大弟阿（stadia）等。这些特殊的音译词很容易造成陌生感和距离感，因而使用起来有赖于在注解部分给出适当的解释和说明。单从这个角度看，贺清泰译本采取经文、注解相配合的体例，可以说充分发挥了效用"[2]。

卷为思高本《列王记》），将《若望书信》与《圣若望默照经》合编为一卷，以《圣若望默照经》为题。
1 贺清泰的《圣经》译稿目前已经由李奭学、郑海娟整理后出版，《古新圣经残稿》，中华书局，2014年。
2 宋刚：《"本意"与"土语"之间：清代耶稣会士贺清泰的〈圣经〉汉译及诠释》，载《国际汉学》，2015年第4期。

贺清泰的翻译对耶稣会译经的创新在于他第一次使用白话文来翻译《圣经》，这与以前的阳玛诺、白日昇的翻译有了较大的区别，这应是他对耶稣会在华翻译的一个重大推进。"他上承阳玛诺译《圣经直解》的习惯，下开新教和合本《圣经》修订版出现前在正文中以小括号或以小字夹插解释的做法，可算中国解经形式的特色之一"[1]。贺清泰翻译《圣经》之举，如果放到中国近代白话文历史上也具有重要的学术意义，"《古新圣经》的中译甚至在史上还打了头阵，立下战功"。就此而言，贺清泰《圣经》译本的学术价值和文化价值就不再仅仅限于教会译经的范围内，而是要将其放到整个中国近代白话文发展历程中考察，以揭示其"丰富的现代性"。

四、贺清泰与《圣经》的满文翻译

1790年，潘廷璋神父在一封信中提到，贺清泰神父用满洲语翻译《圣经》并做注。根据韩国学者金昭东的研究[2]，目前在全球各图书馆和档案馆藏的已经出版的满文《圣经》有：

1. *Musei ejen Isus Heristos-i tutabuha ice hese (ujui debtelin).*（Ev. sec. Matthaeum，《马太福音》）：Sankt-Petersburg 1822。

---

1 李奭学：《明清西学六论》，浙江大学出版社，2016年，第207页。
2 ［韩］金东昭：《东洋文库藏满洲文语圣书稿本研究》，载《神父全达出会长花甲纪念论丛》，韩国每日新闻社，1992年，第77—97页；《东洋文库藏现存满文圣经稿本介绍》，载《满族研究》，2001年第64辑，第92—96页；《最初中国语·满洲语圣书译成者贺清泰神父》，载《阿尔泰学报》，2003年第13期，第15—39页。

2. *Musei ejen Isus Heristos-i tutabuha ice hese.*（《新约圣经》）: Sankt-Petersburg 1835。

3. *Musei ejen Isus Heristos-i tutabuha ice hese*《吾主耶稣基督新遗诏书》。《马太福音》, Ev. sec. Matthaeum；《马可福音》, Ev. sec. Marcum；Shanghai 1859。

4. 1835年版（上述2）中的《路加福音》(Ev. sec. Lucam) 及《约翰福音》(Ev. sec. Johannem) 的重印本：Shanghai 1911。

5. 1859年版（上述3）所有书的重印本：Shanghai 1911。

6. *Ice hese.*（《新约圣书》）（上述2的重印本中其他新约部分翻译后合订而成的版本）: Shanghai 1929[1]。

现存的满文《圣经》稿本和抄本有：

1. *Old Testament in Manchu*: BFBS（英国及海外圣经公会）所藏。

2. *Old Testament in Manchu*: BFBS所藏。前面版本的重抄本。

3. *Musei Ejen Isus Heristos-i tutabuha Ice Hese*: BFBS所藏[2]。

4. *Yudae gurun-i wang sai nonggime šošohon nomun bithe*: 俄罗斯科学院东方文献研究所（Институт восточных рукописей РАН）所藏[3]。

---

1 ［韩］金东昭著，林惠彬译：《最初汉语及满洲语〈圣经〉译者——耶稣会士贺清泰（P.Louis de Poirot, S. J.）》。
2 以上三种版本的详情可参见Simon & Nelson（1977: 27f）。
3 有关俄罗斯科学院东方学研究所的藏本可参见Pang, Tatiana A. 2001. *De-*

5.《满文付注新旧约圣书》[1]。

6. *The Old Testament* (cf. Pang 2001: 164)[2]

这里的第六本就是贺清泰的满文《圣经》翻译的抄本，在抄本上有以下内容：

The Old Testament in Manchu translation made by Louis de Poirot, S.J. (1735–1814). The text has never been published. Each volume begins with a preface. The text has commentaries numbered by the letters of the Manchu alphabet and given as notes (*sure gisun*) at the end of the chapters. The Manchu text is written by various scribes. Each fascicle is bound in yellow silk and has a white label with the title in Russian, which confirms that the text was checked by Archimandrite Piotr Kamensky (for example, on f. 175a, fasc. 1, tao 1: *Книгу бытия на маньчжурском языке 1820 года сверял Архимандрит Петр. 1825-го*). The last fascicle of the 3rd tao has a reference that the present copy was made from the Manchu text of Poirot: *Деяния святых Апостолов на маньчжурском языке, перевода Римского веропроповедника Почтеннейшего Отца Пуерота 1825 года списанныя сверял*

---

scriptive Catalogue of Manchu Manuscripts and Blockprints in the St. Petersburg Branch of the Institute of Oriental Studies, Russian Academy of Sciences. Volume 2. Aetas Manjurica 9. Wiesbaden: Harrassowitz Verlag. p.164。

1 可参见Nicholas Poppe and Leon Hurvitz, Hidehiro Okada, *Catalogue of the Manchu-Mongol Section of the Toyo Bunko*（《东洋文库满蒙古文献目录》）.Tokyo: The Toyo Bunko, 1964. p.297.

2 关于世界各地的满文《圣经》藏本，参阅［韩］金东昭著，金贞爱译：《东洋文库藏现存满文圣经稿本介绍》，载《满族研究》，2011年第4期。

Пекинского Сретенского монастыря Архимандрит Петр сентября 8 дня.

由贺清泰神父翻译的满洲话《旧约圣书》没有正式出版，各卷首都有序文，用满洲字母来标出序号，每篇结尾有满洲字母标记的注释文字。正文由数名抄书人所写，每册封皮用黄色绵缎制成，封面上贴有用俄文标注标题的白色标签，这说明了该书是经过大修道院长卡门斯基（Piotr Kamensky）审定的文本。（例如，第一函的第一册，第175页后，记"满洲语创世记，1820年大修道院长卡门斯基校，1825年"）。而在第三函的最后一册中有该抄本以贺清泰的满洲语版本作为底本的记载："满洲语使徒行传[1]，罗马教会宣教师贺清泰神父翻译。1825年抄本。北京奉献修道会修道院长卡门斯基校。9月8日。"[2]

藏在俄罗斯的这个贺清泰满文译本不太全，较为完整的是藏在东洋文库的满文《圣经》译本。这个藏本共有4帙20册。

具体的卷目是：

1. *Enduringge Matco-i Ewanggelio-i ujui debtelin*（圣马太传福音第一篇），《马太传福音书》，Evangelium secundum Mattheum。

---

1 该书包括了《使徒行传》，可见该版本似乎也包括了满洲话的《新约圣经》。
2 ［韩］金东昭著，林惠彬译：《最初汉语及满洲语〈圣经〉译者——耶稣会士贺清泰》，载《国际汉学》，2015年第3期。

2. *Enduringge Matco-i Ewanggelio-i jaici debtelin*（圣马太传福音第二篇），《马太传福音书》，Evangelium secundum Mattheum。[1]

根据内田庆市先生的研究，贺清泰有满文和满汉对照两种《圣经》的翻译。

满汉对照本现收藏于苏联科学院亚细亚民族研究所（cf.Volkova, 1955:33）本文全101页，每页10行（满汉各5行）这本原稿一册为100+5张，各面（页）是8行，大小为34×25.5cm，25.5×8cm。

现今学术界对贺清泰的满文《圣经》已有了初步研究，从20世纪70年代开始，Erling V. Mende、松村润（Matsumura Jun）、金东昭（Kim Dongso）等人发表了一系列关于满语及通古斯语《圣经》的研究，贺清泰译本满文版被列为其中一部重要译作。"松村润纠正了渡部薫太郎（Watanabe Kaorotaro）将满文《圣经》的译者说成是东正教第九届北京传道团修士大司祭比丘林（Archimandrite Hyacinth［Bichurin］，1806—1821）的错误。他还比较了史维廉、巴罗的满文重抄本及东洋文库满文抄本，指出前者出现不少抄写错误，后者像是出自满洲人之手的写本，因此两者源自不同的系统"[2]。金东昭整理现存的满语圣书文献，分别列出六

---

[1] 详尽的卷名可参考［韩］金东昭著，全贞爱译：《东洋文库藏现存满文圣经稿本介绍》，载《满族研究》，2011年第4期。

[2] ［日］松村润：《满州语译の圣书について》，载《东洋文库书报》，1976年第7期，第37—53页；《东洋文库所藏〈满文附注新旧约圣书〉》，［日］

种已出版的及六种未出版的存世抄本。他主要以东洋文库满文抄本为研究对象,对此前编目中经卷标题的罗马字母转写做出订正,并以经卷中绘法精致的插图等理由,推测《满文附注新旧约圣书》是贺清泰手书的原稿。

宋刚则在贺清泰译本研究上取得了较大的进展。他在论文中不仅对东方文献研究所满文抄本、武加大译本、《思高圣经》译本经卷标题对照以及东洋文库满文抄本、武加大译本、《思高圣经》译本经卷标题分别做了对照研究,而且他还发现了新的贺清泰的汉文译本——《圣徒玛窦纪的万日略》两卷,"这一新发现表明,目前所知卡门斯基于19世纪20年代初制作的抄本不仅限于贺清泰译本的满文版,他同时也抄写了部分汉文版的经卷。只不过这些同期制作,而且可能也是同时运回圣彼得堡的抄本,后来分散至不同的地方收藏,满文版抄本在东方文献研究所,而汉文版的《圣徒玛窦纪的万日略》抄本在俄罗斯国家图书馆"。他对俄图汉文抄本、徐家汇汉文抄本及《古新圣经残稿》点校重排版的《圣徒玛窦纪的万日略》序言至第五篇做了勘误举要。宋刚的研究大大推进了全球范围内的贺清泰《圣经》译本研究[1]。

神田信夫编《日本所在清代档案史料の诸相》,东京东洋文库清代史研究室,1993年,第15—26页;转引自宋刚《清代耶稣会士贺清泰〈圣经〉译本源流再探——兼论其满文版、汉文版之关系》,载《中山大学学报》(社会科学版),2022年第4期。
1 宋刚:《清代耶稣会士贺清泰〈圣经〉译本源流再探——兼论其满文版、汉文版之关系》,载《中山大学学报》(社会科学版),2022年第4期。

五、贺清泰的晚年

贺清泰晚年在华生活凄凉艰辛，嘉庆十六年（1811）秋七月壬辰（阳历9月3日）嘉庆帝谕示内阁云：西洋人住居京师，原因他们熟习算法，可以推步天文，备钦天监职官选用。现在京的西洋人共十一名，除福文高、李拱辰、高守谦三人，现任钦天监监正、监副，南弥德在内阁充当翻译差使，毕学源通晓算法，留备叙补，贺清泰、吉德明二人均年老多病，不能归国，此外，学艺未精的高临渊等四人，已饬令归国，现在留京的西洋人只有七人[1]。

荣振华引用一份资料《罗马教皇厅布教圣省古文书：东印度·中国分会原稿》（Archives de la Sacrée Congrégation de Propaganda Fide à Rome, Scritture originali della Congregazione Particolare, *India Orientale e Cina*）讲到，贺清泰神父于1813年12月13日逝世[2]。

《圣经》是西方文化的经典，在中国和欧洲的文化交流中，《圣经》的翻译一直是一件重要的事。前文研究了阳玛诺《圣经直解》对开启《圣经》翻译的典型价值，而贺清泰

---

1 《东华续录》是根据蒋良骐（1723—1789）《东华录》编撰的一部编年体史书。清末史官王先谦（1840—1917）把乾隆、嘉庆、道光三朝实录纂辑成书。参见张舜徽《中国史学名著题解》，中国青年出版社，1984年，第203—205页。
2 据"嘉庆十八年十一月二十六日"的奏折，贺清泰"于本年十一月二十日病故"，即公历1813年12月13日。中国第一历史档案馆编《清中前期西洋天主教在华活动档案史料》第3册，第996页。

则在晚年生活艰辛的情况下,先后用满文和汉文翻译出《圣经》,他在中西文化交流史上是值得纪念的人,也书写了中欧文化交流史上的光彩一笔[1]。

---

[1] 本文写作受益于[韩]金东昭著,林惠彬译:《最初汉语及满洲语〈圣经〉译者——耶稣会士贺清泰》,载《国际汉学》,2015年第3期,在此表示感谢。

第六章

西学与明清之际思想的发展

西学东渐与晚明思想的演进
西学东渐与清初思想的变迁
西学与中国早期的启蒙思想

明清之际，传教士入华所开启的"西学东渐"是中国历史上第一次大规模地引进西方文化。当时由传教士所介绍的西方文化范围之广、传教士们著书之多，是中国几千年来尚未有过的。西学的传入不仅影响了中国科学技术的发展，对明清之际乃至中国近代思想的发展也产生了巨大影响。

一、西学东渐与晚明思想的演进

晚明是中国一个非常重要而特殊的时代，其特点在于：它是中国社会从传统的农业社会向近代社会转变的时期。正如万明等学者所指出的："晚明整体社会变迁是社会形态转变的开始，表现在经济、政治、思想和文化诸方面，以白银货币化为主线，标志着六个不同层面的深刻变迁：一是货币层面，从贱金属铜钱向贵金属白银转变；二是赋役层面，从实物税和力役向货币税的转变；三是经济结构层面，从小农经济向市场经济转变；四是社会关系层面，从人身依附关系向经济关系转变；五是价值观念层面，从重农抑商向工商皆本转变；六是社会结构层面，从传统社会向近代社会转变。"[1]这个标志就是1581年"一条鞭"法的实施，从嘉靖经隆庆到万历，变实物赋税和劳役赋税为货币赋税的"一条鞭"法改革逐步推行，至万历九年（1581）正式以法典的形式确立下来而通行全国。改革不仅使农民摆脱了徭役的束缚，而且把农民引上了为交换而生产的商品经济之路，以至于反对改革者疾呼："古人立法，厚本抑末；今人立法，厚末抑本。"[2]清入关后，社会政治生活虽然变动，但整个社会的发展仍沿晚明的方向前进，以上中国社会所发生的变迁仍在继续进行。

西学传入始于晚明，如果探讨西学与晚明社会的关系，首先在于要认清晚明社会的基本特点，基于这样的认识对于我们的研究是很重要的。在以往的研究中，往往将晚明社会看成一个完全封闭的社会，或者仅仅从一个王朝的角度，将其看成一个"制度已趋于烂熟且部分发生变质，面临解体"的社会，而没有把晚明和清初社会作为一个联动的整体看待，没有从世界的角度、从中国社会发展的长时段上看待从晚明到清初社会的重要变化。中国社会的发展有着原生的内在动力。在看待传教士所带来的西学和中国思想文化之间的互动时，过多地强调了传教士所带来的西学的影响，似乎明清之际的思想变迁是由于西学传入所引起的。显然，这样的

---

1 万明主编《晚明社会变迁问题与研究》，商务印书馆，2005年，第27页；万明：《明代中国白银货币研究：中国早期近代化历史进程新论》，中国社会科学出版社，2022年。
2 〔明〕何塘："均粮私议"，《明经世文编》（卷144），中华书局，1962年。

看法是有问题的，但并不是要否认这种影响，而是应看到，传教士所介绍的西学之所以产生影响，是由于中国社会本身发生了变化，这是西学受到重视的根本原因。我们只有从中国本土观念的变迁和与外来西学的互动中，才能揭示出西学对当时中国思想的影响和产生的作用[1]。这是研究明清之际西学东渐的基本出发点。

张尔岐在《蒿庵闲话》中说，"明初，学者崇尚程朱……自良知之说起，人于程朱敢为已论，或以异教之言诠解'六经'。于是议论日新，文章日丽"[2]。王学起，而文章日丽，特别是到泰州学派时，心学发展到高潮。李贽（1527—1602）是晚明王学的极端代表之一，如果说泰州学派是王学左派，那么李贽则是王学左派中最激烈的"异端"[3]，而恰恰李贽却和利玛窦有过三次交往。李贽第一次和利玛窦相见是在南京焦竑家中；第二次是在一次南京文人的聚会上，在这次相遇时李贽对利玛窦更为注意，特意赠给利玛窦一首诗，此事在《利玛窦中国札记》中有记载："他赠给利玛窦神父一个纸折扇，上面写有他作的两首短诗。"[4]其中有一首是"赠利西泰诗"：

---

[1] 从"一条鞭法"的确立和随后而来的利玛窦来华这两大事件所具有的历史象征意义来看，改革和开放乃是中国近代史之主题。一部中国近代史，实际上就是一部改革开放走过的曲折道路的历史；而鸦片战争以后中国的历次改革运动和中国人民反帝反封建斗争，完全可以纳入这一"内发原生"的叙事模式中来加以陈述。许苏民：《"内发原生"模式：中国近代史的开端实为明万历九年》，载《河北学刊》，2003年第2期。

[2] 〔清〕张尔岐：《蒿庵闲话》卷一。

[3] 参阅容肇祖《明代思想史》，齐鲁书社，1992年。

[4] 〔意〕利玛窦著，文铮译：《耶稣会与天主教进入中国史》，第272页。

逍遥下北溟，迤逦向南征。
刹利标名姓，仙山纪水程。
回头十万里，举目九重城。
观国之光未？中天日正明。[1]

这里李贽把利玛窦比作《庄子》中的北海巨鲲，飞十万里之遥来中国，诗句中流露出欣赏之情。万历二十八年（1600）利玛窦第二次进京时路经山东济宁，在这里又遇到了李贽。当李贽看到利玛窦给皇帝的奏章时，感觉写得不好，就亲自动笔修改了利玛窦的奏疏，这就是著名的《上大明皇帝贡献土物奏》[2]，是"今存利玛窦与明廷正式交往的唯一一份政治文件"[3]。这样一份重要的文件是李贽帮助利玛窦所写，可见两人关系之深。也就是在这一年，李贽在《续焚书》的《与友人书》中又写到利玛窦，说："承公问及利西泰，西泰大西域人也。到中国十万余里，初航海至南天竺始知有佛，已走四万余里矣。及抵广州南海，然后知有我大明国土先有尧、舜，后有周、孔。住南海肇庆几二十载，凡我国书籍无不读，请前辈与订音释，请明于'四书'性理者解其大义，又请明于'六经'疏义者通其解说，今尽能言我此间之言，作此间之文字，行此间之仪礼，是一极标致人也。中极玲珑，外极朴实，数十人群聚喧杂，雠对各得，傍不得

---

[1]〔明〕李贽：《焚书》卷六。
[2] 朱维铮主编《利玛窦中文著译集》，第229页。
[3] 朱维铮：《利玛窦与李卓吾》，载《文汇读书周报》，2001年。

以其间斗之使乱。我所见人未有其比，非过亢则过谄，非露聪明则太闷瞆瞆者，皆让之矣。但不知到此何为，我已经三度相会，毕竟不知到此何干也。意其欲以所学易吾周、孔之学，则又太愚，恐非是尔。"[1]

从这里我们可以看到李贽对利玛窦的评价是很高的，为何他对一个八万里之外来的这样一个西洋人如此感兴趣呢？笔者认为有三条原因：其一，李贽和利玛窦对程朱理学看法一致。利玛窦虽然提出了"合儒"的路线，但他对儒是做了区分的，他批评后儒，特别是对程朱理学多有批评，在《天主实义》里明确说"太极之说不能为万物本原也"[2]，这点和李贽有共鸣之处。李贽是作为"儒学的叛逆者"出现的，"嘉靖以后，从王氏而诛朱子者始接踵人间"[3]。李贽继承王学的这一特点，反对以孔子是非为是非，反对将孔子视为万世师表，他说："夫天生一人，自有一人之用，不待取给于孔子而后足也。若必待取足于孔子，则千古以前无孔子，终不得人乎？"[4]他已经察觉到利玛窦不是来学习儒学的，如果跨越九万里来中国学儒学"则太愚"。这是李贽欣赏利玛窦的重要原因。其二，求异是当时的风尚。顾炎武说："盖自弘治、正德之际，天下之士，厌常喜新，风气之变，已有其所自来。

---

[1] 张建业主编《李贽文集·第一卷"续焚书"》，社会科学文献出版社，2000年，第33页。
[2] 〔意〕利玛窦：《天主实义》，第二篇。
[3] 〔明〕顾炎武：《日知录》卷十八。
[4] 〔明〕李贽：《圣教小引》，《焚书》卷二；许苏民：《李贽评传》，南京大学出版社，2006年。

而文成以绝世之资，倡其新说，鼓动海内。"[1]利玛窦来自九万里之外，但熟读中国经书，谈吐儒雅，待人彬彬有礼，这本身就是奇事，利玛窦的出现正契合晚明那种求新、求异的心态，所以才会出现文人墨客争相求见的场面，才会理解为何李贽将利玛窦的《交友论》抄写多份，发给弟子和友人。其三，晚明是一个思想十分自由的时代，在思想上没有定于一尊的东西，包容是那个时代的特点之一。李贽感到利玛窦不同于一般的儒生，他"中极玲珑，外极朴实"，待人不卑不亢，机智、聪明、稳重，李贽所见过的人中无人可以和利玛窦相比。李贽当时是天下第一狂人，对利玛窦的评价竟如此之高，实属罕见。虽然，李贽最终也不知利玛窦究竟来中国做什么，但他欣赏利玛窦。这就是当时那种包容的思想氛围所决定的。

李贽和利玛窦的交往说明了当时晚明王学兴起和西学传入之间的关系。如朱维铮所说，"从晚明到清初，人们反对王学，只是因为在空谈误国这点上，王学信徒已变得同程朱信徒毫无二致。但谁也不否认王学信徒接受外来文化皈依西方宗教。这就反映出一个事实，即王学蔑视宋以来的礼教传统，在客观上创造了一种文化氛围，使近代意义的西学在中国得以立足……"[2]。在如何理解这个问题上，学术界看法并

1　〔明〕顾炎武：《日知录》卷十八；许苏民：《顾炎武评传》，南京大学出版社，2006年。
2　朱维铮：《走出中世纪》，上海人民出版社，1987年，第162页。有此看法的还有陈卫平，"王学风行天下造成了因儒学思想权威动摇而好异求新的文

不一致，不少人认为正是传教士所介绍的西学才使中国的思想界开始有了近代的思想，这是典型的用晚清来推晚明的思维。实际上恰恰相反，正是中国自身思想的变迁，才使传教士介绍进来的外部思想在中国发酵。朱维铮先生说得好："假如说，西学输入恰逢王学盛行是偶然的话，那么这样的偶然性恰在晚明出现，不正说明那时的中国也同当时的欧洲一样，已经有走出中世纪的必然性在起作用吗？"[1]这就是说，中国有自身的发展逻辑，那种按照美国中国学的"冲击—反应"模式来解释晚明西学的传入和中国思想关系的观点显然是有问题的。如果从中国内部发现历史，那么晚明就是中国近代的开始，不是传教士给中国带来的新旧混合的知识开启了中国思想的变革，而是利玛窦等传教士所介绍的西学恰好迎合了中国思想自身的变化，由此，西学才发挥了独特的作用[2]。

晚明时，当王学发展到泰州学派时就开始有了反弹。一些士人开始批评晚期王学的空疏，他们极力反对空谈，主张实学。如冯友兰所说："实学这两个字，是道学对禅宗

化氛围，而对西学发生兴趣正是这一文化氛围的产物"。参阅陈卫平《第一页与胚胎：明清之际的中西文化比较》，上海人民出版社，1992年，第62页；沈定平："西学的输入恰逢王阳明心学传播盛行之际，王学那种特有的自由解放的精神，既在客观上为西学的传播创造了一种文化氛围，同时也为某些士大夫倾向于西学提供了一定的思想准备。"参阅沈定平《明清之际中西文化交流史》，商务印书馆，2001年，第526页。

[1] 朱维铮：《走出中世纪》，上海人民出版社，1987年，第160页。
[2] 参阅［日］沟口雄三著，陈耀文译：《中国前近代思想之曲折与展开》，上海人民出版社，1997年。

所下的转语,是针对佛学的讲虚说空而言。"[1]对泰州学派的这种批评在晚明时主要是以顾宪成(1550—1621)和高攀龙(1562—1626)为代表的"东林学派"。东林书院创建于万历三十二年(1604),禁毁于天启五年(1625),这是晚明时期由顾宪成、高攀龙等学者希望借书院形式恢复一种儒家道德理想而形成的一个士人团体。他们是"代表传统儒家价值观念与现实恶劣政治势力斗争的一个典范,他们是一支重整道德的十字军,但不是一个改革政治的士大夫团体"[2]。顾宪成为东林书院撰联曰:"风声、雨声、读书声、声声入耳;家事、国事、天下事、事事关心。"他们将学术的追求和对国家政治命运的关心结合起来,举起经世致用的旗帜,强调办实事,求实功,与当时的阉党进行了殊死斗争。黄宗羲称赞他们为"一堂师友,冷风热血,洗涤乾坤"[3]。

巴尔托利(Daniello Bartoli,1608—1685)在他的《耶稣会史》(Istoria della Compagnia di Gesù)中最早注意到耶稣会士和东林学派的关系,以后德国学者布施(Heinrich Bush)、法国汉学家谢和耐(Jacques Gernet),以及国内学者沈定平也都做过研究[4]。耶稣会士传教士和东林学派的人士交往甚

---

[1] 冯友兰:《通论道学》,载《中国社会科学》,1986年第3期。
[2] 参阅樊树志《晚明史》上卷,复旦大学出版社,2003年,第591—592页。由此,樊树志先生认为将他们称为"东林党人"是不对的。
[3] 〔明〕黄宗羲:《明儒学案》,卷五十八《东林学案序》。
[4] 〔法〕谢和耐:《入华耶稣会士与中国明末的政治和文化形势》,见耿升译《明清间入华耶稣会士和中西文化交流》,巴蜀书社,1993年;沈定平:《明清之际中西文化交流史——明代:调适与会通》,商务印书馆。

密,这一点是完全有根据的,是被研究者所公认的,东林学派人士邹元标和利玛窦以及耶稣会士郭居静有交往,曾写下过《答西国利玛窦》[1]。晚明重臣叶向高,更是与利玛窦、艾儒略有很深的交往。曹于汴曾为利玛窦修改过给万历皇帝的奏疏,为庞迪我的《七克》写序。张问达和传教士金尼阁(Nicolas Trigault, 1577—1628)、教徒王徵过从甚密;熊明遇和阳玛诺、庞迪我、毕方济(Francois Sambiasi, 1582—1649)等传教士有着广泛的交往[2]。在与传教士交往的过程中,他们开始吸收传教士所介绍的西方科学,将这些西学作为自己所奉行的"实学"的参照系。正如谢和耐所说:"利玛窦及其某些教友的部分布教活动属于当时被称为经世致用的'实学'范畴。欧洲最早的算学、天文学、地理学以及后来的机械学、水利学和铸炮技术等概念的传入又加强了这些学科支持者们的潮流,它们被认为有利于帝国的防务和繁荣。"[3]

明亡后,实学思想在清初时得到进一步的发展,崇尚实学,抨击王学末流的空疏之风,特别是明清易代,对当时的文人是个极大的刺激。在总结明亡之原因时,空谈心性的王学末流被认为是导致政权更替的主要原因之一。黄宗羲说:"儒者之学,经纬天地。而后世乃以语录为究竟,仅附答问一二条于伊、洛门下,便厕儒者之列,假其名以欺世,治财

---

1 〔明〕邹元标:《愿学集》卷三,《答西国利玛窦》。
2 参阅方豪《明末清初旅华西人与士大夫之晋接》,载方豪《方豪六十自定稿》,台湾学生书局,1969年。
3 〔法〕谢和耐:《入华耶稣会士与中国明末的政治和文化形势》,见耿升译《明清间入华耶稣会士和中西文化交流》,巴蜀书社,1993年,第101页。

赋者则目为聚敛，开阃扞边者则目为粗才，读书作文者则目为玩物丧志，留心政事者则目为俗吏，以生民立极、天地立心、万世开太平之阔论钤束天下。一旦有大夫之忧，当报国之日，则蒙然张口，如坐云雾。世道以是潦倒泥腐……"[1]。不问实事，不求实学，使儒学这一经纬天地之学，在这些人手中成为坐禅谈性的把戏，而一旦国难当头，这些人全是一帮腐儒。顾炎武更激烈地批评了这些王学之后是"不习六艺之文，不考百王之典，不综当代之务，举夫子论学论政之大端一切不问，而曰'一贯'，曰'无言'。以'明心见性'之空言，代修己治人之实学。股肱惰而万事荒，爪牙亡而四国乱，神州荡覆，宗社丘墟"[2]。

这样，可以看到传教士所介绍的西学和当时中国思想文化中的实学思想的切合有着一种历史性原因。表现在两个方面：

第一，从政治上讲，明清易代这一重大的历史事件，使文人们开始重新考虑和反思在晚明盛行的王学思潮的问题所在。传教士所介绍的西学，主要是科技方面的知识，它所体现的内容正好和实学思潮所倡导的经世致用精神有内在的联系。如此一来，西学被明清之际所持实学的知识分子所介绍、所接受是很自然的事。

第二，从思想上讲，实学所主张的经世致用的路向，也开始动摇长期以来儒学思想中以修养心性为本的取向，这

---

[1] 徐世昌等编纂，沈芝盈、梁运华点校：《清儒学案》，卷二《南雷学案》，中华书局，2008年。
[2] 〔清〕顾炎武：《日知录》卷七，中华书局，2020年。

样就为文人们接受传教士所介绍的西方科技提供了思想的空间。实学思想并不否认修身养性为儒学之重要内容，但认为这并不是唯一的内容，"而是要求把儒家学问从专注于个人的心性涵养拓展到一切涉及国计民生的'实用之学'"[1]。如高攀龙并不反对程朱的"格物穷理"，但他强调的是不能将"格物穷理"仅仅局限在心性的范围内，"天地间触目皆物，日用间动念皆格"[2]，他主张格"一草一木之理"，这实际上就开始把程朱的心性之学扩展到了完全崭新的领域：自然。这样的理解就和西学有了呼应。

通过上面的分析我们看到，传教士所介绍的西学在明清之际是受到了当时知识分子的重视和欢迎的。学者们认为"实学和王学是同步发展起来的，但两者的学术路线和运思倾向则大相径庭，然而却成了西学流播的思想基础的两翼。相反相成的辩证法在这里再次得到了表现"[3]。这说明一种文化被另一种文化所接受、所理解主要在于接受者本身，接受者总是根据自身的需求来解释和理解外来的文化。因此，从传教士一方来看，耶稣会所确立的"适应"路线是符合中国特点的传教路线，但其被接受主要在于中国文化自身的发展。每一种思潮对西学的吸收都有着自己的解释维度，尽管这些思潮之间有冲突。这也说明外来的文化只是一种文化变

---

1 陈卫平：《第一页与胚胎：明清之际的中西文化比较》，上海人民出版社，1992年，第70页。
2 参见《高子遗书》卷九。
3 陈卫平：《第一页与胚胎：明清之际的中西文化比较》，第75页。

化的外因，过分地强调耶稣会的西学在中国前近代的文化思想发展中的作用是不对的。同样，完全否认耶稣会传教士所带来的西学影响也是不对的，只有立足于本土思想的变迁，才能合理说明西学在明末清初的接受和推进[1]。

二、西学东渐与清初思想的变迁

清初顺康两朝对传教士政策宽容，特别是康熙帝热衷西学，对西学在中国的传播起到重要的作用。后来的江永（1681—1782）有一段话说明了清初时西学盛行的情况，他说："至今日而此学昌明，如日中天，重关谁为辟？鸟道为谁开？则远西诸家，其创始之劳，尤有不可忘者。"[2]由此可见当时西学之影响。

清初的西学对当时的中国思想转变起到什么作用呢？我们应从中国前近代思想的演变来考察。从中国思想史的研究来说，从宋明理学到清代经学，这是儒学的一个重要转变。宋明理学为何转变成清代的经学？这两个在治学和趋向上有着重大区别的思潮的内在联系是什么？前文对晚明思想与西学的分析已经初步接触了这个问题。也就是说，只有从实学与西学的关系入手，我们才能揭示出清初思想的变迁。沿着这样的思路，西学对清初思想的影响主要在两个方面：一是

---

1 孙尚扬：《基督教与明末儒学》，东方出版社，1994年；［比］钟鸣旦：《杨廷筠：明末天主教儒者》，社会科学文献出版社，2002年。
2 ［清］江永：《数学》"又序"，丛书集成初编本。

沿实学路向发展起来的科学思潮与西学的关系；二是沿实学路向发展起来的考据学和西学的关系。

1. 西学与清初的科学思潮

晚明从徐光启、李之藻等接受西方科学起，就开启了中国文人对西方科学的研究和兴趣，特别是《崇祯历书》在中国历史上第一次全面采用了西洋历法，也大大刺激了清初知识分子们对西洋历算的学习，如梁启超所说："自《崇祯历书》刊行后，治历学者聚盛。若黄梨洲及其弟晦木；若毛西河，若阎百诗，皆有撰述。"[1]清初的科学思潮实际上是晚明开始的实学思潮的新的发展。

在从明末到清初的实学思潮发展中，方以智（1611—1671）起到关键性的作用。方以智是当时"接武东林，主盟复社"的著名明季四公子之一，他是明清之际有重要影响的思想家。他和传教士汤若望、毕方济都有过接触。方以智还写了首《赠毕今梁》，诗中写道："先生何处至，长楫若神仙。言语能通俗，衣冠更异禅。不知几万里，尝说数千年。我厌南方苦，相从好问天。"[2]

方以智认为天下的学问分为三类："问宰理，曰：'仁义'，问'物理'，曰：'阴阳刚柔'，问至理，曰：'所以为宰，所以为物者。'"[3]这里的"宰理"指的关于社会生活的学问；

---

[1] 梁启超：《中国近三百年学术史》，十一"科学之曙光"。
[2] 《流寓草》卷四。
[3] 《青原志略》，卷三《仁树楼别录》。

"物理"指的是关于自然的学问,也就是他后来说的"质测之学","物有其故,实考究之,大而元会,小而草木蠡蠕,类其性情,征其好恶,推其常变,是曰质测"[1]。这里的"至理",也就是他说的"通几之学",实际上指的是哲学。

方以智对西学研究会通的著作主要是《物理小识》和《通雅》,他在这两本书中介绍了当时他能看到的传教士的西方科学知识,涉及西方的天文学、地圆说、九重天说、五大洲说、西方医学、数学、物理、化学等[2]。方以智对传教士所介绍的西方科学有着自己的看法,因传教士在介绍这些西方科学时总是将其和西方的天主教信仰混在一起,他在介绍这些知识时"便系统地删去了一切与宗教观念有关的著作"[3]。

方以智通过对西学吸收所形成的学术思想在中国思想史上的意义就在于:使宋明理学和清代经学有了一个连接的中介,宋明理学和清代经学之间再不是思想的断裂。正是通过方以智我们看出西学在中国自身演变的过程中的作用。正如研究方以智的台湾学者张永堂所说:"明末方氏学派肇始于方学渐。他曾撰《心学宗》一书阐扬心学。但他有觉明阳心学末流的流弊,因此提出了'挽朱救陆'的主张,意欲以朱子学矫正阳明学的缺失。三传至方以智则提出'藏理学于经学'的口号,与顾炎武'经学即理学'的主张不谋而合,象

---

1 《物理小识·自序》。
2 参阅罗炽《方以智评传》,南京大学出版社,1998年。
3 [法]谢和耐著,耿升译:《中国与基督教》,上海古籍出版社,1991年,第88页;参阅徐海松《清初士人与西学》,东方出版社,2000年。

征宋明理学转入清代经学的里程碑。他所撰《通雅》被四库全馆誉为开清代经学考据之先河；他的《物理小识》则被目前的学界公认是科学研究之著作。而方氏家学四传则有方中德《古事比》、方中通《数度衍》、方中履《古今释疑》，则更显明了清代学术之特色。

根据方氏家学的发展，我们起码可以得出以下一些结论：一，方氏家学五代的演变可以说是明末清初由宋明理学演变为清代经史考证的一个缩影。二，由方以智同时撰述《通雅》与《物理小识》（该二书原拟合刊发行）可以看出经学考证与科学研究是同步发展，而且内容上有同质性。三，'挽朱救陆'的主张，显然企图以朱子学矫正阳明学流弊。换言之，方氏想用朱子的格物说来补阳明格物说的不足。四，明末清初科学与经学的兴起，从思想层面说都是朱子格物说的一种发展。"[1] 这段话以方氏家学为线索，以方以智为中心，清楚地勾画出了明代思想学术和清初思想学术之间的关联，论述清晰明确。

张永堂这个结论的意义在于：在如何解释中国前近代科学兴起的问题上，一方面应该看到耶稣会士所传进来的西学的作用和影响；另一方面，更应从中国思想自身发展的逻辑中摸清这条线索。通过方以智我们看到中国前近代的科学家们在接受西学的同时，更有着中国本身思想的支撑和根由。"程朱理学因而在方氏学派中不断得到发展，甚至提出通几

---

[1] 张永堂：《明末清初理学与科学关系再论》，台湾学生书局，1994年，第2页。

与质测的方法以补程朱与陆王两派格物方法之不足"[1]。这样，方以智就架起了理学与科学的内在关系。所以，既不能因为耶稣会士的宗教立场而否认其带来的西方科学对中国近代科学发展的作用，也不能将耶稣会士的这种外在作用过分夸大，而忽视了这种外来的、异质的文化所以发挥作用的根本原因在于中国自身的原因。"在中国发现历史"，将耶稣会士所介绍的西学放在中国的思想文化背景中去理解，我们才能得出更为合理的结论[2]。

方以智对清初思想和学术产生了重要的影响，他的三个儿子中通、中履、中德沿着他的学术方向发展，构成清初经学与科学互动的一条重要线索。此外，他对清初的顾、王、黄三大家也都有影响。顾炎武在治学方法上，在对明末空疏学风的批评上，在对经世致用学风的提倡上，在对待理学和经学的关系上，与方以智都很一致，相互有所影响。顾炎武

---

1 张永堂：《明末方氏学派研究初编：明末理学与科学关系试论》，文镜文化事业有限公司，1987年，第3页。
2 李约瑟说："中国和它的西方邻国以及南方邻国之间的交往和反应，要比一向所认为的多得多，尽管如此，中国思想和文化模式的基本格调，却保持着明显的、持续的自发性。这是中国'与世隔绝'的真正涵义。过去，中国是和外界有接触的，但这种接触从来没有多到足以影响它的文明和科学的特有风格。""在耶稣会士进入中国后，中国的科学便和全世界的科学融合在一起。"见李约瑟《中国科学技术史》第一卷，第152—160页；参阅侯外庐主编《中国思想通史》第四卷，人民出版社，1960年；樊洪业：《耶稣会士与中国科学》，中国人民大学出版社，1992年；曹增友：《传教士与中国科学》，宗教文化出版社，1999年；刘大春、吴向红：《新学苦旅——科学·社会·文化的大撞击》，江西高校出版社，1995年；李志军：《西学东渐与明清实学》，巴蜀书社，2004年。

后来写诗怀念方以智："久留踪迹在尘寰，满腹笈珠岂等闲。可奈长辞归净土，哪堪别泪洒人间。"[1]王夫之对方以智的学术路向也加以肯定，他说："密翁与其公子为质测之学，诚学思兼致之实功。盖格物者，即物以穷理，惟质测为得之。"[2]王夫之也认为只有对外部世界的研究，才是格物穷理的正确方向，在道德学问和事功学问之间应像方以智那样兼而有之。清初重要的天文历算家梅文鼎对方以智更是敬仰，称其为"学海之宗"，在他的诗文中表达了对方以智的仰慕之情。诗云："太空无留云，逝水无停渊。天地有始终，况乃天地间。谁云盛名累，委顺皆自然。生死既同条，洞观无始先。吁嗟我浮公，往来胡撼焉！所叹哲人萎，畴与传无言。教理见真一，岂必逃枯禅！遗书在天壤，诵之增涕涟。"[3]

梁启超在《中国近三百年学术史》中给予方以智高度的评价，认为："桐城方氏，在全清三百年间，代有闻人，最初贻谋之功，自然要推密之。"[4]如果总结中国近代以来的思想变化，方以智无疑是一个重要的转折点，他对西学的吸收与改造，使传统的儒学有了新的气象，赋予了理学以新的意义，并使考据为长的经学和儒学原有的传统有了衔接，如果沿着这个方向发展，中国传统的儒学无疑可以与现代思想相通。很可惜，方氏的学问路向到方苞时发生变化，这也预示

---

1 转引自罗炽《方以智评传》，南京大学出版社，1998年，第326页。
2 《搔首问》。
3 参见《积学堂诗文抄》，卷一《浮山大师哀辞二首》。
4 梁启超：《中国近三百年学术史》，十二"清初学海波澜余录"。

着传统儒学在清代转换的失败。

余英时先生在《方以智晚节考》自序中说:"明清之际,桐城方密之以智才思照耀一世,然身后品藻则已屡经改易。当乾隆之世,汉学鼎胜,四库馆臣极称许《通雅》,所重者显在其考证,此第一期也。密之早年治学,博雅所及,兼通物理,与并世耶稣会诸子颇上下其议论。'五四'以来,远西郲子见重于中土,言密之者率多推其为近世科学与音韵学之先驱,此第二期也。洎乎最近,学风再变,思想与社会之关系最受治史者注目。密之少负澄清天下之志,接武东林,主盟复社,言思所涉,遍及当时社会问题之各方面,则宜乎今人之特有爱于密之者转在其为一时代之先觉矣。此第三期也。"[1] 余英时这一论述揭示了方以智思想对当代思想之意义。由此,我们可以看出明末清初西学与经学关系对整个中国近代思想文化之意义。

2. 西学与清代考据学的关系

徐宗泽在谈到这个问题时说:"有明一代承宋代之弊,专究明心见性之空谈,而不务经世致用之实学,沿至明末,已奄奄一息,无复生气矣。适此时利玛窦来吾国,以西国治学之精神,求学之方法,研究吾国经藉,而发现吾国经典受宋代理学派之层层注疏,重重诠解,将经籍客观本有之面目,以主观之意见,改换其真相矣;利子于是主张直读原文,不拘泥于程朱

---

[1] 余英时:《方以智晚节考》(增订版)自序,三联书店,2004年。

陆王等之疏解，庶古人立言之真旨，可以复明于后世。利子本此宗旨，研究古籍，事若无关大体，而其影响之所至，实给当时启蒙之汉学派一大助力焉；清代之考证学、音韵学，尤为显著者也。利子而后，接踵而来之西士，亦大都本利子治学之法，研究中国书籍，而当时吾国学者与散居全国之西士晋接者，亦莫不受其深刻之印像，而在彼等之著作中，不无蛛丝马迹之可寻，如胡适之在辅仁大学演讲'考证学方法的来历'中有一段说，谓：'中国大考据家祖师顾亭林之考证古音著作，有音韵五书，阎若璩之考证古文尚书，著有古文尚书疏证，此种学问方法，全系受利玛窦来华影响。'"[1]

这样的判断说明了当时西学传入与清初考据学派的关系。17世纪时的考据大家阎若璩年轻时和与传教士有密切关系的熊明遇有过交往，从他的读书范围来说是应该读过利玛窦的《天主实义》等传教士的书籍的，"根据容肇祖先生的归纳统计，阎若璩的考据实证方法有15种之多：实物作证例、实地作证例、地理沿革考证例、官名考证例、时例考证例、典礼制度考证例、文学文体考证例、句读文义考证例、逸文前后引异考据例、训诂考证例、假设通则例、统计归纳例、记叙求例、决定不疑例、阙疑例。阎若璩能够将这么多的方法用于考证，用的就是演绎逻辑推理。没有西学严密逻辑学的影响和启迪，仅靠传统的经学方法是做不到的。"[2] 从阎若

---

[1] 徐宗泽：《明清间耶稣会士译著提要》，上海书店出版社，2006年，第8页。
[2] 李志军：《西学东渐与明清实学》，巴蜀书社，2004年，第198页。

璩我们看到清代的考据家所使用的方法受到了传教士所介绍的西方逻辑的影响。

　　胡适在《清代学者的治学方法》一文中认为，清代考据学的方法就是将演绎和归纳综合地使用[1]。王力先生在谈到这个问题时说："有人寻求清代小学发达的原因，认为清儒躲避现实，走向考据。这是不能说明问题的。同样是躲避现实，晋人崇尚清谈，清儒则钻研经学，可见躲避现实决不能成为学术发展的原因。相反地，资本主义萌芽倒是清儒发展的原因。其次，西洋科学的发达，对清代汉学虽然没有直接的影响，却有间接的影响。举例来说，明末西欧天文学已经传入中国，江永、戴震都学过西欧天文学。一个人养成了科学脑筋，一理通，百理融，研究起来小学，也就比前人高一等。因此，我们把清代语言学发达的原因归结为资本主义上升时期的影响，并不是讲不通的。"[2] 王力这里说的"资本主义萌芽"就是我们在前面所讲的明末清初的社会发展的程度已经到了一个新的阶段，这是从中国自身的原因来讲的，西学的传入，西方天文学中的逻辑等方法的传入则是重要的外因。这两点王力先生都讲到了。

　　清儒对西学的吸收不仅仅表现在将西方逻辑学的方法、实证的研究方法运用到音韵学、训诂学的研究上，同样他们

1　胡适说："清代考据之学有两种含义：一是认明文字的声音与训诂往往有时代的不同；一是深信比较归纳的方法可以寻出古音与古义来。前者是历史眼光，后者是科学的方法。"见《戴东原的哲学》，安徽教育出版社，1999年，第102页。
2　王力：《中国语言学史》，复旦大学出版社，2006年，第140页。

也将从传教士那里学来的观点运用到思想的分析上，这最突出地表现在戴震的思想上。

戴震（1724—1777）是清代考据学的大家，"是中国十八世纪具有科学知性精神的学者的杰出代表。他鲜明地提出了'学者当不以人蔽己，不以己自蔽'的近代命题，以科学的精神去破除中世纪蒙昧主义所造成的种种假象；……他推崇西方自然科学的公理演绎法，强调探求事物的'所以然之理'，将徐光启开始的变革狭隘经验论的传统方法、铸造科学'新工具'的事业推向前进"[1]。戴震当时参加了四库全书的编撰工作，其中徐光启和利玛窦的《几何原本》一书的提要是他写的，"其书每卷有界说，有公论，有设题，先取所用名目，解说之；公论者，举其不可疑之理；设题则据所欲言之理，次第设之。先其易者，由浅而深，由简而繁，推之至于无以复加而后已"[2]。这里戴震对利玛窦和徐光启所介绍的逻辑的方法推崇之至。这在他后来的学术研究中起到了重要的作用。

萧萐父和许苏民认为，戴震"最大的贡献还是把依据公理而作严密逻辑推导的方法引入中国哲学的研究，使他的哲学论说远比前人严谨，自成体系，而不像其他哲学家那样，要靠今人运用逻辑去把他们的零零散散的言论汇集起来加以排比而成体系。他的《孟子字义疏证》就是一部比较自觉地

---

[1] 萧萐父、许苏民：《明清启蒙学术流变》，辽宁教育出版社，1995年，第654页。
[2] 《四库全书总目》卷107。

运用形式逻辑的公理演绎方法写成的哲学著作"[1]。笔者认为，这是一个比较中肯的说法。目前关于戴震的《孟子字义疏证》这部著作和西学的关系，学者有多种看法，有的认为戴震吸取了利玛窦的《天主实义》的宗教和哲学思想，甚至可将其称为"儒学阿奎那"[2]。有的学者对此提出商议，他们认为"戴震可能受到了《天主实义》批宋儒的启发或鼓舞，带着《天主实义》激励起来的这种批判精神，他去重新审视理学宇宙论"[3]。从戴震的整个哲学倾向来说，其哲学具有启蒙性质。他的《孟子字义疏证》提出了"'欲、情、知'三者统一的自然人性论，以'欲、情、知'的全面发展为'自然之极则'，深刻揭露了宋代理学摄取佛道，借助宗教异化来强化伦理异化、'以理杀人'的本质，对理欲关系做出了近代人文主义的解说"[4]。戴震说得很清楚，"人生而后有欲，有情，有知，三者，气血心知自然也"[5]。这样，儒家所说的仁义礼智不过就是怀生畏死、饮食男女而已。从这个角度看，戴震的哲学不可能与传教士所介绍的中世纪宗教哲学达成内容的共识，尽管在西方是从阿奎那开始将新柏拉图主义转向了以亚里士多德的哲学为主，从而开启了一个新的哲学和时代，

---

1 肖萐父、许苏民：《明清启蒙学术流变》，第663—664页。
2 李天纲：《〈孟子字义疏证〉与〈天主实义〉》，载《学术集林》卷二，上海远东出版社，1994年，第209—213页。
3 张晓林：《〈天主实义〉与中国学统：文化互动与诠释》，学林出版社，2005年，第313—314页。
4 肖萐父、许苏民：《明清启蒙学术流变》，第697页。
5 《孟子字义疏证》卷下。

为后来自然主义的产生打下了基础。

在笔者看来,戴震在《孟子字义疏证》中对西学的吸收主要体现在对格物致知的看法上,由这个方法而产生了对"知"的重视。"由血气之自然,而审察之以知其必然,是之谓礼义;自然之与必然,非二事也。就其自然,明之尽而无几微之失焉,是其必然也,如是而后安,是乃自然之极则。若任其自然而流于失,转丧其自然,而非自然也。故归于必然,适完其自然"[1]。这样,情、欲都基于知。其实,"知"对戴震不是一个局部性的概念,而是根本性的概念。他批评程朱的基本路向就是"用穷理致知的结果来反攻穷理致知的程朱"。正如胡适所讲:"戴氏论性,论道,论情,论欲,也都是用格物穷理的方法,根据古训作护符,根据经验作底子,所以能摧破五六百年推崇的旧说,而建立他的新理学。戴震的哲学,从历史上来看,可说是宋明理学的根本革命,也可以说是新理学的建设——哲学的中兴。"[2]

戴震这种新的"穷理致知"方法哪里来的呢?显然,是从西学吸收而来[3]。

---

[1] 《孟子字义疏证》卷上。
[2] 胡适:《戴东原的哲学》,安徽教育出版社,1999年,第61页。
[3] 参阅李开:《戴震评传》,南京大学出版社,1992年;许苏民:《戴震与中国文化》,贵州人民出版社,2000年;周兆茂:《戴震哲学新探》,安徽人民出版社,1997年。

三、西学与中国早期的启蒙思想

侯外庐先生1945年出版的《中国近世思想》一书，就已经蕴涵了"中国早期启蒙说"的思想萌芽，后在20世纪50年代中期，他对此书进行修改并把从明末到鸦片战争前的部分单独出版，改名为《中国早期启蒙思想史》，又将此书作为他主编的《中国思想通史》的第五卷。侯外庐先生是"中国早期启蒙思想"理论的创立者，但这个思想是在梁启超、胡适等人的思想基础上经过飞跃性吸收完成的。

我们先看看胡适关于"中国近代文艺复兴"思想的提出与演变。胡适在谈到中国文化时说，中国文化在历史上经历了四次文艺复兴：第一次是佛教的传入及中国本土的适应，中国本土佛教禅宗的诞生；第二次是11世纪宋儒的出现，对宋代的思想文化产生了重大的影响；第三次是13世纪戏剧的兴起，长篇小说的出现，对世俗生活的歌颂；第四次就是17世纪对宋明理学的反叛，使传统的经学研究中出现了以严格考证为方法的诞生。[1]

第四次文艺复兴的历史背景是什么呢？胡适将其定位于17世纪耶稣会士的来华，他认为"17世纪耶稣会在中国的巨大成功，就是文化间'一见钟情'的好例子，与19世纪中国与西方强国的失败接触形成富有启迪意味的对比"[2]。胡适

---
1 胡适：《中国的文艺复兴》，外语教学与研究出版社，2001年，第181—182页。
2 同上书，第170—171页。

认为耶稣会在学习了中国的语言和文化后同中国的知识分子建立了良好的关系。这一时期耶稣会做得成功的地方之一，就是从明末起中国天文学的计算方法开始以西洋天文学为基础，从而使西方的天文历算在中国得到了广泛的传播。

在研究戴震的哲学时，胡适认为戴东原哲学的革命性在于：他采取了一种科学的方法来做考据，将从宋明以来的理学改造为"一种科学的致知穷理的中国哲学"[1]。当代学者研究证明了戴震在《孟子字义疏证》中已经表现出了他对耶稣会士中文著作的熟悉，这主要是他在考据时所使用的演绎和归纳的方法。胡适的《戴东原的哲学》写于1925年，他的《中国的文艺复兴》写于1933年。这里一个重大的变化在于对17世纪的考据学的来源做了新的说明。

胡适认为，考据学的传统起源于朱熹，这就是朱熹所提出的"即物而穷其理"，"以求至乎其极"。按照这样的思路，新儒家们在《大学》中找到了"致知在格物"。朱熹这种求实、求疑的精神表现在他对《尚书》中内容的真实性的怀疑，只是朱熹没有做出"圆满的成绩"，因传统的分量对朱熹本人，对他以后的人，还太沉重了。但17世纪的考据学派们继承了朱熹的这个学术路向，和利玛窦有过交往的焦竑（1541—1620）及他的朋友陈第（1541—1617）完成了当年朱熹未完成的对《诗经》音韵的研究，而考据大家阎若璩则花了几年完成了朱熹当年提出的对《尚书》的考证。

---

1 胡适：《戴东原的哲学》，安徽教育出版社，1999年，第138页。

这样，胡适就将11世纪的宋学和17世纪的考据学连接了起来，他说："这部历史开端在11世纪，本来有一个很高大的理想，要把人的知识推到极广，要研究宇宙万物的理或定律。那个大理想没有法子不缩到书本的研究——耐心而大胆地研究构成中国经学传统的'典册'的有数几部大书。一种以怀疑和解决怀疑做基础的新精神和新方法渐渐发展起来了。这种精神就是对于涉及到经典的问题也有道德的勇气去怀疑，就是对于一份虚心，对于不受成见的影响的、冷静的追求真理，肯认真坚持。这个方法就是考据或考订的方法。"[1]

在美国讲学时，胡适先发表了《中国的文艺复兴》这篇讲演。在发表这篇讲演时他曾将17世纪的欧洲和中国做了个对比，说明当时中国和欧洲的优秀学者都在按照科学精神研究，西方学者研究的是自然科学，中国学者研究的人文历史，结论是"这些中国人产生了三百年的科学的书本学问；那些欧洲人产生了一种新科学和一个新世界"。但后来胡适在做《中国哲学里的科学精神与方法》时，认为这样讲对中国学者不公道，认为17至18世纪的乾嘉考据学派"所推敲的那些书乃是对于全民族的道德、宗教、哲学生活有绝大重要性的书。那些伟大人物觉得找出这些古书里每一部的真正意义是他们的神圣责任"[2]。这就是说，17至18世纪中国的考据学

---

[1] 胡适：《中国的文艺复兴》，第444页。
[2] 同上书，第446页。

派在学术上的意义和西方同时期的近代科学的兴起有着同样的意义。

侯外庐先生的"中国早期启蒙说",继承了梁启超和胡适的思想,但在基础理论方面则有重大的区别。"他运用马克思主义的唯物史观,从经济、政治、阶级分析等多重角度,对明清之际三百年的思想变化之过程及新思想之性质做出了更为系统、新颖的分析与判定,在现代性的宏大叙事背景下考察明清三百年哲学思想的特征及其与现代思想的关系,而且重新发掘了许多新材料,对以往不受重视的'异端'思想家,如李贽,以及在'明清之际'思想史上有重要地位而未能予以重视的人物,如方以智、王夫之等人,给予了高度的评价。他认为,'中国启蒙思想'开始于16、17世纪之间,这正是'天崩地解'的时代。思想家们在这个时代富有'别开生面'的批判思想"[1]。

侯外庐先生与胡适的不同在于他是从社会史和思想史的结合来论述中国"早期启蒙"问题的,胡适将外来耶稣会士的作用说得过大,中国启蒙有外来引入之嫌。但这个问题引起了侯外庐的关注,并在五卷本的《中国思想史》中专门列出一章来介绍明清之际传入中国的西学,对来华传教士所出版的西学汉籍做了介绍。侯先生这样安排何兆武先生写这一章时,应是希望通过研究来华传教士的汉文著作,揭示

---

[1] 吴根友:《西方"启蒙"观念在现代中国哲学史书写中的运用与发展》,载《华东师范大学学报》(哲学社会科学版),2014年第4期。

西方文化与明清思想之间的关系。这一章在历史文献的梳理与介绍上功不可没，尤其在20世纪60年代的学术背景下。由于时代局限，作者并未回答明清之际所传入的西学与明清思想之间的问题，但却提出一个十分深刻的问题，即来华耶稣会士在当时的欧洲扮演着反对新教改革的保守派角色，在当时欧洲尚未走出中世纪的时代，这些来华的耶稣会士所介绍的科学知识都是中世纪的科学知识，并无任何新科学的知识内容。如何理解来华耶稣会士所介绍的西学，这是要回答的问题。

改革开放后，萧萐父在与许苏民合著的《明清启蒙学术流变》中开启了对侯外庐"中国早期启蒙说"的新发展，他们将中国早期启蒙学术划分出三个阶段：第一阶段是从明代嘉靖至崇祯的历史时期，思想特点是抗议权威、冲破束缚、立论尖新而不够成熟，思想旗帜有李贽、何心隐和徐光启等；第二阶段是从南明至清康熙、雍正的历史时期，思想特点是深沉反思、推陈出新、致思周全而衡虑较多，思想旗帜有黄宗羲、王夫之和顾炎武等；第三阶段是从乾隆至道光二十年，思想特点是执著追求、潜心开拓、身处涸流而心游未来，思想旗帜有戴震、袁枚和龚自珍等。他们做此分期研究，意在为中国式的启蒙寻找本土文化根基，解决传统与现代的接洽问题。他们指出明清学术中已经有自由、平等和人权思想，呈现出个性解放的进步性，接引了中国近代启蒙学术。

《明清启蒙学术流变》对侯外庐《中国思想史》继承和

发展的重要一点就是系统地说明了明清之际的西学与启蒙思想家的关系，从正面肯定了明清之际传入中国的西学在中国文化转变时期的作用。书中将徐光启对"传统象数之学"的变革称为"中国的笛卡儿"，对学习西法的李之藻、李天经、王徵给予了充分的肯定；对方以智、王夫子、黄宗羲、梅文鼎、李光地、刘献廷的"质测之学"研究中的知性精神给予了详细的论述。

《明清启蒙学术流变》的这一贡献在于开始在文明比较之中研究中国自身思想的演变，这个研究本身就回答了那些主张"启蒙外来说"的观点。明清之际的西学意义就在于，从大航海以后，无论是西方或中国都不能在单一文明的演进中赓续，任何一种文明的发展首先是基于本身传统的自然发展，完全移接外来文明是不可能的。同时也说明，此时的世界各民族文化发展已经开始有了交融和相互影响。

近年来，随着耶稣会等来华传教修会的中文文献大量出版[1]，"早期启蒙说"的"主将"之一许苏民先生开始认真细读来华传教士的西学中文文献，从而分析出西学思想与明清启蒙思想家之间在学理上的互动，从哲学方面深化了西学与明清之际关系的研究。说明西学在此时的影响，与中国思想的互动并不仅仅是在技术性层面上，而是在哲学层面上展开的对话与交流[2]。

---

1 张西平、[意]马西尼、任大援等主编《梵蒂冈图书馆藏明清中西文化交流史文献丛刊》，大象出版社，2018年，第1—3辑。
2 张西平：《中国与欧洲早期宗教与哲学交流史》，东方出版社，2001年；《中

例如，明万历二十三年（1595）利玛窦《交友论》一书出版，主张"友谊的最高目的境界"，该书的基本思想源自柏拉图《吕西斯篇》以志同道合为友谊的"终极原因"（或"第一原则"）的思想。其第一则格言是："吾友非他，即我之半，乃第二我也，故当视友如己焉。"第二则格言是："友之与我，虽有二身，二身之内，其心一而已。"[1]

利玛窦所强调的这种朋友的结交纯粹基于平等的精神，受到当时与西学有接触的士人的欢迎。李贽在结识利玛窦以后，将利玛窦编写的《交友论》一书抄写了若干本，分送给湖广的众多弟子。其好友焦竑对此书亦十分叹服，说"西域利君言：'友者，乃第二我也。'其言甚奇，亦甚当"[2]。冯应京亦感慨地写道："嗟夫，友之所系大矣哉！君臣不得不义，父子不得不亲，夫妇不得不别，长幼不得不序，是乌可无交？夫交非泛泛然相欢洽，相施报而已；相比相益，相矫相成，根于其中之不容已，而极于其终之不可解，乃称为交。"[3] "从感叹'友之所系大矣哉'，进而言及君臣、父子、夫妇长幼之道，认为是否讲求友朋之道是关系到君臣是否有

国和欧洲早期思想交流史》，北京大学出版社，2021年。
1 ［意］利玛窦：《交友论》，见朱维铮主编《利玛窦中文著译集》，复旦大学出版社，2001年，第107页。利玛窦所引的这两句话，据学者研究考证，这两句格言皆来自16世纪法国著名人文主义思想家蒙田的《论友谊》一文："我已经习惯做他的第二个自我，以至于觉得自己只是半个人。""朋友的契合只是一个灵魂在两个身躯上。"
2 ［明］焦竑：《古城答问》，见《澹园集》，中华书局，1999年，第735页。
3 ［明］冯应京：《刻交友论序》，见《利玛窦中文著译集》，第116页。

义、父子是否有亲等等的大问题,从而明显地表达了以友朋之道来统摄君臣、父子、夫妇、长幼之道的思想"[1]。

许苏民研究的贡献在于,西学对明清之际的影响,不仅仅在于西学所传入的科技思想和技能,更在于人文思想产生的影响,乃至在本体论上,在哲学思想的基础问题上的交锋与吸收。[2]

利玛窦在论证上帝存在时说:"若天主者,非类之属,超越众类……庶几乎举其情性,则莫若以'非'者、'无'者举之;苟以'是'、以'有',则愈远矣。"[3]这种以"无"来论证上帝,对王夫之产生了影响。许苏民认为,儒耶对话给予王夫之"氤氲化生"的自然史观的影响可能有三个方面:

一是利玛窦所说的"无极而太极之图,不过取奇偶之象为言,其实象何在"的观点,这促使王夫之重新界定"太极"的意义;二是艾儒略讲的"元气不能自定己性,因而不是物之原"的观点,启迪了王夫之在着重论述"气"的内在本性上下功夫;三是中国天主教学者朱宗元在1631年所著《答客问》一书中对"太极"的解释:"天主始造天地,当夫列曜未呈、山川未奠之时,先生一种氤氲微密之气,充塞饱满。而世内万有,由此取材,此之谓太极,即西儒所称曰'元质'也",把太极解释为充满宇宙的"一种氤氲微密

---

[1] 许苏民:《明清之际伦理学三问题的儒耶对话——兼论对话对中国伦理学的影响》,载《学术月刊》,2011年第4期。
[2] 本文写作时曾与许苏民讨论,在此表示感谢。
[3] 《利玛窦中文著译集》,第14页。

气",凸显其"氤氲"特性,亦对王夫之具有启迪作用[1]。

这个分析完全是从王夫之的文本分析出发的,尽管王夫之在文本中并未直接提到传教士的文献,也没有说过此事,但当时他作为永历王朝的外交官(行人司行人),在当时永历王朝亲近天主教的情况下,他不可能不去阅读西学文献,而且他在永历朝廷中的两位好友瞿式耜和方以智也都是通晓西学之人。这样经过文献分析,许苏民认为王夫之是读过庞迪我《七克》等西学书籍的,并且将西学所讨论的问题,纳入了自己的研究之中。这个分析无疑是前所未有的,而且所有的分析又是立于文本的,有说服力的。

改革开放后的研究也回答了何兆武先生的问题,江晓原关于《崇祯历书》的研究说明了当时为何汤若望在介绍西方天文学知识时,在《崇祯历书》中采用的是第谷体系,而不是哥白尼体系。因为在当时的欧洲,哥白尼体系也没有进入天文测试的实际运用之中,成熟的天文学就是第谷体系。在康熙年间,当西方哥白尼的天文学计算系统成熟后,法国来华传教士傅圣泽(Jean-Françoise Foucquet,1663—1741)也及时将其介绍给了康熙帝,这就是傅圣泽所写的《历法问答》[2]。另外,传教士所介绍的科学知识,即便有些并非新的知识,但却是中国从未有过的知识,例如《几何原本》中的

---

[1] 许苏民:《明清之际儒学与基督教的"第一哲学"对话》,载《哲学研究》,2011年第1期。
[2] 江晓原:《江晓原学术四十年集》,三联出版社,2020年;江晓原、汪小虎:《中国天学思想史》,南京大学出版社,2020年。

几何学、《名理探》中的逻辑学等，这些知识对中国依然是重要的。文明之间的交流不能仅仅从线性的、进步论的知识体系来看，还应该从文明互鉴的角度加以理解。

同时，不同文明之间的交流与理解，是不能用新旧知识来作为衡量标准的，不同的文化对文明的"他者"都会根据自身的需求来加以理解。王夫之对传教士的"上帝论"做了自己的思考，将其作为反思和创建个人理论的一个参考系，就说明了这一点。

侯外庐的"早期启蒙说"把中国明清启蒙思想史置于世界启蒙思想史的历史进程中来进行考察，运用了社会史与思想史相结合的研究方法，将西欧启蒙思想的普遍性理念提升出来，运用于研究中国启蒙思想发展之中。侯外庐学派这种将中国问题放在世界范围内思考的方法，在文化交流中考察中国问题的突出一点就是揭示西学与明清之际思想的关系。这个研究不仅仅是回答了中国社会发展的内生性，还回应了黑格尔"中华文明停滞论"和费正清"冲击—反应"模式的西方东方学对中国内生发展的质疑。同时，也说明了中华文明的开放性，其自身的思想演进是在不断地与外部文化的交流、融合中发展的。

如果将西学与明清之际思想、"早期启蒙说"与来华传教士在"西学东渐"同时所开启的"中学西传"、中国的早期启蒙思想与欧洲的启蒙运动这三组关系共同考虑，我们就会看到中国和欧洲在思想上的关联，就会看到明清之际的中国和欧洲文化交流史的多元性和复杂性。

近年来，余英时先生在他的《论戴震与章学诚》一书中对宋明理学和清乾嘉学派之间的关系也做了深入的研究。他认为以往在谈到这个问题时主要是两种观点：

一是认为考据学派的产生主要和当时清代的政治环境有关，这种观点着眼于政治；另一种是侯外庐的观点，认为清代的这种学问代表了当时的市民阶级，是一种启蒙思想，这主要是从经济上着眼的[1]。显然，他不同意这两种观点，他认为在宋明理学和清代考据学之间有种"内在的理路"，这是儒学自身发展的必然结果。这种内在的理路就是，在朱熹那里"尊德性"和"道问学"是同时存在的，但后来在陆王那里不再重视"道问学"，而把"尊德性"发展到了极致。即便这样，在双方的论战中，都需要回到原典，如王阳明为替他的"良知说"找到根据，就要重定《大学古本》，这样，知识论的传统并未断绝。清代的学问就是在这样的背景下展开的，他们一方面全面整理儒家的典籍；另一方面做思想的还原，找出儒家观念的原始意义。

因此，表面看宋明理学和清乾嘉学派似乎没有关联，"其实若从思想史的综合观点来看，清学正是在'尊德性'与'道问学'两派的争执不决的情况下，儒学发展的必然归趋，即义理的是非取决于经典。但是这一发展的结果，不仅儒家的智识主义得到了实践的机会，因而从伏流转变为主流，并且传统的朱陆之争也随之而起了一种根本的变化"[2]。

---

1 参阅余英时《论戴震与章学诚》，三联书店，2006年，第323—324页。
2 同上书，第310页。

笔者认为，胡适和余英时的观点有以下几点值得我们注意：

第一，胡适和余英时先生将17至18世纪的考据学派的思路追溯到了朱熹的穷理格物的提出。在许多对朱熹思想的研究中很少注意到朱熹的这个路向。胡适实际上想从宋学开出科学的传统。余英时的论述更为全面，真正从中国近世思想发展的本身找出了它的内在理路。如果有了这样的认识，那种认为在中国思想史上有"宋汉轮回"的看法值得研究。这样的认识使我们对清学的发生有了新的认识，因这涉及如何看待朱熹所代表的宋明理学和清学的关系的问题。在笔者看来，从宋学开出近代启蒙思想的看法，有些勉强，只能说宋学中有着考据的因素。真正的启蒙思想应该是在明清之际。前文在讲到方以智时已经提到张永堂的这个观点[1]。

第二，如果我们按照胡适和余英时的理解，显然徐宗泽在谈到考据学派的产生原因所说的"此种学问方法，全系受利玛窦来华影响"的结论就有问题，徐宗泽夸大了耶稣会的活动对中国思想的影响。目前，仍有学者沿着这样的思路来论证耶稣会的贡献，显然这个观点需要反思。中国文化的发展有其自身原因和内在逻辑。耶稣会进入中国后采取了正确的策略和传教的方法，其所介绍的西学对明末清初的文化转型和发展起到了重要的作用，但"中国走出中世纪、迈向现

---

[1] 参阅张立文《宋明理学研究》，中国人民大学出版社，1985年；侯外庐等《宋明理学史》，人民出版社，1984年；陈来：《中国近世思想史研究》，商务印书馆，2003年；余英时：《朱熹的历史世界》，三联书店，2004年。

代化及其文化蜕变,是中国历史发展的产物;西学的传入起过引发的作用,但仅是外因"[1]。

第三,胡适认为17世纪的中西文化交流是文化间"一见钟情"的典型,他充分肯定了耶稣会所介绍的西学对当时社会思想的影响。但无论是胡适还是余英时先生的研究,都缺乏侯外庐先生的宏大视野,没有从社会史,特别是经济史的角度来考察这个问题。所以,胡适的研究为以后的侯外庐研究奠定了基础,余英时先生的研究则说明,明清之际的思想家在对宋学进行批评时,应注意宋学本身的内在多重因素,这样就解决了在肯定早期启蒙精神的同时,又要接续宋学传统。关于中国近代思想的演进是从宋学出发,还是从晚明出发,这是需要继续研究的问题,侯外庐先生的综合社会史与思想史的研究方法显然要比单纯在思想史中探究更为全面[2]。

第四,耶稣会所介绍的西学对"早期启蒙"起到了积极的作用,这是文化间传播与接受历史上一个极有意思的现象。一个反对欧洲基督新教改革的保守的修会、在欧洲坚决地维护旧有秩序的修会,在东方成为新思想的推动者,成为推动中国走出中世纪的思想外援。这就是历史的吊诡,这就是历史的辩证法[3]。

---

1 肖萐父、许苏民:《明清启蒙学术流变》,辽宁教育出版社,1995年,第24页。
2 参阅徐海松《清初士人与西学》,东方出版社,2000年。
3 西学在中国的传播不仅受到了欢迎,同时也受到了批判,关于这方面,这里不做展开。

上篇结语

　　文明间的互动研究要比单一文明的发展研究复杂得多。1498年哥伦布开启地理大发现后，文明之间的相遇大大提速了，多元文明的相遇揭示了全球化初期的复杂性。西方在全球化初期用刀和火耕种了这个世界，多样文明在这一进程中受到冲击；只有在东方，他们遭遇了比其强大的明清帝国。利玛窦开启了文明间相遇、相处的新模式。"西学东渐"为转型的中国展示了欧洲文明，此时的西学在融入中国社会的进程中，与中国内生性的"早期启蒙思想"相识互鉴，成为推动中国社会演变的一种力量。

下篇

中学西传

来华传教士所做的第二件事就是将中国文化传向西方，即"中学西传"。由于利玛窦所确定的"合儒补儒"路线取得成功，明清期间，虽在华耶稣会士有时要面对文化差异，但大体耶儒相通。这条路线的确定使传教士来华后的第一件事就是学习方块字，说中国话，用毛笔写中文书，这对后来的传教士产生重要影响。别的不说，仅利玛窦就有中文著作二十几部，这一点就是当今成就斐然的汉学家也望尘莫及。

会说中国话，能读中文书，对中国文化就有了了解。于是一二百年间来华的耶稣会士要么写信，要么译书，要么著书，用各种西方文字把中国的书译成西文。特别是"礼仪之争"以后，来华的各个天主教修会为了向欧洲说明自己修会所采取的传教路线是正确的，纷纷开始将中国的古代文化典籍翻译介绍到欧洲。来华耶稣会士在中学西传上笔耕之勤、兴趣之广、成就之大，令世人惊叹。《论语》《道德经》《诗经》《书经》《礼经》《孟子》《中庸》《大学》这些典籍均有西文译本，而且不止一种语言的译本，甚至连《洗冤录》这样较专的中国最早的法医学著作都有译介。

从罗明坚用西班牙文和拉丁文翻译"四书"，到利玛窦的《耶稣会与天主教进入中国史》在欧洲成为畅销书，来华耶稣会士的汉学著作一部接一部地在西方出版，如曾德昭的《中国通史》、卫匡国的《中国上古史》、安文思的《中国新事》、卜弥格的《中国植物》《中医脉诀》等。如果说在他们早期的汉学著作中转述性、介绍性的内容较多，那么到后期他们的学术成就已达到很高的水平。像法国传教士宋君荣的《中国天文史略》和《中国天文学纲要》两本书，通过考证《书经》中之日食、《诗经》中之日食、《春秋》中首见之日食来考察中国的纪年，其方法和今天中国进行过的"夏商周断代工程"相差不多。

正是在利玛窦的"适应"政策之下，经过一二百年的努力，在西方的东方学中产生了一门新的学问——汉学。汉学实为中西文化会通之产物，来华耶稣会士对中国文化的介绍，难免有不实之处，他们中还有些是"索隐派"的重要成员，但这丝毫不能降低他们在中西文化交流与对话中做出的重大贡献。

颇有趣味的是，来华耶稣会士为了证明其"耶儒相合"的路线正确，争取欧洲对其在中国传教的支持，护教成分在他们的著作中较多存在。然而这些文章和著作却在欧洲思想界引起轩然大波，他们的著作不仅没有起到护教的作用，反而被进步的思想家所利用。法国哲学家培尔高度赞扬中国的宽容精神，以抨击教会对异己思想的排斥；伏尔泰则高举孔子的仁爱精神，批评西欧中世纪文化的落后性；中国哲学的自然理性成为莱布尼茨走出神学的主要依据。这可谓"有意栽花花不发，无心插柳柳成荫"。文化接受中的"误读"实在是一个极有趣味的现象，但不论怎样误读，东方文化、中国精神，都成为瓦解西欧中世纪城堡的一个重要因素，这是一个被普遍接受的结论。

第七章
儒家思想早期在欧洲的传播

高母羡对《明心宝鉴》的翻译
罗明坚与《明心宝鉴》的西传
罗明坚《明心宝鉴》拉丁文译本的特点

1500至1800年间，来华的欧洲耶稣会士们为了自身的宗教利益，开始探索在不同文化中传播天主教，从而为文化之间的接触和理解做出了不懈努力和历史性的贡献。

一、高母羡对《明心宝鉴》的翻译

哥伦布发现新大陆后，欧洲进入地理大发现时代，利比里亚半岛上的葡萄牙和西班牙成为欧洲地理大发现的主要推动者。1519年，麦哲伦从桑卢卡尔港出发，沿北非西岸航行，绕过美洲南端进入太平洋，到达菲律宾群岛以及中国沿海，完成了哥伦布欲开辟一条从欧洲到达亚洲的新路线的愿望。1564年11月，米格尔·洛佩斯·德·莱加斯皮（Miguel López de Legazpi，1502—1572，中文称"黎牙实比"）遵照西班牙国王的命令从墨西哥出发，跨过太平洋，于1565年2月到达宿务岛，拉开了西班牙对菲律宾群岛的征服活动[1]。1569年

---

[1] 1565年西班牙征服者在图帕斯王国的灰烬上"建立起一个殖民点，这是菲律宾的第一个西班牙殖民点"。[菲]格雷戈里奥·F·赛义德著，吴世昌译：《菲律宾共和国：历史、政府与文明》（上册），商务印书馆，1979

8月14日，莱加斯皮被西班牙国王任命为菲律宾的总督。1571年4月15日，他率部攻下马尼拉，并以此为基地开始了中国—菲律宾—墨西哥的大帆船贸易[1]。

葡萄牙和西班牙的全球殖民扩张是伴随着天主教的扩展一起展开的，当西班牙人占领菲律宾后，西方五大传教修会也纷纷来到了菲律宾[2]。西班牙人为确保其在菲律宾的利益，将中国移居菲律宾的华侨作为其宗教活动的重要对象。因为来到菲律宾的华人越来越多，而且在经济贸易上承担重要角色。"华人来岛之洪流更未可阻遏，那么唯一可以采取之政策，依当时菲岛官员之见解，莫过于从宗教上使华人信仰天主教同化之。"[3]西班牙当局采取了一系列的政策，例如

年，第136页；Ollé, Manuel. *Estrategias filipinas respecto a China: Alonso Sánchez y Domingo Salazar en la empresa de China (1581-1593)*, Universitat Pompeu Fabra, Barcelona, 1998。

1 ［法］裴化行：《明代闭关政策与西班牙天主教传教士》，载《中外关系史译丛》，上海译文出版社，1988年第4期；李金明：《17世纪初全球贸易在东亚海域的形成与发展》，载《史学集刊》，2007年第6期；廖大珂：《早期西班牙人看福建》，载《南洋问题研究》，2000年第2期；［美］埃玛·海伦·布莱尔等编，张西平、韩琦选编，韩琦等译：《1493—1898年的菲律宾群岛：序言集译》，商务印书馆，2022年。

2 奥古斯丁修会（Augustinian religious）；方济各会（Franciscan）；道明会（Ordo Dominicanorum）；耶稣会（Societas Iesu,S.J）；奥古斯丁重整会（Recollection）。H.de la Costa, S.J, *The Jesuits in The Philippines: 1581-1768*, Harvard University 1961. Ollé, Manuel. *Estrategias filipinas respecto a China: Alonso Sánchez y Domingo Salazar en la empresa de China (1581-1593).*, Universitat Pompeu Fabra, Barcelona, 1998.

3 陈荆和：《十六世纪之菲律宾华侨》，新亚研究所东南亚研究社，1963年，第70页；［西］胡安·希尔著，安大力译：《马尼拉的华人》（16—17世纪）上下，暨南大学澳门研究院，2022年。

信教华侨可以在税收上得到优惠，对不信教的华侨尽量进行驱逐，信教华侨在婚姻上享有特权等等[1]。根据道明会的有关档案，"从1618年至1619年，共有155名男性华侨受洗，……1627年5月14日至同年9月，共有100名男性华侨受洗……从1618年至1628年的10年间，共有1330名华侨在八连（Parian）的三圣堂受洗"[2]。从1611年开始，西班牙殖民者要求华人每人每年必须交8比绍的贡税，学者按此费用计算，1636年"居住在马尼拉的华人总数是三万人"[3]。

面对数量众多的华侨教民和移居到菲律宾生活的中国侨民，用中文向他们传教自然就成为当时教会一个重要的传教手段。将明代儒家通俗读物《明心宝鉴》翻译成西班牙文就是在这样的需求下产生的。

中国自古有汇格言为经典的传统，最早可溯至先秦的"养老乞言"活动，《礼记·内则》云："凡养老，五帝宪，三王有乞言。五帝宪，养气体而不乞言，有善则记之，为惇史。三王亦宪，既养老而后乞言，亦微其礼，皆有惇史。"其中提到的老人善言被吕祖谦视作"老成指言初若无味，思惟

---

1 参阅施雪琴《菲律宾天主教研究：天主教在菲律宾的殖民扩张与文化调适（1565—1898）》，厦门大学出版社，2007年，第95—102页。
2 同上书，第101页。
3 周振鹤：《中欧语言接触的先声：闽南语与卡斯蒂里亚语初接触》，复旦大学出版社，2018年，第95页。Ollé, Manuel. "Interacción y conflicto en el Parián de Manila" in Illes i immperis: Estudios de historia de las sociedades en el mundo colonial y postcolonial, no.10/11. pp.61-90, 2008。

至于广大深远，方有所得"[1]，体现了格言内涵，彼时国君更是将其奉为治政之要。后周王东迁，礼崩乐坏，官学下移，师者更多地承担知识及智慧的教授与传递，故而《礼记》《论语》《老子》《孟子》《国语》《孙子》中亦不乏格言训诫，凝聚着先贤古哲的智慧，展现出中国人丰富的精神世界。

宋明时期，伴随着儒学的大众化及"礼下庶人"倾向，大量通俗性书籍就此出现，一方面构建儒家道德的民间言说体系，一方面有助于民众在一饮一啄的日常中省己修心。其中格言类的著作因简约易读又兼具养蒙教化尤受欢迎，并鉴于"古文总作伪，而圣谟嘉言荟萃一处，则亦不可没亦"[2]，故而这类文集流行甚广，《明心宝鉴》即是其中代表。

据清州本《明心宝鉴》载，该书刻于洪武二十六年（1393），武林人士范立本编纂。因其重刊出版多次，具体内容呈现出开放样式，所辑名言佳句700余条，援引典籍百余种，常有增删，除经史子集外，还有乡约家训，囊括了儒家诸子及佛偈道书，可谓"集群圣之大成，萃诸贤之蕴奥"。该书内容按主题进行排列，结构清晰，共分20章：继善篇、天理篇、顺命篇、孝行篇、正己篇、安分篇、存心篇、戒性篇、劝学篇、训子篇、省心篇、立教篇、治政篇、治家篇、安义篇、遵礼篇、存信篇、言语篇、交友篇、妇行篇。在安

---

1 〔宋〕吕祖谦著，陈全生、王煦华点校：《增修东莱书说》，卷二十，浙江古籍出版社，2017年，第265页。
2 〔清〕皮锡瑞撰，吴仰湘编：《皮锡瑞全集》，卷上，中华书局，2015年，第493页。

身立命、修身治国、交友省身、孝悌尊礼等多个方面，分门别类地为民众提供明心见性的具体路径，工具性及指导性皆可圈可点。因《明心宝鉴》以韵文为主，且句式工整、浅白易懂，又杂糅类书、善书、蒙书等特点，使得该书的阅读对象十分广泛，不仅流行于乡塾，亦畅销市民之间。但也因其对儒家经典的通俗化甚至片面性解读，遭到了明代大儒王夫之和万历首辅申时行的斥责。但考虑到该书在教化社会各群体方面的影响，明神宗下令敕撰，在经过"差伪者为之改正，鄙俚者为之芟削，未备者为之搜捕"后，于万历十三年（1585）六月进行官方刊刻，用以道德训民[1]。

今天谈到《明心宝鉴》，似乎是一本名不见经传的"小书"，但它在明清时期是当之无愧的"巨著"，不仅流播东亚，还较早被华人携至菲律宾，并于16世纪西传欧洲，见证了中西文化的初期相遇。

《明心宝鉴》的西译最早是由西班牙道明会高母羡（Juan Cobo，1546—1592）完成。高母羡生于西班牙托莱多王国的康苏埃格拉（Consuegra），1563年加入道明会，1581年加入东方传教团，1588年5月途经墨西哥抵达马尼拉，1592年出使日本，后于台湾逝世。高母羡是中国与西班牙文化交流的先驱者，在菲律宾传教期间，他主要负责八连的华人社区的传教。他不仅积极与华人沟通、阅读汉籍，还在短时间内掌握了汉语，并在1590年左右翻译了《明心宝鉴》（*Beng Sim*

---

[1] 南炳文、吴彦玲辑校《辑校万历起居注》，史部，编年类，天津古籍出版社，第537页。

Po Cam），后由其同会兄弟米格尔·德·贝纳维德斯（Miguel de Benavides，1552—1605）带回西班牙马德里，于1595年12月23日进献给王储，即后来的菲利普二世（Filipe II，1527—1598）。该版本现藏于马德里国家图书馆中，为手稿形式，共计309页，首页写有：Libro chino intitulado Beng Sim Po Cam que quiere decir Espejo rico del claro corazón, o Riquezas y espejo con que se enriquezca, y donde se mire el claro y limpio corazón / traducido en lengua castellana por Fray Juan Cobo, de la Orden de Santo Domingo（中文书题为《明心宝鉴》，其意是指心灵清澈的宝镜，或者用来充实/完善自己的镜子，通过它可洞察自己清澈干净的内心。本书由道明会胡安·科博神父翻译成西班牙语）。随后附有贝纳维德斯写给菲利普王子的序言，落款为"于马德里，圣托马斯，1595年12月23日"。贝氏极为推荐此书，称"它是中国哲学家诸多格言的汇编，均为德育教材，力图使人顺应天命，引导其走向自然之光揭示给我们的尽善尽美"。贝纳维德斯以圣道明修会的名义表达了他们的希望，希望紧随中国的这一道德珍宝的初次结晶，在之后不久的将来，西班牙国王将会保护他们以和平共享天主教信仰。接下来还说："正是这位虔诚的修士，第一次把中文典籍译成外语，也第一次把天主教要理译成中文；正是这位虔诚的修士，才得以第一次在教堂公开、和平地向中国人传递信仰、宣传福音，并用他们的语言给他们做圣礼——和在卡斯提尔、马德里一样的圣礼；也正是这位虔诚的修士，才得以第一次按照上帝的旨意在中国官府和乡村传播信仰和

福音"[1]。

另外，还有对中文版序言的翻译，概括了全书内容，还提到了编者为Lippum huan（范立本），并在中文正文中对其底本进行了标注，即《新刊图相校讹音释明心宝鉴》。该译本的呈现形式为中西对译，且排列形式十分新颖，左面西班牙语手写译文形式自上而下，右面中文手抄内容自右而左，这种书写组合使得读者可以快速进入文本所搭建的这种"异国情调"中，在感受新颖的同时又直面文化间的对话。此外，鉴于中文手抄笔迹不尽相同，可以推断高母羡的翻译活动是有华人辅助的，且不止一个华人，表面的中西对译实质是中西合译。

高母羡对《明心宝鉴》的译介可以从延续传统、回应现实、探索未来三个纬度展开。首先，中国和西班牙作为两个历史悠久的国家，自丝绸之路时代就已展开了交往，很长一段时间内，西班牙成为中国文化及科学技术西传欧洲的一个重要窗口。14至15世纪就有不少西班牙商人或旅行家撰写的中国纪行[2]。16世纪新航路开辟后，基于贸易及传教需要，西班牙亦进一步扩充关于中国的知识。西班牙政府派往中国的第一位大使（1575）马丁·德·拉达（Martin de Rada，1533—1578）出使福建后就购买了大量中国书籍并将其带回

---

[1] Pier van der Loon, *The Manila Incunabula and Early Hokkien Studies*, Originally presented as "Asia major : a British journal of Far Eastern studies, London, new series, Vol. XII, part. 1, 1966".
[2] 参阅张铠《中国与西班牙关系史》，五洲传播出版社，2013年。

菲律宾，期冀日后可以将其译为西班牙语[1]。事实上，高母羡对《明心宝鉴》的翻译可以说是对前辈事业的继承和发展。其次，天主教文化适应政策在远东的探索和实践。"文化适应"不是耶稣会的专属，彼时菲律宾主教多明戈·德·萨拉萨尔（Domingo de Zalazar，1512—1594）同样主张学习汉语，在不违背教义的基础上灵活传教，高母羡是其践行者。他们希望通过中国书籍了解中国人的风俗及道德。而《明心宝鉴》中所载的先哲贤人对世界的思考及生活经验的总结，彰示出"东海西海，心理攸同"的特质，不仅为寻求普遍理性及自然神学提供了途径，亦为寻求传教支持提供了论据。最后，高母羡对《明心宝鉴》的译介实践是他后来西学东传工作的基础。因为翻译过程中积累的中国文化知识及汉语术语概念为其搭建了一个语言符号域地，为他后来编写《无极天主正教真传实录》提供了实质性参考。《无极天主正教真传实录》是对路易斯·德·格拉纳达（Luis de Granada，1504—1588）《信仰象征之介绍》（Introducción al Símbolo de la Fe）的节译，共分九章，除了神哲学内容，还包括如天文学、地理学、生物学等西方自然科学，是第一次将西方科学引入汉语语境。高母羡在翻译时的参考不仅涉及四书五经，还直接引用了《明心宝鉴》的内容[2]。可以说，《明心宝鉴》在早期中

---

1 ［英］C.R.博克舍编注，何高济译：《十六世纪中国南部行纪》，中华书局，1998年，第57页。

2 Fidel Villarroel, O.P., ed., *Pien Cheng-Chiao Chen-Ch'uan Shih Lu. Apología de la Verdadera Religión*. Manila, UST Press, 1986.

学西传及西学东渐过程中发挥了双向性、基础性作用。

高母羡《明心宝鉴》译本以直译为主，力图向西方读者呈现中文原本原貌。他照搬原本结构，并逐字逐词翻译，在将名言佳句的内容介绍给西方读者的同时，也将中国经典及先贤哲人引入到西方书写系统中，且对人名、书名进行了闽南语音译，由此拉开的文化距离有助于开辟出客观的阅读空间，便于西方人审视中国文化。至于译本中一些关键术语的翻译，高母羡则是在秉持"文化适应"的政策之下，对其进行西方宗教式的诠释，以调合两种文化中的异质元素[1]。法国汉学家伯希和（Paul Pelliot，1878—1945）在1929年发现这一译本后，曾在《通报》上发文，认为该书的中文和西班牙文译本都十分恰当[2]。此译本虽未正式出版，但作为中国与西班牙文化交流史中的一颗明珠，先后被P. Getino（1924年）、Carlos Sanz（1959年）、Manel Ollé（1998年）、刘莉美（2005年）、李毓中（2021年）整理出版[3]。

《明心宝鉴》至今仍受到西班牙人的欢迎，20世纪起至今，西班牙共出版了4种高母羡《明心宝鉴》译本，版本如下[4]：

---

1 刘莉美：《当西方遇见东方——从〈明心宝鉴〉两本西班牙黄金时期译本看宗教理解下的偏见与对话》，载《中外文学》，第33卷第10期，2005年，第129页。
2 Paul Pelliot, "Notes sur quelques livres ou documents conservés en Espagne", T'oung Pao, Vol.26, No.1, 1928, pp.44-46.
3 2023年为纪念中国和西班牙建交五十周年，线装书局以藏在西班牙的原本为底本，重新出版了该书，再现了中国和西班牙的传统友谊和交往历史。
4 蒋薇：《活跃于东亚各国之间的道明会传教士：高母羡》，载张西平、罗莹

出版年代	作者	书名	版本信息
1924	Ed. P. Getino	Fr. Juan Cobo, *El Libro Chino Beng Sim Po Cam o Espejo rico del Claro Corazón*, traducido en lengua castellana por Juan Cobo, Madrid: Claudio Coello, 114, 1924.	
1959	Ed. Carlos Sanz	*Beng Sim Po Cam o Espejo Rico del Claro Corazón*, Madrid: Libreria General, 1959.	自西班牙国家图书馆原件的影印本，中西文对照。
1998	Ed. Manel Ollé	*Rico Espejo del Buen Corazón (Beng Sim Po Cam)* Barcelona: Península, 1998.	西班牙文原文的现代整理版。
2005	Annotated. Liu Limei	*Espejo Rico del Claro Corazón*, Madrid: Letrúmero 2005.	中西双语版，并夹有西班牙文注释。

留学西班牙的刘莉美博士在其论文《高母羡对〈明心宝鉴〉的翻译》中对高母羡的翻译做了深入的研究。她从西班牙中世纪文学的角度来分析高母羡用于翻译中国伦常词汇的西班牙文对应词，以此探究高母羡对于中国典籍的理解思路。"高母羡阅读《明心宝鉴》时，在初学汉文且缺乏参考工具书的条件下，他是用《圣经》的思想去理解中文原文的，再加上中古天主教适应希腊哲学的传统影响，高母羡先入为主地套用他预先建立的思想模式去诠释、附会眼前的新世界。这种'适应策略'早期广泛地被耶稣会利马窦等人应用于其

主编《东亚与欧洲文化的早期相遇：东西文化交流史论》，华东师范大学出版社，2012年，第5—56页。

宣教策略上"[1]。

高母羡开启了中国文化典籍西译之先河，是"中学西传"的先行者，西班牙文本的《明心宝鉴》则成为中国文化与欧洲文化融通的第一篇。

二、罗明坚与《明心宝鉴》的西传[2]

关于《明心宝鉴》的西传，学界多关注高母羡译介的西班牙语译本[3]，该译本一直被认为是《明心宝鉴》最早的西方语言译本。但学者罗莹在研究意大利罗马·伊曼努尔二世国家图书馆馆藏的罗明坚关于"四书"的一份手稿时，发现其中附有一份题为《名家诸言汇编》（*Diversorum autorum sententiae ex diversis codicibus collectae, è Sinensi lingua in latinam translatae*）的翻译文件（编号为FG[3314]1185），并

---

[1] 转引自蒋薇《活跃于东亚各国之间的道明会传教士：高母羡》，见张西平、罗莹主编《东亚与欧洲文化早期相遇：东西文化交流史论》，华东师范大学出版社，第17页；参阅张铠《中国与西班牙关系史》，大象出版社，2003年，第204—205页；陈台民：《中菲关系与菲律宾华侨》，香港朝阳出版社，1985年。

[2] 本节由笔者与胡文婷共同写作。

[3] 或有学者提供译本的馆藏信息，如中国学者方豪和法国汉学家伯希和，分别阐述了高母羡对《明心宝鉴》的西班牙语翻译及馆藏信息；或有学者从文献学及译介学角度对这一译本进行深入分析，如台湾学者陈庆浩、玉发等；或有学者从语言学角度切入，如王三庆（1991）分析了西班牙语译本中的闽南语译音。近来刘莉美的研究则更进一步，她将西班牙语译本范围扩大化，将闵明我的西语译本纳入考察范围之内，将两个译本进行了对比研究。

确定此文件为《明心宝鉴》的拉丁文译本，学术界至今所知甚少[1]。鉴于该书的西传及译介过程直接反映着中西文化初识时期的具体互动。对这份最新发现的拉丁语译本展开研究，有助于把握中国传统文化进入西方文化语境的途径、策略及内容。

意大利耶稣会士罗明坚，字复初，29岁入修院学道，随后由里斯本航行出发，派赴远东传教，先至印度，后停驻中国，成为天主教在华事业的开创者[2]。

罗明坚所隶属的耶稣会不同于其他修会，自1540年经教宗保罗三世（Pope Paul III，1468—1549）批准建立之初，就成为彼时天主教修会中最为主要的革新派，积极对抗新教的"宗教改革"。与传统修会不同，耶稣会不强调统一的集体生活，它的目标是"要将会士派往四面八方"，志在全世界播撒福音种子，正如其座右铭"愈显主荣"（Ad Majorem Dei Gloriam）一般。为了便于传教，修会"可以灵活有效地派遣会士担任各项工作，比如作为传教士、中学教师、大学教授和科学家完成教会或政治使命，或作为宫廷告解神父"[3]。同时，该修会制定了严格的学习计划，其培养的传教士在派遣之前均接受过系统的神学及人文主义教育。这为耶稣会士有效地进行灵

---

1 罗莹：《耶稣会士罗明坚〈中庸〉拉丁文译本手稿初探》，载《道风基督教文化评论》，第42期，2015年1月。
2 ［法］费赖之，冯承钧译：《在华耶稣会士列传及书目》，中华书局，1995年，第23—25页。
3 ［德］彼得·哈特曼著，谷裕译：《耶稣会简史》，宗教文化出版社，2003年，第12页。

活传教奠定了基础。时任东方事务视察员兼副主教的范礼安（Alexandre Valignani，1538—1606）在考察了远东传教事务之后，发现远东尤其是东亚文化圈地区，内部有一套强大且运行良好的儒家文化系统，基督教文化与之相较，处于弱势。若在此地发展传教事业，不能仿效南美传教的暴力方式，需要了解本地的风俗习惯，其中最重要的便是学习汉语[1]。于是他提出"文化适应"政策，要求根据传教对象的不同，积极进行策略调整，以响应耶稣会"灵活传教"的传统。

在此策略之下，范礼安致信印度区长鲁伊兹（Vincent Ruiz），请求派遣一名可以担任此职的人员前来澳门。考虑到是选择合适的人员去学习汉语，了解中国文化，因此知识背景及语言能力都被纳入考察范围之内。第一个被选中的是弗拉利斯（Bernardin de Ferraris），但他未顺利启航，于是改派罗明坚前往。彼时罗明坚已35岁，似乎错过了学习语言的最佳时期，但他在未入修院之前，已获得两种法学博士学位，1578年他在印度马拉巴尔地区传教时，也仅用了半年时间便能听懂当地人用泰米尔方言办告解了[2]。这种较强的知识学习能力和语言敏感性，有助他践行范礼安的"文化适应"政策。在1579年7月抵达澳门后，罗明坚便投身于艰苦的汉语

1　［德］彼得·哈特曼著，谷裕译：《耶稣会简史》，宗教文化出版社，2003年，第21页。
2　魏若望撰，吴小新译："序言"，载魏若望主编《葡汉辞典》，葡萄牙国家图书馆，东方葡萄牙学会、旧金山大学利玛窦中西文化历史研究所，2001年，第85页。

学习中。他曾在一封信中提到:"我在澳门度过了几年,在那里,葡萄牙商人进行贸易活动,而我则在学习他们称作'官话'的中国语言。中国的地方官员和朝廷大臣都使用这种语言。由于它具有几乎无限众多的词汇,因此学会是很困难的,即使是中国人自身,也需要花费许多年的时间。"[1]

考虑到汉语系统与西方语言系统的巨大差异,罗明坚在初期学习时就如孩童接受启蒙教育一般,由他的中国画家老师先将物体绘画出来,然后再讲授字形与读音。事实上,耶稣会士早期的汉语学习一直是按照中国本土的教育体制进行的,不仅聘请中国老师给他们上课,还使用童蒙教材,如《三字经》《千字文》等,以此来练习汉字拼写及扩充词汇量[2]。明中后期的蒙学读物不仅有"三百千",还有故事类蒙学读物,读者群体也不局限于孩童,还有不少成人[3]。所以传教士可以通过这种本土的教育方式尽快地掌握未知知识,还能切身理解中国教育系统下的文化与思想[4]。在识字之后,罗明坚还接受了中国传统蒙学体系中文辞诗律的训练,留下了不少诗歌[5]。故从最初的启蒙识字到后来的"四书"研读,传教

---

[1] 万明:《1583—1584年在华耶稣会士的8封信》,载《国际汉学》第2辑,大象出版社,1998年,第254—255页。

[2] Liam Matthew Brockey, *Journey to the East: The Jesuit Mission to China, 1579-1724*, The Belknap Press of Harvard University Press, p249.

[3] 张献忠:《明中后期蒙学读物的出版》,载《社会科学研究》,2013年第5期,第167—171页。

[4] Liam Matthew Brockey, *Journey to the East: The Jesuit Mission to China, 1579-1724*, p249.

[5] 陈伦绪:《罗明坚及其汉语诗》,载《华裔学志》,1993年第41卷,第126—176页。

士们亦身体力行着中国的"小学"及"大学"的培育过程。《明心宝鉴》是蒙学系统中的重要启蒙读物,作为明代社会广为流行的一部通俗读物,也成为传教士早期学习汉语以及接触中国文化的教材及读本。罗明坚作为汉语学习和"文化适应"的实践者,对其进行了翻译。

罗明坚译介的《明心宝鉴》未正式出版。他并没有直接翻译该书的名称,而代之以《诸家名言汇编》,直接点明了该书的摘录体性质。发现的馆藏手稿共计31页,均是拉丁文,没有中文对照,与罗明坚的"四书"拉丁文手稿编排在一起。手稿扉页的背面注有"由罗明坚神父整理"(A P. Michele Rogeri Collecta)的字样。手稿标题左上方列有时间"1593年11月20日"(Die 20 Mensis Novembri 1593),后面写有"献给耶稣玛利亚的第一本书"(Liber primus, Iesus Maria),在文章末尾有罗明坚的译者声明:"本人罗明坚于1592年11月20日晚完成该册书的翻译并将其献给万福圣母"(Die 20 mensis Novembris 1592 in Vesperis Presentationis Beatisse.ae Virginis traductio huius libelli fuit absoluta per me Michaelem de Ruggeris)。可以发现罗明坚在文章末尾的日期与标题处的日期不一致,但在末尾处的1592年有明显的涂改痕迹,故确定罗明坚这份翻译手稿应为1592年完成[1]。如果论及翻译时间,该拉丁文译本与高母羡的西班牙语译本时间相距不远,但罗

---

[1] 罗莹:《耶稣会士罗明坚〈中庸〉拉丁文译本手稿初探》,载《道风基督教文化评论》,第42期,2015年1月。

明坚译本却是在欧洲本土完成的,故在欧洲出现的时间要早于高母羡译本。

罗明坚拉丁文译本共分为十六章(caput):Caput primum docet recte, ac sancte vivendum(第一章:正确且神圣生活的指南),Caput secundum Docet quo pacto cum celesti numine se habeat(第二章:听从上天的人将会拥有一切),Caput tertium De fato est sermo(第三章:关于命运的讨论),Caput quartum De parentum ac maiorum observantia(第四章:关于尊敬父母及长辈),Caput quintum est tam sextus apud autorem Docet scientiae gradum quo quis contentus esse debet(第五章:约束自己的科学步骤),Caput sextum Docet qualis conditionis debeat esse homo(第六章:人在哪些情况下应该监督自己),Caput septem Docet quo pacto diligenter circa studia se habere debet(第七章:讲授应该如何勤奋学习),Caput octam Docet quo pacto filii educati sint et docendi(第八章:教育子女指南),Caput novem Docet quo pacto homo in hoc seculo se habere debet cum ceteris hominibus(第九章:讲授当下人们的行为指南),Caput decem Docet quo pacto regis gubernatoris habere se debent(第十章:统治者应有的行为及中国君主的治国之道),Caput XI Docet quo pacto domestici ac familiares invicem habendi sunt(第十一章:家庭治理指南),Caput XII De ordine et more inter domticos servando(第十二章:关于家庭和外部的礼仪及道德),Caput XIII De con cordia ac fide habenda(第十三章:关于和谐和诚信),Caput XIV De verbis quo pacto sint proferenda（第十四章：关于言语）, Caput XV De boni viri ac mali conversatione（第十五章：关于好人和坏人）, Caput XVI De mulierum more st ordine observando（第十六章：关于妻子应该遵守的礼节），分别对应《明心宝鉴》中的继善篇，天理篇，顺命篇，孝行篇，安分篇，戒性篇，劝学篇，训子篇，省心篇，立教篇（该两章合并为一章），治政篇，治家篇，遵礼篇，存信篇，言语篇，交友篇，妇行篇。[1]

三、罗明坚《明心宝鉴》拉丁文译本的特点

罗明坚翻译《明心宝鉴》的时间为1592年，而万历帝御制重编《明心宝鉴》的时间为1595年，故罗明坚在翻译时参考的底本应为范立本辑纂的版本（1393）。通过对比译文内容及顺序亦可以发现罗明坚的《诸家名言汇编》也基本是按照范本编排及翻译的。在结合文本进行对勘分析后，可初步归纳该拉丁文译本的特点。

首先，拉丁文译本的编排体例沿袭了范立本版《明心宝鉴》。如在章节安排的顺序上依次对应范本的"继善篇""天理篇""顺命篇""孝行篇""安分篇"，其中将"省心篇"与"立教篇"整合为一章，缺失了原本中的"正己篇""安义篇"等内容，但基本顺序并未打乱或颠倒。《明心宝鉴》作

---

[1] 此部分拉丁文手稿的转写是由北京外国语大学拉丁语言文化中心麦克雷教授（Michele Ferrero）完成，在此表示感谢。

为启蒙读物，重在教人"明心见性"，其教育过程具有循序渐进、周而复始的特点，而这一特点主要体现在章节的编排顺序上。这种遵循原书结构及顺序的做法，不仅契合《明心宝鉴》内容编排的目的，还有助于读者理解该著作的内涵。

《明心宝鉴》以"继善篇""天理篇""顺命篇"开端，将"天"人格化，通过阐释人与"天"的关系，确立人言行举止的最高规范。随后的"孝行篇"则是对"天人关系"的补充，进一步将人格化的"天"具体化，即在伦理关系中，将"父母"定为"天"的实体之一，从而将"天理"纳入到"伦理"范畴之内。"正己篇""安分篇""存心篇""戒性篇""劝学篇""训子篇"，则是将天理、伦理内化到人心的过程，属于具体的实践步骤，包括内在的自我约束与外在的教育讲授。而后的"省心篇""立教篇""治政篇"则是扩大道德实践的范围，由自身外延至国家，由律己到治国。"治家篇""安义篇""遵礼篇""存信篇""言语篇""交友篇""妇行篇"则是日常生活中"明心正己"的具体规范，包括家庭成员关系、朋友关系及夫妇关系等。

因此，拉丁文译本直接按照原本结构及顺序进行译介，实际上也向西方展现出中国启蒙教育的具体步骤及其中的逻辑内涵。但是，罗明坚在保证编排顺序不变的情况下，对其中具体内容的结构还是做了一些调整。如《明心宝鉴》中每个章节都是由一条条的名言佳句构成，大部分的名言佳句都会标有出处，如"《益智书》云""康节邵先生曰"等。而罗明坚在翻译拉丁文的时候对所有出处都进行了删减处理，这应该是考虑到西方读者不熟悉中国的古人、书籍及历史典故，如果将其逐个译出，反而有画蛇添足之嫌，不仅会增加译者的负担，还会加大西方读者的阅读和理解难度。所以为了将格言区别性地展现，他以"Alius"（意为"另"）代之，将该拉丁语词置于每条内容中间，以便读者区分不同格言[1]。

其次，内容上的意译。关于具体内容的译介，罗明坚采取的翻译策略主要是尊重原文基础上的意译。他在处理涉及中国历史典故的专有名词时，会将其概括性翻译，如"汉昭烈将终，敕后诸曰：'勿以恶小而为之，勿以善小而不为'"，这句中的"汉昭烈"为汉帝刘备的谥号，罗明坚没有对其进行具体解释，只是将其概括地译为"Sinensium rex"即"中国皇帝"，虽精准不足，但也未造成误解。而对后面格言的翻译，则是把握其中心思想，用相应的拉丁文进行了意译："Malum, et si minimum fuerit, ne facito. Contra bonum, et si minimum, ne praetermittito"（坏事，尽管再小，也不要去做；相反，好事，尽管再小，也不要不做）；从语言的表达样式来看，罗明坚还考虑到原文的对偶句，力图用其对称的拉丁文句式来呼应原格言的韵律性。例如"时来风送滕王阁，运去雷轰荐福碑"，以王勃"滕王阁"和欧阳询"荐福碑"来感慨宿命，摘自于马致远的《荐福碑》，如果不了解其中的历史典故，翻译的时候很容易出错。罗明坚对此句的处理依旧是

---

[1] 罗明坚并非将每条格言都进行了区分，他有时也会将几条格言进行合并翻译。

抛开复杂的文化背景，直接提炼句子内涵，根据自己的理解进行意译："magnum iter conficitur, cum fortuna volet et si vilis et pauper fieris, ad celum usque te excellet. Cur autem tibi fuerit adversam, ut fulgur percutit petram, sic te percutiet."（当有运气的时候，可以完成伟大的旅途，并且可以一直达到天空与自己，但是如果穷困潦倒，就像雷会轰打石碑一样，你也会被击倒）。此外，罗明坚在处理中国特色的植物名词时，也多是意译。"种瓜得瓜，种豆得豆"这句中国人非常熟悉的谚语，到拉丁文译本中则变成了"Qui piper seminaverit, piper colliget; et qui frumentum, frumentum metet."，即"谁种下胡椒便可以收获胡椒，谁种下谷物，便可以收获谷物"。"瓜"和"豆"都是中国传统农业中的常见作物，与人们的日常生活息息相关，故谚语中采用这两种植物，是便于人们联系农耕活动来理解其中蕴含的因果联系，从而起到劝人为善的效果。而罗明坚在拉丁文译本中将其翻译为"胡椒"和"谷物"，这表明在16世纪的欧洲，与欧洲人生活联系最为紧密的农作物不是"瓜"和"豆"，而是"胡椒"和"谷物"。罗明坚这种灵活的翻译策略，是对原格言内容的创造性叛逆，保证了读者对原信息的最大接受度，同时也从侧面展现出彼时期中西方农业的细致差别。

最后，关于文化核心词的译介。这里定义的文化核心词，主要指具有中国哲学及文化思想内涵的词汇。《明心宝鉴》一书兼采儒释道，文化核心词汇丰富，且常蕴于通俗易懂的讲解之中。

第一，善恶观念。《明心宝鉴》首章"继善篇"中博引了儒家、道教、佛教等典籍，对善恶展开论述。虽说是用三教思想对善恶观念进行了整合及融汇，但三者之间仍有差别：儒家倡导的"善恶"是基于人性道德层面，"善"源于"性善论"，是道德的圆满，而"恶"是由于不自省抑或后天的迷失使得其善性受到了遮蔽；佛教则源于因果轮回，为"善恶"赋予宗教性色彩；道教则将善恶与神的行为结合在一起，在宗教性之外添加了世俗性的劝善色彩，用以监督并规范人的行为。罗明坚在翻译善恶观念时，并非一成不变，而是在不同语境之下采取不同的译法。如将"子曰：为善者，天报之以福；为不善者，天报之以祸"中的"善"翻译为"rationi"（理性）；"太公曰：善事须贪，恶事莫乐"中的"善恶"分别译为"bonum"（好的）、"malum"（坏的）；"子曰：见善如不及，见不善如探汤"中的"善恶"译为"probum"（有道德的）和"improbum"（不道德的）。可以看出，罗明坚对文本的理解水平是很高的，基本把握了善恶的不同含义，并在翻译时进行了不同的处理。其中，翻译最多的是"bonum"和"malum"。西方文化视域中"bonum"代表的"善"，是来自于古希腊思想"Summum Bonum"（至善），指的亦是一种符合理性的完满的生活状态，随后在西方基督教文化体系中，"bonum"被具象化，即上帝为"至善"的代表；"malum"代表的"恶"则常常指的是滥用自己的自由意志而造成的结果。因此西方的善恶观念具有双重性，是宗教性与伦理性的结合。所以，罗明坚的译介不仅反映出他对中国文化的理解程度，还显示出他为调和中西两种文化所做的尝试和努力。

第二，对"孝"的译介。孝道为五伦之首，是一切德性中最为重要的方面，而"孝"本身的精神内核也随着历史发展呈现出越来越丰富的态势。它由最初的对父母、对祖先的孝即"事亲"，拓展到人际关系与社会关系之中即"敬老"，最终纳入整个社会体制之内，忠孝开始结合，孝成为治国治家的手段。《明心宝鉴》中的"孝行篇"即是对中国孝文化的充分论述。罗明坚作为西方人，同时亦是传教士，中国的"孝道"之于他不仅陌生，甚至可能不解，如何用西方语言将这种中国特色的伦理观描述出来呢？在译本中可以看到，罗明坚在翻译"孝"时，多采用"obediens"这一拉丁语词，该词更多强调的是"服从"一义，将子女对父母、对家庭、对君王的"孝"均理解为简单及绝对的服从，这契合了西方文化传统中对上帝的服从观念。但如此翻译，传递给西方读者的是中国孝道文化中森严的等级观念，却忽略掉了"尊敬"与"关爱"这一层面。这种基于西方文化"先背景"原因造成的对"孝"的片面理解，不仅存在于罗明坚身上，后来的传教士亦持有相同观点，由此造成了"父母之命"与"天主之命"直接的二元对立，"孝"文化于是成为天主教在华发展的主要挑战。

综上，罗明坚对《明心宝鉴》虽未悉数翻译，但就已译的章节而言，他在尊重原文结构及内容的基础上，对文本进行了意译。罗明坚对历史典故及文化核心词的译介，反映出他对中国传统文化较高的理解水平，这在他对"四书"的翻译实践中也可以得到印证[1]。

　　《明心宝鉴》的编纂及其在社会上的传播也显示出经典文化逐渐下移的过程，作为中国普通民众日常学习及应用的生活宝典，它满足了大众的文化需求，使得精英经典在内容和形式上呈现出大众化、实用化的特点。在这种文化背景下进入中国文化圈的西方传教士也成为经典通俗化的直接受益者，他们可以雇佣老师教授，也可以直接找到初级的启蒙教材学习，他们最先接触到大众的、通俗的文化，然后以此为基础，逐渐向内核和精英文化靠拢。这也符合两种不同文化相遇及互动的一般规律。

　　但是，经典通俗化的背后反映的是儒释道的融合，不仅士人与僧、道相交频繁，民众也常常将孔子、老子、佛陀供于一祠，儒学出现世俗化的现象[2]。在这种背景下，接触并学习通俗性经典文本的西方传教士也会出现对文化的误解，成为他们在与核心文化进行沟通时的主要张力。这主要体现在他们在奉行"上层路线"时，不仅要与佛道争夺士人群体，还要与中国精英分子展开辩论。同时，就"礼仪"问题，修

---

[1] 关于罗明坚的"四书"译介，学界的研究成果有：Francesco D'Arelli, *Matteo Ricci S.I.e la traduzione latina dei Quattro Libri (Sishu) dalla tradezione storiografica alle nuove ricerche*; Pasquale D'Elia, *Fonti Ricciane*. Tierry Meynard, *Ricci and three early Jesuit translations of Lunyu*，张西平《西方汉学的奠基人罗明坚》，罗莹《耶稣会士罗明坚〈中庸〉拉丁文译本手稿研究初探》，王慧宇《早期来华耶稣会士对儒家经典的解释与翻译——以罗明坚〈中庸〉手稿为例》，李慧《耶稣会士罗明坚〈大学〉拉丁文译本初探》，麦克雷《〈论语〉在西方的第一个译本：罗明坚手稿翻译与研究》等。

[2] 陈宝良：《明代儒佛道的合流及其世俗化》，载《浙江学刊》，2002年第2期，第153—159页。

会内部也论争不断。

通过以上对《明心宝鉴》两个不同文版的翻译研究，我们可以看到，中国和欧洲早期的思想文化接触是由传教士所开启的。无论是在菲律宾的高母羡，还是在澳门、广东的罗明坚，来到东方的传教士之所以翻译中国的文化读物，是为了更好地向中国民众传教，而这也拉开了中国和欧洲两大文明思想交流的序幕。

长期以来，中国学术界大都基于晚清的中西关系来看待在华传教士，对其负面评价较多。明清之际的中西文化交流史与晚清时期的中西文化交流史的重大不同就在于，前时期来到中国的传教士必须遵守中国传统的"政主教从"的宗教管理制度，与晚清时来华传教士在西方与中国签署的不平等条约中"互教条约"下传教是完全不同的。这也是认识明清之际"中学西传"的一个重要基点，在后面的章节中可以更为清楚地看到这一点。

第八章
《中国哲学家孔子》：儒学西传的奠基之作

《中国哲学家孔子》简介

《中国哲学家孔子》与礼仪之争

《中国哲学家孔子》的跨文化特点

《中国哲学家孔子》的世界文化史意义

明清之际正是在来华耶稣会的努力之下，在"礼仪之争"的推动下，儒家思想开始传播到欧洲，儒家的经典著作"四书"开始被翻译成拉丁文，中国人的精神世界开始展现在欧洲人的面前。儒家思想西传欧洲的奠基性著作就是《中国哲学家孔子》[1]。

一、《中国哲学家孔子》简介

方豪先生在《十七八世纪来华西人对我国经籍之研究》一文中指出："西人之研究我国经籍，虽始于十六世纪，但研究而稍有眉目，当在十七世纪初；翻译初具规模，乃更迟至十七世纪末；在欧洲发生影响，则尤为十八世纪之盛事。故我国文化之西被，要以十七十八两世纪为重要关键。"[2]中国

---

[1] 参阅梅谦立《〈孔夫子〉：最初西文翻译的儒家经典》(《中山大学学报》社会科学版，2008年第2期)；《〈论语〉在西方的第一个译本》(《中国哲学史》，2011年第4期)；罗莹《〈中国哲学家孔子〉成书过程刍议》(《北京行政学院学报》2012年第1期)。张西平、梅谦立主编《中国哲学家孔夫子》(四卷本)，大象出版社，2021年。
[2] 方豪：《方豪六十自定稿》，台湾学生书局，1969年，第186页。

典籍西译最重要的就是《中国哲学家孔子》这本书。

《中国哲学家孔子》于1687年在巴黎的最终出版是由比利时传教士柏应理（Philippe Couplet，1623—1693）完成的。当时，柏应理在"罗马学院"（Collegium Romanum）找到了阿塔纳修斯·基歇尔（Athanasius Kircher，1602—1680）死后留下的《中国哲学孔子》部分译稿，这些译稿是殷铎泽（Prospero Intorcetta，1625—1696）返回欧洲时带回的，他交给了基歇尔。法国皇家图书馆馆长梅尔基塞代克·泰弗诺（Melchisédech Thévenot，1620—1692）得知这部书稿的情况后，提出要出版这本书。这样，柏应理在书稿中加上自己写的序言和他早在中国写好的《中华帝国年表》（*Tabula Chronologica Monarchiae Sinicae*），书很快进入了出版程序，并于1687年在巴黎顺利出版。书的标题为：《中国哲学家孔夫子，或者中国知识——用拉丁文表述，通过殷铎泽、恩理格、鲁日满和柏应理的努力》（*Confucius Sinarum Philosophus, sive Scientia Sinensis latine exposita studio et opera Prosperi Intorcetta, Christiani Herdtrich, Francisci Rougemont, Philippi Couplet*）。

这本书最终的完成者是柏应理，但实际上来华耶稣会士对"四书"的翻译经历了一个漫长的过程。按照美国汉学家孟德卫的看法，来华耶稣会士对"四书"的翻译从罗明坚和利玛窦时代就开始了[1]。

1　［美］孟德卫：《奇异的国度：耶稣会的适应政策及汉学的起源》，大象出版社，第271页；［法］梅谦立：《〈孔夫子〉：最初西文翻译的儒家经典》，

在《中国哲学家孔子》形成的历史中,最重要的人物是殷铎泽,最重要的事件是"礼仪之争"。殷铎泽首先开始翻译《中庸》,将其译为《中国政治道德学说》,而且耶稣会士在华共同翻译的《大学》《论语》的译稿也是他带到罗马的,他对《中国哲学家孔子》这本书的贡献不亚于柏应理[1]。

而礼仪之争无疑是推动这本书形成的最重要的外在因素,也是理解和解释耶稣会士们的翻译策略和文本解释原则的重要角度。《中国哲学家孔子》初步形成书稿是在广州会议期间,正如梅谦立所说:1667年12月至1668年1月,此前因杨光先所起教案而被流放广州的23位来华传教士集体召开了"广州会议"[2]。当时在华的传教士全部被集中在广州,耶

载《中山大学学报》(社会科学版),2008年第2期。但梅谦立认为罗明坚的中文水平不高,回罗马后也没有继续做"四书"的翻译。显然,上面我们的研究证明这种流行的看法是值得推敲的。

1 罗莹:《儒学在西方的传播:殷铎泽及其〈中国政治学说〉》;张西平、罗莹主编《东亚与欧洲文化的早期相遇:东西文化交流史论》,华东师范大学出版社,2012年,第485—468页。Albrecht, Michael, *Oratio de Sinarum Philosophia Practica = Rede über die praktische Philosophie der Chinesen*, Hamburg: Felix Meiner, 1985. Julia Ching & Willard G.Oxtoby, *Moral Enlightenment: Leibniz and Wall on China. Monumenta Serica Monograph Series XXVI*, Nettetal: Steyler, 1992。

2 关于扣押在广州的23位传教士的名单,参见Josef Metzler, *Die Synoden in China, Japan und Korea (1570-1931)*, Paderborn: Ferdinand Schöningh, 1980, p.23;另有一说认为当时共有25位传教士被扣押在广州,其中包括21个耶稣会士、4个多明我会士和1个方济各会士,参见Albert Chan, S.J., "Towards a Chinese Church: the Contribution of Philippe Couplet S.J. (1622-1693)", in *Philippe Couplet, S.J. (1623-1693) The Man Who Brought China to Europe*, Sankt Augustin: Steyler Verlag, 1990, p.60. 梅谦立注。

稣会通过杨光先教难更加感受到坚持利玛窦路线的重要性，于是利用所有传教士在广州的机会，集中力量对儒家的主要文本进行翻译。而广州会议期间，各修会间的争论对传教士们如何理解、翻译这些儒家著作产生了重大的影响。龙华民反对利玛窦的文章、方济各传教士利安当（Antonio Caballero de Santa María，1602—1669）批评耶稣会传教政策的文章，都从外部促使耶稣会必须回答关于儒家的性质、回答中国文化的基本特征，这些争论自然推动了耶稣会士对中国儒家经典"四书"的翻译和研究。这样，在华的耶稣会于广州会议期间的一个重要成果就是将"四书"中的三部翻译成了拉丁文[1]。

二、《中国哲学家孔子》与礼仪之争

笔者认为理解《中国哲学家孔子》的最重要维度是礼仪之争，如果不把握这一维度，该书则很难理解。

在如何看待入教儒生祭祖、祭孔的风俗和对Deus译名理解的分歧，最早起源于耶稣会内部。对利玛窦适应政策的第

---

[1] ［法］梅谦立:《〈孔夫子〉:最初西文翻译的儒家经典》，载《中山大学学报》（社会科学版），2008年第2期；罗莹:《〈中国哲学家孔子〉成书过程刍议》，载《北京行政学院学报》，2012年第1期；参见李文潮《龙华民及其〈论中国宗教的几个问题〉》，载《汉语基督宗教学术评论》，2006年6月第1期，第159—184页；参见J.S.Cummins, *A Question of Rites, Friar Domingo Navarrete and the Jesuits in China,* Aldershot: Scolar Press, 1993; Jerome Heyndrickx (ed) Philippe Couplet, S.J. (1623-1693), *The Man who Brought China to Europe*, Nettetal: Steyler Verlag, 1990。

一个发难者就是龙华民,由此才有耶稣会的嘉定会议。"来嘉定开会的耶稣会士共有9人或10人;会中讨论的问题,共38项,大半关于中国敬孔敬祖以及译名问题。讨论的结果,对于敬孔敬祖等问题,沿用利玛窦的方案,不以这种敬礼为宗教上的迷信;对于译名,则采用龙华民一派人的意见。……视察员Palmeiro在1629年出命:以后耶稣会士不许用'天'和'上帝'"[1]。四年后,从菲律宾入华的两名托钵修会传教士在入华不久就挑起了与耶稣会传教路线的争论,从而将如何看待中国礼仪的问题由耶稣会内部扩大到来华各修会之间的争论中。他们是多明我会的黎玉范(Juan Bautista de Morales,1597—1664)和方济各会的利安当。黎玉范于1643年返回罗马后向传信部所提出的报告,最终导致了教宗英诺森十世(Pope Innocent X,1574—1655)1645年9月12日所批准的圣谕[2],禁止中国教徒施行中国礼仪。而利安当在看到当年龙华民所写的《论中国宗教的几个问题》(Traité sur quelques points de la religion des chinois)后,也写下了《论中国传教事业的几个问题》(Traité sur quelques points importans de la mission en chine),这两份文件后来成为广州会议时引起讨论的重要内容。

为响应多明我会黎玉范的挑战,1654年来华耶稣会士卫匡国(Martino Martini,1614—1661)返回罗马后提交了针对

---

1 罗光:《教廷与中国使节史》,台湾光启出版社,1967年,第89页。
2 [美]苏尔、诺尔编,沈保义、顾为民等译:《中国礼仪之争西文文献一百篇》,上海古籍出版社,2001年,第1—8页。

黎玉范的耶稣会的报告。两年后，1656年3月23日，亚历山大七世（Alexander VII，1599—1667）颁布了《罗马教廷圣职部给中国传教士的部令》[1]，在没有否定1645年圣谕的前提下，认可了在华耶稣会的传教策略。

面对两个不同的决定，在远东的传教士不知如何执行罗马的决定，由此，1659年和1669年11月13日，罗马的圣职部分别下达了关于灵活执行1645年和1656年两个决定的决议[2]。

在广州会议前后，殷铎泽被选为中华耶稣会传教区代表，前往罗马汇报中国传教区的悲惨现状并请求迫切的物质援助。殷铎泽走后，"四书"的翻译工作仍在广州继续进行。尤其此时，面对方济各会士利安当、多明我会士闵明我（Fernández de Navarrete，1610—1689）以及利玛窦继任者龙华民等先后在各自的著作中对耶稣会在华传教策略提出的严厉批评，经过广州会议的激烈讨论，奥地利耶稣会神父恩理格和两位弗莱芒神父鲁日满、柏应理开始在原先简略直译的基础上，重新对"四书"译本进行了校对和注释。尤其针对其中译名的敏感之处以及耶稣会当时所受到的批评，引用中国古籍在译文中提出反驳，这项工作大概在1670至1672年间完成[3]。

---

[1] ［美］苏尔、诺尔编，沈保义、顾为民等译：《中国礼仪之争西文文献一百篇》，第8—11页。
[2] 同上书，第11—13页。
[3] Minamö, George, *The Chinese Rites Controversy: From Its Beginning to Modern Times*, Chicago: Loyola Univ. Press, 1985.

此时离开中国的殷铎泽已经于1667年先后在广州和印度果阿出版了由他翻译的《中庸》，即《中国政治道德学说》。而从广州会议上返回欧洲的闵明我在欧洲出版了他的《中华帝国历史、政治、伦理及宗教概述》[1]。在这部书中，他公布了来华传教士在中国礼仪上的分歧，并把龙华民批评利玛窦的论文作为书的附件发表。由此，礼仪之争开始从教会内部扩大到了欧洲本土[2]。

1682年，由教宗直接委派的福建宗座代牧颜珰（Charles Maigrot，1652—1730）再次挑起关于中国礼仪的争论，其最后的结果是，这个原本是来华各天主教修会之间的争论演化为中国和梵蒂冈之间的争论。导致了1704年11月20日的克莱孟十一世（Clement XI）的敕令[3]，以及1706年康熙皇帝做出的来华传教士必须得到朝廷许可证的规定。期间教宗虽两度派来特使，但在梵蒂冈立场未改变的情况下，这些外交手段均以失败而告终。

从礼仪之争的历史简述中我们可以看到，《中国哲学家孔子》成书的过程就发生在礼仪之争期间。柏应理1685年回到欧洲，并于1687年出版《中国哲学家孔子，或者说中国

---

1 Domingo Fernández de Navarrete, *Tratados historicos, politicos, ethicos, y religiosos de la monarchia de China*. Madrid, En la Imprenta real, por J. García Infançon, a costa de F. Anisson, 1676.
2 参阅［西］闵明我著，何高济译《上帝许给的土地：闵明我行记和礼仪之争》，大象出版社，2010年。
3 ［美］苏尔、诺尔编，沈保义、顾为民等译：《中国礼仪之争西文文献一百篇》，第14—48页。

知识——用拉丁文表述，通过殷铎泽、恩理格、鲁日满和柏应理的努力》，此时罗马教廷正在调查关于礼仪之争事件，该书出版后也被颜珰作为其批判的对象上报在给教廷的材料中[1]。

《中国哲学家孔子》一书的内容包括：由柏应理所写的《致伟大虔诚的基督教君主路易十四函》，分别由殷铎泽和柏应理所写的两部分序言[2]组成的导言部分，殷铎泽所作《孔子传》（Confucii Vita）并附孔子像，《大学》《中庸》《论语》"三书"的拉丁文全译本，柏应理所作的《中华帝国年表》和《中华帝国及其大事记》（Imperii Sinarum et Rerum in Eo Notabilium Synopsis），并附柏应理绘制的中国地图。

殷铎泽的序言主要介绍了中国的儒家、道教、佛教以及宋明理学所重视的《易经》，对他们翻译的"四书"从思想

---

[1] ［美］苏尔、诺尔编，沈保义、顾为民等译：《中国礼仪之争西文文献一百篇》，第31页。

[2] 孟德卫认为，"序言性说明（Proëmialis Declaratio），署名是柏应理，但显然不是完全由他一个人完成的。龙伯格先生对巴黎国家图书馆中《中国哲学家孔子》的原稿进行了研究，发现序言中有两个人的不同笔迹，后半部分很可能是柏应理的笔迹。"《奇异的国度：耶稣会适应政策及汉学的兴起》，第282页。梅谦立认为，"《前言》包括两个部分，第一部分主要由殷铎泽写成。在利玛窦的《耶稣会与天主教进入中国史》第一卷第十章的基础上，殷铎泽更细致、更系统地描述了中国的三个教派（儒释道）。第二部分主要由柏应理写成，他提供了宏大的历史叙述，说明了中国与全人类历史的关系。"见［法］梅谦立、张西平主编《中国哲学家孔子》，大象出版社，2021年；参阅梅谦立英文著作，Thierry Meynard S.J. *Confucius Sinarum Philosophus(1687). The First Translation of the Confucian Classics*, Roma : Institutum historicum Societatis Iesu, 2011。

文化上做了总体性的介绍和铺垫，从而使欧洲学者能理解这本书。柏应理所写的序言，明显带有响应礼仪之争的特色，从西方的基督教世界观出发，来解释中华文明的合理性以及它和基督教文明之间的关系，说明中国古代文明与基督教文明的一致性，无论是从历史上还是从人种上都是如此，以此来向西方社会证明在中国传教的价值和意义。他特别对耶稣会所采取的合儒路线给予了充分的说明。从这一部分的论述中，我们可以看到原来隐含在利玛窦那里的索隐派思想，在这里已经完全彰显出来。关于中国文明的起源是当时来华的耶稣会士很难加以解释的一个核心问题。柏应理的序言，显然是面对欧洲的听众来说的。

《大学》《中庸》《论语》的翻译之后是殷铎泽所作《孔子传》，这里最引人注意的就是在第一页的一幅孔子像。在这幅画中，孔子身着中国古代传统服装，手中拿一牌。画像的背景综合了孔庙和西方图书馆的风格。孔子身后的两侧是排满了中国经典的书架。左侧的第一排从上至下写明《书经》《春秋》《大学》《中庸》《论语》；右侧从上至下依次是《礼记》《易经》《系辞》《诗经》《孟子》。书架最底层是孔子门徒的牌位，左右各九人。左侧从外向内依次可辨是"曾子、孟子、子贡、子张、闵子骞"等；右侧是"颜回、子思、子路"等。身后庙宇式的门上写"国学"（应该来自"国子学"或"国子监"）二字，下方写"仲尼"二字，右侧和左侧的字连起来是"天下先师"。这是画给欧洲人看的孔子。"孔子站在一座糅合了孔庙和图书馆特征的建筑前，显得比实际比例要大。虽然孔子的形象描绘得令人肃然起敬,但肖像和匾牌的背景可能让欧洲读者感到吃惊,因为这看起来不像一座庙,倒像一座图书馆,书架上排满了书,虽然图书陈列的方式是欧式的,并不是17世纪中国式"[1]。

《孔子传》后是柏应理所作的《中华帝国年表》。这是继卫匡国后,在西方出版的第二份中国年表,在欧洲产生了重要影响。这个年表的编制同样是为了说明礼仪之争的耶稣会的路线,关于这点学界有很好的研究进展,这里不做展开[2]。书的最后是《中华帝国及其大事记》,以及柏应理绘制的中国地图[3]。

而来华耶稣会士们之所以下大力气来翻译儒家的经典著作,与礼仪之争有关。这场争论的实质就是如何认识以儒家为代表的中国文化,以及证明利玛窦所确立的"合儒"路线是正确的。所以他们就翻译了儒家的代表作"四书",当然,实际上他们只翻译了三本,《孟子》没有翻译。《中国哲学家孔子》在巴黎出版就是向欧洲证明,儒学是一种哲学,而不是宗教,因此,耶稣会采取"合儒"的传教路线是正确的。

所以,如果要很好地理解这本书,特别是理解柏应理为这本书所写的序言,对这本书的成书背景——礼仪之争需要

---

1 [美]孟德卫著,陈怡译:《奇异的国度:耶稣会适应政策及汉学的兴起》,第294页。
2 参阅吴莉苇《当诺亚方舟遭遇伏羲神农:启蒙时代欧洲的中国上古史争论》,中国人民大学出版社,2005年。
3 参阅罗莹《〈中国哲学家孔子〉成书过程刍议》,载《北京行政学院学报》,2012年第1期。

有一个充分的了解。可以这样说，历史的维度是解开这本书的出发点。

三、《中国哲学家孔子》的跨文化特点

柏应理所写序言的中心是为利玛窦的传教路线作辩护。利玛窦的传教路线就是"合儒易佛"，如他在书中所说："上至皇帝，下至平民百姓，儒家最隆重的活动是每年在固定的时间里祭奉逝去的祖先，为他们供奉肉食、水果、香烛、绸绢（穷人们则用纸代替）。他们认为这是对祖先的敬意，所谓'事死如事生'。……因此我们可以说，儒家并非一个固定的宗教，只是一种独立的学派，是为良好地治理国家而开创的。这样，他们既可以属于这种学派，同时也可以信奉天主，因为这在原则上并没有违背天主教的教义，而天主教的信仰对于他们在书中所企望的那种和平安宁的社会非但无害，反而大有裨益。"[1]从宗教性上，利玛窦认为："中国最大的哲学家莫过于孔子……人们把他视为世间至圣至贤的人，旷古未有，因此非常受人尊敬。……在每个城市和学宫里都有一座规模宏大的孔庙，庙内立有孔子塑像和牌位，以供读书人依古法举行祭孔仪式。……但他们并不把孔子视为神祇，也不向他乞求什么。所以祭孔不能被视为真正的祭祀活动。"[2]

1　［意］利玛窦著，文铮译：《耶稣会与天主教进入中国史》，第70—71页。
2　同上书，第22—23页。

这是说给西方人听的。从历史性上，利玛窦强调儒耶相同，通过肯定原儒，批评新儒家，说明儒耶在源头上的一致性，这是说给中国士人听的。如他在《天主实义》中所说"吾天主乃古经所称上帝也"。

但龙华民和利安当并不认同利玛窦这套道理。龙华民在《论中国宗教的几个问题》一文中开宗明义就说："中国的'上帝'（天上的皇帝）这个称呼开始就让我觉得有些不妥，因为我到了中国，按照我们耶稣会的习惯读过儒家的四书之后，发现那些评注者对'上帝'一词所下的定义是与神性相违背的。"[1]他认为通过自己对儒家经典的研究，得出的结论是："第一，在儒教里，除了所有儒教徒都了解的庸俗化的表面教义以外，还有一个专属于儒教大师的隐性教义。第二，孔子之所以尽可能避免明白清晰地谈论鬼神、理性灵魂与死后世界，是因为担心公众完全了解了自己的哲学会导致自己哲学的毁灭，会引起国家的混乱。第三，孔子的上述观点导致了人心堕落，也抹杀了中国学者的智慧，将它们的智慧局限于可见可触的领域。第四，由于同样原因，中国学者陷入了最严重的邪恶即无神论之中。就我个人而言，我认为古代的中国哲学家也都是无神论者。"[2]

---

[1] ［意］龙华民著，杨紫烟译：《论中国宗教的几个问题》，载《国际汉学》，2015年第2期。法文原文载Wenchao li（李文潮）所编的 *Leibniz and the European encounter with China: 300 Years of Discours sur la theologie naturelle des chinois*, Stuttgart: Franz Steiner Verlag 2017，在此感谢李文潮先生所赠此书。

[2] By Niccolò Longobardo; Thierry Meynard, Daniel Canaris, editors. *A brief response on the controversies over Shangdi, Tianshen and Linghun*, Singapore: Palgrave Macmillan, 2021.

利安当在《论中国传教事业的几个问题》中和龙华民持一样的观点,而且他的文章写于礼仪之争中,因此许多内容是直接针对耶稣会的相关文献,例如卫匡国给教宗的报告、殷铎泽的《中国的智慧》(Sapientia Sinica)一书等。利安当说:"1656年卫匡国神父在向罗马方面做报告时说,中国祭孔活动中没有祭司或是偶像崇拜巫师的介入,也没有任何偶像崇拜者倡导的内容。而仅仅是学者和哲学家集合在一起,不带任何其他目的,按照他们的学派,通过纯粹世俗的政治仪式表达他们对老师孔子的尊敬之情。"他根据自己在山东传教的实践,认为"中国人通过类似的祭祀祈求天、地、祖先等神灵。然而即使这种崇拜当时仅仅是世俗性的,依然可能因为2000多年间的道德败坏和新入风俗,在实践中退化成迷信和偶像崇拜"。这样,他通过自己的考察得出明确的结论:"孔子以及古今所有的中国人都不曾对真神上帝有任何认知,他们所知道的都是诸多伪神。他们之所以祭拜这些鬼神,仅仅是为了得到他们的恩惠。官员和平民全都祭祀自己的祖先。中国人根据自己的不同地位分别将这些鬼神中的不同个体视为自己的保护神。每个家族的保护者都是他们的先祖。而孔子则是中国一切学者的保护神与捍卫者。很显然,中国人相信这些祭礼都是正确的、虔诚的,都是对他们死去亲人的宗教礼仪。因此,在他们看来这种崇拜完全是宗教性而非纯世俗性、政治性的行为。"[1]

---

[1] [西]利安当著,杨紫烟译:《论中国传教事业的几个问题》。

当我们了解到龙华民和利安当的这些论述后,我们才会理解柏应理在序言中所展开的论述。

梅谦立认为,柏应理所主编的《中国哲学家孔子》基本追随着利玛窦的路线,柏应理首先肯定利玛窦的传教策略。为了向欧洲说明孔子的信仰和天主教与欧洲的传统并不冲突,他努力把中国历史与圣经史结合起来,甚至认为在犹太民族形成之前,就"有了中华民族,而且它是世界上第一个朝拜天主的民族、第一个给天主建造圣殿的民族。就这样,柏应理把中国提升到在西方从未有过的历史地位"[1]。

在柏应理看来,孔子这位最有智慧的哲学家,只通过自然和理性的光照,就知道对人来说没有比宗教更重要的事情。他的学说和教导朝着唯一的目标:人们应该按照至高神(supermus Numen)所意愿的法律和训诫安排生活。来华的耶稣会士认识到"他们整个哲学的精华和核心主要包含在四本书里。谁如果没有从青少年时代背诵'四书',他就不能被称为文人。谁从'四书'中汲取的政治道德知识越多,谁就能越快地被提拔到士大夫阶层,享有荣誉,获得官职;因为中国人把源于'四书'的每一条特殊原则都当作永恒真理。因此,耶稣会士们秉着宏伟的决心,第一次努力从事这项工作。为了理解这些书,他们付出无数的辛劳和汗水。在这些书中,没有任何一处违背理性和自然法;相反,倒有许多地

---

[1] [比]柏应理等著,汪聂才等译:《中国哲学家孔夫子》,梅谦立导言,大象出版社,2022年,第18页。

方支持它们。因此，耶稣会士们乐意用心地学习它们，并为己所用"[1]。

在对待中国文化的态度上，柏应理继承利玛窦将原儒与后儒相区别的做法，认为在中国文化的源头，儒耶是相通的。利玛窦希望通过新的热情和努力，与这些拥有最高荣誉的博士们一起，与这些支持者和领导者一起，去更彻底地探索一切，去接近中国学说的源泉。

由此，柏应理不同意龙华民和利安当对利玛窦的批评。他指出，在中国用"上帝"是一个悠久的传统。

从这里我们看到柏应理序言的论战性是很强的，其支持利玛窦的立场也很鲜明。《中国哲学家孔子》对儒家思想的介绍有着内在的矛盾，一方面他们认为儒家并非宗教，只是哲学；另一方面，又认为儒家最早具有天主教的信仰，甚至其信仰比犹太民族还要早。这里他们做了文化间相遇的两个互动变化：第一，他们用原儒的宗教性来解释现儒的宗教性，他们没有看到中国思想的变迁与发展。中国古代的确有着宗教信仰，这是一个事实，但在其发展中经历了巨大的变化，尤其在商周之际，这种变迁既有连续性也有断裂性。耶稣会士们，从利玛窦到柏应理，缺乏对中国上古史的深入研究，对中国文化在商周之际的断裂与连续无清楚的认识[2]。第二，耶稣会士们对孔子的宗教思想的多重性无清醒的认识。李泽

---

1 ［比］柏应理等著，汪聂才等译：《中国哲学家孔夫子》，梅谦立导言，第7页。
2 宋镇豪主编，常玉芝著：《商代宗教祭祀》，中国社会科学出版社，2010年；罗新慧：《周代的信仰：天、帝、祖先》，上海古籍出版社，2023年。

厚先生将儒家称为"半哲学、半宗教",形象地说明了儒家思想的两重性。将孔子称为"远神论"也许较为合理。显然,无论是利玛窦还是龙华民都没有认识到这一点。

当然,中欧两种文化相遇,天主教与儒家文化首次相遇,这样的理解或者"误读"都有着历史的合理性[1]。

因为,从利玛窦开始,对儒家就采取了"崇先儒而批后儒"的文化策略,这样,《中国哲学家孔子》在翻译时没有采用朱熹的《四书章句集注》,但实际上他们所用的张居正的《四书直解》(1573年)本身就是朱熹思想的通俗读本[2],只是耶稣会士们只字不提此事。"这使西方读者误以为'四书'在先秦时期就已经最终成型了"[3]。

同时,在其翻译过程中,耶稣会士们也尽力将其按照自己的理解来加以翻译。例如《大学》第一句:[1]大[2]学之[3]道,[4]在[5]明[6]明[7]德,[8]在[9]亲[10]民,[11]在[12]止于[13]至[14]善。

[1]Magnum adeóque virorum Principum,[2] sciendi [3]institutum

---

1 参阅王喜亮《耶稣会士眼中的"儒家":评〈中国哲学家孔夫子〉》,王格:《从〈中国哲学家孔夫子〉看西洋儒士笔下的中国哲学》,张思远:《〈中国哲学家孔夫子〉如何以欧洲笔法刻画中国风貌》,载《国际汉学》,2023年第4期。

2 张居正的《四书直解》虽然是朱熹的《四书章句集注》的发挥,但他在"天""鬼神"等概念上保留了"敬天""天人感应"的中国古代思想。由此,这个本子更符合利玛窦所提出的先儒思想与天主教思想有会通的提法。或者说耶稣会士们更为注重张居正本的宗教性论述。参阅[法]梅谦立《耶稣会士与儒家经典:翻译者,抑或叛逆者?》,载《现代哲学》,2014年第6期。

3 [法]梅谦立:《〈孔夫子〉:最初西文翻译的儒家经典》,载《中山大学学报》(社会科学版),2008年第2期。

[4]consistit in [5]expoliendo, seu excolendo [6]rationalem [7]naturam à coelo inditam; ut scilicet haec, ceu limpidissimum speculum, abstersis pravorum appetituum maculis, ad pristinam claritatem suam redire possit.[8]Constitit deinde in[9] renovando seu reparando [10]populum, suo ipsius scilicet exemplo & adhortatione.[11]Constitit demùm in [12]sistendo firmiter, seu perseverando in [13]summo [14]bono; per quod hîc Interpretes intelligi volunt summam actionum omnium cum rectâ ratione conformitatem. Atque haec tria sunt, ad quae reliqua hujus libri reducuntur.

在拉丁译文里面，有些带号码的文字对应着汉语原文中的一些文字，不带号码的其他文字对应于中国评论家的注释。把上面的拉丁文翻译成中文是：

"君子学习伟大典章的目的在于澄明并发挥自上天而来的理性，以使邪恶欲望的污垢被抹去，得以恢复其如至明之镜般本真的明澈。""接着，就要持守以自身为典范和劝诫，'进行对人民的革新与复兴。''最终，达到稳固地止于至善，或者说坚守于至善。'"注疏家们想借此让我们明白一切行为完全服从于理性。书的余下部分，皆可被归结为这三样事。

耶稣会士们的这个翻译基本是将张居正的讲评做了简略的翻译与改写[1]。在中国哲学家看来，"明明德""亲民""止

---

[1] 张居正在评讲中写道："这一章是孔子的经文，这一节是经文中的纲领。孔子说：'大人为学的道理有三件：一件在明明德。上明字，是用工夫去明他；明德，是人心虚灵不昧，以具众理而应万事的本体。但有生以后，为

于至善"是《大学》的"三纲",反映了儒学"垂世立教"的理想,它以启发人内在的善德为立足点,教诲人们通过学习重新找回先天具有的光明之德。耶稣会士们在解释时将"明德"的人性善转化为"理性"(rationalem naturam),将其内在之善说成来自上天,努力将朱熹的哲学与西方的经院哲学加以融合。在翻译"至善"这个概念时,"传教士采用了经院哲学的术语summum bonum,它经常被理解为一种超自然的目的。意思是说,行动者达到自己的目的之后,行动过程停止和消失了,投入了永恒不动的沉思(contemplatio)。因为经院哲学把'至善'跟永恒的'上帝'连接起来,所以'至善'被理解为一种超自然的止静状态"[1]。

总之,在《中国哲学家孔子》中,耶稣会士们把一个有理性、有宗教感,但又不是宗教的,并且与基督教思想相通

气禀所拘,物欲所蔽,则有时而昏,故必加学问之功,以充开气禀之拘,克去物欲之蔽,使心之本体,依旧光明,譬如镜子昏了,磨得还明一般,这才是有本之学,所以《大学》之道,在明明德。一件在亲民。亲字,当作新字,是鼓舞作兴的意思;民,是天下之人,天下之人,也都有这明德,但被习俗染坏了,我既自明其明德,又当推以及人,鼓舞作兴,使之革去旧染之污,亦有以明其明德。譬如衣服洗浣了,洗得重新一般,这才是有用之学,所以《大学》之道,在新民。一件在止于至善。止,是住到个处所不迁动的意思;至善,是事理当然之极;大人明己德、新民德,不可苟且便了,务使己德无一毫之不明,民德无一人之不新,到那极好的去处,方才住了。譬如赴家的一般,必要走到家里才住,这才是学之成处,所以《大学》之道,在止于至善。'这三件在《大学》如网之有纲,衣之有领,乃学者之要务,而有天下之责者,尤当究心也。"〔明〕张居正:《张居正讲评〈大学·中庸〉》,上海辞书出版社,2007年。

[1] [法]梅谦立:《〈孔夫子〉:最初西文翻译的儒家经典》,载《中山大学学报》(社会科学版),2008年第2期。

的儒家哲学介绍到了欧洲[1],从而开启了中国哲学和欧洲哲学的首次相遇与会通[2]。同时,来华的耶稣会士还翻译了一系列关于中国知识与文化的著作,从戏剧《赵氏孤儿》、小说《玉娇梨》到法医学著作《洗冤录》等,这些著作在欧洲出版后又先后被翻译成其他语言。

如何看待在《中国哲学家孔子》一书中所表现出来的争论,或者更为直接地说,如何看待当年的礼仪之争。如果我们站在一个多元文化的立场,从跨文化的角度来重新审视这场争论,笔者认为,多明我会和方济各会等托钵修会基本是基督教原教旨主义者,缺乏文化之间的理解。但他们在两点上是有价值的:其一,他们揭示出了中国文化的多维度特点,特别是看到了大传统与小传统的不同形态,尽管他们无法从中国文化的本质特点上把握这两种传统的内在联系;其二,他们揭示了中国文化在其本质形态上和基督教文明的区别。在一定意义上法国汉学家谢和耐说得不错,这场争论"揭示了两种伦理世界的基本差异"[3]。

利玛窦所代表的耶稣会路线代表了"求同存异"的跨文

---

[1] 通过翻译,耶稣会士们在欧洲语言中创造了一个新的词汇"Confucius"即"孔夫子"这个概念和形象。这是耶稣会士们所理解的孔子。[美]詹启华著,徐思远译:《制造儒家:中国传统与全球文明》,北京大学出版社,2019年。

[2] 关于对《中国哲学家孔子》一书研究的代表性著作是罗莹的《儒家概念早期西译初探:以〈中国哲学家孔子·中庸〉为中心》,外语教学与研究出版社,2014年。

[3] Paul A. Rule, *K'ung-Tzu or Confucius?: The Jesuit Interpretation of Confucianism*, Sydney: Allen & Unwin, 1986.

化立场，尽管在思想的本质上利玛窦仍是为了"中华归主"这个目标（从宗教学上这也无可指责），但他在寻求两种文化的共同点。基于这样的跨文化立场，以利玛窦为代表的耶稣会开启了中国文明和欧洲文明首次精神上的对话。当然，从理论角度，利玛窦所采取的合原儒批新儒的办法并未从根本上解决两大文化的分歧，而且这个立场实际上是一个隐蔽的索隐派立场，后来以白晋（Joachim Bouvet，1656—1730）为代表的索隐派从根源上可以找到利玛窦那里。

以利玛窦为代表的基督教来华已有400年的历史，这段历史已经从实践上给予了礼仪之争一个裁判。

第一，不因中西两种文化在哲学、宗教上的基本原则的差异就从根本否认中西文化会通的可能性。利玛窦开启的中西文化会通已经成为现实，中国基督教现实存在的四百年就足以回答这个问题。四百年的历史说明，基督教可以成为中国现存文化的一支，但始终未成为中国文化的主流，也不可能达到佛教在中国的历史地位。

第二，在一个没有人格神的中国文化系统中，像多明我会和方济各会那样，希望原汁原味地将西方基督教的理论与实践搬到中国是不可能的。同样，无论耶稣会还是其他托钵修会，试图用基督教的历史观来解释中国的历史，将中国历史纳入圣经历史之中的想法都是基督教一元史观的表现，这已经被证明是错误的。对中国知识分子的基督信仰来说，无论是明末的"三大柱石"还是近代著名的教内知识分子，从马相伯到于斌，他们总是将基督教的思想与中国传统思想相融合。

第三，我们必须承认入华传教士们实践着一项非常艰巨的事业，他们是人类文化交流史上第一批试图打通中西文化的先行者，他们真正的价值在于第一次如此深刻地触及中西文化的内核。他们留给我们的困境就是他们的贡献。

四、《中国哲学家孔子》的世界文化史意义

尽管在《中国哲学家孔子》之前已经有来华耶稣会士翻译了部分儒家经典并在欧洲出版，如罗明坚对《大学》片段的翻译，但"《中国哲学家孔子》是耶稣会适应政策下产生的最高学术成果"。今天，如果从中西文化交流史的角度来重新审视这本书，可以说它是一本具有世界文化史意义的重要著作。

首先，这本书深深地卷入了欧洲近代思想的变迁之中，它"是1600—1700年间耶稣会在文化适应方面最前沿的思想全面展现给欧洲公众的最后几个例证之一"。这本书出版后在欧洲所产生的影响，学术界已经做了很深入的研究，这些研究说明：欧洲近代思想的形成并不是在单一的欧洲思想内部产生的。大航海后欧洲人走出了地中海，这不仅为他们早期的殖民扩张奠定了基础，也使他们开始接触欧洲以外的文化，而对其影响最大的莫过于中国文化。甚至有些学者说，欧洲人在北美发现的是土地，在东方发现的是文明，一个不亚于欧洲文明，甚至发展程度高于欧洲文明的中国文明。正是通过耶稣会士的一系列汉学著作，中国文明的内在精神性

价值展现在欧洲人面前[1]。

柏应理在《中国哲学家孔子》中所作的《中华帝国年表》、《中华帝国及其大事记》、《中华帝国耶稣会士的教堂及住所汇总》("Paradigma XV Provinciarum et CLV Urbium Capitalium Sinensis Imperii Cum Templis")以及一幅中国地图，这些在欧洲都产生了较大的影响。如果说"四书"的翻译是思想，那么这几个文献则从形象和历史方面更为真实地展示了中华帝国。特别是柏应理制作的《中华帝国年表》，表明中华文明的历史比《圣经》的宗教史观更为久远和真实，给欧洲思想带来了巨大的震撼。因为这个年表直接冲击了欧洲的宗教史观。

"中国对于这个时代欧洲的思想、政治和科学思想的变化绝非置身事外。中国的政治制度、经济、占统治地位的哲学观念及其技术的例证强有力地影响了欧洲，向它提供了一种宝贵的贡献"。以《中国哲学家孔子》《耶稣会士中国书简集》为代表的这些早期传教士汉学的翻译和著作，"在整整一个世纪间吸引了知识界，不仅仅向他们提供了一些具有异国情调的冒险活动，而且还提供了一种形象和思想库。欧洲发现了它不是世界的中心……耶稣会士书简就如同其他许多游记一

---

[1] 有学者认为："三百年间，欧洲先后出现了三种中国'知识型'，首先是表述财富与君权的'大汗的大陆'，然后是表述制度与文明的'大中华帝国'，最后是表述思想与文化价值的'孔夫子的中国'。"参阅周宁《欧洲形成中的亚洲》总译序。这个划分过于简单化了，因为第二阶段和第三阶段在时间上是不可以分开的，但这个观点至少有一点是正确的，它揭示了《中国哲学家孔子》对欧洲中国认识的思想和历史意义。

样，广泛地推动了旧制度的崩溃，在西方那已处于危机的思想中发展了相对的意义"[1]。

其次，这本书标志着由此而激化的中国礼仪之争，也成为中国近代历史上的一个重要事件。长期以来学术界都认为礼仪之争在本质上是欧洲文化史的一个事件，但应看到，礼仪之争同时也是中国历史上的一个重大事件。这个事件表明，从晚明开始，中国已经卷入第一轮的全球化历程，对中国历史思想的研究已经不能单纯局限在中国本身来展开。礼仪之争就是中国从思想上卷入世界文化历史的一个转折点。李天纲说得好："'中国礼仪之争'是近代中西关系史上首次高级别的冲突。另外，它是中西双方的第一次也是最后一次单纯的文化冲突。"

最后，《中国哲学家孔子》是欧洲历史上第一次最为系统的对儒家经典的翻译，它标志着对儒家思想的解释已经开始在更广阔的范围内展开。在这本书序言中附有的关于孔子的简介，是欧洲所知道的最早最为详细的一个孔子简介。这样我们可以看到传教士们对儒家经典著作的翻译和理解，看到中国本土思想和欧洲哲学宗教思想的交流与碰触。可以说，《中国哲学家孔子》拉开了在世界范围内开展中国思想翻译与研究的序幕。

《中国哲学家孔子》的出版在欧洲产生了影响。法国学者贝尼耶（François Bernier，1620—1688）于《中国哲学

---

[1] 参阅张西平《欧洲早期汉学史：中西文化交流与西方汉学的兴起》，中华书局，2009年。

家孔子》出版同年就完成了法文全译本——《孔子或君王之道，包括中国古代皇帝和官员政治统治特有的道德原则》（*Confucius ou la science des princes, contenant les principes, de la religion, de la morale particulière du gouvernement politique des anciens empereurs et magistrats de la Chine*），中文书名简称为《论语导读》，法文为 *Confucius ou la science des princes*。该译本包括序言"告读者"（"Avis au Lecteur"），以及《大学》《中庸》《论语》三部书的完整译稿。《论语导读》，其实是贝尼耶将该部译著的序言发表在1688年6月7日的《学者报》（Journal des Savants）上时，为文章所拟定的标题："Introduction à la lecture de Confucius"。《论语导读》根据作者自身的理解做了较大的改写，"在贝尼耶看来，孔子思想不仅仅是个人的道德，也不仅仅是指导众人关系的社会道德，它是一种真正的政治道德，是使百姓安居乐业的君王之道。因此，他采取意译改写的策略对拉丁译文进行了大幅重组及简化，力图弱化宗教因素、强化政治倾向，以便更好地向君王谏言。他在结构、内容、修辞、引语、注释等方面，运用个性化的翻译方法将其政治见解融入译文之中，援儒入政，可谓'译'于言表，表达了他希望法国政治合理借鉴中国政治的愿景"[1]。以后的卫方济（François Noël，1651—1729）、马礼逊、理雅格（James Legge，1815—1897）、卫礼

---

[1] 吕颖、孙梦:《〈中国哲学家孔夫子〉最早法语全译本〈论语导读〉研究》，载《国际汉学》，2024年第1期。

贤（Richard Wilhelm，1873—1930）等儒家翻译的汉学家都要由此开始自己的翻译事业。从这个角度看，这本书在中国典籍外译历史上具有奠基性的意义和价值。

时隔300多年后，《论语导读》于2015年由费林出版社（Le Félin）在巴黎首次刊行，由陶西格（Sylvie Taussig）编辑并为之撰写序言，梅谦立从汉学的角度撰写评述，给了世人更多了解和研究它的机会。《论语导读》共有两份手稿存世，分别以2331和2689编号，保存于法国国家图书馆阿瑟纳尔分馆（Bibliothèque de l'Arsenal）。

2019年3月24日，法国总统马克龙（Emmanuel Macron）于尼斯将其中一份手稿以国礼形式赠送给中国国家主席习近平。次年11月，这份手稿正式入藏中国国家图书馆。这是当代中法两国文化交流的重大事件，再次印证了《中国哲学家孔子》的历史性影响。

第九章

把中国呈现给欧洲：
罗明坚《中国地图集》的文化学术价值

罗明坚以前西方地图中的中国

罗明坚绘制的《中国地图集》

有关罗明坚"中国地图"的其他文献

一、罗明坚以前西方地图中的中国

对欧洲来说,东方是个神秘的地域,在欧洲的传说中,东方有个约翰长老的王国。"约翰长老是一个拥有七十多个属国的辽阔帝国的教皇。他的帝国成为当时四分五裂的基督教世界心目中的一个模范。在这个国度中,纯洁和正义占据着统治地位,自然缔造着奇迹并演绎出令人惊奇之极的进步,不论是人文的还是技术的"[1]。

对西方来说,当克劳迪亚斯·托勒密(Claudius Ptolemaeus,约90—168)的理论从希腊文翻译成拉丁文后,就逐步成为中世纪的宇宙理论。托勒密在地图中也绘出了东方和亚洲,但想象的成分更多。在托勒密的地图中,他"想象着让读者绘制27幅地图:1幅是总的平面球形图,10幅描绘欧洲,4幅描绘非洲(尽管只是北非),12幅描绘亚洲。这部著作已经把绘在图23中的'丝绸地区'与绘在图26中的'秦尼

---

1 [意]曼斯缪·奎尼、米歇尔·卡斯特诺威著,安金辉、苏卫国译,汪前进校:《天朝大国的景象:西方地图中的中国》,华东师范大学出版社,2015年,第3页。

地区'（中国地区）区分开来。前者多山，被放在北纬，与法国的纬度大致相同；后者与恒河之外的印度地区绘制在一起，俯瞰大海，被放在南纬（大致与红海差不多）。在1513年由马丁·维尔德西姆勒（Martin Waldseemüller，约1470—约1520）发行的一本著作中，我们发现地名'丝绸地区'和'秦地'都在大陆之中，并且与海洋没有任何联系"[1]。

16世纪以前，西方还没有一幅完整的中国地图。那时的西方地图绘制学建立在托勒密的宇宙观基础上，而对东方和中国的认识，中世纪以后大多还停留在《马可·波罗游记》的影响之中。14世纪保利诺·未诺里的《分成三个部分的世界地图》（De Mapa Mandi Cam Trifaria Orbis Divisione）中"第一次出现了关于契丹或大汗的描述：契丹王国和它的大汗（Incipit Regnum Catnay e His Stat Magnus Canis）"[2]。

《马可·波罗游记》一直是各种地图取材的重要来源，马可·波罗笔下的契丹财富成为中世纪欧洲经久不衰的谈论话题，汗八里、行在、刺桐港，这些都成为西方绘图学家所探寻的地方。"马可·波罗并没有留下一部他自己的制图作品，尽管在其书中谈到了他常要参考的类似欧洲或中国所出的世界地图。然而，马可·波罗描述中的一些要素对后来的制图产生了非同寻常的影响，不仅在中世纪晚期，乃至在

---

1 ［意］曼斯缪·奎尼、米歇尔·卡斯特诺威著，安全辉、苏卫国译，汪前进校：《天朝大国的景象：西方地图中的中国》，第57页。
2 参阅［意］本卡尔迪诺《15—17世纪欧洲地图学对中国的介绍》，载《文化杂志》，澳门文化司署出版，1998年春季号，第11页。

17和18世纪，代替或者结合了从托勒密和古代继承下来的资料"[1]。

托勒密时代对中国的认识是模糊的、不清晰的。以下就是古代时期西方对中国地理的全部认识：

"赛里斯国和它的都城在秦奈国的北方，赛里斯国和秦奈国的东方是未知地，遍布沼泽泥潭……"，"赛里斯国西接伊穆斯山外的斯基泰，分界线已如上述（该分界线北部端点为经度150度，北纬63度，南部端点为经度160度，北纬35度）；北接未知地，与图勒岛（Thule）位于同一纬度；东接未知地，界线为经度180度，纬度为63度至3度；南部为恒河以远的印度边缘地，沿纬度35度至东经173度印度边缘地终端为止，然后是秦奈，沿同一纬度至未知地的边缘"。"秦奈国之北毗邻赛里斯国部分地区，已见前述；东和南为未知地；西面接恒海（引者按：原文如此，当为恒河）外的印度，沿我们已经叙述过的分界线延至大海湾以及顺次与之相连的海湾、赛利奥德斯海湾（Theriades）和秦奈湾的一部分。秦奈海湾岸边居住着以鱼为食的埃塞俄比亚人。"[2]

---

[1] [意]曼斯缪·奎尼、米歇尔·卡斯特诺威著，安金辉、苏卫国译，汪前进校：《天朝大国的景象：西方地图中的中国》，第117页。
[2] 参阅Henry Yule, *Cathay and the Way Thither: Being a Collection of Medieval Notices of China*, Vol.I, London, 1866；[法]戈岱司编，耿昇译：《希腊拉丁作家远东古文献辑录》，中华书局，1987年，第29、31—32、44页；[英]裕尔撰，[法]考迪埃修订，张绪山译：《东域纪程录丛》，中华书局，2008年，第155—157页。

大航海以后，葡萄牙航海家逐渐开始放弃托勒密的宇宙观，东方逐步进入他们的视野。1567年，亚伯拉罕·奥特里乌斯（Abraham Ortelius，1527—1598）在安特卫普出版了第一本《新亚洲地图集》（*Asiae orbis Partium Maximae Nova Descriptio*）。三年以后他绘制的第一版《寰宇概观》（*Theatrum Orbis Terrarum*）收入了53幅地图，包括世界图、分海图和分区或分国图。这幅地图原为北堂藏有，现藏于中国国家图书馆。它是最早传入中国的由欧洲人绘制的世界地图[1]。

"亚伯拉罕·奥特里乌斯被看作是制图史上最伟大的创新者之一。由于他的《寰宇概观》（第一版于1570年印刷）对后来所有著作的影响，他被看作'近代地理学之父'"[2]。

在他的这两幅地图中，亚洲和中国虽然开始较为清晰地出现，但对中国的认识显然还在模糊中，地图中没有朝鲜半岛，中国的东海岸线也是直线，而不是环型曲线。

1635年，在阿姆斯特丹出版了两卷本《新世界地图集》（*Theatrum Orbis Terrarum, Sive Atlas Novus*）。这部作品含有多幅地图，其中一幅标题为"China Veteribus Sinarum Regio Nunc Incolis tame Dicta"，意为"古代中国人和现在中华帝国的居民"。

而在以上地图中，中国只是作为亚洲的一部分出现的，

---

[1] 北堂藏书号2355号、2356号是此书的1595年版本，参阅 *Catalogue of the Pei-T'ang Library*, p688。

[2] ［意］曼斯缪·奎尼、米歇尔·卡斯特诺威著，安金辉、苏卫国译，汪前进校：《天朝大国的景象：西方地图中的中国》，第158页。

第一次将中国地图作为单页绘制出来并在欧洲出版的中国地图，是葡萄牙耶稣会士、制图师路易士·乔治·德·巴尔布达（Luís Jorge de Barbuday，约1564—约1613）绘制的《中国新图》，这张图首次刊印于奥特里乌斯1584年的拉丁文版《寰宇概观》（*Theatrum Orbis Terrarum*）中。图上题名框内刻有"Chinae, olim Sinarum regionis, nova descriptio. auctore Ludovico Georgio."，全译当作"中国，或新绘中国地区，作者路铎维可·乔奇渥"，这里的路铎维可·乔奇渥就是乔治·德·巴尔布达。作为西方地图史上第一张单页绘制的中国地图，此图"为欧洲耶稣会的中国地图学打下了根基"。

16世纪还有一名重要的地图绘制专家是格拉杜斯·墨卡托（Gerardus Mercator，1512—1594），他"专攻地理学和天文学，他的声望如此之高，以致出生于佛兰德（Flanders）的根特（Gand）的皇帝查尔斯五世亲自委托他设计了一系列数学和地形测量工具。因此，墨卡托成了地球仪和天球仪生产专家，这为他赢得了声望和财富"[1]。他在《地图集》（*Atlas*）中也绘制了一幅中国地图，有学者认为"这是欧洲人绘制中国地图的奠基之作"[2]。显然，墨卡托对中国的认知一半在想象中，

---

1 ［意］曼斯缪·奎尼、米歇尔·卡斯特诺威著，安金辉、苏卫国译，汪前进校：《天朝大国的景象：西方地图中的中国》，华东师范大学出版社，2015年，第169页。
2 周振鹤：《西洋古地图里的中国》，见周敏民编《地图中国》（*China in European Maps - A Library Special Collection*），香港科技大学图书馆，2003年，第1—6页。

在其所绘中国地图中，半岛与中国东海岸线平行，日本列岛的位置也明显下移了。

以上可以看到，在1655年以前，西方地图绘制中国的历史大体可以分为三个阶段：一是托勒密世界地图上的中国；二是马可·波罗世界观念影响下的中国地图；三是1584年巴尔布达《中国新图》的问世及其影响下的中国地图。实际上，在前两个阶段，西方还没有绘制出单幅的中国地图，因而也可以认为那是西方绘制中国地图的前史。1584年问世的《中国新图》是欧洲人第一幅刊印传世单幅中国地图，它在西方地图绘制史上无疑具有重大意义。所以，西方对东方、对中国的认知是一个逐步发展的过程。

二、罗明坚绘制的《中国地图集》[1]

罗明坚是第一个入华的耶稣会士，他于1579年到达澳门，1588年离开中国返回欧洲。受他的影响，利玛窦来到中国，并在生活和传教方面得到他的照顾。他是近代中西文化交流及西方汉学的奠基人，但很长时间以来，学术界对于罗明坚在中西文化交流史上的贡献所知甚少，研究甚少。近年

---

[1] 关于罗明坚的《中国地图集》，已经出版的是Eugenio Lo Sardo, *Atlante della Cina di Michele Ruggieri S.I.*, Roma, Istituto poligrafico dello Stato, Libreria dello Stato, 1993；《大明国图志：罗明坚中国地图集》，澳门特别行政区政府文化局，2012年。

来国内外学术界对罗明坚的研究有了重大突破[1]。

1989年，意大利国家档案馆馆长罗萨多（Eugenio Lo Sardo）通过研究意大利罗马国家档案馆所存中国地图的手稿，初步判断手稿的作者为罗明坚，并在意大利国家地理学会杂志上发表了论文《有关明代中国的第一地图集——罗明坚未刊手稿》[2]。罗萨多随后组织了一批学者继续研究。1993年，意大利国家出版社出版了由他主编的《罗明坚中国地图集》，全书共137页，其中有他撰写的导言和毕戴克（Luciano Petech）教授等学者的研究成果，还有按照原尺寸复制的79页手稿，包括28幅地图和37页文字说明[3]。18世纪前在欧洲最有影响的中国地图是卫匡国编辑绘制的《中国新图志》（*Novus*

---

1 关于罗明坚的研究，参阅陈伦绪《罗明坚（1543—1607）及其汉诗》，载《华裔学志》，1993年第41期，第129—176页，《徐渭（1521—1593）创作的两首关于罗明坚（1543—1607）的汉文诗》，载《华裔学志》，1996年第44期，第317—337页；[美]魏若望：《改变对罗明坚（1534—1607）的视角及汉学起源》，载黄时鉴主编《东西交流论坛》第2期，上海文艺出版社，2001年，第314—346页；张西平：《欧洲早期汉学史：中西文化交流与西方汉学的兴起》，中华书局，2008年；张西平：《西方汉学的奠基人：罗明坚》，载《历史研究》，2001年第3期；岳峰、郑锦怀：《西方汉学先驱罗明坚的生平与著译成就考察》，载《东方论坛》，2016年第3期；另外，宋黎明：《神父的新装：利玛窦在中国（1582—1610）》，南京大学出版社，2011年；[美]夏伯嘉：《利玛窦：紫禁城里的耶稣会士》，上海古籍出版社，2011年，这两部著作中均有对罗明坚的研究。

2 Eugenio Lo Sardo, *Il primo Atlante della Cina dei Ming. Un inedito di Michele Ruggieri*, in Bollettino della Società Geografica Italiana, 1989.

3 Eugenio Lo Sardo, *Atlante della Cina di Michele Ruggieri S.I.*, 参阅Song Liming, Maria Luisa Giorgi, "Trascrizioni della tavole descriptive di Michele Ruggieri", pp.61-120; "Nota All' identificazione dei toponomi dellle carte del Ruggieri", pp.121-122.

Atlas Sinensis），而罗明坚是在卫匡国之前绘制出《中国地图集》的，这是一个伟大的进步，在西方汉学史上具有重要的学术价值。尽管关于意大利罗马国家档案馆所存中国地图手稿的真正作者曾存有争议，但罗萨多1993年出版的《罗明坚中国地图集》已经完全回应了这个问题[1]。

在地图的序言中，罗明坚首先介绍了中国的基本情况。这是来华耶稣会士在西方用欧洲语言最早对中国的介绍，对于了解当时欧洲对中国的认识有极重要的价值。现摘录有关内容如下[2]：

中国的大地被这里的人们称为"大明"。可以从他们的历史和记录中根据他们自己的看法来确定哪个民族是原住民，哪个民族是后来者。

这是一个极为广阔的国度，也是最靠东边的一块大陆。在中国的西部边界是印度王国和Brama王国，在北部则是鞑

---

[1] 美国汉学家波列斯瓦夫·什钦希尼亚克（Boleslaw Szczesniak）认为，这些来自罗马国家档案馆的地图并不真正出于罗明坚之手，他认为罗明坚本人也并非出色的绘图师，那些地图应该只是由利玛窦在1590年送到了罗马。虽然最后一份罗明坚手写档案上的日期的确标明是1606年，但那只是一个"最迟日期"（terminus ante 罗明坚卒于1607年）。有两种可能：地图集由罗明坚绘制并带回欧洲；地图集由利玛窦绘制并寄往欧洲，而后由罗明坚在意大利保管并校订，直到1607年罗明坚在意大利逝世。参阅［意］麦克雷《罗明坚的中国研究》，载北京外国语大学中国海外汉学研究中心主编《西学东渐与东亚近代知识的形成和交流》，上海人民出版社，2012年，第389页。

[2] 参阅《罗明坚的中国研究》。在这里笔者所采用的译文是由麦克雷教授从意大利文翻译成英文，后由安金辉、汪前进等人翻译成中文，在此表示感谢。

鞑靼人和其他被彼此间的恐惧、长城和山岭阻隔开的民族，其广阔的海岸线则被大洋所包围。南北走向的山脉阻隔着中国人和鞑靼人，在山脉被河谷和平原分割的缺口处，人们建起了牢固的城墙。边境一共有500英里的屏障，其中80英里是人工修建的城墙，另外420英里则是天然的山脉。

据这里居民的历史记载，这些城墙是由二百年前一位国王所建，他保卫着中国免遭鞑靼人的暴行；这些城墙屹立了93年，整个王国三分之一的人口都参与了这项工程。由于这个地区的人民勤劳肯干、自然条件优越，所以富饶而多产。这里不仅出产日常生活所需的物品，也出产为舒适、优雅地生活所需的物品。

每天都有1万名全副武装的士兵保护着皇帝，他是最伟大、最重要的当权者，还有着其他各种庄严的称谓；由于他一直在与鞑靼人交战，所以就选定了靠近鞑靼边境的一座城市Tien-nim（意译），作为他的居所。除非战事需要，否则他从不离开此地。他们比鞑靼人有优势，虽然与后者在体力、气质和技巧上相差不多，当他们被鞑靼人靠武力分开时，常常能靠诡计和机灵获胜。

罗明坚这本未出版的《中国地图集》在中西交流史上具有重要意义，是研究欧洲人早期中国观的重要文献。如学者所说，"这部地理、土产及军事等信息详尽、图文并茂的《中国地图集》，虽然未正式出版，沉没了几百年，但喻示欧洲对中国自然地理与政府构架最全面之认识，可谓欧洲汉学史上一划时代的标志性著作"[1]。

罗明坚的这本地图集共有37页说明和28幅地图，其中有些是草图，有些绘制得很精细。有以下几个特点：

(1)《中国地图集》是西方汉学史上第一个较为详细的中国分省地图集

这是罗明坚《中国地图集》的第一个重要贡献，它突破了巴尔布达绘制《中国新图》的用单页形式来绘制中国地图的方式，在中国地图的绘制上前进了一大步。从对中国的总体性、概略性认识发展到进入内部的具体认识，从单页的中国地图到分省的中国地图集，这是一个质的飞跃。

该地图集在介绍每一个省份时，对其下属的州府也都做了介绍，例如在介绍广州省时，也先后介绍了广州府、韶州府、南雄府、惠州府、潮州府、肇庆府、高州府、廉州府、雷州府、琼州府。罗明坚共介绍了中国的15个省份，他对每个省份都进行了分析性的介绍，从该省的农业生产、粮食产量、矿产、河流，到各省之间的距离及各省边界、方位，以及皇家成员居住的地点、诸如茶叶等特殊作物、学校和医科大学以及宗教方面的情况等。以往西方对中国的介绍只是总体上的，从未深入到国家内部展开如此详细的介绍。罗明坚是第一位介绍中国分省地图的西方人，使西方汉学的中国绘图迈上了新的台阶。

---

1 引自金国平文章，载《大明国图志：罗明坚中国地图集》，澳门特别行政区政府文化局，2012年，第13页。

（2）《中国地图集》首次向西方介绍了中国的行政建构

关于中华帝国的行政及国家的组织结构是当时欧洲非常感兴趣的，中国作为一个庞大的帝国是如何管理和运作的，这一直是西方所关心的重要问题。罗明坚的《中国地图集》首次回答了这个问题。他按照从"省"到"府"，从"府"到"州"和"县"的等级顺序，逐一介绍每个省的主要城市、名称，甚至连各地驻军的场所"卫"和"所"都有介绍。所以这个地图集的编辑者说："这部作品最突出之点就是作者试图准确地说明中国大陆的行政机器在形式上的完善性。"[1]如在介绍福建省的军队建制时，地图集说福建省有8个府，1个州，58个县，16个卫，17个所。其中卫的分布为：福宁卫，福州左卫，福州右卫，福州中卫，兴化卫，漳州卫，泉州卫，镇东卫，平海卫，永宁卫，镇海卫，建宁左卫，建宁右卫，邵武卫，延平卫，汀州卫，共计16卫[2]。这些是中国行政建制中的重要信息，而且是重要的军事信息。"卫"是指挥使司的简称，"所"即千户所和百户所，是中国历史上的一个军事建制。隋唐均置十六卫，各设大将军一人、将军二人。唐贞元二年（786），又各置上将军一人，统领府兵及掌管门禁、侍卫之事。明在各要害地区设置约五千六百人为一卫，由都司或行都司率领，隶属中央五军都督府，防地可以包

1　［葡］洛佩斯：《罗明坚的〈中国地图集〉》，载《文化杂志》，澳门特别行政区政府文化局，1998年春季第34期，第6页。
2　Eugenio Lo Sardo, *Atlante della Cina di Michele Ruggieri S.I.*

括一府或数府，一般驻地在某也即称某卫，如建州卫、天津卫、金山卫，后相沿成为地名[1]。

尽管这些信息只是罗明坚从中文地图文献中转录翻译而来的，但这是首次在西方文献中做如此详尽的介绍，在西方汉学史上具有重要意义。

（3）《中国地图集》较为详细地介绍了中国的社会状况

罗明坚在地图集中也介绍了中国社会生活。关于中国人的日常生活，他说："男人用银圈将头发卷子打结，以作装饰。衣服很漂亮，却不贵，是根据季节的需要，用金色的丝绸和各色的布料混合制成。冬天的时候穿两件，里面的那件会覆以貂皮或其他动物的皮毛。贵族很少使用马，而是用轿车。在城市中轿车拉着高贵的女子，轿车由布遮挡，车顶是金制的，车中的女人不会被外人看到。"关于中国人的饮食习惯，罗明坚说："食物非常充足，不同于高卢人或德国人，他们的烹饪技巧非常娴熟。他们像我们一样围绕在桌边坐着就餐，而不像波斯人或土耳其人那样席地而坐。喝酒也很有节制，不会饮酒无度。"关于中国人的家庭生活，他介绍说："他们仍旧保持着一夫多妻的婚姻传统。贵族们常常在不同的住处拥有很多的妻室，普通百姓则只有一个妻子。对通奸会处以死刑。婚礼通常在三月份和满月时举行庆典，场面非常富丽堂皇。人们唱歌、奏乐，欢乐地享受这一仪式。"[2]

1　参阅《中国历史大辞典》上卷，上海辞书出版社，2000年，第202页。
2　Eugenio Lo Sardo, *Atlante della Cina di Michele Ruggieri S.I.*

"宗教和礼仪方面,他们传播的是:在他们当中有一种偶像,他有三个名字:南无、阿弥陀佛、释迦,外貌也是不同的三种。此外他们还有一个偶像是国王的女儿,她想要承受酷刑,尽管人们请求或威胁,她都不动摇。很多年之后,人们为她建造了塑像,叫做观音。罗明坚把一些佛教画像解释为圣母玛利亚与龙在抗争,如《圣经》中描述的那样。这是一个奇怪的错误。在这里,有些中国人崇拜基督,同样也有一个脚下踩月和龙的童女被崇拜,他们还崇拜很多其他的神灵,他们想要多少就可以有多少"[1]。

罗明坚的这些介绍,如果同后来的利玛窦对中国社会生活的介绍做比较,显然简单得多。但这是耶稣会士入华后最早的对中国社会生活的描述和介绍,尽管《中国地图集》并未出版,但从历史学的角度来说,这仍是十分重要的。

(4)《中国地图集》突出了南方的重要性

罗萨多认为,罗明坚的中国地图肯定受到了中国地图学家罗洪先《广舆图》的影响[2]。根据学者汪前进的研究证明,罗明坚的地理信息取之于《大明一统文武诸司衙门官制》一书,其使用的许多基本数据大都来源于这本书。但在对中国的介绍上,罗明坚却表现了西方人的观点,他不是首先从北京或南京这两个帝国的首都或中心展开介绍,而是从南方、

---

1 [意]麦克雷:《罗明坚的中国研究》,载《西学东渐与东亚近代知识的形成和交流》,第397页。
2 参阅卢西亚诺·佩特奇《罗明坚地图中的中国资料》,载《文化杂志》,澳门文化司署出版,1997年10号。

南方沿海省份逐步展开介绍："至中国最北部边境有133天的路程，东至海岸122罗马里，西至海岸102罗马里，南至海岸307罗马里，北至海岸3罗马里[1]；至京师2422罗马里，至南京1511罗马里。最先展现的就是海南岛，其中最重要的就是这个岛的首府——琼州府"，"这种看待中国的方式与那个时代葡萄牙人的方式完全相同"[2]。因为对当时的欧洲人来说，他们更关心的是与其贸易相关的中国南部省份。所以，罗明坚从海南岛开始介绍中国的省份也在情理之中。这种编排方法就和《大明一统文武诸司衙门官制》有了区别。

（5）《中国地图集》较为详细地介绍了中国各地的物产

罗明坚在介绍每个地区时，还会介绍各地的矿产，在地图中告诉人们在那些地方可以找到的珍贵矿产。他特别关注金、银、铜、铁、锡、铅、水银等矿藏。

罗明坚对中国矿产的介绍，内容来自中国地图本身，但"罗明坚关于矿产地点的标注也许受到了西班牙和葡萄牙地图制作者的需求影响。一方面，殖民地的矿产选录是西班牙和葡萄牙商人的商业活动之一；另一方面，直到16世纪，在欧洲可见的中国地图基本都是关于海岸线和主要港口的描绘，没有包括内陆地区"[3]。这是欧洲汉学历史上第一次如此明确地介绍中国的物产。

1　应为5罗马里。
2　［葡］洛佩斯：《罗明坚的〈中国地图集〉》，第5页。
3　［意］麦克雷：《罗明坚的中国研究》，载《西学东渐与东亚近代知识的形成和交流》，第398页。

三、有关罗明坚"中国地图"的其他文献

目前罗萨多在1993年出版的《罗明坚中国地图集》，只是对藏在意大利国家档案馆的罗明坚文献的整理成果，而罗明坚的手稿仍有大量尚未整理，例如仍藏在意大利国家图书馆的"四书"的拉丁文手稿，藏在耶稣会档案馆的《葡华辞典》手稿与散页等。特别是在耶稣会档案馆收藏的罗明坚所写的《递呈给耶稣会总会长阿桂委瓦的中国传教事务报告（1577年11月至1591年）》（Relatione del successo della missione della Cina del mese di Nov. 1577 alli 1591 del P. Roggieri al nostro P. Generale Acquaviva.）中含有罗明坚翻译中国地图的手稿。例如，用葡萄牙文撰写的中国地理情况的介绍，包括一章有中国州、府、县、卫书目的表格，各地的物产介绍。这幅地图部分的标题为"Sinarum regni aliorumque regnorum et insularum illi adiacentium descriptio"（中国及其周边国家地图），图上有中国15个省，分别为北京（Pacquin）、南京（Nanqui）、山东（Xantum）、山西（Xansii）、陕西（Xiansii）、河南（Honan）、浙江（Chequean）、江西（Quiansi）、湖广（Huoquan）、四川（Suchuan）、福建（Foquien）、广东（Quanta）、广西（Quansii）、云南（Hiunan）、贵州（Queioheu）。

长期以来，一些研究者认为这幅中国地图是利玛窦所作[1]。

---

[1] 洪业：《洪业论学集》，中华书局，1981年。该书中报道了1935年《北京天主教会通报》说当时在罗马发现了利玛窦1588年绘制的中国地图一幅，用拉丁文译注。

但宋黎明认为"手稿的作者更可能是罗明坚而非利玛窦。更重要的是，这个手稿的笔迹以及纸张与罗马国家档案馆的一些手稿完全相同，据此可以肯定罗明坚是这些拉丁文手稿的作者。由于罗马耶稣会档案馆的这些手稿和地图来自范礼安，由此可以推断，罗明坚于1583年将手稿寄给范礼安，范礼安则于1588年将它们连同一幅地图寄给耶稣会总会长阿桂委瓦"[1]。

在意大利国家图书馆藏有《天主圣教实录》[2]的拉丁文翻译[3]，罗明坚自己提到过这份文献，他在1583年2月7日的信中说："目前我已经转写了几本要理书籍，其中有《天主真教实

---

[1] 宋黎明：《中国地图：罗明坚和利玛窦》，载《北京行政学院学报》，2013年第3期。

[2] 关于罗明坚的这本著作，在罗马耶稣会档案馆有不同的版本，一种是《新编天竺国天主实录》（Jap-Sin I,189），另一种是《天主实录》（Jap-Sin I,190），两种版本在装帧、署名和内容上都有些差别。参阅《天主教东传文献续编》第2册《天主圣教实录》。另一种说法认为《天主圣教实录》这本书是罗明坚在一名福建秀才的帮助下从拉丁文翻译而成的。"在天主的名义下，罗明坚在肇庆出版了第一个中文天主教宣传品《祖传天主十诫》。同样在天主的名义下，罗明坚也在肇庆出版了第一本中文天主教著作《天主实录》。他为《天主实录》准备了四年时间。早在1581年他在澳门用拉丁文写作了一个教理问答，后在肇庆一个福建秀才的帮助下完成了翻译工作，取名《天主实录》，在王泮的鼓励与首肯下，1584年年底问世。"宋黎明：《神父的新装——利玛窦在中国（1582—1610）》，第31—32页。

[3] "1581年，罗明坚写了一本拉丁文的传教著作，他将它叫作《问答集》。他的几个翻译将这本书译成了中文。虽然范礼安在1582年指示罗明坚出版这本书，但它还是仅仅以手稿的形式流传。1584年的夏天和秋天，一位从福建来的曾接受过利玛窦在信仰上指导的秀才，在利玛窦的帮助下，将该书从头至尾翻译完，并在文字上做了润饰。这是利玛窦第一次为了寻找恰当的中文词汇来表达天主教思想而绞尽脑汁的经历。"[美]邓恩著，余三乐译：《从利玛窦到汤若望：晚明的耶稣会士》，上海古籍出版社，2003年。

录》（*Doctrina*）、《圣贤花絮》（*Flos Sanctorum*）、《告解指南》（*Directorium Confessariorum*）或《信条》（*Confessionario*）与《要理问答》（*Catechismo*）等。"[1] 在这封信中他也明确说，去年"我曾寄去一本中文书，并附有拉丁文翻译……"，一年后他在给阿桂委瓦的信中再次提到这个问题。罗明坚说："现在我已经校正了我的《新编天主实录》，是用中文撰写的，用了四年功夫，曾呈献给中国官吏批阅，他们曾予我褒奖，要我赶快印刷，越快越好；视察员与其他神父都审察了一番，认为没有问题，也要我快去印刷，只因要改正一些句子，迟延到今年方能出版，如托天主之福今年能出版的话，将把它移译为拉丁文，明年再给神父寄去。"[2]

这份文献第一页写有中文"仁、义、礼、知、信"五个大字，宋黎明认为，这是罗明坚从中国带到罗马的中国助手所写[3]。

这份文献中也包含了罗明坚对中国地理的介绍，他写道：

中华帝国是东方最富裕、丰饶的国家。该国分为15个行

---

[1] 《罗明坚致总会长阿桂委瓦神父信：1583年2月7日》，见罗渔译《利玛窦书信集》（下），台湾光启出版社，1986年，第446页。

[2] 同上。

[3] "罗马国家图书馆所藏拉丁文《天主实录》的封面上，有罗明坚献给教皇格里戈里奥十四世（Gregorio XIV）的题签，中央从上往下则是'仁、仪、礼、知、信'五个汉字及其拼音和翻译，这五个汉字为中国人题写，与上述三幅地图中的中文似出自同一人之手，此人无疑是罗明坚在罗马绘制中国地图集的重要助手之一。"参阅宋黎明《中国地图：罗明坚和利玛窦》，《北京行政学院学报》，2013年第3期。

省，受一王统御。所有行省的也是全国的首都是个皇城，被人们称为"北京"，该名称取自其所在的省份。实际上，北京的意思是"北部朝廷"，事实上还有一个城市的名字是南京，意为"南部朝廷"，是过去皇上居住的地方。北朝以其特别的方式管理七个行省。南朝管理八个行省，但最终重大之事的决定权仍要转交北朝。

事实上，皇宫的地址已转移到北方，尽管这里经常跟相邻的鞑靼人发生战事。因此他们建造了一道宏伟的墙，有了这道墙，他们可以更容易地减缓鞑靼人的进攻速度并抵御他们频繁的入侵。

皇帝在每一个行省都设立代表，被称为"督抚"，督抚下设两个职位较高的官员，一个管理刑事及民事诉讼，另一个负责王室的财政和税收事务。两类官员都有很多助手，分布在全省各地区，还有很多管理各个市县的官员。事实上，这种形式在很大程度上类似于我们欧洲的政府模式。在这些行省里——除村庄外，因为村庄可以用不计其数来形容了——大的城市可分为五个级别。有很多被称为"府"，然后是"州"，第三个是"县"，第四个是"卫"，第五个也是最后一个是"所"，它们的级别按上述顺序递减。他们都把名为"府"的城市看作最重要的。

然后是一部分被称为"州"的城市，他们只对行省的首府负责。前三个行政级别的城市被城墙和壁垒包围。另外两个有点像军事戍卫队，有很多堡垒，上面驻守很多卫兵，保护守地。全中华帝国一共有155个府、1154个县、211个卫和

213个所。被称为"县"和"所"的两种城镇大部分都分布在北方。由于该地常受鞑靼人的侵扰,因此这里设置了很多军事岗哨和城堡,里面住了很多士兵。这些士兵大多数并不是为领军饷,而是由于犯过罪被皇帝强迫服役的。由于中国人天性平和,而步入军事生涯的这些士兵又不是出于自愿,是接受惩罚而被迫如此,因此他们在战斗中并不拼力。所以,尽管士兵人数众多,但军事收效甚微。

由此可以看出中国有多么辽阔。该国有15个行省,每省都有不同的语言,除此之外,所有省份都用一种语言,被称为"官话"或者"官员的语言"。之所以被叫作"官员的语言"是因为在公共事务上只使用这一种语言。因此,那些经常从本省派去外省的官员们,在他们行政的省份里,不讲本地俗语。全国使用相同的汉字。另外,汉字也同样被日本人、南圻人和暹罗人所熟识。事实上,汉语是由无数单音节声调一个一个组成的。[1]

这说明,尽管罗萨多出版了《罗明坚中国地图集》,但罗明坚关于中国地图的绘制和研究的文献并未穷尽,尚有许多重要的中国地图、地理文献待进一步整理。"因此,要勾画出罗明坚中国地图集的全貌,则需要全面地综合研究所有这些资料,而这将是一个更加繁重和复杂的工作"[2]。

---

[1] 感谢麦克雷教授所提供的这部分文献的译稿。
[2] 宋黎明:《中国地图:罗明坚和利玛窦》,《北京行政学院学报》,2013年第3期;宋黎明:《评〈大明国图志:罗明坚中国地图集〉》,载《文化杂志》,2014年第92期,对这个问题作了进一步的详细分析。

利玛窦在肇庆期间给罗马的信中提到过他要绘制中国地图。1584年9月13日，利玛窦从肇庆致函胡安·巴蒂斯塔·罗曼（Juan Bautista Roman），介绍了中国有15个省，并写道："现在我不能将中国全图（Toda la China）寄给您，该地图用我们的方式绘制在纸上，每省一图，这样可以汇成一集，但现在我还没有做好。天主在上，但愿我尽快寄给您，不管您在何处，这样您可以看到漂亮的每个省和城市。"[1] 1585年后，利玛窦的兴趣已经集中到绘制世界地图上了。从他在中国的处境来看，利玛窦将精力集中在世界地图是对的，以后的历史证明，他所绘制的《世界地图》对中国产生了多么重大的影响[2]。相应地，罗明坚在意大利将精力放在绘制中国地图上自然也是十分重要的，无论是觐见西班牙国王，还是觐见教宗，中国地图都是作为重要的礼物被呈现的[3]。罗明坚和利玛窦各自做出了自己的贡献，如宋黎明所说："如果说利玛窦是用中文绘制世界地图的第一人，那么罗明坚则是用西文制作中国地图集的第一人。"[4]

---

[1] 转引自宋黎明《中国地图：罗明坚和利玛窦》，《北京行政学院学报》，2013年第3期。
[2] 参阅黄时鉴、龚缨晏《利玛窦世界地图研究》，上海古籍出版社，2004年。
[3] 参阅萨安东《罗明坚在欧洲》，载《大明国图志：罗明坚中国地图集》。
[4] 宋黎明：《中国地图：罗明坚和利玛窦》，《北京行政学院学报》，2013年第3期。

第十章

中华传统医学西传欧洲：
《中华帝国全志》

《中华帝国全志》对《黄帝内经》的翻译与介绍
《中华帝国全志》对《本草纲目》的翻译与介绍
《中华帝国全志》对中医介绍的整体性
《中华帝国全志》在欧洲的影响

1735年，法国耶稣会士杜赫德（Jean Baptiste Du Halde，1674—1743）的《中华帝国及其鞑靼地区地理、历史、编年、政治、自然之描述》（*Description géographique, historique, chronologique, politique, et physique de l'empire de la Chine et de la Tartarie chinoise*）在巴黎刊行，中文称《中华帝国全志》。这部书是18世纪重要的汉学著作，在欧洲产生了重大的影响，被后世视为"西方早期汉学三大名著"之一。伏尔泰将杜赫德列为当时最有影响的369位作家之一，并在他撰写的"杜赫德"条目中写道：杜赫德虽然不曾走出巴黎，不认识一个汉字，但是，他借助教会同僚们撰写的相关报道，编纂了一部内容最丰富的关于中国的佳作，堪称举世无双[1]。当时法国启蒙思想家魁奈则说："杜赫德神甫精心收集了不同的回

---

1 ［法］蓝莉著，许明龙译：《请中国作证：杜赫德的〈中华帝国全志〉》，商务印书馆，2015年，第11页。*La mission française de Pékin aux XVIIe et XVIIIe siècles: actes du Colloque international de sinologie*, Centre de recherches interdisciplinaire de Chantilly, 20-22 septembre 1974; *Les rapports entre la Chine et l'Europe au temps des Lumières: actes du IIe Colloque international de sinologie*, Centre de recherches interdisciplinaire de Chantilly (CERIC), 16-18 septembre 1977。

忆录，并刻意把它们改写成历史讲义。这部著作的功绩是相当卓著的，我正是依靠这位作家的材料来论中国的……"[1]。

关于杜赫德的这本巨作，国内外学术界已经有了一定的研究，中国学术界关心较多的是关于书中的中国地理研究[2]、中国哲学研究和中国文学研究[3]。

从自然科学的发展来看，基本的事实就是，科学的历史是一个相互交融而推动自然科学发展的历史。如中国自然科学史专家李约瑟（Joseph Needham，1900—1995）所说："纵观人类把研究自然作为单一的事业的有所进步，可知其暗含着一个交汇的模式。这一模式事实上是处于中心地位。"[4]《中华帝国全志》是17至18世纪中国知识西传欧洲的百科全书，其对中国百科全书式的介绍，成为当时欧洲介绍中国最全面的著作。1735年，《中华帝国全志》法文版一经发售就在当

---

[1] 阎宗临著，阎守诚编：《传教士与法国早期汉学》，大象出版社，2003年，第97页。
[2] 白鸿叶、李孝聪：《康熙朝〈皇舆全览图〉》，国家图书馆出版社，2014年。
[3] 张西平：《欧洲早期汉学史——中西文化交流与西方汉学的兴起》，中华书局，2009年；许明龙：《欧洲十八世纪中国热》，外语教学与研究出版社，2007年；张国刚：《从中西初识到礼仪之争——明清传教士与中西文化交流》，人民出版社，2003年；莫东寅：《汉学发达史》，大象出版社，2006年；何寅、许光华主编《国外汉学史》，上海外语教育出版社，2002年；张明明：《〈中华帝国全志〉研究》，学苑出版社，2017年。赵霞：《〈中华帝国全志〉中医药典籍译介策略及其社会历史语境研究》，载《中国中西医结合杂志》，2019年第6期；付璐、肖永芝：《浅谈〈中华帝国全志〉对〈本草纲目〉的翻译与传播》，载《中医杂志》，2019年第15期；汪田田、赵小妹、马晓婧：《"中学西传"背景下〈中华帝国全志〉对〈本草纲目〉的选译》，载《重庆交通大学学报》，2021年第4期。

年售光，第二年（1736）在海牙发行了第二版。1736年，此书又被译成英文，题为 *The General History of China*，由英国出版商瓦茨（John Watts）于伦敦刊行，共四册[1]。1749年，译自法文的德文版四卷本出版，题为《中华帝国及大鞑靼全志》（*Ausfuhliche Beschribung des Chinesischen Reichs und der grossen Tartarey*）[2]。1777年，《中华帝国全志》又被译成俄文于圣彼得堡刊行。由此，随着《中华帝国全志》的法文、英文、德文、俄文版的出版，中国知识在欧洲的传播进入高潮。

根据马堪温教授的统计，17世纪西方出版有关中医药的书籍约10种（脉学3种，针灸5种，药物1种，通论1种）；1700至1840年间约60余种（针灸47种，脉学5种，临床2种，药学1种，医史2种，共有8家出版社）；1840至1949年间出版书籍约120种（针灸9种，药学34种，临床7种，脉学2种，卫生9种，其他如传记、法医、炼丹、中医典籍译文32种，包括美国也有多种出版）[3]。这说明，从17世纪到19世纪中医在西方逐步得到重视。"18世纪传入欧洲的中医理论，对西方人来说是新颖的、陌生的，由于理解和翻译的困难，有时造成了对中医的误解"[4]。也就是说，中医传入欧洲后也有所争论，有的赞

---

1 Du Halde, Jean Baptiste. *The General History of China*. London: John Watts, 1736.
2 Johann Baptista Du Halde, *Ausfuhliche Beschreibung des Chinesischen Reichs und der grossen Tartarey*. 4. Dritter Theil, Rostock 1749.
3 马堪温：《欧美研究中医史及近年情况简介》，《医史与文献资料研究》，中国中医研究院医史文献研究室编，1978年。
4 韩琦：《中国科学技术的西传及其影响》，河北人民出版社，1999年，第133页。

成，有的批评[1]，但正如韩琦所说，正是在这种争论中，中医逐步传入欧洲。在此过程中，杜赫德的《中华帝国全志》无疑起到了重要的作用。

而白晋等法国来华耶稣会士在《中华帝国全志》中所介绍的以中医为代表的东方医学知识引起欧洲的注意。下文将集中对《中华帝国全志》一书就中国传统医学的介绍做相关研究。《中华帝国全志》对中医的介绍和研究主要是在第三卷[2]。

首先，《中华帝国全志》第三卷中对中医的哲学基础做了介绍。作者认为中医和中国人的哲学思想是联系在一起的、是和上天联系在一起的，这是中国古代"天人合一"思想在医学上的表现。中医的核心理论认为"生命由两大物质构成，即热和寒，而气和血是载体。中国人也把热称为'阳'，把寒称为'阴'。他们认为人就是阴阳二者合成的"[3]。这个

---

1 ［美］韩瑞著，栾志超译：《图像的来世：关于"病夫"刻版印象的中西传译》，三联书店，2020年。

2 关于中医西传的研究，参阅王吉民、傅维康合编：《中国医学外文著述书目（1656—1962）》，上海中医学院医史博物馆，1963年；潘吉星：《18世纪译成西文的七部中国科学著作》，情报学刊，1992年第2期；潘吉星：《中外科学之交流》，香港中文大学出版社，1993年；[波]卜弥格著，张振辉、张西平译：《卜弥格文集：中西文化交流与中医西传》，华东师范大学出版社，2013年；张西平编《中波交流的使者卜弥格研究论集》，学苑出版社，2022年；韩琦：《中国科学技术的西传及其影响》，河北人民出版社，1999年；方豪：《中西交通史》，上海人民出版社，2015年；廖育群：《中国科技史：医学卷》，科学出版社，1998年。

3 Jean-Baptiste Du Halde, *Description géographique, historique, chronologique, politique, et physique de l'empire de la Chine et de la Tartarie chinoise*. Paris: P.G. Lemercier 1735, v.III, pp.380.

介绍大体符合中医的思想。《黄帝内经》云："阴阳者，天地之道也。万物之纲纪，变化之父母，生杀之本始，神明之府也。治病必求与本。"这说明中医的思想基础是中国哲学。

由此，作者对中医的基础性理论做了进一步的介绍，"中国人认为，人体是由若干元素组成的，这些元素被归纳为：土、金、水、气（木）、火。这些元素构成了人体，但每种器官都只有一种元素作为主导或灵魂。如火主心及心脏周边的脏器。南方是天的一个部分，正对应着这些器官，因为这些器官是热量（阳）的所在，所以夏天应注意防范心脏的疾病"。

肝脏及胆囊属气（木），二者都与东方有关，东方是风和植物草木的诞生之地，因而春天里应关注这两个器官的状态。肾和输尿管（膀胱）属水，与北方有关，因此在冬天最宜于保养肾和膀胱。金主肺和大肠，属西方，因此在秋季应注意养肺。脾胃属土，对应着天的中心，位于四极之间居中的部位，每个季节的第三个月应注意保养这两个器官。命门和身体第三部分分别属火和水，与心、肾相连，所以，心脏和肾脏一有风吹草动，就会在这两个器官上留下痕迹。

传教士认为中国人的推理和欧洲人差不多，他们认为上述五种元素（五行）与人体有顺、有逆，而五行与身体的顺逆是产生各种疾病与变异的根源。他们认为可以通过脉象的差异准确地判断身体各部分、各器官的状态，其原理如下：他们说，脉象生于运动，即产生于血、气在体内的反复流动。

这里介绍了中医的五行学说，中国典籍《洪范》中首次提出"五行"：

"五行：一曰水，二曰火，三曰木，四曰金，五曰土。水曰润下，火曰炎上，木曰曲直，金曰从革，土爰稼穑。润下作咸，炎上作苦，曲直作酸，从革作辛，稼穑作甘。"以后发展了五行说、五行归类法、五行相胜法，并逐步同阴阳理论结合，"气，阴阳、五行学说是中医自然哲学的理论构成的核心"[1]，杜赫德在这里的转述，大体符合中医的阴阳五行学说。

其次，杜赫德在书中对中医的看法表现出两面性，一方面他站在西方文化的立场，认为中医"对人的躯体了解甚少，而且从来没有对解剖学加以研究，所以他们几乎不知道人身体各部分的功能，也不清楚各种疾病的原因。因此，他们的医学是建立在一种缺乏对身体结构了解的体系上发展起来的。这样，我们也就不会觉得奇怪为什么中国医学没有像欧洲医学一样取得如此巨大的进步"[2]；但同时他又承认中医是经过几千年实践的医学，认为中医有着自己独特的体系。在书中他举传教士的亲身经历为例说明中医之神奇。书中说，当时有个传教士在南京的大牢里病倒了，病势沉重，十分凶险。许多教徒来看这位即将去世的神父，他们万分焦急，请了一位当地的名医来救治，这位郎中虽然有些不情愿，还是跟着来了。他进了牢房，先把病人上下左右地反复打量了一番，接着照惯例号了脉，当下开了三副药，告诉病

---

[1] 马伯英：《中国医学文化史》，上海人民出版社，2020年，第197页。
[2] Jean-Baptiste Du Halde, *Description géographique, historique, chronologique, politique, et physique de l'empire de la Chine et de la Tartarie chinoise*. v.III, pp.380.

人早晨吃一副，午后一点吃一副，晚上吃第三副。三副药都吃完后，到了夜里，病人病势转趋沉重，已经口不能言了，大家以为神父真的不行了。然而到了天明，却出现了奇迹般的变化。郎中二次为他号过脉之后，告诉他已经完全好了，只需在恢复期间注意某些饮食的禁忌就可以了。照大夫说的，几天之后病人就完全恢复了[1]。书中这样的事例，肯定会使读者对中医的医疗效果产生信任。

最后，杜赫德在《中华帝国全志》中对中医的重要文献做了翻译，主要有《黄帝内经》《本草纲目》《脉经》。

目前对关于《中华帝国全志》中的中医介绍有一些研究，如对《本草纲目》翻译的研究。但对《中华帝国全志》中中医介绍的整体性研究不够，对其中医西传的汉学传统研究不够。笔者将从这两方面进一步深化研究。

一、《中华帝国全志》对《黄帝内经》的翻译与介绍

首先，在《中华帝国全志》中，法国来华耶稣会士对《黄帝内经》中阴阳五行与脏器养生的思想做了介绍。《黄帝内经》是中国最古老的医学著作，最早载于《汉书·艺文志》。"《黄帝内经》是由《素问》和《灵枢》两大部分组成的，各有医学论述性文章81篇，内容涉及人体的生理、解

---

[1] Jean-Baptiste Du Halde, *Description géographique, historique, chronologique, politique, et physique de l'empire de la Chine et de la Tartarie chinoise.* v.III, pp.382-383.

剖、病理、诊断、治疗原则、疾病预防思想以及广泛引进的阴阳五行学说等"[1]。

前文有《中华帝国全志》对《素问·阴阳应象大论》的五行、五脏、方位、季节之间关系的综合表述。在《黄帝内经》中，对五行与方位、五脏的关系有清晰的论述。东对应肝，风，木，酸，筋，眼；南对应心，热，火，苦，血脉，舌；西对应肺，燥，金，辛，气，鼻；北对应肾，寒，水，咸，骨髓，耳；中对应脾，湿，土，甘，肉，口。《素问·四气调神大论篇》说："春三月，此谓发陈……。夏三月，此谓蕃秀……。秋三月，此谓容平……。冬三月，此谓闭藏……"由此提出的养生原则是：春生夏长，秋收冬藏。

《素问·阴阳应象大论》中，讲述了阴阳与四时的对应关系。

帝曰：余闻上古圣人，论理人形，列别脏腑，端络经脉，会通六合，各从其经；气穴所发，各有处名；溪谷属骨，皆有所起；分部逆从，各有条理；四时阴阳，尽有经纪。外内之应，皆有表里，其信然乎？

故曰：天地者，万物之上下也；阴阳者，血气之男女也；左右者，阴阳之道路也；水火者，阴阳之征兆也；阴阳者，万物之能始也。故曰：阴在内，阳之守也；阳在外，阴之使也。[2]

---
[1] 李经纬：《中医史》，海南出版社，2007年，第48页。
[2] 姚春鹏译注《黄帝内经》，中华书局，2009年，第50页。

阴阳五行是中医学认识世界的基本框架。古人认为作为天地万物本源的气或称元气，具有运动化生的本性。气的运动展开为阴阳五行，阴阳五行之气是世界的基本结构。整个世界就是以气为内在本质，以阴阳五行为外在形态表现的动态统一系统。万事万物通过阴阳五行联系为一个统一的整体。《黄帝内经》根据这一思想建立了以五脏为中心，在内联系六腑、经脉、五体、五华、五窍、五志等，在外联系五方、五时、五味、五色、五畜、五音、五气等，相互关联、相互作用的整体医学宇宙观。阴阳脏腑辩证成为中医认识疾病的基本思维模式。

以上，《中华帝国全志》通过翻译，转述了《黄帝内经》的这一思想。

从中国古代的宇宙观来看，古人把包括人在内的整个宇宙看成是一个大生命的流行发育过程，体现了天人合一的天人相应观。天人问题是中国古代哲学的基本问题，在这个问题上各家说法虽有不同，但基本上取天人合一的观点。《黄帝内经》持天人相应的观点，其基本内涵是人由天地之气所化生，人的生命活动取决于天地自然的变化规律，人也应该主动地去顺应天地自然的变化规律。顺应天地自然对养生和治病有着特别重要的意义，顺之则生，逆之则死。

天地万物由一气所化。中国古人认为气是宇宙和生命的原始物质。《中华帝国全志》在介绍中医时也认识到了这个基本的特点，书中说：

医学在中国人心目中占有十分重要的地位。不仅因为医学具有养生治病的作用，也因为中国人相信医学和上天的运动有着密切的联系。过去，中国曾有过一些皇家医学院，现在中国最著名的医生都是从祖上世代相传的。中国人认为生命由两大物质构成，即热和寒，而气和血是载体。[1]

阴阳和平是中医学最高的价值追求。追求宇宙万物的和谐是中华民族的永恒价值观。同样，《黄帝内经》也认为阴平阳秘是生命存在的前提。在养生上，调和阴阳，达到和同筋脉、气血皆从、内外调和是最终目标。人之所以生病，根本原因就是气血阴阳的逆乱失调，所以中医的具体治疗原则虽有很多，但都以平调阴阳气血为最终目的。

《中华帝国全志》也看到了这一点，书中说：

中国人也把热称作"阳"，把寒称作"阴"。他们认为人就是阴阳二者合成的。他们从这两个词的形状特点创造出了"人"这个字。他们有一种非常具有象征性的说法：就像把"阴""阳"二字拆开会把"人"字破坏一样，将人身上的阴阳二者分开同样会毁坏人的身体。中国人认为，阴阳存在于人身体的各个主要部分中，存在于人体一切器官中，当然也

---

[1] Jean-Baptiste Du Halde, *Description géographique, historique, chronologique, politique, et physique de l'empire de la Chine et de la Tartarie chinoise*. v.III, pp.379.

存在于肠胃里，给人带来生命和活力。[1]

其次，《中华帝国全志》介绍了《黄帝内经》中脉学的基本内容，书中写道：

他们认为人体内存在着水分和热量所经扩散的12条通道。他们认为心脏与双手之间有一条通道，基本水分就由此传送，命名为"手少阴经"（Cheu Chao Yin Jing）。与其相连的六腑也是通过相同的通道（经络）输送维系生命的基本热量。输送热量的途径名为"手太阳经"（Cheu Tai Yang Jing），这两个连在一起的源就构成了命源之一。

肝脏向双脚输送基本水分，运送的通道名为"足厥阴经"（So Kiue Yin Jing），胆囊负责提供维持生机的热量，运送的通道称为"足少阳经"（So Chao Yang Jing）。

肾脏通过另一条通道提供基本水分，输尿管则提供维持生机的热量。这些通道维系着身体左侧的生机循环。在身体

---

[1] Jean-Baptiste Du Halde, *Description géographique, historique, chronologique, politique, et physique de l'empire de la Chine et de la Tartarie chinoise*. v.III, pp.379。这就是《黄帝内经》所说的："三阴中有阴，阳中有阳。平旦至日中天之阳，阳中之阳也；日中至黄昏，天之阳，阳中之阴也；合夜至鸡鸣，天之阴，阴中之阴也；鸡鸣至平旦，天之阴，阴中之阳也。故人亦应之。则脏者为阴，腑者为阳。肝心脾肺肾五脏皆为阴，胆胃大肠小肠膀胱三焦六腑皆为阳……故背为阳，阳中之阳，心也；背为阳，阳中之阴，肺也；腹为阴，阴中之阴，肾也；腹为阴，阴中之阳，肝也；腹为阴，阴中之至阴脾也。此皆阴阳、表里、内外、雌雄相输应也。故以应天之阴阳也。"姚春鹏译注《黄帝内经》，中华书局，2012年，第39页。

右侧，肺脏向双手输送基本水分，其通道称为"手太阴经"（Cheu Tai Yin Jing）。大肠提供维持生命的热量，其通道名为"手阳明经"（Cheu Yang Ming Jing）。

脾脏为双足提供基本水分（水根），而胃则提供维系生命的热量（热根），这两条通道分别称为"足阳明经"（So Yang Ming Jing）和"足太阴经"（So Tai Yin Jing）。"

由命门向双手运送水分的通道叫作"手厥阴经"（Cheu Kiue Yin Jing），由身体第三焦向双足输送维系生命的热量的通道称为"手少阳经"（Cheu Chao Yang Jing）。[1]

按照中医理论，生机活力就是这样分布到全身的。书中说：

要想成为学识渊博的中国医生，就必须充分了解源自上述十二脏腑的这六大生命之源，对其所经过的通道和途径（经络）乃至其可能的变化、演替必须了如指掌。……他们说，脉象生于运动，即产生于血、气在体内的反复流动。血、气是通过我们前面讲过的12条通道被输送到身体的每一部分的。[2]

这段话是对《灵枢·经脉》的转译，原文内容大体是：

---

[1] Jean-Baptiste Du Halde, *Description géographique, historique, chronologique, politique, et physique de l'empire de la Chine et de la Tartarie chinoise*. v.III, pp.381.

[2] 同上书，pp.484-485。

十二经脉也被称为十二正经，是人体全身经络系统的主体。各条经脉的名称是依据其相关的脏腑及阴阳属性、循行部位进行综合权衡而命名的。十二经脉分别隶属于十二脏腑，在手足、内外、前中后的不同部位循行，分别是手太阴肺经、手厥阴心包经、手少阴心经、手阳明大肠经、手少阳三焦经、手太阳小肠经、足太阴脾经、足厥阴肝经、足少阴肾经、足阳明胃经、足少阳胆经、足太阳膀胱经。十二经脉彼此相连，互相连通，形成了一个循环不息的传递系统。气血通过经脉到达全身的每个角落。

对照原文和译文，《中华帝国全志》对十二经脉的介绍主要有以下三个特点：

第一，《中华帝国全志》对十二经脉知识的介绍是十分重要的，因为中国医学对待身体的认知和调理方式与欧洲完全不同。虽然中外医学都是研究人的身体与疾病的知识，但不同地区和国家的医学知识系统是完全不同的，尤其是中国和欧洲。所以法国来华耶稣会士首次将十二经脉的知识介绍到欧洲功不可没。

第二，法国耶稣会士对十二经脉介绍不全。通过以下对比，可以看到《中华帝国全志》中缺少了对足少阴肾经和足太阳膀胱经这两个经脉知识的介绍。

  《黄帝内经》   《中华帝国全志》
 1. 手太阴肺经   手太阴经
 2. 手厥阴心包经   手厥阴经
 3. 手少阴心经   手少阴经

4. 手阳明大肠经　　　手阳明经

5. 手少阳三焦经　　　手少阳经

6. 手太阳小肠经　　　手太阳经

7. 足太阴脾经　　　　足太阴经

8. 足厥阴肝经　　　　足厥阴经

9. 足少阴肾经　　　　/

10. 足阳明胃经　　　 足阳明经

11. 足少阳胆经　　　 足少阳经

12. 足太阳膀胱经　　 /

第三,《中华帝国全志》对经脉知识的介绍较为简单。《黄帝内经》的原文对每一经的描述有两个要点:

其一,对经脉的路线有清楚的交代。例如,三焦手少阳之脉,起于小指次指之端,上出两指之间,循手表腕,出臂外两骨之间,上贯肘,循臑外,上肩,而交出足少阳之后,入缺盆,布膻中,散落心包,下膈,循属三焦;其支者,从膻中上出缺盆,上项,系耳后直上,出耳上角,以屈下颊至𩑺;其支者,从耳后入耳中,出走耳前,过客主人前,交颊,至目锐眦。而《中华帝国全志》中仅仅是"由身体第三焦向双足输送维系生命的热量的通道称为'手少阳经'"一句话,起点和终点都有,但经脉所经身体的部位没有介绍。

其二,《黄帝内经》对每一条经脉不通所产生的病况有清楚的描述,如关于"手太阳经"不通所产生的病况:"是动则病,耳聋浑浑焞焞,嗌肿喉痹。是主气所生病者,汗出,目锐眦痛,颊痛,耳后、肩、臑、肘、臂外皆痛,小指次指不用。为此诸病，盛则泻之，虚则补之，热则疾之，寒则留之，陷下则灸之，不盛不虚以经取之。……"但在《中华帝国全志》中这些都没有翻译。

最后，关于《中华帝国全志》对《黄帝内经》加以介绍的学术地位。如何评价法国耶稣会士对《黄帝内经》的介绍，这只有将其放到西方早期汉学史的发展脉络中，放到中国知识西传的历史进程中才能给它一个明确的定位。

美国人德克·卜德（Derk Bodde，1909—2003）著有《中国物品西传考》一书。他认为，从汉代开始，中药就开始传入欧洲，其中有火风子油、麻黄碱和大黄等。宋代开宝元年（968）设置市舶司，"公元971年在广州设置市舶司，当时我国的特产药物经市舶司，由阿拉伯人运往西方的约有58种，其中植物药约47种，包括人参、茯苓、川芎、肉桂等等（《宋会要》）"[1]。马可·波罗在其游记中也介绍了契丹的樟脑、肉桂、麝香、大黄等[2]。

西方对中医的深入了解还是从晚明耶稣会入华后开始的。利玛窦在其《耶稣会与天主教进入中国史》一书中这样向西方介绍中医：

中国的医术与我们有相当大的差异，似乎是靠脉搏来

---

[1] 马堪温：《欧美研究中医药史及近年情况简介》，载《医史与文献资料研究》第4期，中医研究院医史文献研究室，1978年。
[2] ［法］沙海昂注，冯承钧译：《马可波罗行纪》，商务印书馆，2015年，第111、149、247、250、251页等。

进行诊断，往往收效甚佳，但中医所用皆为草药，包括植物的根部和其他部分，类似于我们使用草药的方法。中国没有公共的学校传授医术，所有的人都是自愿拜师学医。朝廷在南北两京举行医术的考试，授予学位，但并不严肃，有学位的人并不比没学位的人更有权威，因为任何人行医都不受限制，所有想行医的人，无论医术高低，都可以行医看病。

事实表明，无论是数学还是医学，都是那些能力和才干不高，无法求取功名的人所研习的学科，因此这些学科往往被人轻视，发展相当缓慢。[1]

在谈到中药的价值时，他说："说到药材，这里有些出产是在其他任何地方都找不到的，尤其是大黄和麝香，波斯的撒拉逊人通过陆路将其带到世界各地，再以高价出售，而在这里却不太值钱。因此，在这里一磅大黄只卖两个巴约齐，而一磅麝香不过卖六七两银子。"[2]利玛窦对中医的评价一般，对中药介绍不多。

---

1 ［意］利玛窦：《耶稣会与天主教进入中国史》，商务印书馆，2014年，第23页。英文版翻译的《利玛窦中国札记》与意大利原本有较大差异。从英文翻译为中文的《利玛窦中国札记》这样写道："在这里每个人都很清楚，凡有希望在哲学领域成名的（指通过科举作官），没有人会愿意费劲去钻研数学或医学。结果是几乎没有人献身于研究数学或医学，除非由于家务或才力平庸的阻挠而不能致力于那些被认为是更高级的研究。钻研数学和医学并不受人尊敬，因为它们不像哲学研究那样受到荣誉的鼓励，学生们因希望着随之而来的荣誉和报酬而被吸引。"《利玛窦中国札记》，中华书局，1983年，第34页。

2 ［意］利玛窦著，文铮译，梅欧金校：《耶稣会与天主教进入中国史》，商务印书馆，2014年，第12页。

晚明来华的德国耶稣会士邓玉函（Johann Schreck，1576—1630）是一位天文学家、博物学家。范行准认为，相传"玉函格究中国本草80余种（一云八千种，千疑十之误）或为此二册中拨出者。此中国本草可惜未翻译，即寄归本国，是为西人研究中国博物之始"[1]，这里说的二册书即《印度的普林尼》（*Pinius Indicus*），记载了邓玉函来华途中，历经数年关于植物、动物、鱼类、昆虫等博物学的收集整理之书。邓玉函在西医中传方面有所贡献，编译了《泰西人身说概》，但在中医西传方面尚未发现有专门著作[2]。

明清之际真正把中医介绍到西方的是波兰来华耶稣会士卜弥格（Michel Boym，1612—1659），他在中西文化交流史上有着重要的地位[3]。卜弥格出身望族，父亲是波王的御医。卜弥格于今天的中国人来说十分陌生，但在历史上他却是对中国和西方都有着重要贡献的来华传教士，特别是在中医药西传欧洲方面做出了开创性的贡献[4]。集中介绍卜弥格在中医

---

1 范行准：《明季西洋传入之医学》，上海人民出版社，2012年，第12页。
2 ［法］费赖之著，冯承钧译：《在华耶稣会士列传及书目》，中华书局，1995年，第159—161页。
3 在已故波兰汉学家爱德华·卡伊丹斯基（Ambasador Państwa Srodka）和中国学者张振辉先生以及笔者的共同努力下，中文版的《卜弥格文集》2013年在华东师范大学出版社出版。本文写作中得到波兰汉学家爱德华·卡伊丹斯基和中国社会科学院外文所张振辉先生的帮助，在此表示怀念和感谢。［波］爱德华·卡伊丹斯基著，张振辉译：《中国的使臣：卜弥格》，大象出版社，2001年。
4 卜弥格直接参与了南明永历王朝一些重大事件，并作为永历王朝的特使出访罗马教廷。这是中国和西方历史上，或者说是中国和罗马教廷关系上的第一次正式的外交活动。参阅黄一农《两头蛇：明末清初的第一代天主教徒》，上海古籍出版社，2006年。

研究上的贡献，才可能对来华耶稣会士在《中华帝国全志》中对中医的介绍与研究做出评价。

首先，1658年，卜弥格在暹罗王国为其所著《医学的钥匙》撰写的"前言"中说：

> 现在，我们向你们，最有名的先生们和整个欧洲提供一部著作的纲要，这部著作是世界上最遥远的一个地区的一个最年长和最令人尊敬的医生的。你们应该知道，他是生活在比阿维森纳、希波克拉底、加伦和塞尔苏斯要早许多世纪的一个地方的一位很有能力和高贵的皇帝。根据文献记载，他生活在洪水泛滥前大约四百年，在基督诞生前2697年他就开始统治那个地方了。我们能不能了解到他的那个地方在哪里？这位大人物的那个地方叫Synpi，在中华帝国的河南省的开封市。他的名字叫黄帝，意思是"黄色的皇帝"，他第一个在中国制定了中医技艺（用药的方法）的原则，这个技艺被人们接受了，并且世世代代地传了下来。他为他的帝国做出了很大的贡献，有许多事实都证明了，在运用这种技艺中的许多有名的事例不仅都有记载，而且也流传下来了。旅行者们经常谈到这种科学，它统治了半个世界，它传到了欧洲，……[1]

《黄帝内经》的哲学基础是天人相应和阴阳五行说，黄帝

---

1 ［波］卜弥格著，爱德华·卡伊丹斯基、张振辉、张西平译：《卜弥格文集》，华东师范大学出版社，2013年，第483页。

的一大贡献是将其引入医学之中。在学者们看来，天人相应的阴阳说和五行说的理论与医学的结合是全书的关键所在，"人体体表、内脏、人与疾病，人与自然环境，人与气候季节，以及疾病认识、处治原则等无不渗透着天人相应与阴阳五行说"[1]。

卜弥格十分注意这一点，他说：

> 它介绍了一种以中国医生自己的原则和观点为依据的中国哲学的理论，这些原则和观点都反映在一部称为《内经》的有一百六十二章的最古老的法典（古书）中。我想一开始就具体地介绍一下中国哲学的一些基本的观点，所以我觉得有必要先来说明一下大自然中某些基本的规律和对应的现象。古代中国人的医学哲学的各种不同的原则一直没有得到充分的阐释，其中就包括五行的自然属性和它们的活动情况。关于这些东西，我们在这里，要在一定的范围内加以说明。实际上，这些原则并不符合我们已经检验过的那些原则，但是它们在中国却得到了承认，被认为是准绳。它们在它们的祖国的土地上，得到了那里古时候的学者们的权威性的支持。这种技艺在那里得到了普遍的运用，这里可以看到，它是经过了很长时期的检验的，它的运用具有很大的科学性。[2]

在谈到阴阳这一对概念时，他解释说：

---

[1] 李经纬：《中医史》，海南出版社，2007年，第49页。
[2] ［波］卜弥格著，爱德华·卡伊丹斯基、张振辉、张西平译：《卜弥格文集》，第358页。

现在我们就来深入到问题的核心：这里有两个概念，我们的医生通常把它们称为天生的温和湿，即温和湿的因素，中国人称之为阳和阴。照他们的看法，这是所有的物质形成的基础，它们存在并以某种方式活动在物质的内部。中国人还说，气是阳的载体，血是阴的载体。从阳和阴这两个概念（被认为是明和暗）出发，又产生了一些其他的概念，如出生（产生）和缩小（消失）、太过和不足、连在一起和分开（分散）。此外还有一些互相对立和矛盾的现象，它们使五行和在天和地之间的世界上所有的东西中出现征兆、发生变化，这些变化在一年中的不同季节有所不同，它们也发生在人体内。人体内的每个器官都具有阳和阴的自然属性，这些器官是从属于它们的，在或大或小的程度上要听从它们的命令。也就是说，这两种属性要影响到人的整个肌体状况的好坏，决定人的生死。它们如果有了亏损，或者太过或不足，就得马上加以限制，或者重建，使两者回到原来保持平衡的状态。这两种属性相互之间也起作用，太过的温生寒，同样，寒也可以变成温。这些变化一个接着一个不断地产生，正像人们所说的那样，夏天过后，秋天就来了，然后是冬天和春天，它们都是互相矛盾和对立的。因此，具有轻的自然属性的自然和原始的温即阳都浮在面上，它是开放的，它不断地扩展，会变得稀疏。相反的是，湿的因素即阴的内部较重，很少活动，处于凝固和封闭的状态。[1]

---

1 ［波］卜弥格著，爱德华·卡伊丹斯基、张振辉、张西平译：《卜弥格文集》，第358页。

很显然，卜弥格完全了解了《黄帝内经》的哲学基础，对阴阳五行说做了较好的介绍。我们发现卜弥格不是在一般地介绍《黄帝内经》，而是真正读懂了这部书，理解了它。谈到阴阳五行理论表现在身体内的脉搏跳动时，他写道：

在一次充分的呼吸的时间内，阳（即气）和阴（即血）在人体中流动六寸的距离，因此在我们的二十四小时（也就是呼吸一万三千五百次）的时间内，血和气要走八百十丈远。在一次呼吸的时间内，血和气要走六寸远，一个健康人的脉搏要跳动四次到五次，这个规律的发现已经长时期地运用在中国医学中。由此便可以得出一个结论，既然人在一个天文日，即二十四小时要呼吸一万三千五百次，那么照这个数，脉搏的次数就不应多于七万六千五百次，也不应少于五万四千次，这个数就是在生命的一次循环中的脉搏的次数，它和天周转五十亭相对应。如果在一次循环中脉搏动的次数比这个正常的次数少或者多，那就是说脉的搏动太慢或太小，或者太快或太大，说明一个人的健康状况不好，他的器官和脉的运动的规律不符合天的运动规律，他的机体的功能不正常。

这样他们又确定了对一个健康人和一个病人在特定时间内的测算脉搏的方法。一个健康人一刻钟要呼吸一百四十次半，他的脉搏的次数不应少于五百六十二次，也不应多于七百零三次。在这个时候，他的生命循环中的血和气流动了八丈四尺三寸远或者更远一点的距离。像中国人说的那样，血和气的循环也包括每一个重要和比较不重要的器官的循环，它们的循环是通过属于它们的经来进行的，和气的不停息的流动一起，造成了一个生命的圆圈。我在这里述说的一切都已经写在表格中，这些不很精确的解剖图在中国的古代就已经制定和加以说明了。

中国的这个关于循环的理论是在一部很古老的书《内经》中提出来的，黄帝，也就是第三个皇帝，在基督前2689年[1]开始统治中国的一位君主被认为是它的作者。这个理论被他的后代们全部接受并加以运用，所有的医生都以它为依据，按照某个时间自然呼吸的次数（总是成比例的）来进行脉诊。[2]

这段话部分内容来自《黄帝内经》中的《灵枢·五十营》第十八篇，"黄帝曰：'余愿闻五十营奈何？'岐伯答曰：'天周二十宿，宿三十六分，人气行一周，千八分。日行二十八宿，人经脉上下、左右、前后二十八脉，周身十六丈二尺，以应二十八宿，漏水下百刻，以分昼夜。故人一呼，脉再动，气行三存；一呼，脉再东，气行三存。……一万三千五百息，气行五十营于身，……所谓交通者，并行一数也，故五十营备，得尽天地之寿矣，凡行八百一十丈也。"[3]

---

1 爱德华·卡伊丹斯基注，这里大概在印刷中有错误（应当是2697），因为卜弥格在《给医生们的前言》中，详细地介绍了黄帝，认为黄帝在基督前2697年就开始统治中国。
2 ［波］卜弥格著，爱德华·卡伊丹斯基、张振辉、张西平译：《卜弥格文集》，第362—363页。
3 徐芹庭：《细说黄帝内经》，新世界出版社，2007年，第209页。

卜弥格的中医研究著作被人剽窃，但不少关于中医研究的成果以手稿形式保存了下来。法国来华耶稣会士是否读到卜弥格被剽窃的研究著作，我们尚不知道，但我们可以从中学西传的角度，仅仅从文本上对其做一评价。从以上卜弥格关于中医的论述，可以看到卜弥格对《黄帝内经》是比较熟悉的，他已经基本理解了《黄帝内经》的核心内容和思想。

卜弥格清楚地认识到中医所主张的金、木、水、火、土与五脏之间的关系，他说："它们和五行，即水、木、火、土和金保持了亲密的关系。特别是肾、肝、心、胃和肺这五个器官和五行有密切的联系。"[1]他理解到五行相生相克的道理，水灭火，火克金，金又克木，木克土，土又克水。五行的相生相克又和五脏联系在一起。心的热和火克肺的金，肺的金的属性会损害肝的柔和的属性，肝克胃，胃的土的属性又会损害肾、膀胱和尿道的属性。但是木克不了金，土克不了木，水克不了土，火克不了水，金克不了火。所以，他的结论是："这五个器官和五行在一定程度上，都能够支配和互相传送阳和阴（决定于某些属性的改变和消失）。"[2]

但卜弥格并没有翻译《黄帝内经》的原文，而是做一种理解性转述。法国耶稣会士的深化在于，他们直接对《黄帝内经》的原文翻译，从而提供了更加客观的中国医学的思想。在这点上，《中华帝国全志》对十二经脉的翻译也是

---

[1] ［波］卜弥格著，爱德华·卡伊丹斯基、张振辉、张西平译：《卜弥格文集》，第360页。
[2] 同上。

西方汉学史上第一次。但卜弥格在其《论脉》一文中对《灵枢·经脉》的思想也有所介绍：

> 我对你们说过，有十二个源头，这就是十二根经的出发点，他们都部分地用于输送阳和阴，阳和阴也流经它们拐弯的那些地方。其中六根经从上面伸到下面，另外六根经从下面伸到上面。[1]

这里卜弥格只是简单的提到十二经脉，但并没有详细展开十二经脉的基本内容。对比之下，《中华帝国全志》第一次翻译了十二经脉的文字，虽然翻译得比较简单，但把基本的核心内容翻译了出来，这点应该肯定。

所以说，《中华帝国全志》是西方汉学史上第一次将《黄帝内经》的部分内容翻译成欧洲语言，从而将卜弥格的解释性翻译推进到对《黄帝内经》原文的直接翻译，这无疑是一个重要贡献。

二、《中华帝国全志》对《本草纲目》的翻译与介绍

在卜弥格之后，18世纪前半期，欧洲学者开始注意到《本草纲目》。据李约瑟所述，法国医生范德蒙德（Jacques Francois Vandermonde）1720年赴澳门行医。1732年，他在澳

---

[1] ［波］卜弥格著，爱德华·卡伊丹斯基、张振辉、张西平译：《卜弥格文集》，第361页。

门附近得到《本草纲目》，按书中所载药物采集了80种矿物标本，占《本草纲目》中矿物药总数的60%。他又在中国人的帮助下，根据《本草纲目》对每种药做了说明，写出其中国文字，逐个做了标签。他还编了个材料，题为："Eaux, feu, terres, etc., métaux, minéraux et sels, du pen Ts'ao Kang Mu."（本草纲目中水、火、土、金石诸部药物）。这是对《本草纲目》原文的不完全翻译。遗憾的是，范德蒙德带回的矿物标本及《本草纲目》早期摘译稿，没有及时受到植物学家们的注意，直到1839年，法国汉学家毕瓯（Edouard Constant Biot，1803—1850）才关注到这些矿物标本。他请友人、化学家亚历山大·布朗涅尔（Alexandre Brongniart，1770—1847）对标本做了化验，并将化验结果发表在巴黎的《亚洲杂志》（Journal Asiatique）上。1896年，德·梅里（Fernand de Mély）和库日尔（M. H. Courel）才把范德蒙德1732年在中国人帮助下完成的《本草纲目》金石部法文摘译稿全文发表出来[1]，稿件积压了164年才最终问世[2]。

但真正最早将《本草纲目》翻译成西方语言并将其广泛传播的是法国来华耶稣会士白晋。白晋入华时，洪若翰（Jean de Fontaney，1643—1710）给其分配的任务就是"皇家科学院先生们迄今为止撰写的有关动植物自然史的著作；Du Verne所写的小论文；Bouchain的动物史或其他动物史；法文的有关动植物的著作；植物的解剖学；Hook先生的显

---

[1] M. de Mély et M.H. Courel, *Les lapidaries Chinois*, Vol.1, pp.156-248; Cf.(45).
[2] 李载荣博士论文《〈本草纲目〉版本流传研究》，第42—43页。

微观测法；一些学习做解剖的仪器；带标签的不同药物和矿物的样本；Thevenot的满文字典（如果已经出版的话）；叙利亚文、希伯来文的字典和语法"[1]。因此，白晋入华后一直将对医学的研究作为重点。他的研究不仅仅表现在所写的20多篇关于接受西洋解剖学的论文，他还为巴多明（Dominique Parrenin，1665—1741）的《格体全录》提供了前期的翻译[2]，他也积极研究中医，并向法国介绍中医。

《本草纲目》在欧洲得到了广泛传播[3]。李约瑟说："无疑地，明代最伟大的科学成就是李时珍的《本草纲目》，这部'本草'系列的最高峰著作于1578年完成，1596年出版。李时珍在和伽利略-维萨留斯的科学运动完全隔离的情况下，能在科学上获得如此辉煌的成就，这对任何人来说都是难能可贵的。"[4]毫无疑问，白晋等法国耶稣会士在中译西传上的贡

---

1 韩琦：《康熙朝法国耶稣会士在华的科学活动》，载《故宫博物院院刊》，1982年第2期。
2 关于《格体全录》研究，参见高晞《〈格体全录〉抄本及其流传辨析》，载《国际汉学》，2022年第3期；《格体全录》，辽宁民族出版社，2018年；杨奕望：《〈钦定格体全录〉的人体骨骼图及其中国化演变》，载《形象史学》，2019年；张西平、全慧：《白晋与西医东渐》，载《国际汉学》，2022年第3期；杨奕望：《法国国家自然博物馆藏〈格体全录〉及巴多明随附的亲笔信》，载《中华医史杂志》，2019年第4期。
3 冯·哈勒（Albrecht von Haller，1708—1771）在他的《植物学书目》（*Bibliotheca Botanica*）一书中讨论过一本中国的博物学著作。是否受到白晋等人翻译影响不知。[英]李约瑟：《中国科学技术史》第六卷，《生物学及其技术》，科学出版社，2019年，第250—251页。
4 [英]李约瑟著，袁翰青等译：《中国科学技术史》第一卷，科学出版社，2019年，第151页。

献是应该肯定的,《本草纲目》的西传是中国文化的世界影响的证明[1]。

1. 白晋在《中华帝国全志》中对中医的介绍

白晋是法国最早收藏中国典籍的贡献者。1697年,白晋受康熙帝的委派返回法国时,代表康熙帝呈送给路易十四22种312册中文和满文书籍[2]。在他带回的这批书中,就有一种用黄色丝绸包装得十分精美的《本草纲目》清刻本[3],也就是李时珍的《本草纲目》一书[4]。古郎书目第5250—5257号《本草纲目五十二卷》,清康熙二十三年(1684)刊本,就是白晋带回巴黎的文献[5]。

---

1 对中国植物学在欧洲的传播有贡献的还有俄罗斯来华医生贝勒(E.Bretschneider, 1833—1901),他的 *History of European Botanical Discoveries in China*,参阅韩琦《中国科学技术的西传及其影响》,河北人民出版社,1999年,第93页。李约瑟认为贝勒最早的版本是1881年版,但书中有大量的错误,其学术价值"已明显过时了"。[英]李约瑟:《中国科学技术史》第六卷,科学出版社,2006年,第188页。
2 陈恒新:《法国国家图书馆藏汉籍的来源与文献价值考略》,载《大学图书馆学报》,2018年第2期。
3 陈恒新:《法国国家图书馆藏汉籍研究》(博士论文),山东大学,2018年。
4 [美]M.柯恩:《1697年白晋送充国家图书馆的中文书籍》,刊于《中国文化》,1990年,12月号,第39—48页;[法]蓝莉:《请中国作证:杜赫德的〈中华帝国全志〉》,商务印书馆,2015年,第25页。
5 白晋带回的还有:《本草蒙筌十二卷》,[明]陈嘉谟撰;《分部本草妙用十卷》,明崇祯刊本;《类经三十二卷图翼十一卷附翼四卷》,明天启四年(1624)金阊童涌泉刊本;《铜人腧穴针灸图经三卷》,明刊本;《镌太上天宝太素张神仙脉诀玄微纲领宗统七卷》,明万历二十七年(1599)建阳安正堂刘双松刊本;《医宗必读十卷》,明崇祯十年(1637)刊本;《新刻古白晋在《中华帝国全志》第三卷中关于中医论著的翻译，主要是白晋、刘应（Claude de Visdelou，1656—1737）、殷弘绪（Françio-Xaver d'Entrecolles，1662—1741）三人所译，参与其中的还有赫苍璧等人。但由于杜赫德在编辑中常常将多位传教士相近的翻译文献混编在一起，因此又很难辨别出译文的真正作者。

在《中华帝国全志》1735年版第3卷、第436至506页，1736年版第3卷、538至627页，法国汉学家蓝莉（Isabelle Landry-Deron）认为杜赫德在《本草纲目摘录》的系列译文中将白晋、刘应、殷弘绪三人翻译混编在了一起。蓝莉根据她所找到的原译文手稿，对《中华帝国全志》的中文译稿逐一做了辨析，她认为在《中华帝国全志》第3卷第436至506页关于《本草纲目摘录》的多种译文中，确定属于白晋翻译的

今增补医鉴八卷》，明周庭槐刊本。参阅古郎（Maurice Courant，1865—1935），法国国家图书馆编纂《中韩日文目录》（Catalogue des livres chinois coréens, japonais, etc.）；张西平主编《欧洲藏汉籍目录丛编》第4卷。巴黎国家图书馆的古郎书目中所藏的本草类古籍还有：5240号《重修正和经史证类备用本草》，宋政和六年本；5242—5249号《吴氏重订本草纲目》，万历十八年本；5264—5271号《本立堂重订本草纲目》，顺治十六年本；5280号《三乐斋重订本草纲目》，康熙十三年本；5324—5329号《芥子园重订本草纲目》，《本草药品总目》《本草万方》乾隆三十二年本；5317—5318号《本草汇言》，万历十年本；5319号《分部本草》，崇祯三年本；5320号《本草通玄》，崇祯十年本；5323号《重镌食物本草会纂》，康熙三十年本；532号《本草补》，康熙三十六年本；5333号《吴氏医学述第三种本草从新》，清嘉庆六年重刻本；5357—5359号《本草类方》，雍正十三年本。

中医文献有[1]：

(1)《本草纲目》，译者白晋、殷弘绪、刘应（亲笔），译文手稿藏于巴黎国家图书馆：Ms.Fr.19538, f°37-74为白晋手稿；收入《中华帝国全志》第3卷，第437—438页[2]；

(2)《神农氏本草经·名例》，巴黎国家图书馆：Ms.Fr.19538, f°42-48，白晋（亲笔）；1735年版第444页，1736年版第547页；

(3)梁·陶弘景《名医别录》，巴黎国家图书馆：Ms.Fr.19538, f°48-53v，白晋（亲笔）；1735年版第453页，1736年版第558页；

(4)陶弘景《名医别录·合药分剂法则》，1735年版第453页；

(5)《果部·茗》，1735年版第474页，1736年版第585页；

(6)《鳞部·海马》，1735年版第484页，1736年版第600页；

(7)《海马汤》，1735年版第485页，1736年版第601页；

(8)《海马拔毒散》，1735年版第485页，1736年版第601页；

---

1 [法]蓝莉著，许明龙译：《请中国作证：杜赫德的〈中华帝国全志〉》，商务印书馆，2015年，第242—261页。也有学者认为《本草纲目》的译稿源自巴多明与汤执中，因巴多明与汤执中为巴黎科学院通讯员，与法国科学界保持着书信往来并寄去大量中国植物标本，并翻译过《本草纲目》之片段。参阅潘吉星《〈本草纲目〉之东被及西渐》；钱超尘、温长路主编《李时珍研究集成》，中医古籍出版社，2003年。汤执中也曾说过翻译了"有50卷文字和2卷雕刻动植物矿物插图的中国本草书"，刘玉萍、曹晖：《关于法国所藏两部明代本草彩绘图谱的考察》(简报)，载《北方药学》，2009，60（3）：38。

2 [法]蓝莉著，许明龙译：《请中国作证：杜赫德的〈中华帝国全志〉》，第243页，实际应是 Du Halde, *Description de la Chine*, 1735, v.III, pp.444。

(9)《石部·石蟹》，1735年版第486页，1736年版第602页。

这样，我们看到白晋在《中华帝国全志》中向法国的读者介绍了李时珍《本草纲目》的部分内容，包括翻译了"历代诸家本草"中的《神农本草经》部分内容"神农本经名例""陶隐居名医别录合药分剂法则""七方"以及16种药物。

我们依据法文版《中华帝国全志》对白晋的翻译展开初步研究。

2. 白晋对《本草纲目》的介绍

明代李时珍（东璧）于嘉靖三十一年（1552）至万历六年（1578），"遂渔猎群书，搜罗百氏。凡子史经传，声韵豪圃，医卜星相，乐府诸家，稍有得处，辄著数言。古有《本草》一书，自炎黄及汉、梁、唐、宋、下迨国朝，注解群氏旧矣。第其中舛谬差讹遗漏，不可枚数。乃敢奋编摩之志，僭纂述之权。岁历三十稔，书考八百余家，稿凡三易。复者芟之，阙者缉之，讹者绳之。旧本一千五百一十八种，今增药三百七十四种，分为一十六部，着成五十二卷"[1]，终于在1593年由其子刻成，1596年出版。全书收药1892种，附图1109种。其总例为"不分三品，惟逐各部；物以类从，目随纲举"。其中以部为"纲"，以类为"目"，计分16部（水、火、土、金石、草、谷、菜、果、木、服器、虫、鳞、介、禽、兽、人）60类。

---

1 〔明〕李时珍：《本草纲目》"王世贞序"，人民卫生出版社，1982年，第1页。

《本草纲目》有祖本（金陵本、摄元堂本）及江西本、钱本、张本三个系统。江西本系统，主要为明万历三十一年（1603）夏良心、张鼎思刻本等；钱本系统，主要为明崇祯十三年（1640）钱蔚起杭州六有堂刻本，并改绘药图；张本系统，主要为清顺治十二年（1655）吴毓昌太和堂本。白晋在文中说，"在康熙二十二年，此书被中国政府重新印刷发行"，因而他用的康熙二十三年本。巴黎国家图书馆藏有白晋带回的清顺治十二年（1655）刻本太和堂藏本（藏书号：Chinois 5242-5249）以及清康熙二十三年（1684）金阊绿荫堂刻本（藏书号：Chinois 5250-5257）。

首先，白晋介绍了《本草纲目》的体例。《本草纲目》是明代李时珍终其一生写就的皇皇巨著，全书共52卷，约190万字，收录1892种药物，是中国古代本草学史上的巅峰之作。《本草纲目》体例复杂，白晋在《中华帝国全志》中对《本草纲目》的基本体例做了介绍，这样西方读者可以从整体上了解《本草纲目》这本书。

白晋对《本草纲目》的整体介绍[1]

序号	卷目	内容
1	第一卷、第二卷	"本草"的内容，涵盖了自神农直到李时珍及其列举的所有作者生活的时代，包含了神农、黄帝所编写著作的许多片段，也就是他们所撰写的古典医学著作。

---

1 Jean-Baptiste Du Halde, *Description géographique, historique, chronologique, politique, et physique de l'empire de la Chine et de la Tartarie chinoise*. v.III, pp.437-438.

续表

序号	卷目	内容
2	第三卷、第四卷	收录并介绍了众多的药材,它们可用于治疗几乎所有的疾病。
3	第五卷、第六卷和第七卷	水部分为43个品种,火部分为11个品种,土部分为60个品种。
4	第八卷、第九卷、第十卷和第十一卷	金类分为28个品种,石类分为三大类: 第一类是珍贵的石头(玉类),分为14个品种; 第二类是普通的石头,分为71个品种; 第三类是矿石(卤石类),分为20个品种。 此外还有其他27种没有归类的石头。
5	第十二卷及其后直到第二十八卷	关于苗木植物的内容分成十一大类: 第一类是生长于山上的植物(山草类),有70个品种; 第二类是散发香气的植物(芳草类),有56个品种; 第三类是生长于平原的植物(陆草类),有126个品种; 第四类是有毒植物(毒草类),有47个品种; 第五类是蔓生植物(蔓草类),有73个品种; 此外还有与之相似但没有归类的29种其他植物; 第六类是水生植物(水草类),有22个品种; 第七类是长在石头上的植物(石草类),有19个品种; 第八类是天然苔藓植物(苔类),有26个品种,《本草纲目》所列天然苔藓植物为16个品种,此外还有9种可以用于医学治疗的混合类型的植物(杂草类)和153种被人熟知的可以用作药物的植物; 第九类为粮食的植物(谷部麻麦稻类、稷粟类、菽豆类),例如大米、豌豆、蚕豆、小麦、小米等,共有44个品种; 第十类造酿类植物,有29个品种; 第十一类是长英果的植物(菜部),其中第一小类是荤辛类32种,第二小类是蓏菜类11种,第三小类是水菜类6种,第四小类是野生蘑菇(芝栭类)15种。

续表

序号	卷目	内容
6	第二十九卷至第三十七卷	关于草本植物的内容，而这些草本植物也被分成了十二大类，其中六大类属于结果草本植物，余下六大类属于不结果草本植物。 结果草本植物： 第一类结果草本植物是自然生长在田野中的（五果类），有11个品种； 第二类结果草本植物是生长在山上的（山果类），有34个品种； 第三类结果草本植物是野外生长的，只有在部分地区才能找到，也就是在中国的西部、北部及国外的地区（夷果类），有31个品种； 第四类结果草本植物是用来作为调味品使用的（味类），有23个品种，《本草纲目》所列用来作为调味品使用的结果草本植物为13种； 第五类结果草本植物是长荚果的（蓏类），比如甜瓜，有9个品种； 第六类结果草本植物是水生的（水果类），有6个品种； 不结果草本植物： 第一类不结果草本植物是木枝散发香味的（香木类），有35个品种； 第二类不结果草本植物是高大型的（乔木类），有52个品种； 第三类不结果草本植物是小灌木类植物（灌木类），有50个品种； 第四类是需要支撑物生长的不结果草本植物（寓木类），有12个品种； 第五类是生长在其他植物树枝上的不结果草本植物（苞木类），有4个品种； 第六类是混合的不结果草本植物（杂木类），有7个品种； 此外还有其他23种与之类似但没有归类的结果草本植物。

续表

序号	卷目	内容
7	第三十八卷	关于能够用于医药的旧衣服和旧灶具（服器部）的内容，其中织物（服帛类）25个品种，灶具（器物类）54个品种。
8	第三十九卷到第四十六卷	关于昆虫（虫部）的内容，划分为五大类： 第一类是卵生类昆虫，有45个品种； 第二类是产自腐烂木头的昆虫（化生类），有31个品种； 第三类是产自潮湿环境的昆虫（湿生类），有23个品种； 第四类是有鳞的昆虫，其中有四个子类： 第一子类包括蜥蜴及其他类似昆虫（龙类）9种，第二子类是蛇类昆虫（蛇类）17种，第三子类是无鳞鱼（无鳞鱼类）28种，第四子类是有鳞鱼（鱼类）超过30种； 第五类是有壳类动物（介部）46种（其中龟鳖类17种，蚌蛤类29种）。
9	第四十七卷、第四十八卷和第四十九卷	关于鸟类的内容，其中鸟类被划分为四大类： 第一类是生长在水边的鸟类（水禽类），有13个品种，《本草纲目》中所列的生长在水边的鸟类有23个品种； 第二类是驯养的鸟类（原禽类），有22个品种； 第三类是生长在田野中的鸟类（林禽类），有17个品种； 第四类是生长在山中的鸟类（山禽类），有13个品种。
10	第五十卷、第五十一卷	关于动物的内容，这些动物被划分为四大类： 第一类是家庭驯养的动物（畜类），有28个品种； 第二类是野生的动物（兽类），有38个品种； 第三类是与老鼠相似的动物（鼠类），有12个品种； 第四类是罕见的动物品种（寓类、怪类），如雄猴等，有8个品种。
11	第五十二卷	关于人类身体的内容及身体内各个组成部分在医学上的作用，有35个品种。

其次,白晋在介绍《本草纲目》时说:"这部著作包含有52卷的内容,前两卷就是'本草'的内容,即《植物志》。其内容涵盖了自神农直到李时珍及其列举的所有作者生活的时代,包含了神农、黄帝所编写著作的许多片段:也就是他们所撰写的古典医学著作。"

的确,李时珍在编写《本草纲目》时经常引用前人著作的相关内容,这一点,他在《本草纲目》第一卷序例中已明确说明。如《引据古今医家书目》277家、《引据古今经史百家书目》440家等,其中提及"自陶弘景以下,唐、宋诸本草引用医书,凡八十四家,而唐慎微居多"。李时珍称《本草纲目》"书考八百余种",这仅是一个约数。《本草纲目》中明确记载的引书数量是:"历代诸家本草"41种(转引27种,自引14种),"引据古今医家书目"360种(转引《证类本草》等"旧本"84种,自引276种)。共计引用医药书目401种(转引111种,自引者290种)。"引据古今经史百家书目"591种(从"旧本"转引151种,时珍自引440种)。共计引用各类文献992种(转引272种,自引720种)[1]。

白晋在介绍《本草纲目》第一卷中的《历代诸家本草》时,逐一列出了李时珍在书中所介绍的历代本草的书目,有些并略加介绍。这对西方读者了解中国中医的历史传统十分重要。

---

[1] 参阅张志斌、郑金生、李强等《关于核准〈本草纲目〉引用医药书目的研究》,载《北京中医药大学学报》,第37卷第10期,2014年10月。

白晋所介绍的《历代诸家本草》书目[1]

序号	书名	内容
1	《神农本草经》	李时珍说《神农本草经》共收载了三个品级的药物365种,此乃应天之数(应为一年365天之数)。
2	《名医别录》	梁陶弘景所编《本草》,将此数翻了一番,达到730种,分为七卷,定书名为《名医别录本草》(梁代陶弘景所修医书收《神农本草经》中药物365种,增加有汉以来历代名医所用新药又365种,新增部分称为《名医别录》,后将《神农本草经》和《名医别录》合并,共收药物730种,分为七卷,称《本草经集注》),因为新增加的365种药物皆系汉代以来历朝名医所用。
3	《采药录》	顾名思义,即草药论,共2卷,作者为黄帝的臣子桐君。
4	《雷公药对》	共2卷(无考),作者为雷公。
5	《李氏药录》	"本草"也成书于汉代,虽然也分为3卷,编修者为李当之。
6	《吴氏本草》	作者为吴普,成书于汉代,只有1卷。
7	《雷公炮炙论》	该书论述了各类药物的性质及其炮制方法。全书共3卷,成书于汉代,作者为雷公。
8	《唐本草》或《唐新本草》	全书共53卷。
9	《药总诀》	共2卷,作者为张真君,唐代作品。

---

1 Jean-Baptiste Du Halde, *Description géographique, historique, chronologique, politique, et physique de l'empire de la Chine et de la Tartarie chinoise*. v.III, pp.441-444.

续表

序号	书名	内容
10	《药性本草》	共4卷,唐代作品。
11	《千金食治》	孙思邈编著,共30卷,唐代作品。
12	《食疗本草》	作者为孟诜,共13卷,属于保健医书,唐代作品。
13	《本草拾遗》	作者为陈藏器,共10卷唐代作品。
14	《海药本草》	作者李珣,介绍的是各种海洋植物和其他海产,全书共7卷,唐代作品。
15	《四声本草》	作者为唐代萧炳,共5卷,唐代作品。
16	《删繁本草》	作者为唐代杨损之,共5卷,唐代作品。
17	《本草音义》	作者为唐代李含光,共2卷,唐代作品。
18	《本草性事类》	只有1卷,作者姓名无考,唐代作品。
19	《食性本草》	作者为陈士良,共10卷,唐代作品。
20	《蜀本草》	作者为若干翰林学士与医生,共20卷。
21	《开宝本草》	开宝是宋朝第一位皇帝的最后一个年号,此书是奉皇帝之命,由6位最有才干的人编写的。书中除了记述《神农本草经》中已有的各种草药和其他药物,又增补了133种新药,新增的药物用黑字,原有的药物用白字。
22	《嘉祐补注本草》	由光禄寺众臣编写——这是一个专门负责各项皇家开支的机构。全书共20卷,嘉祐是宋仁宗的最后一个年号。
23	《图经本草》	全书共21卷,除文字叙述之外,还包括所有可以入药的草、木及其他药物的图形、图示。宋仁宗曾诏令全国各省府、道衙门编绘所有草药图形奏于朝廷。

续表

序号	书名	内容
24	《证类本草》	作者为唐慎微。在收集、整理、编辑前代各种版本"本草"的基础上,唐慎微完成了自己的著作,并上奏给宋徽宗。皇帝改其书名,御笔钦书《大观本草》,大观乃宋徽宗的年号。
25	《本草别说》	作者为陈承,宋代作品。
26	《日华子诸家本草》	作者为日华,共20卷,宋代作品。
27	《本草衍义》	作者为寇宗奭,共3卷,宋代作品。
28	《洁古珍珠囊》	作者为张元素,共1卷,宋代作品。
29	《用药法象》	作者为李杲,号东垣,共1卷,元代作品。
30	《汤液本草》	作者为王好古,共2卷,元代作品。
31	《日用本草》	作者为吴瑞,共8卷,元代作品。
32	《本草歌括》	作者为胡仕可,元代作品。
33	《本草衍义补遗》	作者为朱震亨,世人也称其"丹溪先生"(因其家居义乌丹溪),元代作品。
34	《本草发挥》	作者为徐彦纯,共3卷。该书成书于明朝开国皇帝朱元璋的洪武年间。
35	《救荒本草》	作者是一位名叫朱橚(Tching tchai)的王爷,共4卷。王爷因见战乱连年,民不堪命,又值大旱,土地开裂,寸草不生,出于恤民之心,决意修一部"本草"。这部《救荒本草》记述了440种草药,是作者借助于乡民、农夫才得以鉴别的。当时,村中百姓因荒旱无食,只得进深山采集野菜、野果果腹,故每日都能发现几种前所未见的新品种。这部著作也成书于明代洪武年间。
36	《庚辛玉册》	作者为宁献王,该书成书于明代宣德年间,共2卷。

续表

序号	书名	内容
37	《本草集要》	作者为王纶,该书成书于明代弘治年间,共8卷。
38	《食物本草》	作者为汪颖,该书成书于明代正德年间,共2卷。
39	《本草会编》	作者为汪机,生活在明代嘉靖年间,共20卷。
40	《本草蒙筌》	作者为陈嘉谟,明代嘉靖时人,共12卷。
41	《本草纲目》	该书自明代嘉靖年间开始编修,至万历朝方告完成。作者李时珍,时任知县,即某三级城市的主官,奉嘉靖帝诏令始修"本草"。作者总结了先前各代"本草"及其他医书中最有价值的优秀部分并增补了374种近代发现的新药物,撰写出新的《本草纲目》,收记的药物、药方总计8160种。

虽然白晋只是把《本草纲目》中的《历代诸家本草》的书目翻译成了法文,但其却有着重要的学术意义。一方面,这些文献的呈现使西方读者知道了"中国这些有重大价值的本草著作比西方的草药志之类的文献更加均匀地分布在各个世纪,他们成了历史上的里程碑。……中国植物学的发展中虽然没有文艺复兴运动和林奈或卡梅拉里乌斯,但也没有'黑暗时代'(在西方约从300年至1500年),而且'本草'不是'草药志'"[1]。另一方面,直到今天,在研究《本草纲目》时,西方的中国科学史专家仍要系统地研究中国"本

---

1 [英]李约瑟:《中国科学技术史》第六卷《生物学及其技术》第一分册《植物学》,科学出版社,2020年,第196—197页,269页。

草"系统的发展和渊源，李时珍的《历代诸家本草》是他们绕不过的环节。从李约瑟《中国科技史》的植物卷，就可以看出这一点。而西方最早对李时珍书中"本草"系统加以介绍的正是白晋。如学者所说："《全志》对'历代诸家本草'的摘译介绍了42种重要的中国本草古籍。尽管仅仅是简要介绍了这些本草著作的书名、作者、卷数等基本信息，但依然能够令欧洲学者对浩如烟海的中国本草古籍有一个大体的认识。"[1]

3. 白晋对《神农本草经》的翻译

《神农本草经》又称《本经》，是中医四大经典著作之一，是中国现存最早的药学专著。该书作者不详，相传是神农所作。《庄子·盗跖》曰："神农之世，卧则居居，起则于于，民知其母，不知其父，与麋鹿共处，耕而食，织而衣，无有相害之心，此至德之隆也。"由此可知，炎帝神农氏时代应该处于母系氏族社会阶段。但是《商君书·画策》记载："神农之世，男耕而食，妇织而衣，刑政不用而治，甲兵不起而王。"《吕氏春秋·爱类》记载："神农之教曰：士有当年而不耕者，则天下或受其饥矣；女有当年不绩者，则天下或受其寒矣。故身亲耕，妻亲织，所以见致民利也。"这两段史料又说明，炎帝神农时代已经迈入男耕女织的父系氏族社会

---

[1] 付璐、肖永芝：《浅谈〈中华帝国全志〉对〈本草纲目〉的翻译与传播》，载《中医杂志》，2019年第60卷，第15期。

阶段了。两种不同的记载说明炎帝神农时代是处在原始社会由母系氏族社会向父系氏族社会过渡的时代，有的地方尚处于母系氏族社会，有的地方则已跨入父系氏族社会的门槛，是人类社会文明的初创阶段。

最早记载神农遍尝百草、发明医药的是《淮南子·修务训》："古者民茹草饮水，采树木之实，食蠃蛖之肉，时多疾病毒伤之害，于是神农乃始教民播种五谷，相土地宜，燥湿肥饶高下，尝百草之滋味，水泉之甘苦，令民知所避就。当此之时，一日而遇七十毒。"陈邦贤在《中国医学史》中谈到学术界对该书的起源时代列有四种说法：主张神农时代的作品；主张黄帝时代的作品；主张商周时代的作品；主张两汉时代的作品[1]。现存最早的辑本为明卢复辑《神农本经》（1616），流传较广的是清孙星衍、孙冯翼辑《神农本草经》（1799），以及清顾观光辑《神农本草经》（1844），日本森立之辑《神农本草经》（1854）。白晋翻译时用的是哪个底本尚不明确。

以下选取白晋的部分译文进行分析。

（1）白晋所翻译《神农本草经》卷一的序录：

Il y a cent vingt sortes de drogues ou remèdes du premier ordre, qui dans la médecine tiennent le rang, et font comme la fonction du Souverain. Les remèdes sont de la nature des aliments et par leur suc nourrissant, servent à l'entretien de la vie, ressem-

---

[1] 陈邦贤：《中国医学史》，团结出版社，2011年，第29—31页。

blant en cela au Ciel.

（上药有120种，其功用类似君主，可食用，其汁可饮，用来维系生命。它是对应着天的。）[1]

对应《本经》原文是：

上药一百二十种，为君，主养命以应天，无毒，多服、久服不伤人，欲轻身益气，不老延年者，本上经。

从对照可以看出，白晋基本上把原意翻译出来了，缺漏了"无毒，多服"的内容，但最重要的是把"主养命以应天"的思想表达了出来，这是中医的核心思想。

（2）白晋翻译的第二段：

Il y a aussi cent vingt sortes de drogues ou remèdes du second ordre, qui dans la médecine font comme la fonction de ministres ou d'officiers domestiques. Ces remèdes donnent au corps une disposition qui rend l'homme plus capable des fonctions propres de la nature, dont ils tiennent en quelque façon.

（中药也有120种，其功用类似药物中的内臣，食之可以防止疾病、强身健体，用来养性强魄。它是对应着人的。）[2]

对应《本经》原文是：

中药一百二十种，为臣，主养性以应人，无毒、有毒，斟酌其宜，欲遏病补虚羸者，本中经。

1　Jean-Baptiste Du Halde, *Description géographique, historique, chronologique, politique, et physique de l'empire de la Chine et de la Tartarie chinoise*. v.III, pp.444.
2　同上书。

白晋翻译的中规中矩，基本上完整翻译"中药"的内容。

（3）白晋翻译的第三段：

Pour les drogues ou remèdes du bas ordre, il y en a cent vingt-cinq sortes, qui dans la médecine font comme la fonction d'Officiers du dehors, et ceux-ci servent particulièrement à guérir les maladies. Ils tiennent de la nature de la Terre, et ont tous beaucoup de malignité, ou quelque qualité vénéneuse. Il ne faut pas en user longtemps de suite. En un mot, si vous voulez chasser hors du corps un froid, une chaleur étrangère, un mauvais air, ou quelque malignité qui peut se trouver dans les esprits, lever quelque obstruction, ou dissiper quelques amas d'humeurs, et guérir les maladies, ayez recours aux remèdes du troisième Livre.

（下药又有125种，在所有药物中的作用和地位相当于外臣，即佐、使，是治疗疾病的主要发力者，对应着地。这类药物均有较大毒性，不可长期服用。总之，若想祛除寒、热、邪气，破除体内痼疾或某种积累的旧病，就必须服用下药卷中所记载的药物。）[1]

对应《本经》原文是：

下药一百二十五，为佐使，主治病以应地，多毒，不可久服，欲除寒热邪气，破积聚，愈疾者，本下经。

白晋的翻译准确达意，完整表达了《神农本草经》"下

---

[1] Jean-Baptiste Du Halde, *Description géographique, historique, chronologique, politique, et physique de l'empire de la Chine et de la Tartarie chinoise.* v.III, pp.444.

药"的含义。

白晋对《神农本草经》只是节译，并未翻译全文。他转述了"《神农本草经》共收记药物365种。其中单独使用，即从不与其他任何药物相配的有71种，相互需要的12种，相互帮助、辅佐的90种，相克的78种，相互厌恶的60种，相互反感、对立的18种，相互仇视、杀戮的36种"[1]。实际上《神农本草经》根据药物的效能和使用目的不同，分为上、中、下三品，书凡3卷，载药365种，其中植物药252种，动物药67种，矿物药46种。

尽管白晋没有全部翻译《神农本草经》，但他"对'神农本经名例''陶隐居名医别录合药分剂法则''七方'的摘译，能够让欧洲学者了解到中药所特有的药性理论，比如对《本经》三品分类法、君臣佐使、七情、四气五味等药性理论的翻译，以及药物的采收时令、质量鉴别、修合炮制、组方原则等应用方法的翻译，都可使得欧洲学者大致了解中药理论的独特与神奇"[2]。

《神农本草经》标志着中国药学的诞生，后世对它进行注释、补充，形成了众多的本草文献。这是此书首次被介绍给西方，意义重大。白晋在《中华帝国全志》中对《本草纲

---

1 Jean-Baptiste Du Halde, *Description géographique, historique, chronologique, politique, et physique de l'empire de la Chine et de la Tartarie chinoise*. v.III, pp.445.
2 付璐、肖永芝：《浅谈〈中华帝国全志〉对〈本草纲目〉的翻译与传播》，载《中医杂志》，2019年第60卷，第15期。

目》的文献有多篇翻译,由于篇幅所限,这里仅就《神农本草经》译文做一考释,其余不再展开。

4. 白晋对《本草纲目》的评价

白晋在谈到《本草纲目》时,对其做了三个方面的评价。

其一,李时珍对历代的本草做了系统的整理,纠正了前人的错误,同时在前人研究的基础上加上了自己新采集的药。李时珍的《本草纲目》所引医书276家,经史百家书440家,共计716家,它包括了1892种药,其中355种属于矿物界,443种属于动物学范畴,1094种属于植物学范畴。李时珍本人新增药物374种。白晋这个评价是如实的。

其二,对李时珍《本草纲目》的分类体系给予了高度评价。他说"为了使人们依据一定的规则查找著作中的药草,使之得以方便使用,李时珍将他所接触过的所有植物加以分类,共分为16部(即16大类)60小类,每种植物都能按照三种顺序在相对应的小类中被查找出来,从而找到它们的治疗对象和药效"。从世界植物分类史来说,这是李时珍的重大学术贡献,白晋最早看到了这一点,认为"他的分类原则虽然不同于18世纪和现代科学的分类原则,但不容置疑它是系统的,每个部分的开头都有一系列定义,它们至今都是值得研究的"。

其三,对李时珍的著录方式和严谨的治学态度给予了肯定。白晋认为,"《本草纲目》的作者为了坚持自己所树立的秩序,在介绍每一个种类的事物时,总是会在最开始对该事物的名称进行一番解释。由于不同事物的名称各不相同,而且不同时期不同作者在"本草"基础上添加的内容也各不相同,李时珍按照时间顺序对这些不同之处做了准确的记录,从而更好地保存了"本草",即《植物志》的原始状态。然后,李时珍会对所介绍的物种进行一番描述,谈到该物种生长的地理位置、生长方式,以及如何去驯养或采集这些物种。之后,他便开始对每个物种中有争论及不确定的理论进行讨论,来确定它们到底是对是错。他按照事先准备好的方式进行讲述,一方面是为了坚持他所树立的秩序,另一方面是为了让人能够更好地使用这部著作。接下来,李时珍会对论述物种的属性、质量、气味、功用进行说明,之后便是其使用效果,最后以药方作为结束。此外,在老版的"本草"中,收录了2935种不同的药方,在此基础之上,李时珍又添加收录了1161种更为现代的药方"。

这里白晋说李时珍添加了1161种新的药方不准确,但他对李时珍著录每种药的方式做了较为现代化的介绍,认为是先确定属性,再确定质量,然后是气味、功用,这样按照逻辑展开的。

三、《中华帝国全志》对中医介绍的整体性

通过上面的初步介绍,可以看到白晋等在《中华帝国全志》中对中医的介绍,应该是继卜弥格后又一次全面介绍了中医的基础哲学理论,更为全面地翻译了中医的重要文献《脉经》和《本草纲目》,同时还介绍了十分实用的中医药

剂。从西方汉学史角度来说，这是白晋等法国来华传教士对西方汉学做出的重要贡献[1]。尽管卜弥格在中医西传上有开拓之功，在某些方面的介绍甚至是法国来华耶稣会士所不及的，例如对王叔和脉经的介绍，但从整体上来说，《中华帝国全志》在中医西传上已经接续了卜弥格，并做出了新的贡献。

首先，中医译文更为丰富。这表现在《中华帝国全志》

---

[1] 对中国植物西传研究最有影响的俄罗斯人埃米尔·瓦西里耶维奇·布列特施奈德（Emil Vasilyevich Bretschneider，1833—1901），他是19世纪下半叶俄国驻华公使馆医生，他1866年来华，在中国生活了18年。1884年退休后返回俄国，晚年在彼得堡去世。他是最早认识到卜弥格的《中国植物志》价值的西方学者，并以卜弥格为出发点，总结了从卜弥格到19世纪末两个多世纪中欧洲人认识中国植物的历史。1880年发表在《皇家亚洲文会北中国支会会报》上的《早期欧洲对中国植物的研究》一文，获得汉学成就最高奖——儒莲奖。晚年布列特施奈德进一步完善他的研究，写成了《早期欧洲对中国植物的研究》。考狄（Henri Cordier）在《西人论中国书目》（*Bibliotheca Sinica*）中，记载了布列特施奈德关于中国植物研究的8种论著，分别是《中国植物学之研究及其价值》（*On the Study and Value of Chinese Botanical Works, with Notes on the History of Plants and Geographical Botany from Chinese Sources*）（1870）、《与中国出口贸易相关的一些植物问题》（*Notes on some botanical questions connected with the export trade of China*）（1880）、《中国的桑树》（*On Chinese Silkworm trees*）（1880）、《早期欧洲对中国植物的研究》（*Early European Researches into the Flora of China*）（1880）、《中国植物志》（*Botanicon Sinicum. Notes on Chinese Botany from Native and Western Resources*）（1881，1890–1891，1894–1895）、《一些中国植物的收集》（*On some old Collections of Chinsese Plants*）（1894）、《植物索引》（*Index Plantarum*）（1895）、《欧人在华植物发现史》（*History of European Botanical Discoveries in China*）（1898）。参阅石声汉译：《中国植物学文献评论》，商务印书馆，1957年；韩琦：《中国科学技术的西传及其影响》。

对《黄帝内经》《本草纲目》和《脉经》[1]三大医学名著的翻译与介绍，如此大规模地翻译中国传统医学经典，在西方汉学史上是第一次。无论是在翻译的篇目还是数量上，《中华帝国全志》都大大超过了卜弥格的作品。

其次，《中华帝国全志》还介绍了中医的一些药方，例如对人参和茶的药用做了详细的介绍。虽然卜弥格也做了类似的工作，但从介绍中药的数量上来看，来华法国耶稣会士已经大大超过了他们的前辈。蓝莉对《中华帝国全志》一书所介绍的《本草纲目》的药物及其治疗作用做了详细的摘录，列表如下[2]：

药名	药用	《本草纲目》原文	所在位置
人参	增进食欲、消除黏痰。	《开胃化痰》	《全志》第3卷，(1735年版)第466页，(1736年版)第575页
	治疗胃部虚弱和衰竭。	《脾胃虚弱》	《全志》第3卷，(1735年版)第466页，(1736年版)第575页
	治疗胃部虚弱和心脏不适。	《胃虚恶心》	《全志》第3卷，(1735年版)第467页，(1736年版)第576页
	治疗因胃虚而不能容纳食物。	《胃寒呕恶》	《全志》第3卷，(1735年版)第467页，(1736年版)第576页
	治疗因反胃而呕吐。	《反胃呕吐》	《全志》第3卷，(1735年版)第467页，(1736年版)第577页

---

1 关于《中华帝国全志》对《脉经》的翻译，笔者有专门研究，因为篇幅所限，这里不做展开。
2 [法]蓝莉著，许明龙译：《请中国作证：杜赫德的〈中华帝国全志〉》，商务印书馆，2015年，第243—261页。

续表

药名	药用	《本草纲目》原文	所在位置
	治疗腹泻。	《霍乱呕恶》	《全志》第3卷，(1735年版)第467页，(1736年版)第577页
	治疗想吐。	《霍乱烦闷》	《全志》第3卷，(1735年版)第467页，(1736年版)第577页
	治疗上吐下泻。	《霍乱吐泻》	《全志》第3卷，(1735年版)第467页，(1736年版)第577页
	治疗力竭和气短。	《阳虚气喘》	《全志》第3卷，(1735年版)第467页，(1736年版)第577页
	治疗产妇气喘。	《产后发喘》	《全志》第3卷，(1735年版)第468页，(1736年版)第577页
	产妇感觉血液扰动。	《产后血运》	《全志》第3卷，(1735年版)第468页，(1736年版)第577页
	治疗产妇全身不适。	《产后诸虚》	《全志》第3卷，(1735年版)第468页，(1736年版)第578页
	治疗产后大量出血。	《产后秘寒》	《全志》第3卷，(1735年版)第468页，(1736年版)第578页
	分娩时胎横或胎儿脚先出。	《横生倒产》	《全志》第3卷，(1735年版)第468页，(1736年版)第578页
	治疗抑郁和心头有压迫感。	《开心益智》	《全志》第3卷，(1735年版)第468页，(1736年版)第578页
	治疗中国人所说的"离魂异疾"，即葡萄牙人所说的"心胸压抑"。	《离魂异疾》	《全志》第3卷，(1735年版)第469页，(1736年版)第579页
	治疗心跳过快并伴有出汗。	《怔忡自汗》	《全志》第3卷，(1735年版)第469页，(1736年版)第579页
	治疗因虚而发烧。	《虚劳发热》	《全志》第3卷，(1735年版)第469页，(1736年版)第579页

续表

药名	药用	《本草纲目》原文	所在位置
人参	治疗因气短及其他因呼吸原因而导致的肺部衰竭。	《肺虚久咳》	《全志》第3卷,(1735年版)第469页,(1736年版)第580页
	止咳化痰。	《止咳化痰》	《全志》第3卷,(1735年版)第470页,(1736年版)第580页
	治疗于咳伴有吐血和脉弱。	《喘咳嗽血》	《全志》第3卷,(1735年版)第470页,(1736年版)第580页
	治疗肺痨伴有吐血。	《虚劳吐血》	《全志》第3卷,(1735年版)第470页,(1736年版)第581页
	治疗吐血出血。	《吐血下血》	《全志》第3卷,(1735年版)第470页,(1736年版)第581页
	治疗鼻子流血不止。	《衄血不止》	《全志》第3卷,(1735年版)第470页,(1736年版)第581页
	治疗牙龈出血。	《齿缝出血》	《全志》第3卷,(1735年版)第471页,(1736年版)第581页
	治疗尿血和沙淋石淋。	《阴虚尿血》	《全志》第3卷,(1735年版)第471页,(1736年版)第582页
	帮助消化。	《消渴引饮》	《全志》第3卷,(1735年版)第471页,(1736年版)第582页
	治疗积水。	《郑氏家传消渴方》	《全志》第3卷,(1735年版)第471页,(1736年版)第582页
	治疗间歇性发烧。	《虚症寒热》	《全志》第3卷,(1735年版)第471页,(1736年版)第582页
	治疗因受寒而腹泻。	《冷痢厥逆》	《全志》第3卷,(1735年版)第471页,(1736年版)第583页
	治疗老人腹泻且全身乏力。	《老人虚痢》	《全志》第3卷,(1735年版)第472页,(1736年版)第583页

续表

药名	药用	《本草纲目》原文	所在位置
人参	治疗恶性发烧。	《伤寒坏症》	《全志》第3卷，(1735年版)第472页，(1736年版)第583页
	小儿犯病时手足抽搐。	《小儿风痫》	《全志》第3卷，(1735年版)第472页，(1736年版)第584页
	小儿因受风而患脾病。	《小儿脾风》	《全志》第3卷，(1735年版)第472页，(1736年版)第584页
	饮酒过量而致盲。	《酒毒目盲》	《全志》第3卷，(1735年版)第472页，(1736年版)第584页
	因酒毒而长疮。	《酒毒生疮》	《全志》第3卷，(1735年版)第473页，(1736年版)第584页
	被狗咬伤。	《狗咬风伤》	《全志》第3卷，(1735年版)第473页，(1736年版)第585页
	肠子从体侧流出。	《胁破肠出》	《全志》第3卷，(1735年版)第473页，(1736年版)第585页
茶叶（茗）	治疗气虚头痛。	《气虚头痛》	《全志》第3卷，(1735年版)第478页，(1736年版)第591页
	治疗痢疾的药方，痢疾来自热，病情厉害者大便呈血色。	《热毒下痢》	《全志》第3卷，(1735年版)第478页，(1736年版)第591页
	治疗便血。	《大便下血》	《全志》第3卷，(1735年版)第478页，(1736年版)第592页
	治疗长期心痛。	《久年心痛》	《全志》第3卷，(1735年版)第479页，(1736年版)第592页
	治疗产妇便秘。	《产后秘寒》	《全志》第3卷，(1735年版)第479页，(1736年版)第593页
	治疗因腰痛而不能转体。	《腰痛难转》	《全志》第3卷，(1735年版)第479页，(1736年版)第593页
	化解各种毒药。	《解诸中毒》	《全志》第3卷，(1735年版)第479页，(1736年版)第593页

续表

药名	药用	《本草纲目》原文	所在位置
茶叶（茗）	治疗因出天花而发痒。	《疮疮作痒》	《全志》第3卷，（1735年版）第479页，（1736年版）第593页
	治疗喉部长疮。	《风痰癫疾》	《全志》第3卷，（1735年版）第479页，（1736年版）第593页
	治疗心痛和想吐。	《霍乱烦闷》	《全志》第3卷，（1735年版）第479页，（1736年版）第593页
	治疗月经不来。	《月水不通》	《全志》第3卷，（1735年版）第479页，（1736年版）第593页
	治疗因咳嗽而嗓子发哑。	《痰喘咳嗽》	《全志》第3卷，（1735年版）第479页，（1736年版）第594页
茶籽	治疗哮喘和呼吸不畅。	《上气喘急》	《全志》第3卷，（1735年版）第480页，（1736年版）第594页
	治疗哮喘而致鼻孔堵塞。	《喘嗽鼽齆》	《全志》第3卷，（1735年版）第480页，（1736年版）第594页
	治疗头脑轰响。	《头脑鸣响》	《全志》第3卷，（1735年版）第480页，（1736年版）第594页
象	象肉：通小便，缩小便[1]。	《肉》	《全志》第3卷，（1735年版）第480页，（1736年版）第595页
	象胆：明目治疳，治疗疮肿、口臭。治疗内障目瞖。	《胆》	《全志》第3卷，（1735年版）第481页，（1736年版）第596页
	象眼：治疗目疾。	《睛》	《全志》第3卷，（1735年版）第482页，（1736年版）第596页

---

[1] 以下表格内仿宋体内容在蓝莉书中未标出，笔者根据原著添加。

续表

药名	药用	《本草纲目》原文	所在位置
象	象皮：下疳；治疗金属利器造成的伤口（金疮）。	《皮》	《全志》第3卷，(1735年版)第482页，(1736年版)第597页
	象骨：解毒。名为"象骨散"的药方：治脾胃虚弱，水谷不消，噫气吞酸，吐食霍乱，泄泻脓血，脐腹疼痛，里急频并，不思饮食诸症。	《骨》	《全志》第3卷，(1735年版)第482页，(1736年版)第597页
	象牙：治疗小便不通、小便多、癫痫。	《牙》	《全志》第3卷，(1735年版)第482页，(1736年版)第597页
骆驼	骆驼的油脂：治疗顽痹风瘙，恶疮毒肿，死肌，筋皮挛缩，损筋骨。治疗痔疮。	《驼脂》	《全志》第3卷，(1735年版)第483页，(1736年版)第598页
	骆驼肉：诸风下气，壮筋骨，润肌肤，主治恶疮。	《肉》	《全志》第3卷，(1735年版)第483页，(1736年版)第599页
	骆驼乳：补中益气，壮筋骨。	《乳》	《全志》第3卷，(1735年版)第484页，(1736年版)第599页
	骆驼毛：治疗痔疮。	《毛》	《全志》第3卷，(1735年版)第484页，(1736年版)第599页
	骆驼屎：止鼻出血。烧烟可驱杀蚊虱。	《屎》	《全志》第3卷，(1735年版)第484页，(1736年版)第599页
海马	海马汤，治疗瘕块。	《海马汤》	《全志》第3卷，(1735年版)第485页，(1736年版)第601页

续表

药名	药用	《本草纲目》原文	所在位置
海马	海马粉抗毒。	《海马拔毒散》	《全志》第3卷，(1735年版)第485页，(1736年版)第601页
石蟹（蟹的化石）	治疗乏力和喉头痛楚、肿胀、肿块的药方。	《喉脾肿痛》	《全志》第3卷，(1735年版)第487页，(1736年版)第603页
麝香	治疗某些因风而失去知觉的疾病。	《中风不省》	《全志》第3卷，(1735年版)第488页，(1736年版)第605页
	小儿易受惊吓，易因渴而啼哭不止。	《小儿惊啼》	《全志》第3卷，(1735年版)第488页，(1736年版)第605页
	治疗小儿大便稀如清水的药方。	《小儿中水》	《全志》第3卷，(1735年版)第488页，(1736年版)第605页
	治疗伤口暴露在空气中的药方。	《破伤风水》	《全志》第3卷，(1735年版)第488页，(1736年版)第605页
	治疗心痛和想吐的药方。	《中恶霍乱》	《全志》第3卷，(1735年版)第488页，(1736年版)第605页
	治疗食用水果后胃部受凉的药方。	《诸果成积》	《全志》第3卷，(1735年版)第488页，(1736年版)第605页
	偏正头痛。	《偏正头痛》	《全志》第3卷，(1735年版)第489页，(1736年版)第606页
	催生易产。	《催生易产》	《全志》第3卷，(1735年版)第489页，(1736年版)第606页
	比黄金更加珍贵的药方。	《胜金散》	《全志》第3卷，(1735年版)第489页，(1736年版)第606页
	胎死腹中，不能产出。	《死胎不下》	《全志》第3卷，(1735年版)第489页，(1736年版)第606页
	痔疮肿胀而不流动。	《蚕咬成疮》	《全志》第3卷，(1735年版)第489页，(1736年版)第607页

续表

药名	药用	《本草纲目》原文	所在位置
麝香	治疗被老鼠咬伤。	《鼠咬成疮》	《全志》第3卷，(1735年版)第489页，(1736年版)第607页
	治疗因虫蛀而牙痛。	《虫牙作痛》	《全志》第3卷，(1735年版)第489页，(1736年版)第607页
虫白蜡（用虫制作的白蜡）	生肌止血定痛，补虚续筋接骨。	《主治》	《全志》第3卷，(1735年版)第495页，(1736年版)第613页
五倍子	治疗频繁出汗。	《自汗盗汗》	《全志》第3卷，(1735年版)第500页，(1736年版)第619页
	治疗心痛，下腹痛。	《心疼腹痛》	《全志》第3卷，(1735年版)第500页，(1736年版)第619页
	治疗饥渴难耐。	《消渴饮水》	《全志》第3卷，(1735年版)第500页，(1736年版)第619页
	治疗小儿频繁呕吐。	《小儿呕吐》	《全志》第3卷，(1735年版)第500页，(1736年版)第620页
	治疗因热而腹泻。	《热泻下痢》	《全志》第3卷，(1735年版)第500页，(1736年版)第620页
	治疗痢疾。	《泻痢不止》	《全志》第3卷，(1735年版)第500页，(1736年版)第620页
	治疗痔疮。	《大肠痔疾》	《全志》第3卷，(1735年版)第500页，(1736年版)第620页
	治疗耳朵长疮。	《耳疮肿痛》	《全志》第3卷，(1735年版)第501页，(1736年版)第621页
	治疗鼻子大量出血。	《鼻出血》	《全志》第3卷，(1735年版)第501页，(1736年版)第621页

续表

药名	药用	《本草纲目》原文	所在位置
五倍子	治疗牙痛。	《牙龈肿痛》	《全志》第3卷，(1735年版)第501页，(1736年版)第621页
	治疗咽喉长疮。	《咽中悬痛》	《全志》第3卷，(1735年版)第501页，(1736年版)第621页
	治疗小儿口中溃烂。	《小儿口疳》	《全志》第3卷，(1735年版)第501页，(1736年版)第622页
	治疗所有肿瘤。	《一切肿毒》	《全志》第3卷，(1735年版)第501页，(1736年版)第622页
	治疗所有皮癣。	《一切癣疮》	《全志》第3卷，(1735年版)第501页，(1736年版)第622页
	治疗疮和溃疡。	《疮口不收》	《全志》第3卷，(1735年版)第502页，(1736年版)第622页
	治疗金属利器造成的伤口。	《金疮出血》	《全志》第3卷，(1735年版)第502页，(1736年版)第622页
	治疗老年人剧烈咳嗽，肺痨但不吐血。	《清肺化痰定咳》	《全志》第3卷，(1735年版)第502页，(1736年版)第622页
	以五倍子为主的药方。	《百煎药》	《全志》第3卷，(1735年版)第503页，(1736年版)第623页
乌桕木（即长腊的树）	乌桕木根：治疗小便不通、大便不通、二便关格、水气虚肿、婴儿胎疮。	《小便不通、大便不通、二便关格、水气虚肿、婴儿胎疮》	《全志》第3卷，(1735年版)第505页，(1736年版)第625页

最后,《中华帝国全志》所介绍的中医知识较为全面。其中不仅有对中医典籍的翻译,对《本草纲目》药物的介绍,也有中医对治疗各种疾病的处方,从而呈现出一种对中医百科全书式的介绍。从下表整理的《中华帝国全志》所涉及的中医知识可以看出其对中医知识介绍的全面性。

《中国帝国全志》对中国传统医学典籍的翻译与介绍

序号	卷目	版本/页码	书目
1	《全志》第3卷	(1735年版)第384—435页	《脉的奥妙》
2	《全志》第3卷	(1735年版)第436—506页	《本草纲目·名例》
3	《全志》第3卷	(1735年版)第453页	梁朝陶弘景的本草《名医别录》的摘录
4	《全志》第3卷	(1735年版)第453页	陶弘景《名医别录·合药分剂法则》
5	《全志》第3卷	(1735年版)第454页	《七方》
6	《全志》第3卷	(1735年版)第460页	《草部·人参·集解》
7	《全志》第3卷	(1735年版)第463页	《修治》
8	《全志》第3卷	(1735年版)第463页	《根,(气味)甘》
9	《全志》第3卷	(1735年版)第464页	《主治》《附方·旧七十六》
10	《全志》第3卷	(1735年版)第464页	《人参膏》
11	《全志》第3卷	(1735年版)第466页	《治中汤》

续表

序号	卷目	版本/页码	书目
12	《全志》第3卷	（1735年版）第466页	《四君子汤》
13	《全志》第3卷	（1735年版）第466页	《开胃化痰》
14	《全志》第3卷	（1735年版）第466页	《脾胃虚弱》
15	《全志》第3卷	（1735年版）第467页	《胃虚恶心》
16	《全志》第3卷	（1735年版）第467页	《胃寒呕恶》
17	《全志》第3卷	（1735年版）第467页	《反胃呕吐》
18	《全志》第3卷	（1735年版）第467页	《霍乱呕恶》
19	《全志》第3卷	（1735年版）第467页	《霍乱烦闷》
20	《全志》第3卷	（1735年版）第467页	《霍乱吐泻》
21	《全志》第3卷	（1735年版）第467页	《阳虚气喘》
22	《全志》第3卷	（1735年版）第468页	《产后发喘》
23	《全志》第3卷	（1735年版）第468页	《产后血运》
24	《全志》第3卷	（1735年版）第468页	《产后诸虚》
25	《全志》第3卷	（1735年版）第468页	《产后秘寒》
26	《全志》第3卷	（1735年版）第468页	《横生倒产》
27	《全志》第3卷	（1735年版）第468页	《开心益智》
28	《全志》第3卷	（1735年版）第469页	《离魂异疾》
29	《全志》第3卷	（1735年版）第469页	《怔忡自汗》
30	《全志》第3卷	（1735年版）第469页	《虚劳发热》
31	《全志》第3卷	（1735年版）第469页	《肺虚久咳》

续表

序号	卷目	版本/页码	书目
32	《全志》第3卷	（1735年版）第470页	《止咳化痰》
33	《全志》第3卷	（1735年版）第470页	《喘咳嗽血》
34	《全志》第3卷	（1735年版）第470页	《虚劳吐血》
35	《全志》第3卷	（1735年版）第470页	《吐血下血》
36	《全志》第3卷	（1735年版）第470页	《衄血不止》
37	《全志》第3卷	（1735年版）第471页	《齿缝出血》
38	《全志》第3卷	（1735年版）第471页	《阴虚尿血》
39	《全志》第3卷	（1735年版）第471页	《消渴引饮》
40	《全志》第3卷	（1735年版）第471页	《郑氏家传消渴方》
41	《全志》第3卷	（1735年版）第471页	《虚疟寒热》
42	《全志》第3卷	（1735年版）第471页	《冷痢厥逆》
43	《全志》第3卷	（1735年版）第472页	《老人虚痢》
44	《全志》第3卷	（1735年版）第472页	《伤寒坏症》
45	《全志》第3卷	（1735年版）第472页	《小儿风痛》
46	《全志》第3卷	（1735年版）第472页	《小儿脾风》
47	《全志》第3卷	（1735年版）第472页	《酒毒目盲》
48	《全志》第3卷	（1735年版）第473页	《酒毒生疽》
49	《全志》第3卷	（1735年版）第473页	《狗咬风伤》
50	《全志》第3卷	（1735年版）第473页	《骨破肠出》

四、《中华帝国全志》在欧洲的影响

《中华帝国全志》是来华耶稣会士对中国最详尽的介绍，尽管杜赫德本人没来过中国，但书中的材料全部取自在华法国耶稣会士们的书信、译文和著作。《中华帝国全志》百科全书般的中国知识介绍，在欧洲产生了重大而深远的影响。《本草纲目》作为中国古代药学、动物学、植物学、矿物学等多学科的知识大全，它随着《中华帝国全志》的流传，对欧洲博物学和医学界产生了重要影响。

1755年，冯卢安（Pierre Joseph Malouin，1701—1778）在其《药物化学》（Chimie Médiecinale）中将《本草纲目》称为"医药全书"（the pandects of medicine）。40年后瑞士生理学家阿尔布雷希特·冯·哈勒（Albrecht von Halle，1708—1777）在他1771年出版的《植物学书目》（Bibliotheca Botanica）中就讨论了李时珍的《本草纲目》，并对书中的插图给予赞扬，赞美中国的植物学著作[1]。

法国汉学家勒佩奇（François-Albin Lepage，1793—？）在其所著《中国医史研究》（Recherches historiques sur la médecine des Chinois）的第二章"中国人的医疗与药学"中，曾经介绍《本草纲目》，并论述了其中的28种药物，说"《本草纲目》是李时珍医生根据嘉靖皇帝的命令在16世纪

---

1 ［英］李约瑟：《中国科学技术史》第六卷《生物学及其技术》第一分册《植物学》，科学出版社，2020年，第254页。

完成的,作者从古今所有的本草及其他的医学著作中摘其精华,并补充了大量的方剂。1685年被派遣到华的耶稣会士刘应神甫用法语对《本草纲目》进行了分析"[1]。显然,勒佩奇没有像蓝莉教授那样研究《中华帝国全志》的手稿,这里没有提到白晋,实际上白晋是《本草纲目》的主要翻译者。但他承认他是从杜赫德神甫摘译的《本草纲目》中发现了许多中国医生使用的草药。同时杜赫德对卜弥格所介绍的中医也很熟悉,并对《中华帝国全志》的介绍和卜弥格的介绍做了对比研究。如研究《本草纲目》西传的学者付璐认为:"勒佩奇对《本草纲目》的论述主要依托于《中华帝国全志》的摘译。"[2]

在西方的博物学发展历程中,《中华帝国全志》"成为记录中国动植物信息的主要宝库,为几代欧洲博物学家所仰赖。该书被翻译成欧洲所有主要语言,其中就包括《本草纲目》中的章节,从而将这部中文著作介绍给了许多西方学者。"[3]

1847年,法国植物学家伊万(Melchior-Honoré Yvan, 1806—1873)出版了他写给药师父亲的"关于中国药学的信"(*Lettre sur la Pharmacie en Chine*),他在书中直接转引了白晋所翻译的关于七方、四性五味、君臣佐使等内容。

---

1 François-Albin Lepage, *Recherches historiques sur la médecine des Chinois Paris*: Pierre Palpant, 1813: 63-64.
2 付璐博士论文《〈本草纲目〉在欧洲的流传研究》,中国中医科学院,2020年。
3 [美]范发迪著,袁剑译:《知识帝国》,中国人民大学出版社,2018年,第136—137页。

他详细引述《本草纲目》的分类法，介绍了《本草纲目》的金石部、草部、木部、果部等全部16部60类。他说："我们认为，为了使人们认识到《本草纲目》的重要性，并了解书中所采用的分类方法，对这部庞大的著作进行分析并非毫无益处。为了展开这项工作，我将引用杜赫德神父在其令人敬佩的有关中国的著作中所做的分析性翻译。多年来，它依然是能让我们了解这个广阔国家最好的一部著作。书中关于《本草纲目》的节译部分尤其有用，因为它将使人们了解那些医学中的常用药物，以及若要完全掌握这些药物就必须需要花费时间研究。"[1]

在《中国科学技术史》第一卷导论中，李约瑟对李时珍及其《本草纲目》作高度评价："无疑的，明代最伟大的科学成就是李时珍的《本草纲目》……这对任何人来说都是难能可贵的。他的《本草纲目》共分62篇[2]，详细叙述了约一千种植物和一千种动物，并说明它们在药用上的真实价值或可能具有的价值（其真实的价值往往比轻率的现代批评家们所愿意承认的更多一些）。附录中还附有八千多个药方。李时珍非常出色地讨论了蒸馏法及其历史、预防天花的牛痘接种、水银、碘、高岭土和其他物质在治疗中的用途等等。"[3]

白晋把李时珍介绍到欧洲，并在《中华帝国全志》中写

1　转引自付璐博士论文《〈本草纲目〉在欧洲的流传研究》。
2　《本草纲目》为52卷，此处为作者或译者的笔误。
3　[英]李约瑟：《中国科学技术史》第一卷导论，科学出版社，1990年，第151页。

道:"这部著作是由一位来自中国明朝医学世家的医生编辑撰写的,这位医生的名字叫做李时珍。但是在这部著作成书出版之前,这位医生便已去世,是他的儿子对该书进行了最后的补充与整理,并且于万历二十四年(1596)请求朝廷予以出版。皇帝为此要求礼部衙门出版此书。而在康熙二十二年(1683),此书被中国政府重新印刷发行。"也正是从《中华帝国全志》开始,中国的医学知识开始全面地传入欧洲,并直接推动了欧洲医学的发展[1]。

---

[1] *Chine et Europe: Evolution et particularités des rapports Est-Ouest du XVIe au XXe siècle (Actes du IVe Colloque international de Sinologie Chantilly-1983)*. Institut Ricci, Ricci Institute, avec la collaboration de l'Institute for Chinese-Western Cultural History, Université de San Francisco, 1991-1992.

第十一章
启蒙运动与儒家文化

中国古代典籍在欧洲早期的传播脉络
启蒙思想家对儒家中国的接受与评价
启蒙思想家接受中国文化的原因

一、中国古代典籍在欧洲早期的传播脉络

自汉代张骞打通丝绸之路后,四大发明作为中国古代的物质文明成果,通过陆路与海路向外传播。造纸术和印刷术的西传对欧洲社会发展产生了重大影响,它使教育得以普及,推动了文艺复兴,为基督新教的兴起提供了物质武器。火药和火器则为新兴资产阶级打破封建贵族统治提供了有力的军事斗争武器;其历史作用还在于掀起了人类武器技术史上的一场革命,开启了化学武器的新阶段,继而引发了一系列的革命。英国科学家贝尔纳写得很明白:"许多世纪以来,中国一直是文明和科学的巨大中心之一……已经看出,在西方文艺复兴时期从希腊的抽象数理科学转变为近代机械的、物理的科学过程中,中国在技术上的贡献——指南针、火药、纸和印刷术——曾起了作用,而且也许是决定意义的作用。……我确信,中国过去对技术这样的伟大贡献,将为其未来的贡献所超过。"[1]

---

1 [英]贝尔纳著,伍况甫等译:《历史上的科学》,科学出版社,1959年,

17世纪英国学者弗朗西斯·培根（Francis Bacon，1561—1626）并不知道四大发明是由中国人所发明，但他给予了高度的评价，认为印刷术、火药和磁石"这三项发明已经在世界范围内把所有事物的全部面貌和情况都改变了；第一种是在学术方面，第二种是战事方面，第三种是在航海方面；并由此又引起难以数计的变化来，竟至任何帝国、任何教派、任何星辰对人类事务方面的力量和影响都仿佛无过于这些机械性的发现了"[1]。如马克思所说："火药、指南针、印刷术——这就是宣告资产阶级社会到来的三大发明。火药把骑士阶层炸得粉碎，指南针打开世界市场并建立殖民地，而印刷术变成新教的工具，总的来说，变成科学复兴的手段，变成对精神发展创造必要前提的最强大的杠杆。"[2]

而中国的精神世界，特别是以儒家为代表的中国哲学与文化传入西方，还是在明清之际耶稣会士入华后才开启的。

高母羡是最早将儒家思想介绍到欧洲的传教士，由他翻译的《明心宝鉴》是儒家通俗作品西传欧洲的第一篇。罗明坚返回欧洲所做的一件重要事情就是把"四书"中《大学》的部分内容译成拉丁文，而首次将罗明坚的这个译文在欧洲正式发表的是波赛维诺（Antonio Possevino，1533—1611）。

首页。潘吉星：《中国古代四大发明：源流、外传及世界影响》，中国科学技术大学出版社，2002年，第579页。

1 ［英］培根著，许宝骙译：《新工具论》，商务印书馆，2020年，第114页。
2 《马克思恩格斯全集》第一版，第47卷，人民出版社，1979年，第427页。李约瑟认为，中国传到西方的机械和其他技术共有26种，参阅李约瑟《中国科学技术史》第一卷，科学出版社，2019年，第253页。

罗明坚返回欧洲后，利玛窦成为耶稣会士在华的领袖，他所提出的"合儒易佛"策略对西学东渐产生了巨大的影响。利玛窦不仅将西方的科学介绍到中国，同时也把中国传回了欧洲。

"中国礼仪之争"是推动来华传教士从事中国典籍翻译的最重要事件。1610年利玛窦去世后，围绕着"译名""祭祖"和"祭孔"三大问题在耶稣会士内部争论起来，随后又演化为托钵修会与耶稣会之间的争论。这场来华传教士内部的争论，很快演化为清廷与梵蒂冈之间的冲突。康熙帝为此先后委派多名传教士前往欧洲，梵蒂冈则先后委派铎罗（Charles-Thomas Maillardde Tournon，1668—1710）与嘉乐（Carlo Mezzabarba，1685—1741）两位特使来华，但他们与康熙皇帝的会谈都不欢而散。康熙为此表态，凡是遵守利玛窦规矩的，到内务府领票，方可在中国传教，否则将送回澳门。1742年罗马教宗发布了《自上主圣意》（*Ex quo singulari*）敕谕，礼仪之争才最终落下帷幕[1]。

正是在礼仪之争的推动下，来华的传教士纷纷著书立说，翻译中国经典。在考书目中，由礼仪之争开始在欧洲出版的关于中国的著作就有260余部，"十七世纪欧洲关于中国

---

[1] 参阅李天纲《中国礼仪之争：历史、文献和意义》，上海古籍出版社，1995年；[美]苏尔、诺尔编，沈保义等译：《中国礼仪之争：西文文献一百篇（1645—1941）》，上海古籍出版社，2001年；第一历史档案馆编《清中前期西洋天主教在华活动档案史料》，中华书局，2003年；张国刚：《从中西初识到礼仪之争——明清传教士与中西文化交流》，人民出版社，2003年。

的消息十分迅速地增长"[1]。

耶稣会士曾德昭1636年返回欧洲后出版了《大中国志》，在西方也产生了影响。曾德昭对孔子的人格给予很高的评价。他说："孔夫子这位伟人受到中国人的崇敬，他撰写的书及他身后留下的格言教导，也极受重视，以致人们不仅供他当古圣人，同时也把他当先师和博士。他的话被视为是神谕圣言，而且在全国所有城镇修建了纪念他的庙宇，人们在那里举行隆重的仪式以表示对他的尊崇。考试的那一年，有一项主要的典礼是：所有生员都要一同去礼敬他，宣称他是他们的先师。"[2]1688年葡萄牙来华传教士安文思（Gabriel de Magalhães, 1609—1660）在巴黎出版的《中国新史》是西方早期汉学发展史上一部重要的著作。卫匡国的《鞑靼战记》，1654年在安特卫普出版了拉丁文版：*De Bello Tartarico Historia*，同年在伦敦就出版了英文版：*Bellum Tartaricum, or The Conquest of the Great and Most Renowned Empire of China*，以后此书又被翻译成意大利文、法文、德文等多种语言，从1654年到1706年间，这本书先后再版了20多次，在欧洲产生

---

1 E.J.Van Kley, *Chinese History in Seventeenth Century Europea Reports*, P.195, Actes du IIIe colloque Inernational de Sinologie VI, Paris；张国刚，吴莉苇：《礼仪之争对中国经籍西传的影响》，载《中国社会科学》，2003年第4期；张西平：《欧洲早期汉学史：中西文化交流与西方汉学的兴起》，中华书局，2009年；谢子卿：《中国礼仪之争和路易十四时期的法国（1640—1710）：早期全球化时代的天主教海外扩张》，上海远东出版社，2019年。

2 ［葡］曾德昭著，何高济译：《大中国志》，上海古籍出版社，1998年，第59—60页。

了重大影响,卫匡国获得了巨大的成功[1]。1655年,卫匡国在阿姆斯特丹出版了他在欧洲最重要的著作《中国新图志》(*Novus Atlas Sinensis*),此书一出版就受到欧洲学术界的重视,当年便出版了法文版和荷兰文版,1656年出了德文版,1658年出版了西班牙文版,同时整部书也被收入梅尔基塞德克(Melchisédec)的《各种航海记》(*Relations de divers Voyages*)的第三卷中。这本书实际上是卫匡国在返回欧洲的途中所编写的[2],使欧洲第一次从地理上认识到中华帝国的辽阔。但卫匡国在欧洲的出版物中最有影响的当属《中国上古史》(*Sinicae Historiae decas Prima*),这本书也是卫匡国返回欧洲后出版的西文书,1658年和1659年分别在慕尼黑和阿姆斯特丹出版了拉丁文版,原书的标题是:*Sinicae Historiae Decas Prima: Res a Gentis Origine ad Christum Natum in Extrema Asia, sive Magno Sinarum Imperio Gestas Complexa*,英文版的题目为:*The first ten divisions of Chinese history, affairs in far Asia from the beginning of the people to the brith of Christ, or surrounding the emerging great empire of the Chinese*。这本书

---

[1] 参阅[美]孟德卫著,陈怡译:《奇异的国度:耶稣会适应政策及汉学的起源》,大象出版社,2010年。

[2] 方豪认为此书必成于"顺治七年回欧洲之前",见《方豪文录》,北平上智编译馆,1948年,第93页。但高泳源先生认为方豪这个结论有误,因卫匡国在书中的"广西太平府"的文字中说:"奉召回欧洲时,编撰工作方才开始,带了五十多种中文著作上船,以备战胜晕船,也是为了排遣长途航行的沉闷。"见高泳源《卫匡国(马尔蒂尼)的〈中国新图志〉》,载《自然科学史研究》,1982年第1卷第4期。

的中文书名有《中国上古史》《中国历史十卷》《中国历史概要》等多种。此书413页，另有索引。全书十卷，内容从盘古开天地到西汉哀帝元寿二年（公元前1年），分别是：第一卷叙述中国远古的神话传说，然后历述了伏羲、神农、黄帝、少昊、颛顼、喾、尧、舜八代帝王的历史，每一个帝王用一节介绍；第二卷介绍夏代，自禹到桀；第三卷介绍商朝，从汤到纣；第四卷为周朝，从周武王到周考王；第五卷接着写周朝，从威烈王（公元前425年）到公元255年，此卷因东周末期，有些周王无事可记，所以他改变了每代帝王占一节的惯例，将几个帝王合为一节，其末尾终于周赧王，赧王亡后又接着写了"周君"一节，而以秦昭王五十二年为终结；第六卷为秦代，自昭襄王五十三年（公元前254年）至子婴灭亡为止；第七卷以下皆为汉代，第七卷写高祖；第八卷自惠帝至武帝；第九卷从昭帝写到宣帝（这一卷终昌邑王刘贺单标一节）；最后一卷自元帝至哀帝。这些在中国人看来极为平常的历史年表在欧洲却掀起了轩然大波，它与后来《中国哲学家孔子》一书中的历史编年一起，炸开了欧洲思想界。从而欧洲的宗教历史观和中国的自然历史观的争论就展开了[1]。这点下面会有专门论述。

从未来过中国的阿塔纳修斯·基歇尔（Athanasius Kicher，1602—1680）是欧洲17世纪的著名学者，1667年他

---

[1] 参阅［法］维吉尔·毕诺著，耿昇译：《中国对法国哲学思想形成的影响》，商务印书馆，2000年；吴莉苇：《当诺亚方舟遭遇伏羲神农：启蒙时代欧洲的中国上古史论争》，中国人民大学出版社，2005年。

在阿姆斯特丹出版了《中国图说》,拉丁文版的原书名为"*China Monumentis qua Sacris quà Profanis, Nec non variis Naturae & Artis Spectaculis, Aliarumque rerum memorabilium Argumetis illustrata.*",译为《中国宗教、世俗和各种自然、技术奇观及其有价值的实物材料汇编》,简称《中国图说》,即"*China illuserata*"[1]。这本书图文并茂,所产生的影响不亚于利玛窦的著作。

以上著作只是在其内容中介绍了儒家思想,第一次将《大学》全译本以中拉双语对照本正式出版的则是1662年刊刻于江西建昌的《中国的智慧》一书,该书的译者是耶稣会士郭纳爵(Inácio da Costa,1603—1666)和殷铎泽。这本书的重要价值在于它成为后来在巴黎出版的《中国哲学家孔子》的重要来源[2]。

儒家典籍的西传以法王路易十四派往中国的五名"国王数学家"[3]为标志,进入了新的阶段。

来华耶稣会士勤于写作和翻译,在欧洲出版了一系列汉

---

[1] 朱谦之先生在《中国哲学对欧洲的影响》一书中对此书做过介绍,但他将该书第一版出版时间说1664年是有误的。[德]阿塔纳修斯·基歇尔著,张西平、杨慧玲、孟宪谟译:《中国图说》,大象出版社,2010年。

[2] 罗莹:《儒学概念早期西译初探:以〈中国哲学家孔子·中庸〉为中心》,外语教学与研究出版社,2014年。

[3] "国王数学家"是指洪若翰(Jean de Fontaney,1643—1710)、张诚(Jean FranÇois Gerbillon,1654—1707)、李明(Le com,1655—1720)、刘应(Claude de Visdelou,1655—1737)、白晋(Joachim Bouvet,1656—1730)。1687年,这五名法国耶稣会传教士取道宁波登陆,然后经扬州到达北京。这个特殊的进京路线标志着来华法国耶稣会士开始摆脱了在华葡萄牙耶稣会士的控制。

学著作，学者们称他们为"文化的哥伦布"是一个很恰当的比喻。这些汉学著作中，以《耶稣会士中国书简集》《中华帝国全志》和《中国哲学家孔子》影响力最大，被学术界誉为"三大汉学名著"。而其中对欧洲启蒙运动的思想家触动最大的是《中国哲学家孔子》。

从前文第八章对《中国哲学家孔子》一书的介绍来讲，耶稣会士下大力气翻译此书，是与"礼仪之争"有关。为了证明利玛窦所确立的"合儒"路线是正确的。利玛窦认为"儒家教义的宗旨是国泰民安，家庭和睦，人人安分守己。在这些方面，他们的主张相当正确，完全符合自然的理性和天主教的真理"。所以在他看来，"儒家并非一个固定的宗教，只是一种独立的学派，……同时也可以信奉天主，因为这在原则上并没有违背天主教的教义，而天主教的信仰对于他们在书中所企望的那种和平安宁的社会非但无害，反而大有裨益"[1]。在《中国哲学家孔子》中，柏应理、殷铎泽继承了利玛窦的这些思想，他们认定中国的祭祀等风俗是非宗教性的，对中国文化的理性精神十分欣赏。通过该书，儒家哲学与欧洲哲学开启了首次相遇与会通。

杜赫德所编写的《中华帝国全志》则展现了一个全方位的中国，从中国历史，中国国家制度与管理，中国的疆域，中国的文官制度，中国的宗教与哲学，到中国的伦理与社会生活。如果说《中国哲学家孔子》展现了中国的精神世界，

---

1 ［意］利玛窦著，文铮译，梅欧金校：《耶稣会与天主教进入中国史》，商务印书馆，2014年，第71页。

那么,《中华帝国全志》则展现了遥远东方的一个神奇大国。"1735年在巴黎出版的耶稣会神甫杜赫德主编的《中华帝国全志》虽然在各类书目中所占篇幅不多,却被视为18世纪'精神生活'中的一个显著的标志物而屡屡被人提及"[1]。

18世纪欧洲对中国的认识主要就是来自来华耶稣会士在欧洲出版的一系列著作。这些传教士为了使欧洲人支持他们的传教事业,的确对一些手稿进行了修改和美化。这点学术界已经做了研究[2]。但总体来说,来华耶稣会士所介绍的中国在细节上大多是真实的,在书中也并非一味美化中国,关于中国的不足在书中也可以读到。尽管他们的写作有护教的立场,但对中国的介绍总体上是真实的。由此,一个东方世界大国的精神世界开始引起欧洲的广泛注意。

二、启蒙思想家对儒家中国的接受与评价

18世纪是启蒙的世纪,这是德国哲学家康德给予它的定义。1785年,当有人问到他是否生活在一个开明的时代(an enlightened age)时,他回答说:"不,我们生活在一个启蒙的

---

[1] [法]蓝莉著,徐明龙译:《请中国作证:杜赫德的〈中华帝国全志〉》,商务印书馆,2015年,第11页。关于《中华帝国全志》一书所包含的中国典籍翻译书目,参阅张西平《儒学西传欧洲研究导论:16—18世纪中学西传的轨迹与影响》,北京大学出版社,2018年。

[2] [法]维吉尔·毕诺著,耿昇译:《中国对法国哲学思想形成的影响》,商务印书馆,2000年;[法]蓝莉著,徐明龙译:《请中国作证:杜赫德的〈中华帝国全志〉》,商务印书馆,2015年。

时代（an age of enlightenment）。"启蒙时代的根本特征是"理性"，以理性作为与中世纪宗教愚昧相对抗的武器；为了给科学开路，使人们的注意力转向自然，而不是内心的祈祷。斯宾诺莎（Baruch de Spinoza，1632—1677）和托兰发明了"泛神论"（pantheism），将上帝和自然融合，从而使科学家们对自然的关注获得了文化的支持。所有这些都引发了天主教占统治地位的信仰的危机，推动了一个理性主义时代的到来。

以往的欧洲近代思想史都是从其文化的内部来说明和研究启蒙运动，对以儒家为核心的中华文明曾推动启蒙运动这一重要的外部原因解释不够。

以《中国哲学家孔子》《中华帝国全志》为代表的关于中国文化的各类经典著作在欧洲的出版引起了轩然大波，这是欧洲人第一次看到东方的精神世界，了解到中国悠久的历史文化和哲学思想。在整整一个世纪里，早期传教士的汉学著作一直吸引着欧洲的知识分子。中国成为欧洲18世纪的榜样，"中国热"在欧洲各国渐渐流行起来。"整个18世纪对中国物件的爱好，形成了英法装饰的特征，同时影响了洛可可式的风格，……中国丝绸成为上流社会标示身份的记号。中国庭院广布于全西欧，中国人的鞭炮灼伤了欧洲人的大拇指"[1]。

这些书并不仅仅是给他们提供了一种异国情调，同时"还提供了一种形象和思想库。欧洲发现它不再是世界中

---

1 ［美］威尔·杜兰特、阿里尔·杜兰特著，台湾幼狮文化译：《伏尔泰时代》，天地出版社，2017年，第468页。

心,……如同其他游记一样,广泛地推动了旧制度的崩溃,在西方那已处于危机的思想中发展了相对的意义"[1]。中国思想开始被接受、被传播,开始进入到欧洲思想文化的变革之中,中国儒家成为当时欧洲社会变革的一个榜样。这一时期是"中西文化关系史上一段最令人陶醉的时期;这是中国和文艺复兴之后的欧洲高层知识界的第一次接触和对话"[2]。

启蒙思想家对孔子的思想和学说给予高度评价。重农学派的创始人、西方经济学奠基人之一魁奈(François Quesnay,1694—1774)被同时代人称作"欧洲的孔子",可见他对孔子的景仰程度。他说:"中国人把孔子看作是所有学者中最伟大的人物,是他们国家从其光辉的古代所流传下来的各种法律、道德和宗教的最伟大的革新者。"[3]中国成为其理想的国度,"是世界上最美丽的国家,是已知的人口最稠密而又最繁荣的王国"[4]。他认为孔子的著作"胜过希腊七圣之语"[5]。魁奈并非只是对孔子礼赞,他从中国的文献中吸收了重要的经济思想,使其创立了重农学派,这些思想有:自然秩序学、自由放任观念、重农理论和土地单一税思想。中

---

[1] [法]安田朴、谢和耐等著,耿昇译:《明清间入华耶稣会士和中西文化交流》,巴蜀书社,1993年,第17页;Henri Cordier, *La France en Chine au Dix-Huitième Siècle*, Paris, Henri Laurens, Editeurs, 1910。

[2] [荷]许理和著,辛岩译:《十六—十八世纪耶稣会研究》,载《国际汉学》第四期,大象出版社,1999年。

[3] [法]魁奈著,谈敏译:《中华帝国的专制制度》,商务印书馆,2018年,第44页。

[4] 同上书,第46页。

[5] 同上书,第64页。

国经济史研究专家谈敏在其著作中以确凿的事实和大量的资料，系统地论证了法国重农学派经济学说，从而寻找西方经济学说的中国思想渊源，具体地勾勒出重农学派在创造他们的理论体系时从中国所获得的丰富滋养及其对后代经济学家的影响[1]。

莱布尼茨（Gottfried Wilhelm Leibniz，1646—1716）无疑是欧洲对中国最感兴趣的人，他的这种兴趣并非停留在书斋里，而是直接参与了和来华传教士的联系，与意大利来华传教士闵明我在罗马见面，与白晋、洪若翰等法国来华传教士保持着紧密的通信[2]。在《中国近事》一书中他写道："人类最伟大的文明与最高雅的文化在今天终于汇集在我们大陆的两端，即欧洲和位于地球另一端——如同'东方欧洲'的'Tschina'[3]，也许天意注定如此安排，其目的就是当这两个文明程度最高和相隔最远的民族携起手来的时候，也许会把它们两者之间所有的民族都带入一种更为合乎理性的生活。"[4]莱布尼茨的这些看法非常理想化，以后的历史也已经无情地修正了他的想象。这是事实，但不是关键。关键在于

---

1 谈敏：《法国重农学派学说的中国渊源》，上海人民出版社，1992年，第366页。
2 Leibniz, Gottfried Wilhelm. *Writings on China*. Translated by Daniel J. Cook and Henry Rosemont. Chicago, IL: Open Court, 1994.
3 指"中国"。
4 ［德］莱布尼茨著，梅谦立、杨保筠译：《中国近事：为了照亮我们这个时代的历史》，大象出版社，2005年，第1页；［美］孟德卫著，张学智译：《莱布尼茨和儒学》，江苏人民出版社，1998年；［德］夏瑞春著，陈爱政等译：《德国思想家论中国》，江苏人民出版社，1995年。

莱布尼茨所表现出来的精神和文化态度：尽最大可能去理解不同文化的价值，以理性为原则，平等宽容地对待不同的文化。如果将这种态度与19世纪时黑格尔的那种傲慢文化态度相比，真是天壤之别。莱布尼茨这种文化态度与精神至今仍是欧洲重要的文化遗产[1]。

对莱布尼茨产生最大影响的中国文化是《周易》。通过与白晋长达多年的通信，他了解到邵雍的伏羲八卦图所包含的逢二进一的思想，并最终将自己的二进制的学术论文题目改为《关于只用两个记号0和1的二进制算术的解释——和对它的用途以及它所给出的中国古代伏羲图的意义的评注》。二进制无疑是莱布尼茨独立发明的，《周易》本身并不能推出二进制的算法，"欧洲关于二进制的讨论一方面有着自己的传统，另一方面也受到东方演算知识的影响"[2]。

法国启蒙思想家对孔子的崇拜在伏尔泰（Voltaire，1694—1778）那里表现得十分突出。伏尔泰对中国传统伦理给予了很高的评价，他曾在《哲学辞典》中写了一篇名为《孔子弟子与鲁公子对话录》的文章，假设孔子的弟子穀俶和鲁公子虢作为对话双方。这篇对话十分有趣，其中多次谈

---

1 张西平主编《莱布尼茨思想中的中国元素》，大象出版社，2010年；[美]孟德卫著，张学智译：《莱布尼茨和儒学》，江苏人民出版社，1998年；胡阳、李长铎：《莱布尼茨二进制与伏羲八卦图考》，上海人民出版社，2006年；孙小礼：《莱布尼茨与中国文化》，首都师范大学出版社，2006年；李文潮、[德]H.波塞尔编《莱布尼茨与中国：〈中国近事〉发表300周年国际学术研讨会论文集》，科学出版社，2002年。

2 张西平：《莱布尼茨和白晋关于二进制与〈易经〉的讨论》，载《中国哲学史》，2020年第6期。

到中国伦理。他认为"慎以修身""和以养体"是中国伦理的重要原则,这种原则要求的"真正的品德是那些有益于社会的,像忠诚老实、宽宏大量、好善乐施、仁恕之道等等"[1]。

在伏尔泰眼中,中国民族的道德风尚高于西方人的道德,像热情、好客、谦虚这些美德都很值得赞扬。他在《哲学辞典》中通过瞉俶的口吻说:"我们孔子是多么大德至圣啊!种种德行给他设想得一无遗漏;人类的幸福系于他的句句格言中;我想起一句来了,就是格言第五十三:以直报怨,以德报德。"这就是启蒙思想家所倡导的宽容,在伏尔泰看来,西方的民族能够用什么格言、什么规则来反对这样纯清完美的道德呢?在欧洲"人与人相互为狼"的时候,儒家思想的伦理无疑打动了他。此外,中国悠久的历史同样是前所未闻。《风俗论》是伏尔泰的一部重要著作,在这部著作中,伏尔泰第一次将中华文明史纳入世界文化史中,不仅突破了以欧洲历史代替世界史的史学观,也开创了人类文明史或者说世界文明史研究的先河。他说东方民族早在西方民族形成之前就有了自己的历史,我们有什么理由不重视东方呢?"当你以哲学家身份去了解这个世界时,你首先把目光朝向东方,东方是一切艺术的摇篮,东方给了西方一切"[2]。正由于东方的历史早于西方的历史,所以伏尔泰在《风俗论》中的人类文明史研究首先是从东方、从中国开始的。

---

1 [法]伏尔泰:《哲学辞典》上册,商务印书馆,1997年版,第281页;
　[法]安田朴著,耿昇译:《中国文化西传欧洲史》,商务印书馆,2000年。
2 [法]伏尔泰:《风俗论》,商务印书馆,1996年,第201页。

孟德斯鸠（Motesquieu，1689—1755）对中国政治体制提出了批评，但对孔子和儒家学说的"以德治国"方针都给予了赞扬。孟德斯鸠认为中国人民生活在一种最完善、最实用的道德之下，这种道德是这个地区的任何一个国家所没有的。"他们要求人人相互尊重，人人时刻不忘自己受惠于他人甚多，无不在每个方面有赖于他人。为此，中国立法者制定了最广泛的礼仪规范"[1]。我们所熟知的格言：修身、齐家、治国、平天下是对《礼记》《大学》中"身修而后齐家，家齐而后国治，国治而后天下平"的概括，它用最凝练的语言阐明了个人的道德修养与治理国家的关系。这句格言不仅告诉人们，凡有志于担当大任者必须从完善个人的道德修养做起，同时也昭示人们，治家与治国所应遵循的道理其实是相通的。伏尔泰认为这就是中国人，启蒙思想家们不但赞同"用道德治理国家"的这种模式，而且认为应该在欧洲国家中加以推广，从而使各国的纷争得以平息。

"以德治国"既然是中国政治的一大特点，那么，中国道德的核心内容究竟是什么？在这个问题上，法国思想家似乎没有达成共识，而是智者见智，仁者见仁。但是，他们也有共同之处，都认为孔子的学说和教诲构成了中国人的道德核心。霍尔巴赫（Paul Heinrich Dietrich，1723—1789）认为，中国历史上虽然多次改朝换代，孔子的思想却始终是中国人治理国家的基本原则。中国对启蒙时代思想的影响最终表

1　[法]孟德斯鸠著，许明龙编译：《孟德斯鸠论中国》，商务印书馆，2016年，第252页。

现在，法国1793年宪法所附《人权和公民权宣言》以及法国1795年宪法所附《人权和公民的权利和义务宣言》都写入了孔子的名言"己所不欲，勿施于人"，分别定义为自由的道德界限和公民义务的原则。

启蒙思想家对中国的评价并非完全一致，他们对儒家文化也并非铁板一块，既有"颂华派"，也有"贬华派"。例如，孟德斯鸠在《论法的精神》中将中国说成是"世界上最狡猾的民族"，卢梭甚至说中国是"没有任何地方能够超越他们的罪恶，没有任何地方不熟悉他们的罪行"[1]。其实耶稣会士的著作也并非都是对中国的颂歌，他们同样也介绍了个人眼中的不足。但总体上18世纪欧洲的主流舆论是将中国作为一个理想的国度来介绍的，以伏尔泰为代表的启蒙思想家对中国充满敬意。西方有个别学者认为欧洲18世纪的"中国热"只是一个神话，这违背了基本的历史事实[2]。该观点是19世纪西方强盛后提出来的，他们站在欧洲中心主义立场上认为18世纪欧洲对中国的美好印象完全是虚假的，是一个编造出来的神话[3]。这是完全站不住的，因为在欧洲各国至今仍

---

1 [法]贝阿特丽丝·迪迪耶、孟华主编《交互的镜像：中国与法兰西》，上海远东出版社，2015年，第86页；罗芃、冯棠、孟华：《法国文化史》，北京大学出版社，1997年。

2 许明龙：《欧洲18世纪"中国热"》，山西教育出版社，1999年；[德]利奇温著，朱杰勤译：《十八世纪中国与欧洲文化的接触》，商务印书馆，1962年。

3 法国学者艾田浦（Rene Etiemble）认为："对中国的排斥就是这样起作用的，这是欧洲殖民主义的序曲，谁有胆量去把一个曾给予世纪这么多东西的文明古国变成殖民地呢？那么，首先只有对它进行诋毁，然后由大炮来摧毁它。"[法]艾田浦著，许钧、钱林森译：《中国之欧洲》下卷，河南人民出版社，1992年，第387—388页。

保留着不少18世纪中国热时期的建筑；在各国的皇宫中，18世纪中国热时期所购买的瓷器还在；德国波茨坦的中国茶亭（Chinesisches Haus im Park Sanssouci）每年还吸引着不少游客；18世纪启蒙运动思想家的著作仍在，18世纪中国热时期的出版物仍藏放在图书馆；中华文化对18世纪欧洲思想的影响已经被学术界所认可[1]。如谢和耐所说："发现和认识中国，对于18世纪欧洲哲学的发展起到决定作用，而正是这种哲学，为法国大革命作了思想准备。"[2]

我们需要研究的是，18世纪的启蒙思想家为何接受中国，并将中国文化作为他们思想的旗帜。

三、启蒙思想家接受中国文化的原因

欧洲18世纪的启蒙运动是在理性的旗帜下逐步走出中世纪神学的思想解放运动，为何启蒙思想家们以遥远的东方作为自己的理想，以儒家思想作为自己战斗的武器和思想的旗

---

[1] 有的学者认为"欧洲启蒙运动与中国文化何干？"，这样的疑问不需要从理论上回答，只要了解了当时在华传教士对中国典籍的翻译，查阅一下启蒙运动中关于中国的书籍就可以得出结论。当然，从思想本身认为莱布尼茨笔下的儒家只是其单子论的表达，和中国文化无关，这样的分析并非完全没有道理。但当莱布尼茨、伏尔泰用中国思想来表达自己的时候，不是正说明了中国文化和启蒙思想家存在着某种关联，启蒙运动与中国文化并非无关。

[2] ［法］谢和耐：《关于17和18世纪中国与欧洲的接触》，参见Gernet, Jacques. "A propos des contacts entre la Chine et l'Europe aux XVIIe et XVIIIe siècles." *Acta Asiatica* (Tokyo), no. 23 (1972): 78；［美］包华石：《西中有东：前工业化时代的中英政治与视觉》，上海人民出版社，2020年。

帜呢？五四运动后，中国思想界认为儒家思想是落后的封建思想，它如何能与代表进步，代表着自由、平等、博爱的启蒙运动思想联系在一起呢？对此，可以从社会经济发展、国家治理体制和哲学思想价值这三个方面来回答。

第一，中国当时的社会富裕程度比欧洲高。来华的耶稣会士、传教士们是抱着"中国归主"的目的来到中国，他们勤奋地学习汉语，认真阅读中国的文化典籍。在他们了解了中国的历史，熟悉了中国的实际生活后，在真实的社会活动中感受到当时中国社会的富足与安宁。法国传教士马若瑟（Joseph de Prémare，1666—1736）曾记下他对珠江三角洲的观感："珠江两岸一望无际的水稻田绿得像美丽的大草坪。无数纵横交叉的小水渠把水田划分成一块块的。只看到远处大小船只穿梭来往，却不见船下的河水，仿佛它们在草坪上行驶似的。更远处的小山丘上树木郁郁葱葱，山谷被整治得犹如杜伊勒利宫（Palais des Tuileries）花园的花坛。大小村庄星罗棋布，一股田园的清新气息。千姿百态的景物令人百看不厌，流连忘返。"[1]从这里可以看出传教士对中国的感受，尽管他们也报道了中国贫穷的一面，但总体上他们认为中国是一个高度富裕的帝国，这点在多数传教士的著作中都有介绍和描写。从历史学来看，这些报道是真实的。根据传教士所报道的关于中国的各类数字和情况，启蒙思想家看到一个国土比欧洲还要广阔，人口如此众多，经济如此繁荣的

---

1 ［法］杜赫德编，郑德弟等译：《耶稣会士中国书简集》（上），大象出版社，2005年，第139页。

帝国，他们认为"不论在哪一个时代，都没有人能够否认这是世界上最美丽的国家，是已知的人口最稠密而又最繁荣的王国"[1]。

不少人认为来华耶稣会士对中国的介绍是为了他们的教会利益，为了获得欧洲对其传教的支持而美化了中国，认为当时中国的社会经济发展并非那样好。但近年来的世界经济史研究证明来华耶稣会士们所说的大体是符合事实的[2]。

从世界经济史角度，德国经济史专家贡德·弗兰克（Andre Gunder Frank，1929—2005）在其《白银资本：重视经济全球化中的东方》一书中认为，直到18世纪末，亚洲仍是世界经济的中心，而不是欧洲。因为当时欧洲人渴望获得中国的手工业品和加工后的农业产品，丝绸、茶叶和瓷器，但没有任何可以向中国出售的产品。而明代确立了银的货币制度后，人们对白银有一种无限的渴求。此时西班牙人在墨西哥等地发现了白银，于是他们就用从美洲采来的白银来换取中国的产品。同时，由于中国的白银价格要比欧洲高得多，"从1592年到17世纪初，在广州用黄金兑换白银的比价是1:5.5到1:7，而西班牙的兑换价是1:12.5到1:14。由此表明，中国的银价是西班牙银价的两倍"[3]。无论从需求还是从套利

---

[1] [法]魁奈著，谈敏译：《中华帝国的专制制度》，商务印书馆，2018年，第46页。

[2] [英]约翰·霍布森著，孙建党译：《西方文明的东方起源》，山东画报出版社，2009年。

[3] [德]贡德·弗兰克著，刘北成译：《白银资本：重视经济全球化中的东方》，中央编译局，2000年，第182页。

的角度，白银围绕着中国经济发展在旋转。白银流入欧洲后又造成了欧洲市场的价格革命，推动了欧洲的经济发展。这样，当时中国成为世界经济的主车轮，而欧洲不过买了一个三等票，坐上了中国和亚洲发展的快车[1]。

另外，弗兰克还从人口、贸易等几个方面来说明中国当时的富裕程度远远超过欧洲。只是近代以后西方强大了，他们的历史学家不再讲这段历史，而是拿出一套欧洲中心主义的理论。弗兰克说"所谓的欧洲在现代世界体系中的霸权，是很晚的时候才发展起来的，而且是很不彻底的，从来没有达到独霸天下的程度。实际上，在1400至1800年这一时期，虽然有些时候被人说成是'欧洲扩张'和'原始积累'并最终导致成熟的资本主义的时期，但是世界经济依然主要笼罩在亚洲的影响之下。中国的明清帝国、土耳其的奥斯曼帝国、印度的莫卧儿帝国和波斯的萨非帝国无论在经济上还是在政治上都极其强大……"[2]。

相对而言，欧洲当时在技术上并没有特别的发明，如托马斯·库恩（Thomas S. Kuhn，1922—1996）所说，认为17至19世纪的工业革命是科学技术引起的，纯粹是一个神话。也不存在彼时欧洲的制度更先进，开始向外输出这样的历史事实。

---

1 ［英］杰克·古迪著，沈毅译：《西方中的东方》，浙江大学出版社，2012年；［英］安格斯·麦迪森著，伍晓鹰等译：《世界经济千年史》，北京大学出版社，2022年。
2 ［德］贡德·弗兰克著，刘北成译：《白银资本：重视经济全球化中的东方》，第231页。

可以这样说，当时的中国社会生活的富裕程度并不比欧洲差，甚至在不少方面要强于欧洲。法国汉学家谢和耐认为"雍正朝（1723—1735）和乾隆前期（1736—1765）的中国农民，较之路易十五朝的法国农民，普遍而言，吃得更好，生活更为舒适"[1]。在以往的中西文化交流史研究中，大都认为来华耶稣会士过于美化对中国的介绍，他们对中国的赞誉只是为了获得欧洲对于他们传教的支持。这样的看法有其合理性，但不全面。来华的耶稣会士们的确是希望通过介绍中国的富裕来说明缺乏"牧羊人"，以唤起欧洲对传教事业的支持。但中国社会生活的富裕是个事实，同时也应看到来华耶稣会士的确被中国富裕的生活所打动。利玛窦所说的"这片幅员辽阔的土地，不仅像我们欧洲那样由东到西，而且由南到北也是一样，都物产丰富，没有国家能与之相匹敌"[2]，这是一个基于事实的判断。中国历史之悠久、国土之辽阔、社会之富庶超过欧洲，从而引起他们对中国的关注，并开始将中国作为一个榜样。

第二，中国治理国家的中央集权制优于欧洲的贵族制。当时的欧洲是贵族和教会统治的天下，从法国来说，贵族拥有全国土地的1/4，在自己的封地内，这些贵族们"或者借着农奴制度，或出租部分土地给佃农而主持土地的划分与

---

[1] 转引自王国斌《转变的中国：历史变迁与欧洲经验的局限》，江苏人民出版社，2008年，第25页。
[2] ［意］利玛窦著，文铮译：《耶稣会与天主教进入中国史》，商务印书馆，2014年，第9页。

耕耘；他们也制定法律和命令，并承担审问、判决与惩处之责；他们也设置学校、医院与慈善机构"[1]。而当时教会则拥有全国6%到20%的土地，以及国家大约1/3的财富。国王虽存在，但在管理国家上是软弱的。18世纪末，"德意志境内几乎没有一处彻底废除农奴制度，同中世纪一样，大部分地方的人民仍牢牢地被束缚在封建领地上。1788年，在德意志大多数邦国，农民不得离开领主庄园，如若离开，得到处追捕，并以武力押回。在领地上，农民受主日法庭制约，私生活受其监督，倘若纵酒偷懒，便受处罚"[2]。

然而在耶稣会士的著作中，中国的皇帝拥有极大的权力，国家的管理体系采取的是郡县制，而不是贵族分封制。"普天之下莫非王土，率土之滨莫非王臣"。尽管皇帝拥有极大的权力，但权力运作原则是理性和有序的，"因为政府内的一切事物都要以奏折的形式禀呈给皇帝，官员要在其中禀明所要做的事情，而皇帝所要做的只是批准或否定这些官员的建议，在事先没有相关官员建议的情况下，皇帝几乎从不擅作主张"，利玛窦认为，"中国是君主政体，但推行的更像共和制度"[3]。实际上，当时中国的国家管理能力远在欧洲各个国

---

[1] ［美］威尔·杜兰特、阿里尔·杜兰特著，台湾幼狮文化译：《伏尔泰时代》，天地出版社，2018年，第297页。

[2] ［法］托克维尔著，冯棠译：《旧制度与大革命》，商务印书馆，2013年，第65页。主日（dies dominicus）即星期日，主日法庭（Jsttice dominicale）即星期日法庭。

[3] 参阅［意］利玛窦著，文铮译：《耶稣会与天主教进入中国史》，商务印书馆，2014年，第33—34页。

家之上,19世纪以前欧洲没有任何一个国家有人口统计,而中国这项制度从2000年前就已经确定,到18世纪时已经普及到全国,而彼时欧洲的人口统计是由教会来完成的[1]。

伏尔泰与当时大多数启蒙思想家一样,主张君主制,因为欧洲当时处在中世纪的后期,按照伏尔泰的说法,国家处在"分崩离析、力量薄弱、濒临解体"的状态[2]。有一个强权的皇帝"也是当时唯一能与教会相抗衡的力量"[3]。中国中央政府的强大同欧洲分散的贵族、领地的特权体制相比形成明显差别,而且中国这种君主制并非完全的独裁,是一个受到官僚体系制约的君主制。乃至魁奈说"世界上恐怕没有别的国家能像在中国那样更自由地对君主实行劝谏"[4]。托克维尔在谈到法国大革命时曾说,大革命中的人们就是"各自努力地消灭豁免权,消除特权。他们与不同的等级相融合,使不同社会地位趋于平等,用官吏制度取代贵族制度,用统一的规章制度取代地方特权,用统一的政府代替零散分散的权力机构"[5]。在这个意义上,也是18世纪启蒙思想家学习中国管

---

1 [美]王国斌著,李伯重、连玲玲译:《转变的中国》,江苏人民出版社,2018年,第244页。
2 [法]伏尔泰著,梁守锵译:《风俗论》(下),商务印书馆,1995年,第174页。
3 孟华:《伏尔泰与孔子》,新华出版社,1993年,第140页。
4 [法]魁奈著,谈敏译:《中华帝国的专制制度》,商务印书馆,2018年,第86页。
5 [法]托克维尔著,冯棠译:《旧制度与大革命》,商务印书馆,2013年,第49页。

理体制的一个自然原因[1]。

当时欧洲的国家治理中还有一个恶习，即卖官鬻爵制度。法国为了找到财源，"或是靠出卖特许证赚钱，或是靠设置个新官职赚钱，国家强迫各集团购买新官职"[2]。来华的耶稣会士在中国却看到完全不同于欧洲的另一种官员选拔制度——科举制，即文官考试制度，这样的管理和选拔人才的方法在欧洲是没有的。利玛窦详尽地解释了中国的科举制度，并说："那些执掌国家大权的人都是通过科举考试，从举人和进士一步一步晋升上来的。……他们做官不靠任何人的恩惠与情面，不要说官员，就连皇帝讲情也无济于事。完全凭科考成绩以及在以前任职期间所显示的智慧、德行与才干。"[3]利玛窦感叹地说"这是区别于世界任何一个国家的形式"。几乎所有来华耶稣会士的汉学著作都介绍了中国的科举

---

1 孟德斯鸠是"贬华派"的代表，他从自己的气候与地理环境决定社会制度的理论出发，认为有三种类型的国家制度：依仗美德的共和政体；依仗荣宠的君主政体；依仗畏惧的专制政体。他认为"中国是一个以畏惧为原则的专制国家"，但由于中国是宗教、习俗、道德、法律融合在一起的国家，加之中国的气候和地理特点，孟德斯鸠在判断时也相当困难，也不很一致。他又说："由于某些特殊的或许是独一无二的情况，中国的政府没有达到它所应有的腐败程度。大多基于气候的物理原因抑制了这个国家的道德原因，进而演绎出了种种奇迹。……暴政归政，气候将使中国的人口越来越多，并最终战胜暴政。"[法]孟德斯鸠著，许明龙译：《论法的精神》（上册），商务印书馆，2019年，第151—152页。

2 [法]托克维尔著，冯棠译：《旧制度与大革命》，商务印书馆，2013年，第145页。

3 [意]利玛窦著，文铮译：《耶稣会与天主教进入中国史》，商务印书馆，2014年，第32页。

制度，对中国的这种通过考试来选拔国家管理人才的办法给予了高度赞扬[1]。

当时欧洲拥有土地的贵族同时拥有政治地位，在贵族的领地中实行的是世袭制，而在国家层面则是卖官鬻爵制。政府管理部门根本没有考试制度，大学也没有正式的考试制度。由此，魁奈对中国的科举制度给予了很高的评价，他认为，欧洲当时的社会管理制度和中国的这种考试制度是完全无法比拟的。在当时除了中国外，都忽视这个体制的重要性，而这个制度是政府的基础。这种考试制度说明中国当时在社会治理上是成熟的，是优于欧洲的社会管理制度的。

中国这种官员考试选拔制度对法国乃至整个欧洲都产生了影响。欧洲最早的大学考试可以追溯到1219年，但当时的考试只是口头面试，书面考试到1702年才有，学校确立考试制度在18世纪和19世纪才得到发展。法国学者布吕内蒂埃认为法国通过竞争性考试来补充文职官员的制度起源于中国的科举制度。而英国"1855年5月21日颁布的枢密院敕令，反映出英国刚着手制定的考试制度与中国古老的科举制原则之间有着惊人的相似之处"[2]。邓嗣禹先生详尽考察了中国的考试制度在西方传播接受的过程，用历史证明了这个制度对欧洲

1　Teng Ssu-yu, Chinese influence on the Western examination system, Havard Journal of Asiatic Studies, 7 (1943) 267-312；中文翻译参阅《中外关系史译丛》第4辑，上海译文出版社，1988年，第200—232页。

2　邓嗣禹：《中国科举制在西方的影响》，载《中外关系史译丛》第4辑，上海译文出版社，1988年，第227页；[美]彼得·盖伊著，刘北成译：《启蒙时代：现代异教精神的兴起》，上海人民出版社，2015年。

社会管理制度的影响[1]。

科举制度构成了中国官僚体系的基础，而国家是由一帮文人来管理的。在来华的耶稣会士看来，儒家并非宗教，而是道德哲学，所以中国实际是被这些儒学文人们所具体运转，也就是说是"哲学家"在管理着这个国家。

中国这种文人治国的体制与当时教会占据国家治理中心的体制形成鲜明的对比。启蒙运动的核心就是用理性取代宗教信仰，其在政治上的核心目标是打破教会对社会的统治权。"18世纪哲学家的另一部分信条是与教会为敌。他们攻击教士，攻击教会等级，攻击教会机构及教义，而且为了能够将教会彻底推翻，他们还想连根拔掉教会的基础。……基督教之所以招致如此强烈的仇恨，并非因为它是一种宗教教义，而是因为它是一种政治制度；并非因为教士们甘愿对来世的事务进行统筹管理，而是因为他们是尘世的地主、领主、什一税的征收者、行政官吏；并非因为教会不能在行将建立的新社会享有一席之地，而是因为正被粉碎的旧社会中，它占据了最有特权、最有势力的地位"[2]。

教会不仅享有巨大的世俗权力，而且在精神世界也占有统治地位。教会垄断着拯救人类的唯一途径，教会占据着到达彼岸的唯一道路，教会控制着几乎所有的教育机构，他们审查着人们的精神生活。自然，教会成为启蒙思想家所倡导

---

[1] 邓嗣禹：《中国考试制度史》，吉林出版集团，2011年。
[2] ［法］托克维尔著，冯棠译：《旧制度与大革命》，商务印书馆，2013年，第47页。

的人类走向理性和幸福生活的最大障碍。

以上两点从社会经济发展与国家管理的角度，说明当时的中国无论是社会富裕程度还是社会管理制度都要优于欧洲，而且中国是一个和欧洲面积几乎一样大的、人口超过2亿的大国。当时法国人口不到800万，苏格兰和威尔士不到700万。伏尔泰说："这就是中国人，超过了大地上的所有民族，无论是他们的法律、风俗，还是他们种种儒生所讲的语言，自今4000年以来都未曾变化。"[1]在这样的大国，依靠着通过学习儒家著作、公开竞争的科举制选拔上来的文职官员，同时依靠一整套的法律制度，维持着皇权的专制制度。这就是启蒙运动的思想家们所希望追求的开明君主制[2]。

第三，儒家思想为启蒙思想家解构启示神学提供了思想武器。一个富饶的东方大国为启蒙思想家提供了一个想象的乌托邦，其现实的国家管理制度给启蒙思想家提供了一个理想的、可效仿的君主制度。从中国所发现的历史观和哲学思

---

1 ［法］安田朴、谢和耐等著，耿昇译：《明清间入华耶稣会士和中西文化交流》，巴蜀书社，1993年，第19页。
2 中国和欧洲的明显差别是"欧洲在政治组织方式上杂乱无章，众多的小型政治单位（包括城邦、主教领地、公国和王国）并存。而在此时的中国却是一个幅员广大的帝国，基本不存在欧洲式的贵族、宗教机构和政治传统"。王国斌著，李伯重、连玲玲译：《转变的中国》，江苏人民出版社，2018年，第77页；杰克·戈德斯通著、关永强译的《为什么是欧洲？世界史视角下的西方崛起（1500—1850）》一书认为，西方的崛起完全是技术上的原因，显然忽略了地理大发现时代西方对世界的掠夺所积累的财富，完全没有讲西方的技术也是在人类技术的交流中逐步完善的，没有讲述阿拉伯世界和中华文明所带给欧洲的影响。［英］S. A. M. 艾兹赫德著，姜智芹译：《世界历史中的中国》，上海人民出版社，2009年。

想则是打动他们的内在原因。

首先，中国历史纪年直接冲击了《圣经》的历史纪年。

欧洲关于中国上古史纪年的争论，是由于来华耶稣会和在中国的托钵修会关于中国礼仪的争论所引起的。来华耶稣会士在欧洲出版的著作，例如卫匡国的《中国上古史》，柏应理在《中国哲学家孔子》一书所附的中国历史年表等，都向欧洲展示了一个完全不同于《圣经》神学史观的东方民族历史。这对启蒙思想家产生了重大的影响[1]。

我们以伏尔泰为例来说明中国历史观对其产生的影响。当时的西方社会以基督教历史纪年作为整个人类史纪年，以《圣经》历史作为整个世界史。这种历史观是中世纪基督教神学观的必然产物。最引起欧洲震动的是来华耶稣会士对中国历史和文化的报道。无论是卫匡国还是柏应理所提供的中国历史年表，都是欧洲人无法想象的。因为按照中国历史纪年，早在《圣经》所记载的大洪水时期以前，中国的历史就已经存在了。按照《圣经》的说法，亚当诞生于公元前4004年，而大洪水时期在公元前2349年。按照《旧约》的解释，全世界都应是诺亚的后代，他的一家是大洪水时期唯一幸存的。但是按照中国的历史纪年，伏羲在公元前2952年就已经存在了。

---

[1] 参阅吴莉苇《当诺亚方舟遭遇伏羲神农：启蒙时代欧洲的中国上古史论争》，中国人民大学出版社，2005年。这本书无论是在史料上还是在思想性上都是十分杰出的，是中国学术界关于这一问题研究的代表性成果。

伏尔泰认为中国人的历史是最确实可靠的,"因为,中国人把天上的历史同地上的历史结合起来了。在所有民族中,只有他们始终以日蚀月蚀、行星会合来标志年代;……其他民族虚构寓意神话,而中国人则手中拿着毛笔和测天仪撰写他们的历史,其朴实无华,在亚洲其他地方尚无先例"[1]。伏尔泰的这个结论是有根据的,因为他读到了法国来华耶稣会士宋君荣(Antoine Gaubil,1689—1759)的书。宋君荣根据中国先秦古籍对日蚀、月蚀等天文现象的记载,在巴黎出版了《中国天文史略》一书。伏尔泰在《风俗论》中提到了宋君荣核对孔子书中记载的36次日蚀,显然他是读到了宋君荣的书后得出的结论,"中国的历史,就其总方面来说是无可争议的,是唯一建立在天象观察的基础之上的。根据最确凿的年表,远在公元前2155年,中国就已有观测日蚀的记载"[2]。

伏尔泰还提到中国上古史上的伏羲氏、尧,他说尧在位约80年,"帝尧亲自改革天文学,……力求使民智开通,民生安乐"。他认为"在尧之前还有6个帝王,其中第一个名为伏羲氏","他于公元前2500多年,即巴比伦已有一系列天文观测时在位;从此中国人服从于一个君主。中国境内有15个王国,均处于一人统治之下……"[3]。

伏尔泰所依据的史料是耶稣会士的著作,我们从中可以

---

1 [法]伏尔泰著,梁守锵译:《风俗论》,商务印书馆,2011年,第67页。
2 同上书,第206页。
3 同上书,第207—208页。

看到他开阔的学术眼光和对待异族文化的平等精神。正如他所说,"总之,不该由我们这些远处西方一隅的人来对这样一个在我们还是野蛮人时便已完全开化的民族的古典文献表示怀疑"[1]。

显然,中国的历史纪年与《圣经》的历史观存在差异,在当时的欧洲引发了多方讨论[2]。

来华的耶稣会士同样被这一问题困扰,但他们试图坚守《圣经》的历史观。为了做到既符合《圣经》的历史观,又坚持利玛窦的传教路线,承认中国文化和历史,他们采取了两种办法。一种是从西方文献中找解决的办法,他们发现希腊本的《圣经》是公元前2957年,比拉丁本的《圣经》公元前2349年早了500多年,希腊本的《圣经》的历史纪年大体能和中国的历史纪年相融。中国历史上也有大洪水时期的记载,如大禹时期,这样就可以把中国人看作诺亚的后代。

但这样做也是前后矛盾的,中国的大禹时期约在公元前2357年,这和拉丁本《圣经》中记载的洪水期公元前2349年大体接近;而如果采用希腊本《圣经》的历史,人类的洪水期发生在公元前2579年,这点无法和中国历史相协调。

用希腊本《圣经》的历史纪年可以和中国历史上的伏

---

1 [法]伏尔泰著,梁守锵译:《风俗论》,商务印书馆,2011年,第208页。
2 其实不仅是伏尔泰,对中国文化多有批评的孟德斯鸠在关于世界历史是否只有6000年左右的讨论中,也直接运用中国的材料来质疑基督教世界只有6000年的说法,参阅[法]艾田蒲著,许钧、钱林森译《中国之欧洲》(下),河南人民出版社,1995年,第222—223页。

羲纪年相一致，但与中国的洪水期不一致；反之，用拉丁本《圣经》的历史纪年可以和中国大禹时期相一致，但又无法说明伏羲为何早500多年而存在。

来华耶稣会士的这种理论矛盾在卫匡国的《中国上古史》、曾德昭的《中华大帝国史》《中国哲学家孔子》等一系列学者关于中国历史的著作中都存在。

伏尔泰明确指出，虽然中国的历史纪年不同于《圣经》的历史纪年，尽管中国历史在《圣经》上所说的大洪水时期以前已经存在，但中国的历史是可靠的。他说"中国这个民族，以它真实可靠的历史，以它所经历的、根据推算相继出现过三十六次日蚀这样漫长的岁月，其根源可以上溯到我们通常认为发生过普世洪水的时代以前……"[1]，并不能以西方宗教的历史观来度量、纠正东方民族的历史。他说"中国的读书人，除了崇拜某一至高无上的上帝，从来别无其他宗教信仰，他们尊崇正义公道。他们无法了解上帝授予亚伯拉罕和摩西的一系列律法，以及长期以来西欧和北欧民族闻所未闻的弥赛亚的完善的法典"[2]。但中国人的历史是无可怀疑的，在西方人还处在野蛮的偶像崇拜之中时，中国这个古老的国家早已"培养良俗美德，制订法律"，成为礼仪之邦。

伏尔泰的结论是，西方所编写的否认中国上古史的书都是错误的，因为中国上古史证明了西方神学的谎言。伏尔泰

1　［法］伏尔泰著，吴模信译：《路易十四时代》，商务印书馆，1997年版，第597页。
2　同上书，第593页。

无疑是伟大的,他开启了将人类历史从神的历史回归到人类自身历史的进程,这个进程是欧洲启蒙运动以来的怀疑与批判精神的自然延续,在他身上得到了总体性的论述[1]。

所以,中国历史使启蒙思想家走出了欧洲长期信奉的《圣经》神学历史观。

其次,儒家的哲学观念与启蒙运动思想家主张的自然神学有着内在的联系。牛顿的《原理》一书在欧洲出版后,大自然的万有引力引起人们震惊。这样在神学上逐渐形成一种新的神学解释,就是不同于启示神学的"自然神学"。自然神学对上帝的认识不再像启示神学那样完全依赖于宗教经验和神的启示,而是通过理性和经验来认识宗教信仰中的重要内容。自然则成为上帝的作品,对上帝这个作品的认识要通过理性来完成。马克思说,"自然神论——至少对唯物主义者来说——不过是摆脱宗教的一种简便易行的方法罢了"[2]。自然神论认为真正的启示是自然本身;真正的上帝是牛顿所显示的上帝;真正的道德是与自然和谐的理性生活。所以,当时在欧洲主张自然神学是要受到批判的,最典型就是哲学家斯宾诺莎的遭遇。他因为主张自然神学而被驱逐出境,迁移到荷兰生活,靠磨光学镜片为生[3]。

---

[1] 关于伏尔泰与中国的研究,孟华先生的著作给我们提供了一个广阔的研究视角,一种比较文化的研究视角,一种严谨的学术论证。参阅孟华《伏尔泰与孔子》,新华出版社,1993年。
[2] 《马克思恩格斯全集》第2卷,人民出版社,1957年,第165页。
[3] 洪汉鼎:《斯宾诺莎哲学研究》,人民出版社,1997年。

儒家哲学传入欧洲提供给启蒙思想家一个可以用自然神学来解释世界的例子，因为在孔子那里没有人格神的存在，但同时又有宗教性关怀的特点，特别适应欧洲从启示神学向自然神学转型的思想潮流。伏尔泰谈到孔子时说："他不是先知，他不自称得到神的启示，他所得到的启示就是经常注意抑制情欲；他只是作为贤者立言，因此中国人只把他视为圣人。"[1]孔子的学说就是教导人们掌握理性、认识自然，而且儒家天人合一的思想，道法自然的倾向，这些自然引起启蒙思想家们的关注。特别是后来宋明理学的核心"理"的概念，整个学说中的理性精神都得到欧洲启蒙思想家的青睐，引起他们思想的共鸣[2]。

我们以莱布尼茨及其弟子沃尔夫为例来说明这一点。

莱布尼茨对自然神论持一种认可的态度，他对斯宾诺莎的思想是接受的。晚年他针对龙华民的《论中国宗教的几个问题》写下了长文《论中国人的自然神学》。龙华民在《论中国宗教的几个问题》[3]中通过引用《性理大全》《易经》《尚书》《论语》《中庸》等中国典籍来证明中国哲学是无神论，

---

1 [法]伏尔泰著，梁守锵译：《风俗论》（上册），商务印书馆，2011年，第220页。
2 [英]J.J.克拉克著，于闽梅等译：《东方启蒙：东西方思想的遭遇》，上海人民出版社，2011年。
3 参阅李文潮《龙华民及其〈论中国宗教的几个问题〉》，载《国际汉学》，2014年第25期；李天纲：《龙华民对中国宗教本质的论述及影响》，载《学术月刊》，2017年。

宋明理学中所讲的"理"是物质性的。龙华民的结论是孔子的学说"导致了人心的堕落,也抹杀了中国学者的智慧,将他们的智慧局限在可见可触的领域。……中国学者陷入了最严重的邪恶的无神论之中"[1]。莱布尼茨则认为,龙华民和利安当并未很好地理解中国的经典,他们所引用的中国经典段落,"无论是古代的也好,后来的也好,我认为都不能为他们的指责作证,不管是对于人的灵魂的指责或是对上帝和天使的指责。这些指责都是从外面强加给经典原文的,它们甚至破坏了经典原文,把原文弄得荒唐不稽,矛盾百出,成为招摇撞骗的东西"[2]。

莱布尼茨不同意把儒家说成是无神论,他从自己的自然神论立场出发,认为在孔子哲学中能找到这种自然神论的存在[3]。

首先,莱布尼茨认为孔子不是无神论,孔子是承认上帝存在的。他说:"中国某国君曾问孔子,在祀火神或较次一等的灶神之间,应作何种选择,孔子的答复是若人获罪于天,

---

[1] 杨紫烟译《龙华民〈论中国人宗教的几个问题〉(节选)》,载《国际汉学》,2015年第2期,第156页。

[2] [德]莱布尼茨著,庞景仁译:《致德雷蒙先生的信:论中国哲学》(续二),载《中国哲学史研究》,1982年第1期,第103页。此文就是莱布尼茨《论中国人的自然神学》法文版的翻译。

[3] Gottfried Wilhelm Leibniz, *Der Briefwechsel mit den Jesuiten in China (1689-1714)*, S106, Herausgegeben und einer Einleitung versehen von Rita Widmaier, Textherstellung und Ubersetzung von Malte-Ludolf Babin, Felix Meiner Verlag 2006.

即上帝一则也只可向天求恕。"[1]

这指的是《论语·八佾》中的一段话:"王孙贾问曰:'与其媚于奥,宁媚灶。何谓也?'子曰:'不然,获罪于天,无所祷也。'"这段话反映了孔子的天道观,他认为天是不可得罪的。莱布尼茨从孔子这段话得出了孔子是信天的,天是尊独一无二的神。这是莱布尼茨对孔子思想的一个重要判断,是基于他的自然神论所作出的。文化间的理解充满"变异",这种基于自身又基于外来文化刺激的"变异性理解"往往成为文化发展的动力。莱布尼茨基本同意利玛窦对中国文化的看法,同意他的合儒政策,因为利玛窦这种"适应文化"的解释使基督教和中国儒家思想达到了某种契合和沟通。莱氏采取了同样的立场,尽量从两种文化的相同点入手,沟通中西两种文化。

莱布尼茨对孔子的鬼神观的分析,也进一步体现出他对孔子思想的深入把握,开始触及孔子思想的根本特点[2]。

如何看待中国文化中的泛神论,这是使西方来华传教士很头疼的问题。莱布尼茨不像龙华民那样批判这种泛神论,而是重新说明它,给予理解。在他看来,这不过是在众神的

---

[1] 秦家懿编译《德国哲学家论中国》,三联书店,1993年,第100页。庞景仁先生翻译的《莱布尼茨致闵明我的两封信》分别载于《中国哲学史研究》1981年第3期和1982年第1、2两期中。秦家懿的译文1993年在其编辑的《德国哲学家论中国》一书中发表,两篇译文各有风格,中文略有不同。本文对两篇译文兼而用之。

[2] 孙小礼:《莱布尼茨与中国文化》,首都师范大学出版社,2006年;詹向红、张成权:《中国文化在德国:从莱布尼茨时代到布莱希特时代》,中国社会科学出版社,2016年。

崇拜中表达了对最高神的崇拜。个别事物的妙用表达的是一种伟大而独有的本原的功能，而且四季之神灵、山川之神灵都是治天的'上帝'。

从这个角度出发，他说明了孔子为什么对泛神论持默许的态度，认为孔子这样做只是"认为我们在天之神灵中，在四季、山川与其他无生命的事物中只应崇拜至高的神灵，即是上帝、太极、理"[1]。

孔子本人是这样的态度，但一般民众很难从对鬼神的崇拜中解脱出来，因此，孔子对弟子们"不愿多谈此事"。这就是子贡为什么说"夫子之文章，可得而闻也。夫子之言性与天道，不可得而闻也"；为什么孔子在答子路时说"未知生，焉知死"；为什么会有"子不语怪、力、乱、神"。

龙华民不理解孔子这种态度，他认为孔子和中国的古人们一样是不信神的，"孔子的方法腐化了中国学者的心，并蒙蔽了他们，使他们只思考有形有体的事，并因而落入至恶之阱：无神论"[2]。

莱布尼茨不同意这种看法，他看出了孔子学说的宗教性特点。一方面他表现了一种宽容和理解，认为孔子这样做，是他觉得一般老百姓有这种泛神论是正常的，这样的事没有必要，也"不愿意让弟子们研讨"；另一方面，莱布尼茨还是对孔子学说的性质做出了较为准确的判断，他的结论是："孔子毫无否认鬼神与宗教的存在的意思，他只是不要弟子们过

---

[1] 秦家懿编译《德国哲学家论中国》，三联书店，1993年，第110页。
[2] 同上书，第112页。

分争论这事,而叫他们只要对上帝与诸神的存在满足,并表示尊敬,又为取悦神们而作善。"[1]

莱布尼茨在孔子思想中看到一个自然神学的东方版本,因为自然神学并不否认上帝,而是主张通过人的自然理性在自然中发现上帝。在信仰与理性的关系问题上主张以理性作为信仰的基础。孔子的这种思想和自然神学异曲同工。如谢和耐所说:"与笛卡尔一样,莱布尼茨亦认为,上帝创造了自然法则,在大多数情况下,上帝也不再干涉法则的运行。"[2]

所以,儒家思想对莱布尼茨的影响是很显然的。如李约瑟所说,从莱布尼茨的《论中国人的自然神学》一文可以看出"他长期都深受中国思想的启发,他由此而得到的远远不只是单纯相信它(指朱熹理学)与基督教哲学相吻合而已"[3]。

沃尔夫(Christian Wolff,1679—1754)则是从自然哲学角度来介绍孔子学说的重要代表。沃尔夫是莱布尼茨的学生,德国当时著名的哲学家,他对中国儒家哲学十分关注,

---

[1] 秦家懿编译《德国哲学家论中国》,三联书店,1993年,第112页。
[2] 李文潮、[德]H·波塞尔编《莱布尼茨与中国——〈中国近事〉发表300周年国际学术讨论会论文集》,科学出版社,2002年,第179页。
[3] [英]李约瑟:《中国科学技术史》第二卷《科学思想史》,科学出版社、上海古籍出版社,1900年,第533页。赵林:《莱布尼茨-沃尔夫体系与德国启蒙运动》,载《同济大学学报》(哲学社会科学版),2005年2月。文化之间的交流既有知识性的,也有理解性的,而任何理解性的交流尽管具有"变异性",但它也是以知识的传播为基础的。莱布尼茨通过各种途径了解了儒家文化的基本内容,根据自己的文化加以理解。这就是实质性的接触。因为"变异性"理解,就完全否认文化之间有"实质性的交融",是不符合文化交流的实际历史进程的。

不仅阅读了柏应理主编的《中国哲学家孔子》，还阅读了来华耶稣会士卫方济以拉丁文翻译的《中华帝国六经》。卫方济这本书在对儒家著作的翻译上更为丰富，除翻译了《大学》《中庸》《论语》以外，还翻译了《孟子》《孝经》和朱熹的《小学》。沃尔夫做过一个非常有名的讲演——"中国人实践哲学演讲"，正是在这个讲演中，他对儒家的自然哲学给予了高度评价，同时，也因为这个讲演，他丢掉了教席，受到了虔诚派神学家们的攻击和批评。他在谈到孔子哲学时说：

> 中国人的伟大哲学家孔子，在他身上可以看到有系统知性的自然倾向；因为他的观念中所包含的东西，不仅展示了他的深刻洞察力，而且它们之间也以极美妙的方式相互联结，从而如果一个人既具有系统知性、又具有与孔子言行相对应的概念，那么他就能将孔子极为清楚、但还不够明确的观念中所包含的真理在一个有序的系统中表达出来。……但对于孔子来说，这一系统知性的自然倾向并非多余无用，否则孔子就不会得到关于道德和政治事物的独特观念，而且这些观念已构成了一个非常美妙、且与真理相合的系统。[1]

孔子哲学的这种自然倾向表现在"他（孔子）没有关于上帝的明确概念，不知道上帝是世界的创造者和领导者，

---

1 ［德］沃尔夫著，李鹍译：《中国人实践哲学演讲》，华东师范大学出版社，2016年，第14页。

因为他从没提到这些，也从不借上帝的属性来获得行善的动机"[1]。但沃尔夫并不认为孔子哲学是无神论，因为在孔子的哲学中根本就没有"Deus"这个上帝的概念，"也就从根本上无从谈起他们是不是否定Dues之存在的无神论者"[2]。他说，"我们所讨论的古代中国人，他们不知道创世者，没有自然宗教，更是很少知道那些关于神圣启示的记载。所以，他们只能够使用脱离一切宗教的、纯粹的自然之力以促进德性之践行"[3]。

很显然，沃尔夫对孔子哲学的理解同莱布尼茨有着不同。在莱布尼茨那里，自然神学是区别于启示神学的根本之处，所以莱布尼茨认同孔子具有宗教感的自然倾向。而沃尔夫则主张以人的理性的建立，来完成宗教的诉求，同时他也反对无神论，因为无神论是人的道德的建立，是无关的学说，尽管他的反对者将其看成无神论。有些学者认为"沃尔夫的道德学说虽然具有独立于启示宗教的自主性，但启示宗教却被设计成一种建基于理性形而上学和实践哲学之上的公民宗教，也即一种可以将人引向自然德性的教育方式"[4]。

即便是这样，我们应该承认沃尔夫所说的启示宗教是完全不同于中世纪的启示宗教的，尽管他使用了"启示宗教"

---

1 ［德］沃尔夫著，李鹃译：《中国人实践哲学演讲》，华东师范大学出版社，2016年，第14、29页。
2 同上书，第39页。
3 同上书，第13页。
4 同上书，第40页。

这个概念。因为，启示宗教的核心在于所有基督教的教义都来自于上帝的启示；而自然神学则依赖于理性，仅仅凭借理性与经验来构建关于上帝的教义。所以，沃尔夫仍是自然神学的主张者，只是他比莱布尼茨更加强调孔子哲学中的自然性和道德性，但在强调理性的重要性上，沃尔夫和莱布尼茨是一致的。因为，当时沃尔夫的反对者——"虔诚主义"主要就是反对在宗教上强调理性和哲学思辨，他们认为宗教的核心是个人信念和虔诚。

应该说，沃尔夫在理解孔子哲学思想上抓住了一个核心性问题：道德实践。《论语·颜渊》里仲弓问仁，孔子回答说"己所不欲，勿施于人"。《论语·雍也》记载孔子说"夫仁者，己欲立而立人，己欲达而达人"，从仁的积极方面考虑就是"己欲立而立人，己欲达而达人"，这是尽己为人谓之忠。如果从内省来说就是"己所不欲，勿施于人"，这是恕。孔子的道德可以称为"忠恕之道"，在生活的实践中按照这样的原则去做就能实现仁。这就是沃尔夫所说："如果中国人为人的行为规定了什么，或者为德性与道德之践行确立了什么，那么只可能因为他们认识到这些与人心之自然是相一致的。因此毫不奇怪，他们付出的努力都换来了成功。因为他们不做任何有悖自然之事。"[1]

通过前文的分析，我们看到儒家思想对启蒙运动的思想

---

1 [德]沃尔夫著，李鹃译：《中国人实践哲学演讲》，华东师范大学出版社，2016年，第12—13页。

家们的确产生了重要的影响。无论是中国历史纪年的自然历史观还是孔子哲学中所体现出的自然理性的追求,都为启蒙思想家们解构中世纪启示神学提供启发与支持。中华文明成为欧洲文明发展的重要外在力量[1]。

---

[1] 张西平、李颖:《启蒙的先声:中国文化与启蒙运动》,北京大学出版社,2020年;张国刚、吴莉苇:《启蒙时代欧洲的中国观:一个历史的巡礼与反思》,上海古籍出版社,2006年。

第十二章

中学西传与西方专业汉学的兴起

卜弥格与雷慕沙：中国植物的西传

卜弥格与雷慕沙：中医西传

中学西传的丰硕成果之一：欧洲专业汉学的兴起

雷慕沙对中国知识西传的贡献

西方汉学的发展历史大体经历了"游记汉学""传教士汉学""专业汉学"三个阶段[1]。"游记汉学"的代表人物是马可波罗,"传教士汉学"的开启者是罗明坚和利玛窦。传教士汉学和游记汉学的分水岭在于,来华的耶稣会士们开始学习中文,研读中国的典籍,翻译中国的重要文献和典籍,是否掌握中文是游记汉学和传教士汉学的最重要区别[2]。而传教士汉学和专业汉学的区别在于:后者已经正式进入了西方的东方学体系之中,在研究上开始走出传教学研究的框架,通过近代西方所形成的人文学科的方法研究中国。这个转折点就是1814年法国在法兰西学院正式设立"汉、鞑靼、满语言教授"席位,转折性人物就是雷慕沙(Jean-Pierre Abel-Rémusat,1788—1832),他成为西方专业汉学第一人。西方专业汉学的确立是西方东方学的重大发展,也是中学西传的重大成果。

---

[1] 张西平:《罗明坚:西方汉学的奠基人》,载《历史研究》,2001年第2期。
[2] 当然,游记汉学作为一种书写文类,在各个时期都存在,这里讲的是大航海以前的西方游记汉学。日本的中国学诞生以前,游记汉学一直是重要的类别,这是从历时性上讲的。

但传教士汉学和专业汉学之间的学术连接点在哪里？学术界以往研究得不够清楚。但下文通过对卜弥格和雷慕沙关系的研究，可以清楚地看到，这个学术连接点就是卜弥格和雷慕沙之间的知识转换，正是卜弥格对中国的研究，直接催生了雷慕沙迈开其汉学研究的第一步。由此，西方汉学拉开了它崭新的一幕。

一、卜弥格与雷慕沙：中国植物的西传

卜弥格所在的时代知识剽窃盛行，他的大部分著作在欧洲都没有正式出版，留下的大都是手稿，而且大都被人剽窃了。在17至18世纪的欧洲，关于中国的知识神奇且稀少，因此传教士关于中国的著作就反复被转抄出版。卜弥格只留下一部自己署名的著作，就是《中国植物志》。

卜弥格曾在海南岛生活过一段时间，那里是中国植物种类最多的一个省份，他对当地丰富的植物资源十分感兴趣，因此就对一些植物作了绘图，研究了其用途、入药的加工方法等。

《中国植物志》是1656年12月在维也纳出版的，虽然书比较单薄，但它是西方早期汉学史上第一本关于中国植物学的较为详细的介绍。卜弥格在这本书中一共介绍了21种中国或亚洲的植物和9种中国的动物。他在书中充分发挥了他的绘画才能，为每一种植物和动物都绘了图，使这本书图文并茂、十分生动。

这本书受到了雷慕沙的关注，他说卜弥格"曾出版过一本75页的小册子，名曰《中国植物志》（对开本，由Rictius先生负责1656年在维也纳出版），书中介绍了二十多种有趣的中国植物以及一些珍奇的中国动物"[1]。

卜弥格在书中不仅提供了精美的插图，还介绍了各种植物的特点和药用性能。例如，他在介绍中国的植物"大黄"时，首先放上一幅大黄的图，然后用文字介绍说："大黄虽然生长在整个中国，但最常见于四川、陕西省和靠近长城的肃州，……那些生长着大黄的土地颜色是红的，因为得到了许多泉水和河流的灌溉，显得很肥沃。这种植物的叶子很大，它比两个手掌还长。它的背面发皱，表面光滑，边上有一层绒毛。它成熟后，就会萎谢，变得枯黄，最后便掉在地上。大黄的茎杆长到一个手掌那么高后，它的中部便长出一根柔嫩的枝桠，枝桠上开满了花（像大的紫罗兰花），从这种花中能够挤出一种蓝色的牛奶样的液汁。大黄有一种刺鼻的气味，不好闻，它的根部或尾部都埋在地里，有一两个，有时候三个手掌那么长，呈灰色，不太好看。它所有的根丝都很细，向四面伸展。如果把这种根切成一块块的，里面就露出了黄色的瓤，瓤中带有红色的纹路，还会流出一种黄色的，或者略带红色富于黏性的液汁。如果将这些块状的瓤加以干燥处理，经验告诉我们，其中的液汁

---

[1] Abel-Rémusat, Jean-Pierre. "Michel Boym, missionnaire en Chine." *Nouveaux mélanges asiatiques, ou Recueil de morceaux de critique et de mémoires*, Tome II, 226–228. Paris: Schubart et Heideloff, 1829.

马上就会挥发掉。在这种情况下，根虽然是很纯粹的根，但完全失去了它的药性。因此，行家们总是把这种成块状的新鲜的大黄放在一些长条桌上，将它们从各个方面不断地翻来翻去，这样，那些液汁便可留在瓢中。四天之后，再把这些块状的东西和其中已经凝固了的液汁用绳子系起来，挂在阴暗通风的地方，避免阳光的烤晒。冬天是把这种根刨出来的最好的时候。在这之前，根上还会长出绿色的叶子，这大概在5月初，也就是根中的液汁开始凝聚和药性最大的时候。如果我们在夏天，也就是在根上刚刚长出绿色的叶子，还没有成熟的时候，把它刨了出来，那么它里面的液汁便是黄的，它的表面会有红色的纹路，呈海绵状，很光滑。只有在冬天采集的大黄才是最好的大黄，满满一车新鲜的大黄值一个半埃斯库多，干燥后它会失去很多重量。七磅新鲜的大黄干了之后，就只有一磅多一点了。新鲜和呈绿色的大黄很苦，味道很不好。中国人称它大黄，就是很黄的意思。"[1]

卜弥格不仅介绍了大黄的植物特点，也介绍了对大黄的加工过程。当时，中国的大黄是欧洲急需进口的药物。卜弥格的记载大大增加了欧洲对大黄的认识。

雷慕沙对这本书的配图和文字很感兴趣，他说："首先值得一提的便是中国凤凰。书中所配的23张图并不算完美，但

---

1 ［波］卜弥格著，爱德华·卡伊丹斯基（波兰文翻译），张振辉、张西平（中文翻译）：《卜弥格文集》，华东师范大学出版社，2013年，第337页。

作者标注的中文名称颇有价值且足够精准，尽管这些名称在刻印的时候遭到了印刷工的篡改。"[1]

"这是一种栖息在中国的非常漂亮的鸟，它如果被一个普通人见到了，就有可能发生不利于皇家的事情。这种鸟雄性的叫凤，雌性的叫凰。……它的头很像孔雀的头。中国人认为，它能预知未来，它的翅膀象征品德或正义，胯部（脚）象征顺从，整个身躯象征忠诚。这种鸟性情温和，可是它的身子的前半部像犀牛，后半部像鹿。它的头像龙的头，翅膀像乌龟壳，尾部像公鸡的尾。雄性的有五种非常漂亮的、闪闪发亮的颜色。这种鸟被认为是一种象征，在一些最大的官的官服上，用金线缝制了它的图像，但是这些图像不大于两个手掌"[2]。对雷慕沙来说，《中国植物志》图文并茂，对他学习汉字很有帮助。

如果从西方汉学史的角度来考察，卜弥格这本书的价值不言而喻。首先，它是来华传教士汉学著作中第一本关于中国植物的专著。在此以前的传教士汉学著作中，例如在曾德昭的《大中国志》、利玛窦的《中国札记》中也多少有对中国植物的介绍，但都过于简单。19世纪俄罗斯的植物学家、汉学家埃米尔·瓦西里耶维奇·布列特施耐德

1　Abel-Rémusat, Jean-Pierre. "Michel Boym, missionnaire en Chine." *Nouveaux mélanges asiatiques, ou Recueil de morceaux de critique et de mémoires*, Tome II, 226–228. Paris: Schubart et Heideloff, 1829.

2　［波］卜弥格著，爱德华·卡伊丹斯基（波兰文翻译），张振辉、张西平（中文翻译）:《卜弥格文集》，华东师范大学出版社，2013年，第343页。

（Emil Vasilyevich Bretschneider，1833—1901）著有《欧人在华植物发现史》（*History of European Botanical Discoveries in China*），他在书中给予了卜弥格高度评价，认为卜弥格开启了来华传教士中国植物研究之先河，对后来入华的法国耶稣会士产生了重要的影响，这样才会有后来的李明（Louis Le Comte，1655—1728）、杜德美（Pierre Jartoux，1668—1720）、冯秉正（Joseph-François-Marie-Anne de Moyriac de Mailla，1669—1748）、巴多明（Dominique Parrenin，1665—1741）、宋君荣、韩国英（Pierre-Martial Cibot，1727—1780）等人对中国植物的关注和收集，并开始将中国的植物标本、花卉种苗送往欧洲。

可以说，卜弥格的《中国植物志》开启了传教士汉学研究的新方向，为后来法国来华耶稣会士对中国自然状况的调查和研究奠定了基础。

其次，从欧洲对中国植物的认识史来说，卜弥格的著作也有奠基性意义。正如波兰汉学家爱德华先生所说："在欧洲，不论在17世纪还是在18世纪，都没有一个植物学家能够像卜弥格那样，根据自己在中国的实地考察和经验，撰写和发表过什么东西。"卜弥格的这本书在欧洲产生了较大的影响，在17至18世纪关于植物学的著作中，很多引用了卜弥格的成果，以后真正根据中国材料写出《中国植物志》（*Botanicon Sinicum*）的布列特施耐德在书中也引用了卜弥格的材料。

可以这样说，卜弥格是中国植物知识西传的开拓者，无论是从来华传教士汉学还是欧洲植物学史的角度来看，卜弥格的贡献都极为显著。瑞典植物学家林奈（Carl Linnaeus，1707—1778）于1753年出版的《植物种志》一书，其中共收集了5938种植物，提到中国植物名称的只有37种，而卜弥格凭一己之力在近百年之前就已经记载了22种中国或亚洲的植物，可以说明他的研究是多么的超前。

二、卜弥格与雷慕沙：中医西传

卜弥格出生在一个医学世家，他的父亲原是利沃夫（Lviv）的一位著名医生，还曾担任过波兰国王的宫中御医。他的父亲曾在意大利帕多瓦（Padova）的一所著名大学里完成了医学专业的学习。这所大学当时号称"学者的制造厂"，像新时期的解剖学的创立者安德烈·维萨里（Andreas Vesalius，1514—1564）、欧洲流行病学的先驱古罗拉马·弗兰卡斯特罗（Girolamo Francastro，1478—1553），以及享有世界声誉的自然科学家和天文学家哥白尼都在这里学习过。卜弥格的父亲生前曾留下遗嘱，希望自己的儿子和孙子们都去意大利学医。

卜弥格本人虽然选择了神学专业，但他对欧洲的医学一直很感兴趣，读过当时不少西方医学的重要著作，这点从他所著的《医学的钥匙》和《中医处方大全》两本书的前言可以看出。因此，卜弥格来中国后对中国医学产生兴趣绝非偶然。

卜弥格是欧洲第一位对中国医学进行深入研究的人，他在返回罗马后所写的反映中国传教情况的报告中就介绍了中国的医学。这个报告的题目是：《耶稣会卜弥格神父的关于皇室人员改宗和基督教状况的关系的简说》(Breve relazione della memorabile conversione di persone regali di quella corte alla Religione Cristiana)，1654年又在巴黎出版过它的法文译本，名叫"Brefve Relation de la Notable Conversion des Personnes Royales, & de l'Estat de la Religion Chrestienne en la Chine. Faicte par le Très R. P. Michel Boym de la Compagnie de Jésus"。卜弥格在这个报告中说他将要出版一本研究中国医学的著作，内容大体是介绍中医这种通过脉诊来预见疾病、病情发展及其后果的特殊技艺。他在报告中说脉诊这种技艺的产生有着悠久的历史，在基督生前许多世纪就有了。它诞生于中国，是值得赞扬的，和欧洲的不一样。

卜弥格返回欧洲后，1656年在维也纳出版了《中国植物志》，"这本书中，卜弥格介绍了一系列用于中医的动植物，如生姜、中国根、桂皮、胡椒、槟榔、蒟酱、大黄、麝香、蛇胆和蛇毒。在某些情况下，卜弥格还说明了这些药物的味道和药性（是温性还是寒性）以及在欧洲人看来它们能治什么病"[1]。爱德华教授认为，卜弥格在《中国植物志》中所绘的植物并不都是他在中国看到的植物，也包括他在印度看到

1　［波］卜弥格著，爱德华·卡丹斯基（波兰文翻译），张振辉、张西平（中文翻译）：《卜弥格文集》，华东师范大学出版社，2013年，第27页。

的植物。这本书也许是卜弥格本人生前看到的、自己正式出版的包含了关于中国医学内容的唯一著作。

卜弥格在他的《中国王室皈依略记》的结尾处曾提到他写有《中国医术》(*Medicus Sinicus*)这本书,基歇尔在《中国图说》中说卜弥格有一部医学书,伯希和认为这部书就是《医学的钥匙》(*Clavis medica*)[1]。

在卜弥格从罗马返回中国时,他的关于中医的著作基本已经完成了。但历史跟他开了一个很大的玩笑,此时的中国已是清朝的天下,他所效忠的南明永历王朝早已被清朝所灭。为了保护在华传教的整体利益,澳门的葡萄牙人禁止他从澳门返回中国内地,这样他只好将自己对中医研究著作的手稿交给同会的柏应理。自此,卜弥格关于中国医学的著作便开始了艰难的旅行。

柏应理并没有将卜弥格的手稿寄回欧洲出版,而是转交给了"一个荷兰的商人约翰·范里克。这个商人又把它寄到了印度尼西亚的巴塔维亚(Batavia),在那里被荷兰东印度的总督约翰·梅耶特瑟伊克(John Maetsuyker)征用,他认为这部著作对他的医生和药剂师们来说,是用得着的"[2]。这个药剂师就是在巴塔维亚的荷兰人安德列亚斯·克莱耶尔(Andreas Cleyer),他是驻巴塔维亚的首席大夫。1682年克莱耶尔将他

---

1 [法]伯希和:《卜弥格补正》,参阅冯承钧译《西域南海史地考证译丛》第三卷,商务印书馆,第234页。
2 [波]卜弥格著,爱德华·卡丹斯基(波兰文翻译),张振辉、张西平(中文翻译):《卜弥格文集》,华东师范大学出版社,2013年,第43—44页。

的《中医指南》(Specimen Medicinae Sinicae)手稿交给了德国早期的汉学家门采尔(Christian Menzel，1622—1701)。在门采尔的帮助下，这本书在法兰克福出版，作者成了安德列亚斯·克莱耶尔，卜弥格的名字不见了。实际上，在梅赫伦(Malines)滞留期间，柏应理曾托在暹罗的荷兰商馆经理约翰·范里克(Jan van Ryck)，将他的一封信和信札转寄巴塔维亚的总督梅耶特瑟伊克，其中就有《关于中国人按脉诊病的方法》的小册子，伯希和认为这是柏应理在暹罗空闲时从卜弥格的书中抄写的，这个小册子没有署卜弥格的名字。

克莱耶尔所出版的《中医指南》第一编有4分册，附有木版图29幅，铜版图1幅；第二、三编是一个欧洲考据家的论述；第四编是"择录这位考据家发自广州的几封信"[1]。

第一个剽窃卜弥格的医学著作的就是克莱耶尔。在此以前的1671年，他在法国出版过一部名叫《中医的秘密》的法文著作，"这部著作的全名是 Les Secrets de la Medicine des Chinois. Consistant en la parfaite connaissance du Pouls. Envoyez de la Chine par un Francois, Homme de grand merite（中医的秘密，其中包含着一种完美的脉诊学，是由一个立了大功的法国人从中国带来的，格勒诺布尔，1671年）。伯希和说，这个在广州的法国人就是安德列亚斯·克莱耶尔所出版的《中医指南》第二、三编的那个欧洲考据家，但这个在广州的传教士是何人，伯希和无法证明。波兰汉学家爱德华认为，《中医

---

[1] [法]伯希和:《卜弥格补正》，载冯承钧译《西域南海史地考证译丛》第三卷，第238页。

的秘密》毫无疑问是卜弥格的医学著作的一部分"。

在克莱耶尔出版《中医指南》后四年,德国汉学家门采尔在德国也出版了关于中医的书。1686年,门采尔在纽伦堡科学年鉴上发表了论文《医学的钥匙》,并明确指出克莱耶尔这本书的真正作者是卜弥格,这本书的全名是:《耶稣会在中国的传教士卜弥格了解中国脉诊理论的一把医学的钥匙》。

雷慕沙对于卜弥格在欧洲出版的关于中医的著作十分关注,对卜弥格中医著作的转抄和剽窃也很清楚,他认为克莱耶尔的书和"卜弥格神父所译的王叔和四卷本比起来,就显得不值一提了。这四卷书都是关于脉诊的。《通过舌头的颜色和外部状况诊断疾病》(*Signes des maladies par le couleur de la langue*)以及《单味药》(*Exposition des médicamens simples*)均为卜弥格神父参考中国医书后所作,总共包括289篇文章。剽窃者还在书中加入了一些译自中文的文章,可能是选自卜弥格神父1669和1670年从广州寄出的作品。在这部书中,还可找到143张木刻的画以及30张铜版画。然而,这本书却给人一种印象,就是中国人不甚了解解剖学,但在卜弥格神父的原著中,其实有许多展现中国人解剖学知识的文章。此外,克莱耶尔在1680年还出版过其他作品,一部名为《中医处方大全》,另一部是四开本的《医学的钥匙》,1680年于法兰克福出版,似乎第二部只是第一部的摘要"[1]。

---

[1] Abel-Rémusat, Jean-Pierre. "Michel Boym, missionnaire en Chine." *Nouveaux mélanges asiatiques, ou Recueil de morceaux de critique et de mémoires*, Tome II, 226–228. Paris: Schubart et Heideloff, 1829.

雷慕沙读到了卜弥格的这些文章，促使他开始写关于中医的博士论文。他的论文题目是《舌症状研究：即关于从舌头看出的病症，尤其是中国人的相关理论》(Dissertatio de glossoseme-iotice, sive de signis morborum quae e lingua sumuntur, praesertim apud sinenses)。

雷慕沙在论文中首先对中国医学给予了高度评价，他说："在中国或许没有一个学科像医学这样先进，世界上没有一个医生可以与中国医生相比。他们从帝国诞生起就开始研究医学，那些至今为止还受到人们极大尊敬的古代皇帝被认为是医学的发明者和推动者。"[1]当时在法国很难读到关于中国医学的书，雷慕沙明确地说："比较好懂的是卜弥格从汉语书翻译成拉丁文的，后来被克莱耶尔剽窃、编纂并以自己的名字出版的一部著作。"[2]他的博士论文实际上相当一部分是对卜弥格关于一种舌苔治疗的翻译和介绍，并将卜弥格所介绍的中医治疗舌苔病症的方法和西方的治疗方法加以对比研究。

卜弥格在《舌诊》中说："照中国医生们的看法，人体五个器官和五行有五种颜色。舌头反映心的状况，心主管整个人体。心的颜色是红的，肺的颜色是白的，肝的颜色是青

---

[1] Abel Renisat, *Dissertatio de Glossosemeiotice, Sivedesignismorborum que è linguá sumuntur, presertim apud Sinenses,* Vii, Parisiis Ex Typis Didot Junioris, Typographi Facultatis Medice parisine 1813，这篇文章由笔者的学生李慧翻译成中文，由此方可以展开这个研究。在此表示感谢。

[2] 此书即克莱耶尔剽窃卜弥格的书：《通过舌头的颜色和外部状况诊断疾病》(*De indiciis morborum ex linguae Caloribus et Affectionibus*)。

的，胃的颜色是黄的，肾的颜色是黑的。"[1]然后，卜弥格对舌苔的五种颜色所代表的疾病做了介绍。雷慕沙基本上把卜弥格所介绍的五种颜色的病情写在了自己的论文中。

第一种，卜弥格介绍了中医舌苔是白色的病状："白色的舌头，上面没有薄膜，最后它又变黄了，反映了胃和脾中有病，肠子消化食物要很长的时间，然后才能恢复以前的活力。"[2]

雷慕沙在博士论文中引述："'如果舌头是白色的，并且带有粘物，在尖部变黄'，中医认为：'这是胃衰弱的症状，经常出现肠子消化很频繁且时间很长，恢复肠子以前的能力需要吃合适的食物。'"[3]

第二种，卜弥格介绍了中医舌苔是黑色的病状："舌头的中心部分如果变黑了，说明有很多水，阴阳不分，它们都混在一起了，病在深处，很危险。如果是浮脉，这种病还可以治好。如果是沉脉和洪脉，就要吃泻药。如果是沉脉、浮脉，又是洪脉，不必用药。"[4]

舌苔出现黑色有多种情况："舌上有一条条的黑线，说明阴的旧病复发。嘴唇大约有七天是红的，人体的第四部分手

---

1 [波]卜弥格著，爱德华·卡丹斯基、张振辉、张西平译：《卜弥格文集》，华东师范大学出版社，2013年，第365页。
2 同上书，第366页。
3 Abel Renisat, *Dissertatio de Glossosemeiotice, Sivedesignismorborum que è linguá sumuntur, presertim apud Sinenses*, 15, Parisiis Ex Typis Didot Junioris, Typographi Facultatis Medice parisine 1813.
4 [波]卜弥格著，爱德华·卡丹斯基、张振辉、张西平译：《卜弥格文集》，第367页。

和脚发冷，阴使它们感到疲劳，肠子里面是空的，在第二和第三个位置上诊断的脉是软脉和绣脉。"[1]

雷慕沙在博士论文中说："在中国人看来，黑色的舌头是最不幸的标志，或者覆盖了整个舌头的表面，或者是只覆盖了一部分：'如果舌头中间变黑，那么疾病很深而且很危险；如果脉搏浮且轻，应该通过出汗来治愈；如果脉搏深且实，应该清理肠胃；如果脉搏深、细，很微弱，那么没有任何治愈的希望；如果舌头上有黑线，差不多第七天的时候嘴唇变黑，脚和手发冷，脉搏特别细和慢。'"[2]

第三种，卜弥格介绍了中医舌苔是红色的病状："舌头全是红的，说明病在太阳经。全身疼痛，脑子里感觉一片混乱，眼前天旋地转，嘴里发热，舌头干燥。尿是红的，发出难闻的气味。去了寒后，就来了温。如果是洪脉，病自体内，如果像浮脉，温自体外。""舌头是红的，带有汽泡和斑块，说明病人患的是热病，发高烧，阴和阳都混在一起。病人身上发冷，头疼，他的脉是沉脉和伏脉。"[3]

雷慕沙在博士论文中说："舌头红，根据中医理论，'是由正在生发的热引起的病，病人浑身疼痛，头晕，目眩，口苦，

---

[1] ［波］卜弥格著，爱德华·卡丹斯基、张振辉、张西平译：《卜弥格文集》，第368页。

[2] Abel Renisat, *Dissertatio de Glossosemeiotice, Sivedesignismorborum que è linguâ sumuntur, presertim apud Sinenses*, 16, Parisiis Ex Typis Didot Junioris, Typographi Facultatis Medice parisine 1813.

[3] ［波］卜弥格著，爱德华·卡丹斯基、张振辉、张西平译：《卜弥格文集》，第368页。

舌干，身体内有大热，小便赤，困难。有时胸闷、涨，夜间烦躁，脉搏急促，嘴和舌头发红，发肿，嗓子疼痛。如果舌头变得更加红，伴有高烧，患者怕冷，头痛，脉象沉。"[1]

第四种，卜弥格介绍了中医舌苔是黄色的病状："舌头部分发青，它的两边部分呈黄色，说明阳和阴不平衡。病人第一天感到头疼，全身发热、感到沉重，口渴，骨头好像被折断了似的。第二天，火进了鼻孔，第三天话也说不清楚了。"[2] "舌上有一层黄色的薄膜，中间有黑色的线条，像图画一样，说明病人中了毒，他的胸部发烧，毒侵入到了肠里，因此他日夜都感到难受，腹中排出的粪便部分呈白色，部分呈红色。"[3] "舌头呈浅黄色，说明胃里塞满了东西，胃变硬了，通往胃里的管道被堵塞。大肠干燥，尿带红色，有黏性，是外感的病，但不知道是什么病。"[4]

雷慕沙在博士论文中写道："舌头变黄的现象也被中国人罗列出来了：'如果整个舌头变黄，或者呈浅黄舌，胃坚硬，腹部不畅通，肠干燥，小便赤色或不畅。有时患者说话特别多，不出汗。'如果舌头是黄色的，而舌尖是红色斑点，像珍珠一样，说明肠里有热：这时病人发高烧；病人说话声音不

---

[1] Abel Renisat, *Dissertatio de Glossosemeiotice, Sivedesignismorborum que è linguá sumuntur, presertim apud Sinenses*, 14, Parisiis Ex Typis Didot Junioris, Typographi Facultatis Medice parisine 1813.
[2] ［波］卜弥格著，爱德华·卡丹斯基、张振辉、张西平译：《卜弥格文集》，第370页。
[3] 同上书，第371页。
[4] 同上书，第372页。

和谐；全身疼痛；头好像被挤压了一样；心里被厌恶的事情填满。如果舌头中间呈黄色而周边是白色，病人经常呕吐，咳嗽；头沉重，肾疼痛等等。"[1]

通过这种介绍，雷慕沙说："中国医生的智慧和研究通过从舌头的不同颜色来诊病就已经可见一斑。"他在论文中并不是简单地介绍和翻译中医的舌诊方法和理论，他同时将中医的这套方法和欧洲的医学之父希波克拉底（Hippokrates of Kos，约前460—前377）作比较，最后他得出的结论是："我清晰地对中国人从舌头的状态诊病及其与欧洲医学理论的契合进行了介绍。其内容丰富、详实，显示出他们出色的智慧。"[2]

这样，我们可以清楚地看到卜弥格所翻译和介绍的中医理论，特别是中医关于舌苔病症的诊断和治疗的方法，为雷慕沙展开中医与西医的对比提供了基本材料，成为其博士论文的一个重要组成部分。

三、中学西传的丰硕成果之一：欧洲专业汉学的兴起

欧洲汉学到18世纪末和19世纪初时发生了较大的变化，传教士汉学转变为"专业汉学"。法国汉学经过弗雷

---

1 Abel Renisat, *Dissertatio de Glossosemeiotice, Sivedesignismorborum que è linguá sumuntur, presertim apud Sinenses*, 16, Parisiis Ex Typis Didot Junioris, Typographi Facultatis Medice parisine 1813.
2 同上。

莱（Nicolas Fréret，1688—1749）[1]、傅尔蒙（Foummont，1683—1745）[2]、黄嘉略[3]这样的传承，到19世纪初，专业汉学诞生。在法国东方学中开始有了一个新的学科：汉学。如戴密微（Paul Demiéville，1894—1979）所说："1814年11月11日，法兰西学院汉语教授席位的创立使汉学研究的面貌大为改观。这不仅是对法国汉学，而且对整个欧洲汉学都是一个关键性的日子。对中国的研究列为大学学科，这在西方世界还是第一次，在俄国直到1851年，在大不列颠直到1876年才进入大学学科，在欧洲其他国家那就更晚了，美国是最后。"[4]年轻的雷慕沙[5]第一个担任了这个"汉、鞑靼、满语言文学教授席位"。1837年俄罗斯喀山大学设立了汉语教席，1855年这一教席转到彼得堡，第一位教席是由瓦西里耶

1　Danielle Elisseeff，《弗雷莱，一个18世纪人文主义者对中国的思考》*Nicolas Fréret, réflexions d'un humaniste du XVIIIe siècle sur la Chine,* Paris: Collège de France, Institut des Hautes Etudes Chinoises, 1978.
2　Cécile Leung，《傅尔蒙，关于18世纪法国对亚洲和中国语言的研究》*Etienne Fourmont (1683-1745): Oriental and Chinese Languages in Eighteenth-century Franc*e, Leuven University Press, 2002.
3　许明龙：《黄嘉略与早期法国汉学》，商务印书馆，2014年。
4　［法］戴密微：《法国汉学的历史》，载《中国文化研究》，1994年春之卷（总第3期）。
5　关于雷慕沙的研究，参阅张西平：《欧洲早期汉学史》，中华书局，2009年；何寅、许光华：《国外汉学史》，上海外语教育出版社，2002年；张国刚：《明清传教士与欧洲汉学》，中国社会科学出版社，2001年；张西平等编著《西方人早期汉语学习史调查》，中国大百科出版社，2003年；［丹］龙伯格著，李真等译：《清代来华传教士马若瑟研究》，大象出版社，2009年；董海樱：《16世纪至19世纪初西人汉语研究》，商务印书馆，2001年。张西平、李慧主编：《雷慕沙文集》第一卷，学苑出版社，2023年。

夫（Vasiliev Vasily，1818—1900）担任。1837年伦敦大学学院在马礼逊的促使下设立了中国语言与文学教授位置，基德（Samuel Kidd，1799—1834）作为首位汉学教授，虽然合同仅为五年，但仍开创了英国专业汉学的历史。1876年荷兰莱顿大学设立汉学教席，第一位担任教席的是来自荷属东印度公司的薛立赫（Gustav Schlegel，1840—1903）。1877年10月27日，薛立赫正式就任，并以"汉语研究的重要意义"的讲演翻开了荷兰汉学的第一页[1]。德国1877年在柏林新成立的东方语言学院中设立了一个永久性的汉语教席，但汉学研究教授的位置直到1909年才在汉堡大学设立。

由此可见，19世纪是欧洲专业汉学开始的世纪，这些首次走向大学讲堂的汉学教授所面临的一个重要问题就是要向学生讲授中国历史和文化，而中国典籍的翻译就成为他们的首要任务之一，由此开始了中国典籍从传教士翻译向专业汉学家翻译的过渡阶段，这期间的学术大本营就是法国法兰西学院的汉学研究所。

四、雷慕沙对中国知识西传的贡献

1788年9月6日，雷慕沙出生于巴黎的一个医生家庭。小

---

[1] 施晔：《荷兰汉学家高罗佩》，上海古籍出版社，2017年；熊文华：《荷兰汉学史》，学苑出版社，2012年；王筱芸：《荷兰莱顿大学汉学研究群体综述：以20世纪80至90年代为中心》，载《国际汉学》第21期，大象出版社，2011年，第276—277页。

时候他因一次事故导致一只眼睛失明，由父亲在家教他读书学习。父亲为他打下了非常深厚的古典语言文化基础，之后他回到学校后也一直成绩优异。1805年父亲过世，雷慕沙决定继续父亲的事业，学习医学。1806年，欧洲著名的收藏家德·泰尔桑修道院长（L'abbé de Tersan，1736—1819）在奥布瓦修道院（L'Abbaye-aux-Bois）举办了一次展览，自小喜爱植物的雷慕沙被一部附有彩绘植物插图的中国书所吸引，由此他萌生了想要读懂神秘汉字的愿望，从此便与汉学结下了一生的缘分。法国汉学家魏丕信（Pierre-Étienne Will）说，"19世纪初期，雷慕沙生活的年代极其不适合汉语的修习。最后一代可以利用自己中文等语言优势的学者及最晚一批寓居北京传教而不需藏匿于外省的传教士们都已经去世了。这些人的离世造成了巴黎的学术空白"[1]。雷慕沙正是在这样艰难的环境下自学汉语。起初他手中并没有像样的字典和语法书作参考，也无法借阅皇家图书馆的汉籍。后来他在德·泰尔桑院长和东方学家西尔维斯特·德·萨西（Silvestre de Sacy，1758—1838）的帮助下获得了一些汉学作品作为学习资料，并逐渐掌握了一定数量的汉字，还编纂了一部简单的字典供自己参考。

从1812年起，德·萨西就为在法兰西学院开办汉语教席之事积极活动。这期间雷慕沙虽然忙于行医，但却一直没有

---

[1] Pierre-Étienne Will et Michel Zink éd, *Jean-Pierre Abel-Rémusat et ses successeurs. Deux cents ans de sinologie française en France et en Chine*, Galerie Paul Prouté (Paris), 2020.

放弃汉学研究，陆续出版了一些汉学著作。1813年8月，雷慕沙将医学专业与自己的汉学志趣融为一体，完成了医学博士论文。1814年11月26日，内政部宣布在法兰西学院新设中国文学和梵语语言文学教席的决议，教师分别由雷慕沙和他的好友德·谢齐（Antoine-Léonard de Chézy，1773—1832）担任。1815年1月16日，"汉、鞑靼-满语言与文学讲座"正式开课。汉、鞑靼-满语言文学教授席位在法兰西学院设立，雷慕沙成为第一位教授。由此"赋予了法国汉学一种成果丰富的推动，从而使汉学一举与其他官方学科结合在一起了。法国在这一方面已经较其近邻抢先一步了"[1]。

1816年4月5日，雷慕沙被选为法兰西铭文与美文学院（Académie des inscriptions et belles-lettres）院士。1818年3月，他成为欧洲最早的文学与科学期刊《学者报》（Journal des Savants）的编辑。1822年，他与德国东方学家克拉普罗特（Heinrich Julius Klaproth，1783—1835）等人一起创立了亚细亚学会（Société Asiatique）。1823年，雷慕沙获得"法国荣誉团骑士"勋章（Chevalier de la Légion d'Honneur），成为伦敦亚洲学会和加尔各答亚洲学会通信院士。1824年，雷慕沙荣任东方手稿部馆长，接替逝世的蓝歌籁（Louis Mathieu Langlès，1763—1824）。雷慕沙还被邀请担任大不列颠、爱尔兰、荷兰学院、亚洲学社通信院士，柏林、都灵文学院院

1　［法］戴密微：《从法国汉学到国际汉学》，载戴仁编，耿昇译：《法国中国学的历史与现状》，上海辞书出版社，2010年，第22页。

士。1832年6月2日,雷慕沙在巴黎去世[1]。

雷慕沙担任汉学教授后,中国知识与文化的西传进入了一个新的阶段。

首先,他在欧洲出版了研究汉语的《汉文启蒙》[2]一书,这是继马若瑟的《汉语札记》之后,西方汉语史研究上最重要的著作。学术界将其评价为"第一部科学地从普通语言学的角度论述汉语语法的学术性著作"[3],也是整个19世纪汉学家们着手研究的初始教材。"这部语法著作的出版标志着汉语研究在法国正式建立"[4],"可称作第一部对汉语做逻辑综论及结构分析的著作"[5]。

---

[1] 中国学术界对雷慕沙的专题研究有:郭丽英、耿昇的《法国对汉传佛教研究的历史与现状》,以及余欣的《法国敦煌学的新进展——〈远东亚洲丛刊〉》都提到了雷慕沙对于佛教研究的贡献;董海樱的《雷慕沙与19世纪早期欧洲汉语研究》介绍了雷慕沙在汉语教学和研究方面的成就;《雷慕沙与法国汉学》简要地介绍了法兰西学院的汉语讲座、《汉文启蒙》和雷慕沙的影响;马军翻译了《法国汉学先驱——雷慕沙传》;钱林森编的《法国汉学家论中国文学:古典戏剧和小说》收录了雷慕沙译《玉娇梨》的前言。笔者看到雷慕沙研究的巨大价值,自2008年起指导李慧撰写硕士论文《雷慕沙〈汉文启蒙〉研究》(2011),这是国内首篇专门研究雷慕沙的学位论文。

[2] 全名为《汉语语法基础或古文主要原则,和官话,即中华帝国通用的语言》,《汉文启蒙》是作者自己为本书取的中文名。

[3] [法]艾乐桐:《欧洲忘记了汉语却"发现"了汉字》,载《法国汉学》,1996年第一辑,第182—198页。

[4] Ampère, Jean-Jacques, *La Chine et les travaux d'Abel Rémusat*, Revue des Deux Mondes, 1832, p.388.

[5] [法]贝罗贝:《二十世纪以前欧洲汉语语法学研究状况》,载《中国语文》,1998年第5期,第346页。参阅董海樱《雷慕沙与19世纪早期欧洲汉语研究》,载李向玉、张西平、赵永新编《世界汉语教育史研究》,澳门理工学院,2005年,第124—132页。

从卜弥格到雷慕沙，欧洲早期汉学完成了从传教士汉学到专业汉学的转变[1]。

实际上，雷慕沙从未来过中国，他通过学习传教士所留下的学术遗产逐步进入了学术的殿堂，正如韩大伟所说："这一时期的法国汉学家是自学且在家研习的学问家。他们没有亲身感受中国文化和语言的经历，却拥有文献学上的敏锐。他们首次发展了一套复杂的技术方法，不仅用于阅读使用文献，更为重要的是在文本传统之中批判地评估文献的价值和地位，并且大胆地提出独自的解释。这一直接有助于汉学研究尝试的技术方法更多来源于对古典学术成就和比较语文学方法的吸收，很少来自于对中国注释传统的借鉴。"[2]

其次，在雷慕沙的学术生涯中，对中国典籍的翻译是重要的方面。从德国汉学家魏汉茂（Hartmut Walravens）统计的雷慕沙作品目录来看，2000年之前雷慕沙已出版的和再版的论文、专著、评论等共257部。从下面这个简要的书目便可以看到他在中国典籍翻译上的贡献[3]。

1.《汉文简要》（*Essai sur la langue et la littérature chinoises*, Paris et Strasbourg, 1811）。此书是雷慕沙作为汉学家

---

1 关于雷慕沙的研究，参阅［丹］龙伯格《1801—1815欧洲汉学的建立》《雷慕沙与欧洲专业汉学研究的开始》。
2 ［美］韩大伟：《传统与寻真：西方古典汉学史回顾》，载《世界汉学》，2005年第3期。
3 以下书目的介绍参阅佚名撰，马军译：《法国汉学先驱——雷慕沙传》，载阎纯德主编《汉学研究》第五集，第108—117页，中华书局，2008年；李慧：雷慕沙〈汉文启蒙〉研究》抽样本。在此表示感谢。

的第一次学术亮相,在这部论文集中他介绍汉字的构造、六书、反切等知识,介绍他所掌握的中文书如《三才图会》《书经》《说文解字》《易经》《礼记》等,最后附有一个详细的索引表。这本书看起来是汉语知识的介绍,但涉及到对中国古代文化经典的大量翻译。

2.《格勒诺布尔图书馆古董室藏玉牌汉文、满文刻字释义》(*Explication d'une inscription en caractères chinois et en caractères mandchous, extrait du "Journal du Département de l'Isère"*, n°6 de 1812)。在文中,他除了翻译刻字的意思外,还猜测这块玉牌属于乾隆皇帝的某个妃子,并解释了原因。此文使年轻的雷慕沙被格勒诺布尔文学院聘为院士。

3.《论中医舌苔诊病》(*Dissertatio de glossoseme-iotice, sive de signis morborum quae e lingua sumuntur, praesertim apud sinenses*, Paris, 1813)。这是他取得医学博士学位的论文。他的关于中医研究的著作对于中医在西方的传播起了很大的推动作用。在论文中他大量使用了卜弥格的研究和翻译成果。

4.《汉语字典计划》(*Plan d'un dictionnaire chinois, avec des notices de plusieurs dictionnaires chinois manuscrits, et des réflexions sur les travaux exécutés jusqu'à ce jour par les Européens, pour faciliter l'étude de la langue chinoise*, Paris, 1814)。雷慕沙首先介绍了欧洲关于汉语的著作、传教士和学者,赞扬了叶尊孝的《汉字西译》[1],然后描述了一个宏大的汉语词

---

1 关于《汉字西译》,参见杨慧玲《叶尊孝的〈汉字西译〉与马礼逊的〈汉英词典〉》,载《辞书研究》,2007年第1期。

典计划：首先从汉语字典如《康熙字典》和《正字通》中挑出三四万汉字，参考《海篇》给出异体字，按法语发音规则标出官话和方言的发音，然后加上同义词和反义词；每个汉字至少要有一个中文和法文双语例子。雷慕沙承认这样一部巨著用一辈子时间都无法完成，编者需要遍读中国古籍。该文为后来人进一步研究西方汉语字典编纂史提供了极其珍贵的资料和线索，也更加确立了他在欧洲汉学界的地位。尽管这只是个词典编纂的计划，但文中提供了大量关于中国语言文字的古代典籍介绍。

5.《汉、鞑靼-满语言与文学课程计划，前附第一次课前演讲》(*Programme du Cours de langue et de littérature chinoises et de tartare-mandchou, précédé du Discours prononcé à la première séance de ce cours*)。这是雷慕沙在第一次汉、鞑靼-满语言与文学讲座上发表的充满激情的演讲，在演讲中他介绍了汉语在欧洲的情况，批评欧洲人对汉语的漠视和偏见。还介绍了汉语学习的课程计划，课程内容包括《大秦景教碑》[1]研读、孔子作品研读等，这实际是对中国古代文化典籍的介绍。

6.《玉娇梨》(*Lǔ-Kiao-li, ou les Deux Cousines*) 4卷，巴黎，1826年。在雷慕沙翻译的《玉娇梨》中，绪论部分对中国小说和欧洲小说做了对比。这是西方汉学界第一次对中国

---

[1] 关于《大秦景教碑》研究及与汉学的渊源，参见［德］基歇尔著，张西平等译：《中国图说》；林悟殊：《唐代景教再研究》，中国社会科学出版社，2003年。

通俗文学进行翻译。此书一经推出便在法国和整个欧洲引起反响,整个巴黎的沙龙都在讨论这部小说,司汤达、歌德都是这个译本的读者。1827年此译本被译为英文,立刻轰动了英国,英国文人被小说中体现出来的中国人的道德观念所震撼。在雷慕沙之前,中国文学的译介工作不受18世纪传教士重视。而雷慕沙对才子佳人小说《玉娇梨》的翻译,打破了传教士汉学的传统,将中国世俗文学引入欧洲人视野,法国汉学界对中国世俗文学译介与研究进入自觉阶段[1]。

7.《旭烈兀穿过鞑靼的远征》(Relation de L'expédition d'Houlagou au travers de la Tartarie)。这是他对蒙元史的研究,内容译自中文,载《新亚洲论集》第1册,第171页。

8.《关于西藏和布哈拉的一些人》(Sur quelques peuples du Tibet et de la Boukharie),译自马端临《文献通考·条支》,载《新亚洲论集》第1册,第186页。

9.《佛国记:法显于公元4世纪末的鞑靼地区、阿富汗和印度旅行》[2](Foě-kouě-ki, ou Relation des Royaumes Bouddhiques, Paris, Imp. roy., 1836)。这是雷慕沙的遗作,由他的

---

[1] 关于法国对中国文学的译介、研究史,参见钱林森教授编纂的"法国汉学家论中国文学"系列。

[2] 阎宗临先生的《中西交通史》收录了他的《〈佛国记〉笺注》和《〈佛国记〉笺注后记》。在《后记》中他提到:"《佛国记》是佛教史的重要资料,也是关于国外史地最早有系统的记录……1836年雷慕沙译《佛国记》为法文后,外人译注者相继辈出,如比尔(S.Beel)、翟理斯(H.A.Giles)、足立喜六等,引起史学界的重视和研究。"(广西师范大学出版社,2007年,第274页)。

学生整理出版。当时,梵文和巴利文已经开始被欧洲人慢慢地解读,但是佛教研究还几乎没有人涉及。可以说雷慕沙的这部译著和他对佛教的研究,开创了欧洲佛教研究的先河。戴密微评价道:"该译本附有内容丰富的考证,而且如果考虑到其时代、从事研究的工具书之匮缺以及当时西方对佛教几乎一无所知的状况,那么这部译著就格外引人注目了。"[1]此外,在书中我们可以发现有关古代印度乃至整个亚洲的历史、地理的汉文资料。对于亚洲历史、地理方面,雷慕沙给予了格外的关注,并发表了很多文章,这种从多学科、多国家角度研究中国和亚洲是当时法国汉学学派的倾向。

10.《太上感应篇》(*Le livre des récompenses et des peines traduit du chinois, avec des notes et des éclaircissemens*, 1816)。这是继耶稣会士刘应后对道教重要文献的翻译。

11.《中庸》(*L'invariable milieu*)[2];此译本译自满语,参考了传教士的拉丁文译本,有拉丁文、法文注释,前言对"四书"进行了简介。雷慕沙在《汉文启蒙》前言中提到,这是欧洲第一次用汉语出版图书。在《汉文启蒙》后附有此书的汉字表,作为字典方便查阅。此书也是雷慕沙在汉语教学中极力推荐的阅读和翻译练习材料之一。

---

1 [法]戴密微:《法国汉学史》,见戴仁主编,耿昇译:《法国当代中国学》,中国社会科学出版社,1998年,第27页。
2 "他还翻译了《论语》《大学》《中庸》《书经》等,写了大量的论文,被收在《亚细亚论集》(*Mélanges asiatiques*,1825—1826)",许光华:《法国汉学史》,学苑出版社,2009年,第106页。

12.《真腊风土记》(Description du Royaume de Camboge, par un voyageur Chinois qui a vistiè cette contrée a la fin du XIIIe siècle, Paris, 1819);《真腊风土记》是一部介绍位于柬埔寨地区的古国真腊历史、文化的中国古籍,由元代周达观所著。雷慕沙是第一个将此书译为法文的人,此后伯希和进行了重译,此书成为西方汉学界了解东南亚历史的重要史料。

13.《鞑靼语研究,或满语、蒙语、维吾尔语与藏语语法与文学研究,第一卷》(Recherches sur les langues tartares, ou Mémoires sur différents points de la grammaire et de la littérature des Mandchous, des Mongols, des Ouïgours et des Tibétains. Paris, Imp. Roy., 1820)。雷慕沙1811年开始学习满语,九年后出版了这本书,这是他最重要的著作之一。第二卷一直没有出版,据说未完成的手稿在雷慕沙去世后被发现。"《汉文启蒙》和《鞑靼语研究》是现代汉学的奠基之作"[1],在此书之后,鲜有汉学家甚至中国学者能掌握如此多的东方语言。此书不但显示了雷慕沙的语言天赋和研究功力,更体现了他作为专业汉学家的研究思维:不局限于中国地区和汉语言文化,而是扩大视野,将整个亚洲视作整体来研究。"凭借这本书,他成为对蒙古语、满语、藏语等语系与语族进行分类和语法分析的第一位西方学者"[2]。

---

[1] Jean Rousseau et Denis Thouard, Lettres édifiantes et curieuses sur la langue chinoise, p.224.
[2] 董海樱:《16世纪至19世纪初西人汉语研究》,商务印书馆,2011年,第284页。

14.《于阗史—古玉研究系列》(*Histoire de la ville de Khotan, suivie de Recherches sur la substance minérale appelée par les Chinois pierre de iu, et sur le jaspe des anciens*, Paris 1822)。这是他在《古今图书集成边夷典》中找到的于阗历史的记载,并将其译为法文,文章后附有一篇玉石研究。这是典型的雷慕沙风格,即通过翻译中文资料,运用地理、历史、自然等学科知识全方位研究中国及周边地区。雷慕沙的此类著作数量不少,如对中古陨石、火山的研究,对西藏原始部落的研究等。

15.《老子生平与观点研究》(*Mémoire sur la vie et les opinions de Lao-Tseu*, Paris, Imp. Roy., 1823)。在这篇论文中,他还翻译了《道德经》的一些篇章,文中雷慕沙通过对老子思想的分析,大胆猜测老子来过西方并影响了毕达哥拉斯、柏拉图等人。这自然是无法求证的,实际上这里他是做了一个比较哲学的研究。文章还翻译了《道德经》的一些篇章,根据这篇论文,雷慕沙的学生鲍狄埃和儒莲完整地翻译了《道德经》。

16.《基督教王公:法国国王与蒙古皇帝的外交关系研究》(*Mémoires sur les relations politiques des princes chrétiens, et particulièrement des rois de France avec les empereurs mongols*, Paris, Imp. Roy.,1824)。此论文后附鞑靼王子信札与外交文献,并附有两封蒙古大汗自波斯寄给法王菲利浦四世的信。以后伯希和沿着雷慕沙的这个思路做了更为深入的研究[1]。雷

---

1 [法]伯希和著,冯承钧译:《蒙古与教廷》,中华书局,1994年。

慕沙对中西交通史很感兴趣，关于此领域他也有不少著述。

17.《亚洲杂纂，或亚洲民族的宗教、科学、风俗、历史与地理研究选编》(*Mélanges asiatiques, ou Choix de morceaux critiques et de mémoires, relatifs aux religions, aux sciences, aux coutumes, à l'histoire et à la géographie des nations orientales*)。这是雷慕沙五卷本的文集，包括两卷本《亚洲杂纂》，两卷本《新亚洲杂纂》和一卷《东方历史与文学遗稿集》。《亚洲杂纂》和《新亚洲杂纂》收录了自1811年以来雷慕沙在众多刊物上发表的文章和一些单独出版的书的节选，包括他翻译的《论语》《大学》《中庸》《书经》等重要古典文化经典的内容，基本涵盖了雷慕沙所有的研究成果。《亚洲杂纂》主要收录的是文字、语言、翻译、文学方面的论文。

18.《新亚洲杂纂，或亚洲民族的宗教、科学、风俗、历史与地理研究选编》(*Nouveaux mélanges asiatiques, ou recueil de morceaux critique et de mémoires, relatifs aux religions, aux sciences, aux coutumes, à l'histoire et à la géographie des nations orientales. Paris, 1829, 2 vol*)。第一卷主要是历史方面的论文，第二卷是中国清朝皇帝、蒙古王子、哲学家、赴华传教士、汉学家等36人的传记，提供了中国历史的重要内容。

雷慕沙一生著作等身[1]，单从以上简要书目就可以看出他

1　［德］魏汉茂：*Zur Geschichte der Ostasienwissenschaften in Europa: Abel Remusat (1788-1832) und das Umfeld Julius Klaproths (1783-1835)*, Wiesbaden: Harrassowitz, 1999。书中收录了雷慕沙的详细作品目录和有关雷慕沙研究的目录；许光华的《法国汉学史》涉及到雷慕沙，学苑出版社，2009年。

在中国古代文化典籍上所下的气力和取得的成就。雷慕沙在翻译上的成就可以概括为以下五点：

第一，他是19世纪西方对中国典籍翻译的最早推动者。

1815年1月16日开始在法兰西学院开课，此时雷慕沙使用的主要是来华耶稣会士马若瑟的《汉语札记》作为汉语教材，马若瑟这本书的特点就在于将中国古代文化典籍中的例句放入语法书中。雷慕沙受其影响，在他编写的《汉文启蒙》一书中也收入了不少中国典籍的例句，这实际迈出了19世纪中国典籍西译的第一步。19世纪对中国经典的翻译成就远远超过18世纪，而这个起点则是雷慕沙。

第二，他首次翻译了中国佛教典籍文献。

来华耶稣会士在中国典籍的翻译上是很勤奋的，但由于受其传教立场的影响，他们在对中国典籍的翻译上存在局限性。因为来华耶稣会士遵循的是利玛窦"合儒易佛"的传教路线，这样他们对佛教评价不高，也基本上没有翻译关于中国佛教的典籍。而雷慕沙的《佛国记》应是西方汉学史上第一篇关于佛教典籍的翻译[1]。

第三，他更加关注对中国文学作品的翻译。

来华耶稣会士长时期对中国古典文学是没有兴趣的，他们的兴趣主要集中在哲学和宗教上。法国耶稣会士入华后情况有所改变，马若瑟翻译了元杂剧《赵氏孤儿》，殷弘绪翻译

---

1 阎宗临在《〈佛国记〉笺注后记》中已经注意到雷慕沙的工作，见《阎宗临史学文集》，山西古籍出版社，1998年，第416页。

了《吕大郎还金完骨肉》《庄子休鼓盆成大道》《怀私怨恨仆告主》和《六月雪》四部小说[1]。但总体上对文学的兴趣仍比不上他们对宗教乃至对中国科学的兴趣。作为上帝的臣民，他们远离世俗生活，很自然对这些才子佳人、缠绵婉转的文学作品不感兴趣。但雷慕沙作为一个大学教授，他没有传教士的这些心态和限制，自然对中国人的世俗生活和内心精神世界比较关心。这就是译介学所说的翻译主体的文化身份对翻译的影响。当然，对雷慕沙来说，这不仅仅是一种个人身份的不同所造成的不同翻译文本的选择。作为一个汉学家，雷慕沙实际上从学术的角度揭示出了传教士在翻译中国典籍上的这些缺陷与后果，他说："传教士有较多机会到中国人的政治生活和张扬外露的活动中观察中国人。但他们很少有机会深入到他们的内心生活中去，很少有机会参与他们的家庭事务，而且他们勉强隐约看到的只不过半数左右的民众。"在他看来"人与人之间的关系，人的弱点、爱好、道德习性甚至社会语言，这就是中国作品——中国小说、中国戏剧最常见的主题"[2]。他认为，中国古代的小说和法国的小说一样，对生活的细节有深入的描写，充满了感人之处，他说，"我在第一次翻阅某些中国小说时感受到的是：我每读一页，内心所感受到的喜悦之情也就随之变得更加强烈……"[3]，因此

---

1 参阅张西平《欧洲早期汉学史：中西文化交流与西方汉学的兴起》，第496—498页。
2 雷慕沙《玉娇梨》序言，载钱林森编《法国汉学家论中国文学：古典戏剧和小说》，外语教学与研究出版社，2007年，第66页。
3 同上书，第68页。

说他翻译的《玉娇梨》开启了19世纪中国古代小说西传的历程。

第四，雷慕沙的《汉文启蒙》对介绍中国古代文化经典的贡献。

《汉文启蒙》是雷慕沙最重要的代表作，这本书不仅在西方汉语研究史上具有重要的学术意义，同时它也是对中国古代文化经典最好的介绍[1]。因为这本书的语言材料主要来自来华传教士前期的研究，其中汇集了来华传教士所翻译的大量中国历史文献的内容。

在中国古代文化经典的介绍上，雷慕沙这本书有两个突出的特点。其一，在研究中国语言时，书中提供了大量的中国古代文化经典例句，例如，"学而时习之""家齐而后治国""王往而征之""王何必曰利"等。这种做法继承了马若瑟《汉语札记》的特点，《汉语札记》中有一万多条中国古代文化典籍的经典句子，但雷慕沙在数量上还达不到马若瑟的程度。其二，雷慕沙所引的这些例句大都来自《诗经》《书经》《论语》《孟子》《大学》《中庸》《易经》《孝经》《礼记》《道德经》《左传》《史记》《字汇》《康熙字典》《孔安国》《淮南子》《金瓶梅》《玉娇梨》《好逑传》等。在此意义上，这本书也可以作为一个中国古代文化读本来看。

第五，雷慕沙较早地总结了自己翻译中国典籍的体会。

---

[1] 参阅姚小平《西方语言学史》，外语教学与研究出版社，2011年；[德]威廉·冯·洪堡特著，姚小平译：《论人类语言结构的差异及其对人类精神发展的影响》，商务印书馆，1999年。

如何翻译中国典籍是每一个汉学家要面临的重要问题，雷慕沙总结了自己翻译中国古代小说的经验和体会，对我们系统研究中国典籍外译的特点与规律十分重要，这点涉及到中国典籍的翻译问题研究[1]。

雷慕沙翻译中国典籍这一学术传统被他的后继者继承了下来，19世纪凡是在法兰西学院汉学教授这个位置上的汉学家，都为中国典籍的翻译做出了自己的贡献。

法兰西学院开创了西方汉学专业，在西方的东方学体系中增加了一门新的学问：汉学——关于中华文明研究的学问。雷慕沙作为法兰西学院第一位关于汉学研究的教授及其取得的汉学成就，都是1500年以来中国知识、文化、思想在欧洲传播的一个自然结果。由此，对中华文明的研究成为一门世界性的学问。

---

1 如今的翻译理论绝大多数来源西方，但这些西方翻译理论从未像汉学家那样涉及到中国典籍的西译，而主要是讨论在西方语言之间的转换与翻译。中国翻译学界所积累下的翻译经验主要是外译中，无论是对佛教翻译实践的总结还是对近代以来对西学翻译的总结。因此，如何总结西方汉学家翻译中国典籍的经验是一个值得关注的问题。因为，中国文化走出去，无论是中国当代学术经典还是古代文化典籍，翻译的主力军还是各国的汉学家，而非中国学者。

下篇结语

胡适曾说，17至18世纪中国和欧洲的文化交流是一见钟情的典范。

西学东渐：康熙学西洋数学、听西洋音乐，让八旗子弟们推演几何、学拉丁文；徐光启把"泰西"（即西方）作为人类社会的理想；明清之际中国的早期启蒙思想家们，个个读西学之书，谈历学、算学。这一时期，心学衰，实学兴，这与西学有着直接的联系。

中学西传：伏尔泰时时以孔子弟子自居，对儒学顶礼膜拜；欧洲的启蒙思想家们从儒学中得到灵感和启示；路易十四则专门将被传教士带到法国的中国人黄嘉略留在身边，喝中国茶，建中国亭，用中国漆器，看中国的皮影戏。一时间"中国热"遍及欧洲。

那是一个会通的时代，尽管有着虚幻，有着矫情，但双方是平等的，心态是平稳的。

那个时代中国和欧洲的关系与西方和南北美洲的关系有很大的不同。西方国家面对一个国力比其还要强盛的大国，出于无奈，只能采取较为缓和、平等的政策。而来华的传教士虽以传教为宗旨，但面对比基督教文化悠久得多的中国文化，大多数传教士是震惊的，甚至是敬佩的。启蒙思想家从儒家思想中阐发出现代价值，由此，内部的变革与东方思想之火促使西方走出了中世纪。中国文化在与欧洲文化的交流中展现出其世界意义和现代品格。19世纪变得强大的西方国家，心态上发生了变化，渐渐忘记了17至18世纪的中学西传和中国文化对其产生的影响。今天重提这段历史，是希望能够重新回到中国和欧洲的文化叙述中，回到文明互鉴的基点上来。

结语：
在文明互鉴史中揭示中华文明的现代意义

通过以上各章的研究，我们需要对长期以来所形成的中西文化关系进行重新界定，需要从世界文明史的角度重新探究中华文化的当代意义。

一、从长时段全球史的角度重新理解中西文化关系

现代工业文明起源于欧洲，为什么欧洲在19世纪领先于其他地区？西方兴起的原因何在？长期以来"欧洲中心主义"者认为这要归功于希腊文明，那里蕴藏着欧洲领先世界的所有秘密；要归功于基督教信仰，像马克斯·韦伯（Max Weber，1864—1920）所说，没有基督新教就不会有资本主义的兴起。而欧洲以外的国家不具有这样的文化基因。因此，"欧洲是进步的，亚洲是落后的，欧洲是民主的，亚洲是专制的。只有接受希腊文明、基督教文明，这些地区和国家才

有希望"[1]。

　　真实的历史是这样的吗？非也！让我们看看希腊文化与东方文化的关系。希腊是西方文化之根，这是欧洲中心主义者常说的话。但实际上，希腊文化的形成主要受到埃及文化、亚述文化等东方文化的影响。希腊历史学之父希罗多德（Herodotus，约前484—前425）认为，希腊的纪念仪式、习俗都是从埃及搬来的。希腊人是从埃及那里"学会了占卜术，并将他在埃及学到的许多东西几乎原封不动地带到了希腊……希腊几乎所有神的名字都来自埃及"[2]。为何希腊和埃及有如此紧密的关系呢？因为希腊曾经是埃及的殖民地。这些是有历史学根据的，在希腊悲剧中仍可找到大量的、近东的古代语言的残存，如埃及语、古叙利亚语等。

　　从世界文明史的源头来说，希腊是排不上的。尽管雅斯贝尔斯（Karl Theodor Jaspers，1883—1969）提出了"轴心时代"，但实际上，在我看来，在人类古代文明源头中没有希腊，而是埃及文明、两河流域文明、印度文明和中华文明。

1　[英]罗伯特·杜普莱西斯著，朱智强等译：《早期欧洲现代资本主义的形成过程》，辽宁教育出版社，2001年；朱孝远：《近代欧洲的兴起》，学林出版社，1997年。这些著作主要是从欧洲内部研究欧洲的兴起。[美]杰克·戈德斯通著，关永强译：《为什么是欧洲？世界史视角下的西方崛起（1500—1850）》，浙江大学出版社，2010年；作者站在欧洲中心主义立场说明欧洲的崛起，但相反的意见是，从1400至1800年，世界经济最发达的核心在亚洲，这就是中国和印度，欧洲正在追赶亚洲；参阅[美]罗伯特·B.马克斯著，夏继果译：《现代世界的起源——全球的、生态的述说》，商务印书馆，2006年。

2　[英]马丁·贝尔纳：《黑色雅典娜：古典文明的亚非之根》，吉林出版集团有限责任公司，2011年，第84页。

近东的亚述、苏美尔文化即古代美索不达米亚的居民创造了世界上最早的、辉煌的文明[1]。希腊正是从东方的两河流域文明和埃及文明中学习到了文字、文学、艺术、宗教,当然也包括科学技术。西方一些严肃的学者完全承认这一点,他们认为所谓的西方文明,即欧美文明,与其说起源于克里特、希腊、罗马,不如说是起源于近东。因为事实上,雅利安人并没有创造什么文明,他们的文明来自巴比伦和埃及。希腊文明为世人所羡,但究其实际,其文明之绝大部分皆来自近东各城市,"近东才真正是西方文明的创造者"。为更清晰地表达东方文化和西方文化的关系,学者们明确表示,"巴比伦与亚述文明是西方的祖先,东方是西方文化之根,这才是真实的历史"[2]。

意大利的文艺复兴最早是将由阿拉伯文翻译的希腊文献重新回译成意大利文,从中发挥出新的思想。文艺复兴是以欧洲文化和阿拉伯文化的交流为起点的[3]。这说明:在历史上巴格达曾处在全球经济的中心,它不仅接受了新的亚洲思想,并对其重新改造,然后传播到伊斯兰教的西班牙地区,由此传向欧洲。这一点,一些西方学者也是承认的[4]。

---

1 于殿利:《巴比伦与亚述文明》,北京师范大学出版社,2013年,第3页。
2 [英]J.J.克拉克著,于闽梅、曾祥波译:《东方启蒙:东西方思想的遭遇》,上海人民出版社,2011年。
3 [英]约翰·霍布森:《西方文明的东方起源》,山东画报出版社,2009年,第157页。
4 [美]伯纳德·刘易斯著,李中文译:《穆斯林发现欧洲:天下大国的视野转换》,三联书店,2013年;[英]杰克·古迪著,沈毅译:《西方中的东方》,浙江大学出版社,2012年。

前文我们提到欧洲启蒙运动与中国文化有着直接的关系。当来华的耶稣会士将中国经典陆续翻译成欧洲语言,在欧洲各国出版后,逐步形成了18世纪的中国热。中国热体现出中国古代文化对欧洲的影响,"这时中国在世界历史上的影响达到了巅峰。……中国在世界历史和世界地理上都引人注目,……世界历史上任何一个时期都没有像启蒙时期这样,使得中国的商业贸易相对而言如此重要,世界知识界对中国兴趣如此之大,中国形象在整个世界上如此有影响"[1]。在社会生活层面,当时的欧洲上流社会将喝中国茶、穿中国丝绸的衣服、坐中国轿、建中国庭院、讲中国的故事作为一种时髦的风尚。"汉风"(Chinoiserie)一词的出现,反映了法国当时对中国的热情[2]。这"突出地反映了这样一个事实:在相当长的时期中,各个阶层的欧洲人普遍关心和喜爱中国,关心

---

[1] [英]S. A. M. 艾兹赫德著,姜智芹译:《世界历史中的中国》,上海世纪出版集团,2009年,第275—276页。

[2] 启蒙时代的欧洲思想演进首先是欧洲自身思想发展的结果,这方面西方学者已经做了很好的研究,参阅[法]费尔南·布罗代尔著,顾良、施康强译:《十五至十八世纪的物质文明、经济和资本主义》,商务印书馆,2017年;[德]E·卡西勒著,顾伟铭等译:《启蒙哲学》,山东人民出版社,1988年;[德]马克斯·霍克海默、西奥多·阿道尔诺著,渠敬东、曹卫东译:《启蒙辩证法:哲学断片》,上海人民出版社,2006年;[英]以赛亚·柏林编著,孙尚扬等译:《启蒙的时代:十八世纪哲学家》,译林出版社,2012年;[美]彼得·盖伊著,刘北成译:《启蒙时代:现代异教精神的兴起》,上海人民出版社,2015。这些著作的分析与研究是相当深刻的,但西方的这些研究著作却将启蒙思想的演进仅仅局限在欧洲思想之内了,对东方、中国思想的参与与影响很少关注。沈福伟:《中国与欧洲文明》,山西教育出版社,2018年。

发生在中国的事，喜爱来自中国的物"[1]。

对中国学者来说，首先要走出晚清后我们所确立的对中西文化关系的认知。很长时期以来，中国学术界习惯基于晚清时期来比较中国和欧洲的关系。实际上中国近代的社会发展经历了两个阶段，第一个阶段是晚明到清中前期，即1500至1800年，第二阶段是1840至1949年。这两个阶段的中国和欧洲的关系是完全不同的。本书讨论的主要是第一个阶段。

葡萄牙人来到东方，初期曾经和明军有所交战，但均不是明军对手，只能通过贸易等和平的方法，与东方大国建立起联系。当时，葡萄牙人是以晒海货的名义在澳门住了下来，西班牙人与中国也主要以贸易往来为主，双方还合作共同剿灭海盗林凤。葡萄牙人在中国收购丝织品瓷器等，然后带来东南亚的香料等，他们当时只是"充当亚洲内部贸易的运货人和中间人"[2]。当时，中国的士大夫们对利玛窦等传教士所介绍的西学很好奇，尤其是欧洲科学知识。而欧洲的知识分子在接触儒家的典籍后，充满敬仰与好奇。因此，1500至1800年间中国和欧洲的关系是平等的关系。两大文明相遇，虽然伴有争吵，到礼仪之争时达到高潮，但没有战争，没有杀戮，只有贸易与文化交流。这样的情况在整个人类文

---

[1] 许明龙：《欧洲18世纪"中国热"》，山西教育出版社，1999年，第121页；严建强：《18世纪中国文化在西欧的传播及其反应》，中国美术学院出版社，2002年。

[2] ［美］斯塔夫里阿诺斯著，吴象婴等译：《全球通史：1500年以后的世界》，上海社会科学出版社，1999年，第77页。

明发展史上都是较为罕见的，对今天这个纷争的世界有极大的启发意义。说明在历史上中华文明和西方文明是可以和平相处、相互学习的。而历史就是我们最好的老师。

有些学者把欧洲文化表述为是一个"自我成圣"的历史，认为外来文化对欧洲的影响不足为道，欧洲之所以能在文化交流中发展，根本在于它有极强的自我调整与发展能力。这样的观点，无论是从世界经济史，还是这里所说的世界文化交流史来看都是站不住脚的[1]。所以要从全球史的长时段来重新理解中西文化之间的关系。

百年以西为师，我们的确从西方文化中学到很多，西方文明至今仍是我们要继续研究与学习的。但现在已经到了结束对西方文化的"学徒期"的历史节点，仰视西方文化的时代结束了。今天中国可以平视这个世界，以平等和包容的心态学习包括西方文明在内的一切文明。文化基础是对自身文化的自信，回到"各美其美，美人之美，美美与共"的健康文化心态，是我们研究和处理中西文化关系的基点。

二、文明互鉴观是理解中西文化交流史的理论基础

在文化交流中，任何一种文化对异文化的接受都有一个重新理解和重新解释的问题；任何外来文化与本土文化的

---

[1] 刘禾：《帝国的话语政治：从近代中西冲突看现代世界秩序的形成》，三联书店，2009年；刘禾主编《世界秩序与文明等级：全球史研究的新路径》，三联书店，2016年。

融合都有一个变异、适应的问题。重新解释后的异族文化经过了解释者的加工，解释者依据自身的文化结构对外来文化进行了过滤。这种解释、过滤后的异族文化与原本的异族文化已经有了较大的不同，在比较文学中，有些学者将其称为"误读"，从哲学角度来说，这是一种正常的解释，它有其合理的根据。这种"误读"，这种"变异"，是有其自足性的。

关于这点，德国哲学家伽达默尔（Hans-Georg Gadamer，1900—2002）已讲得十分清楚，人们在解释和接受任何历史知识时，其本身的知识和境遇发挥着重要的作用，伽达默尔称之为"偏见"。他说："在构成我们的存在的过程中，偏见的作用要比判断的作用大。"[1]这个观点很有启发性，在人们对任何文化、历史的理解中，已具有的"前见"发挥着重要的作用，正是这种"前见"决定我们对新事物的接受，"我们是被某种东西所支配，而且正是借助于它，我们才会向新的、不同的、真实的东西开放"[2]。所以，偏见并不是什么错误的东西，如伽达默尔所说："偏见并非必然是不正确的或错误的，并非不可避免地会歪曲真理。"[3]

伏尔泰对中国文化的接受、对孔子的解释正是在他的"偏见"支配下进行的，这种"偏见"是他不可避免的。他在法国高举启蒙的旗帜，反对宗教迫害，反对非理性的宗教

---

1 [德]汉斯-格奥尔格·伽达默尔著，夏镇平、宋建平译：《哲学解释学》，上海译文出版社，1994年，第8页。
2 同上书，第9页。
3 同上。

狂热，此时耶稣会介绍到欧洲的儒学恰好是一种宗教宽容的"儒教"，是一种道德理性高于非理性崇拜的学说，它自然会引起伏尔泰的关注。这样，孔子成了伏尔泰眼中的孔子，中国宗教成了伏尔泰阐说后的中国宗教。

此外，伏尔泰理想的政治制度是开明君主制，他的这个政治理想，与古希腊的民主制完全不同。同样，罗马的君主制也不能给予他支持，因为恺撒也是经过选举产生的。在西方他找不到思想的武器，而法国贵族制、僧侣阶层又严重阻碍社会的发展。这时来华耶稣会士所介绍的中国政治体制，皇帝的专权和考试的文官制度有机结合，使这个庞大的国家运转良好、社会富足，一个东方的榜样出现在他们面前。如此，开明君主制"在中国找到了他们的范例和根据。他们崇拜中国的理由其实很简单。他们所以引征亚洲，是因为欧洲过去没有任何东西可以作为他们的依据。……但在远东有一个与罗马同样古老的帝国，现在依然存在，人口和整个欧洲一样多，没有世袭贵族及教会的特权，由天赐的皇权通过学者—官吏的官僚机构来统治。这里的模式适合于新君主主义者，是一个可以引用的范例"[1]。由此，孔子的理政思想成为启蒙思想家的理想，中国政治制度成为他们的榜样。

任何成熟文化的发展与变革都是由其自身内在变革的需求所推动，但同时也都是在与外来文化的交流中获得知识、

---

[1] ［英］赫德逊著，李申、王遵仲等译：《欧洲与中国》，中华书局，1995年，第292页。

思想，从而加速推动了文化自身的发展。在理解启蒙思想家对儒学的理解与接受时，不可以把此时他们对儒家的接受想象成此时儒家在欧洲扮演着像在中国一样的角色，因为并非如此。"19世纪的分析家把法国大革命放在一个较长时间的历史框架下，认为启蒙运动时期的思想与社会的根源，即在于中古时期自治市内自由民（Burghers）的形成"[1]。启蒙运动是精英分子要从国家争取权利，所谓"市民社会"是欧洲近代国家形成的条件，意识形态掌握在与国家相对立的精英知识分子手中。"欧洲国家很少对人民承担义务，而精英反倒向政府要求自由及代议制，这是他们形成新的意识形态与制度的基础"[2]。显然，启蒙思想家借助儒家所要达到的政治目的，与儒家在中国所扮演的对国家政权更替、治理社会的作用完全不同[3]。

这说明启蒙思想家借用了儒家思想中具有普世价值的思想，但其所要达到的目的却是由欧洲自身的文化传统所决定的[4]。这点从中国文化的发展史中也可以得到深刻的体会。

---

1 ［美］王国斌著，李伯重、连玲玲译：《转变的中国》，江苏人民出版社，2018年，第227页。
2 同上书，第241页。
3 "在中国，国家与社会之间的区别并不这么明确。在政治方面，国家官员与社会精英之间的联系强得多，而二者都同样遵循一种儒家关于社会统治的策略。"［美］王国斌著，李伯重、连玲玲译：《转变的中国》，第96页。Pye, Lucian, *Asian Power and Politics*, Harvard Unversity Press, 1985.
4 中西之间的文化交流，互为他者，展开不断的自我更新。这种文化间的知识交流与思想借用所发生的历史过程，既不能用形象学完全加以解释，也不能用"郢书燕说"来概括，尽管这两种解释都有合理之处，但仍不足以因此，在纠正欧洲自我成圣论、打破西方中心主义、说明东方思想文化在其文化发展中的作用时，应记住，这种作用是通过双方的交流，通过欧洲文化自身发展的需求来完成的。所谓的后现代学术立场，消解掉历史的互动，将欧洲文化史看成是一种自我意识的表达是违背基本历史事实的[1]。而中国文化在世界传播过程中既显示出了其文化的世界性意义，也在世界各国产生了各类不同的变异，这是文化交流的基本规律，是我们看待中国文化在世界各国的传播时要注意的。

三、从文明比较中重新理解以儒家为代表的中华文化的现代意义

1798年以后，欧洲对中国的崇拜几乎完全消失了，19世纪成为西方文化主导的世纪。亚当·斯密认定了中国在经

解释文化之间互动、互视以及由此产生的自我更新的历史过程。笔者将在另外的论文中加以专门研究。张国刚：《中西文化关系通史》下卷，北京大学出版社，2020年；周宁：《跨文化研究：以中国形象为方法》，商务印书馆，2011年。

[1] 有些学者认为"研究西方的中国形象，有两种知识立场：一是现代的、经验的知识立场，二是后现代的、批判的知识立场。这两种立场的差别不仅表现在研究对象、方法上，还表现在理论前提上。现代的、经验的知识立场，假设西方的中国形象是中国现实的反映，有理解与曲解，有真理或错误；后现代的、批判的知识立场，假设西方的中国形象是西方文化的表述，自身构成或创造着意义，无所谓客观的知识，也无所谓真实或虚构"。显然，这种后现代的立场是不完善的，对文明互动的历史研究，用西方已经有的理论来揭示实属苍白无力了。周宁：《天朝遥远：西方的中国形象研究》，北京大学出版社，2006年，第4页。

济上的败落，中国成为一个停滞的帝国；黑格尔则完全把孔子抛到一边，中国成为一个没有哲学的国度。大多数欧洲的历史学家将18世纪他们对中国崇拜的历史一笔勾销；而未走出亚洲的中国终于在列强的枪炮中倒下，从此开始百年以西为师的时代。在苦难中融入世界的中国洗礼了自己的精神世界，包容与学习使自身的文化完成了新陈代谢。

百年只是历史的一个瞬间，当中国结束了对西方的学徒期，开始以平等的姿态拥抱世界时，如何对待自己的历史，如何处理好以儒家为代表的传统文化在我们精神世界的位置，成为一个无法回避的问题。

正是中国文化在启蒙时期与欧洲文化互通的这段历史，给了我们反观中国文化、认识中国文化特质的一个新视角。以往我们对儒家文化的评价都是在中国历史文化范围内来做的，至多将其放在东亚汉字文化圈来评价。中华文化虽然随着时代不断变革，但其精神内核并未变化，我们需要在长时段中来理解自身的文化，从世界文化发展的角度、在更宽泛的视野中来审视中国文化。这也正是梁启超先生所说的"在世界研究中国"。

就启蒙时代的思想家而言，对宗教的批判、对世俗生活的颂扬，让思想回到世间、让历史走出神学、让理性主导生活，这是启蒙思想家们必须面对的问题。抛弃了上帝设计的生活，必须找到一个新的世俗生活的榜样，而这就是中国，就是儒家。

四、中国文化的两大现代特征

第一，人与自然的合一。中国文化的基础是其哲学思想，这个哲学思想之根就是天人合一。中国传统文化中的"天人合一"思想可以溯源到商代的占卜。《礼记·表记》中说："殷人尊神，率民以事神。"殷人把有意志的神看成是天地万物的主宰，万事求卜，凡遇征战、田猎、疾病、行止等等，都要占卜求神，以测吉凶祸福。这种天人关系实际上是神人关系。孔子作为儒家创始人，从一开始便对天有一种很深的敬意。他告诉弟子："天何言哉？四时行焉，百物生焉，天何言哉！"（《论语·阳货篇》）这里所说的"天"，就是自然界。四时运行，万物生长，这是天的基本功能。这里的"生"字，明确肯定了自然界的生命意义，是对天即自然界有一种发自内心深处的尊敬与热爱，因为人的生命与自然界是不能分开的。

20世纪，西方著名历史学家汤因比就看到西方启蒙以来的理性主义给人类带来的问题。他认为科学技术的盲目发展，不但无助于人类精神境界的提高，而且将给人类带来毁灭性的灾难。需要一种新的政治哲学把世界统一成一个整体，能担当这个重任的，不是欧美，也不是欧化国家。他认为，中国"天人合一"的思想和儒释道三家学说中，包含着力求与自然和人的合一。

"天人合一"的思想对于当下的世界发展来说，可以提供以下有价值的思考：

首先，人与自然和谐相处。《周易》说："夫大人者，与天地合其德，与日月合其明，与四时合其序，与鬼神合其吉凶。先天而天弗违，后天而奉天时。"按照自然的要求展开人类的活动，不再把征服自然作为人类的终极目的，而是追求人与自然和谐相处。

其次，爱护自然，尊重自然生命。孔子说："钓而不纲，弋不射宿。"话里包含了一种对自然生命的博大情怀。北宋理学家张载所说的"民，吾同胞；物，吾与也"，人与一切自然生命相连，这是一种基于天人合一的伟大自然主义。

再次，物我两忘，在天人合一中陶冶情操。天人合一不仅仅是一个社会理想的追求，也是人的精神世界的一个重要修养维度。在人与自然、天地的相融中，走出个人小我的狭小天地，在自然的大我中获得精神的升华。

最后，改造自然，但立足于可持续发展。相信人的力量，但不再认为它是一个无限的力量，对自然的敬畏与爱护成为人类全部活动的出发点。当代中国所提出的"和谐的发展观""可持续的发展观"，正是立足于中国传统的"天人合一"思想基础上的，是在充分反思西方近代科学至上主义等思想的弊端后提出来的。克服近代以来西方思想家所提出的主体客体相分、主体改造客体的人类中心主义思路，从中国的天人合一传统中汲取智慧，这是中国传统文化对当代世界的一个重要贡献。

第二，文化的包容性。欧洲的知识界如何理解儒学的现代性是一个重要的问题，这个问题不解决，无法理解一个现代化的中国，不可理解基于文明互鉴理论的中国外交政策。不可否认，儒家思想作为一个以人文教化为核心的思想，其对鬼神"敬而远之"的实用主义态度，显示出儒家的世界观在宗教层面的不足，"宗教是人类掌握世界的一种方式"[1]，"半宗教"终究无法回答社会底层民众的宗教之问。但儒家文化的这个特点，同时造就了中国文化的两个根本特性。

其一，包容性。以敬天法祖为宗旨的儒家文化，完全没有一神论的宗教特性，它回答宗教之问的不足的同时，造就了其另一个伟大的品格："和而不同"的文化观与宗教的宽容精神。中国是世界文明史上几乎没有宗教战争的国家，同时，对所有外来宗教都持一种包容开放的态度。"中国固有的传统文化根基深厚且富于包容精神，其结果是吸收外来和同化外来文化同时存在，外来文化的进入丰富了中国文化，却并不丧失中国文化特有的本色"[2]。一些西方学者将中国说成一个纯粹专制性的社会，是对中国历史文化的无知。中国文化千年不衰，其中秘密就在其宗教宽容性、对外来文化的包容性，无论是佛教的传入、伊斯兰教的传入、基督宗教的传入，中国社会都给予接纳，并在与外来文化的互动中推动着中华文化自身的发展。中华文明自古就以开放包容闻名于世，在同其他文明的交流互鉴中不断焕发新的生命力。所

---

[1] 《马克思恩格斯全集》第8卷，人民出版社，2009年，第25—26页。
[2] 牟钟鉴、张践：《中国宗教通史》下册，中国社会科学出版社，2019年，第920页。

以，要坚持弘扬平等、互鉴、对话、包容的文明观，以宽广胸怀理解不同文明对价值内涵的认识，尊重不同国家人民对自身发展道路的探索，以文明交流超越文明隔阂，以文明互鉴超越文明冲突，以文明共存超越文明优越，弘扬中华文明蕴含的全人类共同价值，推动构建人类命运共同体。

其二，多元性。以儒家为核心所形成的中国文化的大传统，成为社会主流，但"中华文化不只是三坟五典、八索九丘，还有充满生机、活力的炽烈的一面"[1]。这就是民间宗教所构成的小传统。大传统与小传统的有机统一，儒家正统与民间宗教互动，构成了中华文化多元与生动的一面。同时，多民族文化的融合与交流是中华文化多元性的最重要特征。长城内外是故乡，多民族融合的历史使得中华文化灿烂多彩，从而形成与单一民族文化国家完全不同的文化特质。中国文化虽然百花齐放，但国家始终统一，这是它千年不衰的重要原因。

在古人"天人合一"的理念下，继而孕育出"大道之行也，天下为公"的理想、"协和万邦"的博大眼光和开阔的胸襟，形成了世界大同、胸怀天下的文化传统，对内是"中华民族多元一体格局"，对外则是"坚持开放"的国际局面。

2001年在巴黎召开的第31届联合国教科文组织全体大会上通过的《世界文化多样性宣言》指出："文化多样性是

---

[1] 马西沙、韩秉方：《中国民间宗教史》上册，中国社会科学出版社，2004年，第4页。

交流、革新和创作的源泉，对人类来讲就像生物多样性对维持生物平衡那样必不可少"。中国历来主张"维护世界多样性，提倡国际关系民主化和发展模式多样化。世界上的各种文明、不同的社会制度和发展道路应彼此尊重，在比较中取长补短，在求同存异中共同发展"。人类文化的多样性、文明的多样性，是人类社会的基本特征和人类文化存有的基本形态。当今世界拥有80多亿人口，200多个国家和地区，2500多个民族，五六千种语言。各个国家和地区，无论是历史传统、文化背景、宗教信仰，还是社会制度、价值观念和发展阶段，都存在着种种差异，整个人类文明也因此而交相辉映、多姿多彩。尊重和有意识地保持世界文化和文明的多样性，是维护世界和平与发展的保障，是人类社会不断进步的标志，尊重和推动不同语言和文明的借鉴、融合与发展是全人类的共同责任。

西方长期以来都是以欧洲近代化的经验来解释中国的传统，他们从欧洲单一民族国家的历史角度无法理解中国多民族融合的历史，使得一些别有用心的人不断炒作，这是对中国历史文化无知的表现。此外，西方用他们所构建的"现代与传统""东方与西方"对立的模式来教化中国的知识界，以致长期以来中国知识界无法形成对自身历史文化的共同认知。实际上，欧洲经验具有局限性[1]，欧洲思想也并非"自我成圣"，它也是在文明互动中形成了自己的近代传统。当代中国虽然被迫

---

[1] Senghaas, Dieter, *The European Experience: A Historical Critique of Development Theroy*, Leamington Spa: Berg Publishers, 1985.

卷入西方主导的现代化，但现代中国仍与传统中国不可分割，由此才构成了中国自身的现代化道路。

以上研究证明，以儒家思想为代表的中国传统文化的价值，不仅要从中国文化自身的演进来看，还要重新从世界文化史的演进来看，在一种宏观的视角中，在一种比较文明的研究中我们才能认清自己的文化，才能揭示出儒家文化的当代意义和世界性意义。关于这一点中外学者都做了深入的研究[1]。本书只是从比较文明史的角度，论证了在明清时期以儒家为代表的中国传统文化在欧美的传播以及影响，并从这段文明交流史中揭示出中华文明的世界性意义。这正是"不识庐山真面目，只缘身在此山中"，若要"侧看成岭""横看成峰"，还要登上更高的视点。

---

[1] 李泽厚：《论语今读》，中华书局，2017年；杜维明：《现代精神与儒家传统》，生活·读书·新知三联书店，2013年；[美]成中英：《从中西互释中挺立》，中国人民大学出版社，2005年；郭齐勇：《现当代新儒学思潮研究》，人民出版社，2017年；[美]狄百瑞著，李弘祺译：《中国的自由传统》，贵州人民出版社，2009年。

主要人物与书籍索引

人 物

A
阿丰索·德·亚伯奎 19, 22
阿塔纳修斯·基歇尔 251, 367, 368
埃米尔·瓦西里耶维奇·布列特施耐德 408
艾启蒙 155, 156, 157
艾儒略 3, 92, 120, 131, 132, 190, 212
安德列亚斯·克莱耶尔 412, 413
安文思 221, 365

B
巴多明 323, 326, 409
白晋 269, 301, 322, 323, 324, 325, 326, 327, 328, 332, 333, 336, 337, 338, 339, 340, 341, 342, 343, 344, 358, 359, 368, 373, 374
白日昇 125, 127, 128, 129, 130, 131, 132, 133, 137, 143, 145, 146, 147, 148, 149, 150, 151, 172
柏应理 251, 252, 255, 256, 257, 258, 259, 260, 263, 264, 271, 369, 389, 399, 412, 413
拜里迷苏剌 6, 7, 10, 14
毕方济 92, 190, 194
毕瓯 322
伯希和 9, 232, 234, 412, 413, 430, 431
卜弥格 221, 301, 314, 315, 316, 317, 318, 319, 320, 321, 343, 344, 345, 358, 405, 406, 407, 408, 409, 410, 411, 412, 413, 414, 415, 416, 417, 418, 419, 425, 426

C
曹于汴 190
陈第 206

D
达·伽马 17
戴震 201, 202, 203, 204, 206, 209, 215

狄奥戈·薛奎罗 18, 19

杜赫德 298, 299, 301, 303, 304, 324, 325, 326, 345, 357, 358, 359, 369, 370, 379

F

范德蒙德 321, 322

方以智 194, 195, 196, 197, 198, 199, 208, 210, 213, 216

冯秉正 409

弗雷莱 419, 420

伏尔泰 221, 298, 371, 374, 375, 376, 377, 378, 383, 384, 388, 389, 390, 391, 392, 393, 394, 437, 445, 446

傅尔蒙 420

傅汎际 3, 79, 80, 81, 88, 91, 92, 95, 104, 109, 118, 120, 121

G

高母羡 224, 228, 230, 231, 232, 233, 234, 238, 239, 247, 363

高攀龙 189, 192

格拉杜斯·墨卡托 280

顾炎武 186, 187, 191, 195, 197, 198, 209

顾有信 68, 75, 104, 105, 106

郭居静 134, 190

郭纳爵 368

H

韩国英 409

贺清泰 154, 155, 156, 157, 158, 159, 160, 161, 162, 163, 164, 165, 167, 168, 170, 171, 172, 173, 174, 175, 176, 177, 178, 179

洪若翰 322, 368, 373

侯外庐 197, 205, 208, 209, 214, 215, 216, 217

胡适 200, 201, 204, 205, 206, 207, 208, 216, 217, 437

黄嘉略 420, 437

黄宗羲 189, 190, 209, 210

J

江永 193, 201

焦竑 184, 206, 211

金尼阁 41, 97, 190

K

魁奈 298, 372, 380, 384, 386

L

莱布尼茨 221, 373, 374, 378, 394, 395, 396, 397, 398, 400, 401

郎世宁 155, 156, 157

勒佩奇 357, 358

雷慕沙 404, 405, 406, 407, 408, 410, 414, 415, 416, 417, 418, 419, 420, 421, 422, 423, 424, 425,

426, 427, 428, 429, 430, 431, 432, 433, 434, 435, 436

李明　368, 409

李时珍　323, 324, 326, 327, 328, 332, 333, 336, 337, 342, 343, 357, 359, 360

李约瑟　197, 299, 321, 323, 324, 336, 337, 357, 359, 363, 398

李之藻　2, 3, 73, 74, 75, 76, 79, 80, 81, 82, 83, 88, 91, 95, 100, 101, 102, 104, 108, 109, 110, 111, 117, 118, 119, 120, 121, 194, 210

李贽　184, 185, 186, 187, 208, 209, 211

理雅格　273

利安当　253, 254, 255, 261, 262, 263, 264, 395

利玛窦　2, 3, 4, 40, 41, 42, 43, 44, 45, 46, 47, 48, 49, 50, 51, 54, 55, 56, 57, 58, 59, 60, 61, 62, 63, 64, 65, 69, 70, 71, 73, 83, 89, 100, 105, 117, 120, 137, 184, 185, 186, 187, 188, 190, 199, 200, 202, 203, 206, 211, 212, 216, 218, 220, 221, 236, 251, 253, 254, 255, 256, 257, 258, 259, 260, 261, 263, 264, 265, 268, 269, 281, 282, 283, 288, 290, 291, 292, 294, 295, 312, 313, 364,

368, 369, 382, 383, 385, 391, 396, 404, 408, 433, 443, 461

梁启超　3, 52, 119, 120, 194, 198, 205, 208, 449

龙华民　120, 134, 136, 253, 254, 255, 256, 261, 262, 263, 264, 265, 394, 395, 396, 397

罗广祥　158

罗明坚　2, 134, 220, 234, 235, 236, 237, 238, 239, 240, 241, 242, 243, 244, 245, 246, 247, 251, 252, 270, 276, 281, 282, 283, 284, 285, 286, 287, 288, 289, 290, 291, 292, 294, 295, 363, 364, 404

罗萨多　282, 283, 288, 290, 294

M

马戛尔尼　158, 159, 160

马可·波罗　17, 277, 281, 312

马礼逊　122, 124, 125, 126, 127, 128, 130, 131, 150, 273, 421, 426

马若瑟　379, 420, 424, 433, 435

马士曼　125, 126, 127, 128, 131, 150

梅文鼎　198, 210

门采尔　413, 414

孟德斯鸠　376, 377, 385, 391

米怜　125, 126, 128, 150

闵明我　234, 255, 256, 373, 396

N
南怀仁 3, 63, 88, 89, 90, 91, 92, 94, 95, 97, 98, 99, 100, 101, 102, 103, 112, 118, 119, 121

P
潘廷璋 155, 156, 157, 172
庞迪我 120, 134, 190, 213

Q
齐类思 154

R
若热·阿尔瓦雷斯 24

S
斯宾诺莎 371, 393, 394
宋君荣 221, 390, 409

T
汤执中 326
托梅·皮雷斯 20, 24

W
王夫之 198, 208, 209, 212, 213, 214, 228
王叔和 344, 414
王徵 99, 190, 210
卫方济 273, 399
卫匡国 221, 254, 259, 262, 282, 283, 365, 366, 389, 392
卫礼贤 273
卫三畏 51
沃尔夫 394, 398, 399, 400, 401

X
谢和耐 189, 190, 195, 268, 372, 378, 382, 388, 398
熊明遇 190, 200
徐光启 3, 4, 71, 72, 73, 117, 120, 194, 202, 209, 210, 437
徐若翰 129, 133
徐宗泽 74, 75, 89, 91, 92, 93, 95, 100, 101, 109, 154, 163, 165, 166, 170, 199, 200, 216

Y
亚伯拉罕·奥特里乌斯 279
亚里士多德 3, 56, 68, 69, 70, 71, 73, 76, 77, 78, 79, 80, 81, 82, 83, 84, 85, 91, 92, 96, 97, 100, 101, 103, 110, 111, 113, 114, 115, 118, 203, 462
严几道 119
阎若璩 200, 206
颜珰 256, 257
阳玛诺 134, 135, 138, 139, 141, 142, 145, 146, 147, 148, 149, 150, 172, 178, 190
叶向高 190
伊万 358

依纳爵·罗耀拉 77
殷铎泽 251, 252, 255, 256, 257, 258, 262, 368, 369

Z
曾德昭 75, 101, 221, 365, 392, 408

张问达 190
郑和 6, 8, 9, 10, 11, 12, 13, 16, 17, 32, 33, 34, 35
朱熹 206, 215, 216, 265, 267, 398, 399
邹元标 190

书　籍

B
《本草纲目》304, 321, 322, 323, 324, 326, 327, 328, 329, 330, 331, 332, 336, 342, 343, 345, 346, 354, 357, 358, 359

C
《崇祯历书》194, 213

D
《鞑靼战记》365
《大明一统文武诸司衙门官制》288, 289
《大学》57, 206, 220, 252, 257, 258, 265, 267, 270, 273, 363, 368, 376, 399, 429, 432, 435
《大中国志》75, 365, 408
《单味药》414

《道德经》220, 431, 435

F
《范畴论》71
《风俗论》375, 384, 390, 391, 394

G
《格体全录》323
《广舆图》288

H
《汉文启蒙》424, 429, 430, 433, 435
《汉语札记》424, 433, 435
《寰宇概观》279, 280
《黄帝内经》302, 304, 305, 306, 307, 308, 310, 311, 312, 315, 318, 319, 320, 321, 345
《浑盖通宪图说》2

J

《几何原本》3, 71, 72, 73, 117, 137, 202, 213

《交友论》64, 187, 211

L

《老子》57, 227

《礼记》57, 227, 258, 376, 426, 435

《历法问答》213

《利玛窦中国札记》41, 69, 184, 313

《论语》57, 111, 220, 227, 252, 257, 258, 273, 394, 399, 429, 432, 435

《吕西斯篇》211

M

《马可·波罗游记》277

《马来纪年》6, 10, 11, 21, 22

《脉经》304, 343, 345

《孟子》57, 220, 227, 258, 259, 399, 435

《孟子字义疏证》202, 203, 204, 206

《名家诸言汇编》234

《名理探》3, 68, 73, 74, 75, 76, 77, 79, 80, 81, 82, 83, 84, 85, 86, 87, 88, 89, 91, 92, 93, 95, 96, 97, 100, 101, 102, 103, 104, 108, 109, 112, 117, 118, 119, 120, 121, 214

《名学浅说》119

《明会典》12, 36

《明清启蒙学术流变》202, 203, 209, 210, 217

《明实录》8, 24

《明心宝鉴》224, 226, 227, 228, 229, 230, 231, 232, 233, 234, 235, 238, 240, 241, 243, 244, 245, 246, 247, 363

《穆勒名学》119, 120

O

《欧人在华植物发现史》344, 409

P

《葡萄牙的发现》23

《葡萄牙史》18, 20, 22

Q

《七克》134, 190, 213

《乾坤体义》2

《清代印刷史小记》124

《穷理学》3, 68, 88, 89, 90, 91, 92, 93, 94, 95, 99, 100, 101, 102, 103, 104, 108, 110, 111, 112, 113, 114, 115, 116, 118, 121

S

《尚书》57, 58, 111, 206, 394

《舌诊》415

《神农本草经》327, 333, 334, 337,

338, 340, 341, 342
《圣经》122, 125, 126, 127, 128, 129, 130, 131, 134, 135, 136, 137, 138, 141, 142, 150, 151, 154, 162, 163, 164, 165, 168, 169, 170, 171, 172, 173, 174, 175, 176, 177, 178, 179, 233, 271, 288, 389, 391, 392, 393
《圣经直解》134, 138, 139, 141, 142, 143, 145, 150, 172, 178
《圣祖仁皇帝庭训格言》160
《诗经》57, 206, 220, 221, 258, 435

T

《天主圣教实录》291
《天主实义》55, 57, 58, 69, 70, 71, 83, 135, 137, 186, 200, 203, 261
《通过舌头的颜色和外部状况诊断疾病》414, 415
《通雅》195, 196, 199

W

《万国舆图》3
《无极天主正教真传实录》231
《物理小识》195, 196

X

《洗冤录》220, 268
《新亚洲地图集》279
《续焚书》185

Y

《亚里士多德辩证法大全疏解》76, 77, 78
《耶稣会士中国书简集》271, 369, 379
《医学的钥匙》315, 410, 412, 414
《易经》57, 257, 258, 394, 426, 435
《玉娇梨》268, 424, 427, 428, 434, 435

Z

《在华耶稣会士列传及书目》73, 92, 93, 235, 314
《赵氏孤儿》268, 433
《中国的智慧》262, 368
《中国地图集》281, 283, 284, 285, 286, 287, 288, 289
《中国近三百年学术史》119, 120, 194, 198
《中国科学技术史》197, 323, 324, 336, 357, 359, 363, 398
《中国上古史》221, 366, 367, 389, 392
《中国天文史略》221, 390
《中国天文学纲要》221
《中国图说》368, 412, 427
《中国王室皈依略记》412
《中国新史》365
《中国新图》280, 281, 285

《中国医史研究》357

《中国医术》412

《中国杂纂》161

《中国札记》408

《中国哲学家孔子》250, 251, 252, 253, 256, 257, 259, 260, 263, 264, 265, 267, 268, 270, 271, 272, 274, 367, 368, 369, 371, 389, 392, 399

《中国政治道德学说》252, 256

《中国植物志》344, 405, 406, 408, 409, 411

《中国总论》51

《中华帝国历史、政治、伦理及宗教概述》256

《中华帝国全志》298, 299, 300, 301, 304, 305, 306, 307, 308, 310, 311, 312, 315, 320, 321, 324, 325, 326, 327, 328, 341, 343, 344, 345, 354, 357, 358, 359, 360, 369, 370, 371

《中医处方大全》410, 414

《中医的秘密》413

《中医指南》413, 414

《中庸》57, 220, 252, 256, 257, 258, 273, 394, 399, 429, 432, 435

《庄子》57, 185

《左传》57, 61, 435

图书在版编目（CIP）数据

中西文明互鉴史/张西平著. -- 北京：外文出版社, 2024.11. -- (学术中国). -- ISBN 978-7-119-14091-9

Ⅰ.K103

中国国家版本馆CIP数据核字第20243VT194号

出版指导：胡开敏
出版统筹：文　芳
责任编辑：熊冰頔　刘婷婷
特约审稿：朱杰军
装帧设计：一瓢文化·邱特聪
印刷监制：章云天

中西文明互鉴史

张西平　著

©2024 外文出版社有限责任公司
出　版　人：胡开敏
出版发行：外文出版社有限责任公司

地　　址：	中国北京西城区百万庄大街 24 号	邮政编码：100037
网　　址：	http://www.flp.com.cn	电子邮箱：flp@cipg.org.cn
电　　话：	008610-68320579（总编室）	008610-68996144（编辑部）
	008610-68995852（发行部）	008610-68996183（投稿电话）
制　　版：	北京维诺传媒文化有限公司	
印　　刷：	北京中科印刷有限公司	
经　　销：	新华书店 / 外文书店	
开　　本：	700mm × 1000mm　1/16	印　张：30.75　字　数：350 千字
版　　次：	2024 年 11 月第 1 版第 1 次印刷	
书　　号：	ISBN 978-7-119-14091-9	
定　　价：	128.00 元	

版权所有　侵权必究　如有印装问题本社负责调换（电话：68995960）